핵심 **노동판례**
쟁점 **해설**

권 혁

- 고려대학교 노동대학원 교수
- 前 부산대학교 법학전문대학원 교수
- 법학박사(독일 마부르크대학교 법과대학)
- 부산지방노동위원회 공익위원
- 경제사회노동위원회 공익위원

이재현

- 부산대학교 법학연구소 특별연구원
- 법학박사(부산대학교 법학전문대학원)
- 부산대학교 고려대학교 동아대학교 강사
  (노동법, 사회보장법, 노사관계론)
- 노무법인 남명 대표사원(공인노무사)

[내용 문의: 이재현(cplacat@naver.com)]

핵심 **노동판례** 쟁점 **해설**

초판 인쇄 2025년 8월 22일
초판 발행 2025년 8월 29일

저자 권 혁 · 이재현

펴낸곳 부산대학교 출판문화원
등록 제1983-000001호 1983. 11. 10.
주소 부산광역시 금정구 부산대학로63번길 2
전화 (051) 510 - 1932
전송 (051) 512 - 7812
E-mail pnupress@pusan.ac.kr
홈페이지 http://press.pusan.ac.kr

ISBN 978-89-7316-844-6 93360

이 도서는 부산대학교 출판문화원 강의교재 개발 지원사업(2025-2)의 지원으로 제작되었습니다.

핵심 노동판례 쟁점 해설

권혁·이재현 공저

부산대학교출판문화원

머리말

인간의 삶과 노동은 떼려야 뗄 수 없는 관계입니다. 삶은 노동이고, 노동이 곧 삶이기 때문입니다. 과거 노동은, 생계를 위해 어쩔 수 없이 감수해야 하는 부담이었습니다. 지금은 다릅니다. 인간 개개인의 인격 실현을 위한 수단이자, 동시에 그 개인이 사회와 단절되지 않게 하여주는 매개체입니다. 노동법은 이제 우리의 삶 내내 옆을 지켜주는 법이 되었습니다.

유감스럽게도 법률은 완벽할 수 없습니다. 노동법도 마찬가지입니다. 아무리 입법자라도 노동 현장에서 발생하게 될 모든 갈등을 세세하게 예측하여 규정을 마련해 둘 수는 없기 때문입니다. 입법 흠결은 그래서 불가피한 것이기도 합니다. 특히 노동법 영역에서 노동 현장의 변화는 가히 상상을 초월할 정도로 빠르지만, 법률의 개정은 상대적으로 더딘 편입니다. 법률과 규범 사이에 간극이 발생하면, 그러한 입법 흠결을 메우는 것은 결국 법관의 몫이 됩니다. 법관은 당초 입법자의 의사를 염두에 두고, 노동 현장의 갈등을 풀어가게 됩니다. 유독 노동법 분야에서 판례법리에 대해 정확하고 밀도 있는 이해가 중요하게 여겨지는 이유가 바로 여기에 있습니다.

변호사 · 공인노무사 시험 등을 준비하기 위해 노동법을 공부하는 수험자에게 판례 암기는 불가피한 일이지만, 필자들로서는 그 과정이 노동시장의 드라마틱한 변화 속에서 정의와 형평의 관점으로 인간의 삶을 직시해 보는 기회가 되었으면 하는 간절한 바람이 있습니다. 이제 곧 노동법은 과도한 이념의 늪에서 벗어나 우리 삶 그 자체인 노동을 형평과 정의의 관점에서 규율하는 생활법 체계로 자리매김하게 될 것이기 때문입니다.

이 책은, 노동법 분야에서 학술적으로나 실무적으로 가장 중요하다고 판단되는 판례들을 선별하고, 그 판례가 가지는 제도적 의미를 이해하기 쉽게 쟁점 중심으로 해설을 덧붙여 둔 것입니다. 분명 이재현 박사의 노동법학사로서의 성실성과 실무자로서의 감각이 없었다면 기획조차 버거웠을 것입니다. 이 자리를 빌어 깊은 감사를 드립니다.

부디 수험생을 포함한 이 책의 모든 독자들이 노동 판결의 문언적 의미에 그치지 않고 다시금 기본으로 돌아가 노동법 상 '개념'의 중요성을 되짚어 보게 되길 기대합니다.

오늘도 자신의 꿈과 목표를 위해 고군분투하고 있을 여러분들을 진심으로 응원합니다.

감사합니다.

권 혁 · 이재현

※ **1 · 2장** – 2024. 8. 기준 핵심판례, **3장** – 2024. 8. 이전 핵심판례
※ **2025. 8. 추가 핵심판례** – 다음 판례(번호)의 참고판례로 반영

- 통상임금의 판단기준(2020다247190 · 2023다302838) – [5]
- 취업규칙 불이익변경에 관한 집단적 동의권 남용(2017다35588 · 35595) – [6]
- 배치전환(전직)의 정당성 판단기준(2020다253744) – [7]
- 징계(해고)의 절차적 및 실체적 정당성(2010다100919) – [9]
- 노동조합의 설립 무효확인(2017다51610) – [16]
- 부당노동행위 구제신청의 제척기간(2023두41864 · 2023두41871) – [28]

머리말

약어

제 1 장 개별적 근로관계 ······ 1

[1] 취업규칙과 근로계약의 관계(2020다232136) ······ 3
[2] 근기법상 근로자 개념(2004다29736) ······ 10
[3] 위약금 예정 금지(2006다37274) ······ 20
[4] 임금성의 판단(2011다23149) ······ 28
[5] 통상임금의 판단기준(2012다89399, 2012다94643) ······ 35
[6] 취업규칙 불이익 변경과 동의방식(2001다18322) ······ 47
[7] 배치전환(전직)의 정당성 판단기준(2016두44162) ······ 58
[8] 대기발령 · 직위해제의 법리(2005다3991) ······ 67
[9] 징계(해고)의 절차적 정당성(2003두15317) ······ 73
[10] 경영상 해고(2016두64876) ······ 82
[11] 우선 재고용 의무(2016다13437) ······ 90
[12] 해고의 예고(2017다16778) ······ 98
[13] 해고서면통지(2017다226605) ······ 105
[14] 단체협약상 해고합의조항(2005두8788) ······ 112
[15] 사업 이전과 고용승계(2000두8455) ······ 119

제 2 장 집단적 노사관계 125

[16] 노무제공자의 노조법상 근로자성(2019두33712) 127

[17] 조합활동(선전방송)의 정당성(2017다227325) 137

[18] 조합활동(산별노조 간부의 사업장 출입)의 정당성(2017도2478) 145

[19] 성실교섭의무(2005도8606) 151

[20] 공정대표의무(2017다218642) 157

[21] 절차적 공정대표의무(2017다263192) 165

[22] 근로조건의 불이익 변경에 관한 협약자치의 한계(99다67536) 174

[23] 단체협약의 효력 확장(2001두10264) 180

[24] 단체협약 종료의 효과(2000다70336) 187

[25] 찬반투표 절차를 거치지 않은 쟁의행위의 정당성(99도4837) 197

[26] 직장점거의 정당성 범위(2007도5204) 204

[27] 직장폐쇄의 정당성(2012다85335) 213

[28] 인사고과 불이익 취급의 부당노동행위(2017두37031) 220

[29] 지배개입의 부당노동행위(2017두33510) 231

제3장 2024년 이전 핵심 판례 ········ 239

[30] 포괄임금제의 성립요건과 효력(2016도1060) ········ 241
[31] 연차휴가제도(2014다232296 · 232302) ········ 247
[32] 불법체류 외국인의 노동3권(2007두4995) ········ 254
[33] 조직형태변경의 주체(2012다96120) ········ 261
[34] 고용안정협약과 경영해고(2011두20406) ········ 268
[35] 사용자의 언론 활동과 지배 · 개입(2011도15497) ········ 274
[36] 취업규칙 불이익 변경에서 동의 주체인 집단의 범위(2009두2238) ········ 280
[37] 긴박한 경영상 필요 판단 단위(2012두25873) ········ 286
[38] 동의를 얻지 않은 취업규칙 불이익 변경의 효력(91다45165) ········ 293
[39] 부당노동행위에 있어서 원청회사의 사용자성(2007두8881) ········ 298
[40] 유니온 샵 협정의 효력 제한(2019두47377) ········ 305
[41] 근무성적 불량 해고의 정당성(2018다253680) ········ 311
[42] 노동조합 대표자의 협약체결 권한(2016다205908) ········ 317
[43] 교섭단위분리(2015두39361) ········ 325

참고문헌 ········ 332
색인 ········ 334

약어

국제노동기구(International Labour Organization) ………………………………………… ILO
근로기준법 …………………………………………………………………………… 근기법
기간제 및 단시간근로자 보호 등에 관한 법률 ……………………………… 기간제법
노동조합 및 노동관계조정법 ………………………………………………………… 노조법
산업재해보상보험법 ………………………………………………………………… 산재법
외국인근로자의 고용 등에 관한 법률 ………………………………………… 외국인고용법
파견근로자 보호 등에 관한 법률 ……………………………………………………… 파견법

교섭대표노동조합 ……………………………………………………………… 교섭대표노조
복수노동조합 ……………………………………………………………………… 복수노조
소수노동조합 ……………………………………………………………………… 소수노조
지방노동위원회 ……………………………………………………………………… 지노위
중앙노동위원회 ……………………………………………………………………… 중노위

제1장

개별적 근로관계

제1장 개별적 근로관계

번호	대법원판결	핵심 쟁점
1	**취업규칙과 근로계약의 관계** (2020다232136)	▪ 취업규칙의 법적 성격 ▪ 취업규칙 작성의 주된 권한 ▪ 취업규칙 불이익 변경 시 유리한 기존 근로계약의 효력
2	**근기법상 근로자 개념** (2004다29736) ※ 참고판례 - 2021두33715	▪ 근로자성 판단 ▪ 퇴직금 지급 관련 계속근로연수 ▪ 갱신기대권
3	**위약금 예정 금지** (2006다37274)	▪ 강제근로의 금지 ▪ 위약예정의 금지 ▪ 영업비밀유지 및 전직금지 약정
4	**임금성의 판단** (2011다23149)	▪ 연차유급휴가의 대체 ▪ 평균임금 산입 임금
5	**통상임금의 판단기준** (2012다89399) ※ 참고판례 - 2020다247190 · 2023다302838	▪ 통상임금 판결의 의의 ▪ 통상임금에 대한 노사합의의 효력 ▪ 신의칙의 적용 ▪ 통상임금의 판단기준(2020다247190 · 2023다302838)
6	**취업규칙 불이익 변경과 동의방식** (2001다18322) ※ 참고판례 - 2017다35588 · 35595, 2022다297830	▪ 취업규칙 집단적 동의의 주체 ▪ 의견 청취 및 동의 의무 위반의 효과 ▪ 취업규칙 동의의 방식 ▪ 집단적 동의권 남용(2017다35588 · 35595)
7	**배치전환(전직)의 정당성 판단기준** (2016두44162) ※ 참고판례 - 2020다253744	▪ 배치전환의 근거 ▪ 전직의 정당성 판단기준
8	**대기발령 · 직위해제의 법리** (2005다3991)	▪ 대기발령 · 직위해제의 의의 ▪ 대기발령 · 직위해제의 정당성
9	**징계(해고)의 절차적 정당성** (2003두15317) ※ 참고판례 - 2010다100919	▪ 징계의 정당성 ▪ 징계의 절차 ▪ 징계(해고)의 절차적 · 실체적 정당성(2010다100919)
10	**경영상 해고** (2016두64876)	▪ 경영상 해고의 정당성 ▪ 통상해고의 개념 및 적용
11	**우선 재고용 의무** (2016다13437)	▪ 경영상 해고의 우선 재고용 의무 ▪ 중간수입의 공제
12	**해고의 예고** (2017다16778)	▪ 해고예고 제도 ▪ 해고예고수당의 반환
13	**해고서면통지** (2017다226605)	▪ 해고의 서면통지 ▪ 통상해고
14	**단체협약상 해고합의조항** (2005두8788)	▪ 징계제도 개관과 정당성 판단 ▪ 해고 동의 조항의 해석
15	**사업 이전과 고용승계** (2000두8455)	▪ 영업양도 ▪ 고용승계

[1] 취업규칙과 근로계약의 관계*

(대법원 2022. 1. 13. 선고 2020다232136 판결)

기초지식

☑ 법원(法源)은 법적 분쟁을 해결하기 위해 법관이 기준으로 삼을 수 있는 재판규범. 노동법의 법원(法源)에는 헌법, 법률, 관습법과 함께 단체협약, 취업규칙, 근로계약, 노동 관행도 포함1)

☑ 우리나라가 비준한 국제노동기구(ILO) 조약도 규범으로 작용(「헌법」 제6조 제1항).

☑ 판례나 행정기관의 예규, 질의회시 등은 노동 문제에서 중요한 분쟁 해결 기준으로 작용하지만, 원칙적으로 규범성은 부정2)

☑ 호봉제 - 임금의 주된 부분이 근속연수로 결정되는 임금체계이며, 성과연봉제는 근로자의 성과에 대한 평가가 일정 부분 반영되는 임금체계

☑ 임금피크제 - 정년 보장 또는 연장을 전제로 고령 근로자의 임금을 단계적으로 감액하는 제도

Ⅰ. 논의의 배경과 쟁점

'취업규칙'은 사용자가 사업장 내 다수의 개별적 근로관계 처리에 편의를 도모하고자 근로계약과 복무규정 및 직장 질서에 관한 사항 등을 정해둔 것이다.3) 사용자는 작성된 취업규칙을 통해 근로계약 절차를 간소화할 수 있고, 법령을 개별 사업장의 사정에 맞게 변환해 반영한다. 또한, 조직 질서에 관한 사항을 담아 사업장을 효율적으로 관리할 수 있다.

> **근기법 제93조(취업규칙의 작성 · 신고)** 상시 10명 이상의 근로자를 사용하는 사용자는 다음 각 호4)의 사항에 관한 취업규칙을 작성하여 고용노동부장관에게 신고하여야 한다. 이를 변경하는 경우에도 또한 같다.

---

* 2025. 8. 핵심판례에서 제외되었다. 대법원판결의 사실관계 등은 이재현, "현행 취업규칙 제도의 기능적 한계와 개선 방안 - 주요 대법원판결의 흐름을 중심으로 -", 「원광법학」(제40권 제4호), 2024, 192-196면 참고.

1) 김형배 · 박지순, 「노동법강의」, 신조사, 2023, 16면.

2) 이철수, 「노동법」, 현암사, 2023, 38-39면 참고.

3) 김형배 · 박지순, 「노동법강의」, 신조사, 2023, 19면, 147면.

4) 1. 업무의 시작과 종료 시각, 휴게시간, 휴일, 휴가 및 교대 근로에 관한 사항
   2. 임금의 결정 · 계산 · 지급 방법, 임금의 산정기간 · 지급시기 및 승급(昇給)에 관한 사항
   3. 가족수당의 계산 · 지급 방법에 관한 사항

한편, 취업규칙에는 근로자를 보호하는 기능도 있다. 취업규칙에 법정 기준 이상의 근로조건을 명시한 경우, 이를 불리하게 변경하기 위해서 **집단적 동의 절차**를 거쳐야 한다. 근로조건을 집단적으로 정하는 과정에서 개별 근로자의 권리나 의사가 무시될 가능성이 있어 변경 절차를 별도로 규정한 것으로 이해할 수 있다.

> **근기법 제94조(규칙의 작성, 변경 절차)** ① 사용자는 취업규칙의 작성 또는 변경에 관하여 해당 사업 또는 사업장에 근로자의 과반수로 조직된 노동조합이 있는 경우에는 그 노동조합, 근로자의 과반수로 조직된 노동조합이 없는 경우에는 근로자의 과반수의 의견을 들어야 한다. <u>다만, 취업규칙을 근로자에게 불리하게 변경하는 경우에는 그 동의를 받아야 한다</u>.
> ② 사용자는 제93조에 따라 취업규칙을 신고할 때에는 제1항의 의견을 적은 서면을 첨부하여야 한다.

근로자의 근로조건은 취업규칙 외에도 개별 사용자와 근로자가 체결한 근로계약, 노동조합과 사용자의 단체협약으로 정해지기도 한다. 법령은 단체협약은 취업규칙보다, 취업규칙은 근로계약보다 효력 상 우위라고 규정하고 있다.

> **근기법 제96조(단체협약의 준수)** ① 취업규칙은 법령이나 해당 사업 또는 사업장에 대하여 적용되는 단체협약과 어긋나서는 아니 된다.
> ② 고용노동부장관은 법령이나 단체협약에 어긋나는 취업규칙의 변경을 명할 수 있다.
> **제97조(위반의 효력)** <u>취업규칙에서 정한 기준에 **미달**하는 근로조건을 정한 근로계약은 그 부분에 관하여는 **무효**</u>로 한다. 이 경우 무효로 된 부분은 취업규칙에 정한 기준에 따른다.
>
> **노조법 제33조(기준의 효력)** ① 단체협약에 정한 근로조건 기타 근로자의 대우에 관한 기준에 위반하는 취업규칙 또는 근로계약의 부분은 무효로 한다.
> ② 근로계약에 규정되지 아니한 사항 또는 제1항의 규정에 의하여 무효로 된 부분은 단체협약에 정한 기준에 의한다.

---

4. 퇴직에 관한 사항
5. 「근로자퇴직급여 보장법」 제4조에 따라 설정된 퇴직급여, 상여 및 최저임금에 관한 사항
6. 근로자의 식비, 작업 용품 등의 부담에 관한 사항
7. 근로자를 위한 교육시설에 관한 사항
8. 출산전후휴가 · 육아휴직 등 근로자의 모성 보호 및 일 · 가정 양립 지원에 관한 사항
9. 안전과 보건에 관한 사항
9의2. 근로자의 성별 · 연령 또는 신체적 조건 등의 특성에 따른 사업장 환경의 개선에 관한 사항
10. 업무상과 업무 외의 재해부조(災害扶助)에 관한 사항
11. 직장 내 괴롭힘의 예방 및 발생 시 조치 등에 관한 사항
12. 표창과 제재에 관한 사항
13. 그 밖에 해당 사업 또는 사업장의 근로자 전체에 적용될 사항

하지만, 단체협약과 취업규칙 및 근로계약의 내용이 서로 다르게 규정된 경우, 특히 단체협약이나 취업규칙이 불리하게 개정되어 근로계약보다 근로조건이 낮아진 경우가 문제가 된다. 대상판결은 취업규칙의 불리한 개정으로 인하여 취업규칙에 규정된 근로조건이 기존의 근로계약보다 낮아진 상황에서 해당 근로자의 근로조건을 결정하는 기준에 대하여 판시하였다.

Ⅱ. 대상판결 분석

1. 사실관계

원고는 1994년 피고 산하 대학교의 조교수로 신규 임용되었고, 이후 재임용을 거쳐 2005년 교수로 승진되었다. 재임용 및 승진 과정에서 별도로 임용계약서를 작성하거나 임금 등 근로조건에 관한 새로운 약정을 체결하지 않았다. 피고는 교원의 급여체계에 관하여 1998년까지 호봉제를 유지하다가, 1999년 '연봉제 급여지급규정'[5]을 제정하여 2000년부터 시행하였다. 원고는 연봉제 시행이 취업규칙의 불이익한 변경임에도 집단적 동의를 받지 않아 무효라고 주장했고, 법원은 2016년까지 호봉제 적용 임금의 차액분을 지급하라는 판결을 선고했다.[6] 피고는 2017. 8. 16. '1999년 급여지급규정'에 대한 찬반투표를 실시하였고,[7] 전임교원 145명 중 107명 참여 및 100명이 찬성하여 가결되었다.

2. 당사자의 주장

원고는 2017년 3월부터 2018년 2월 사이에 호봉제에 따른 급여액과 실제 지급받은 급여액의 차액을 청구하는 이 사건 소를 제기했다. 피고는, 2017. 8. 16. '급여지급규정'이 현재 근무 중인 교원 과반수의 동의를 얻어 사후 추인되었으므로, 개정 이후 연봉제에 따른 급여 지급이 정당하다고 주장했다.

---

5) 대법원 2004. 2. 12. 선고 2001다63599판결에 의하면, 취업규칙은 사용자가 근로자의 복무규율과 임금 등 당해 사업의 근로자 전체에 적용될 근로조건에 관한 준칙을 규정한 것으로 그 명칭에 구애받는 것은 아니다. 이에 따라 근로자의 주요 근로조건인 임금에 관하여 정한, 연봉제 급여지급규정도 취업규칙이 될 수 있다.

6) 2007년부터 2016년까지 네 차례의 소를 제기하였다.

7) 소송 이후, 취업규칙 개정의 절차적 하자를 인지하고 이를 바로잡기 위하여 집단적 동의 과정을 거친 것으로 파악된다.

3. 하급심 법원의 판단

1심 법원[8]은 원고가 재임용되며 연봉제에 관한 취업규칙을 수용했다고 보기 어려운 점, 구체적인 지급 청구권이 발생한 임금 · 퇴직금은 근로자의 사적 재산영역으로 옮겨져 취업규칙에 대한 사후 추인 결의로 소급하여 소멸시킬 수 없는 점, 연봉제 변경 동의가 적법해도 불리하게 변경된 취업규칙이 유리한 근로계약에 우선하지 않는 점을 근거로 원고의 청구를 인용했다. 원심[9] 역시 같은 취지로 원고가 호봉제가 시행되던 1994년 조교수로 신규 임용된 이래 근로관계가 계속되었으므로 임금을 호봉제로 정하는 내용의 근로계약이 성립[10]되었다고 판단했다.

4. 대법원판결

근기법 제97조를 반대해석하면, 취업규칙에서 정한 기준보다 유리한 근로조건을 정한 개별 근로계약 부분은 유효하고 취업규칙에서 정한 기준에 우선하여 적용된다. 한편, 근기법 제94조는 사용자가 일방적으로 정하는 취업규칙을 근로자에게 불리하게 변경하려고 할 경우 근로자를 보호하기 위하여 집단적 동의를 받을 것을 요건으로 정한 것이다. 그리고 근기법 제4조[11]는 사용자가 일방적으로 근로조건을 결정하여서는 아니 되고, 근로조건은 근로관계 당사자 사이에서 자유로운 합의에 따라 정해져야 하는 사항임을 분명히 함으로써 근로자를 보호하고자 하는 것이 주된 취지이다. 이러한 각 규정 내용과 그 취지를 고려하면, 근기법 제94조가 정하는 집단적 동의는 취업규칙의 유효한 변경을 위한 요건에 불과하므로, 취업규칙이 집단적 동의를 받아 근로자에게 불리하게 변경된 경우에도 근기법 제4조가 정하는 근로조건 자유 결정의 원칙은 여전히 지켜져야 한다.

따라서 **근로자에게 불리한 내용으로 변경된 취업규칙은 집단적 동의를 받았다고 하더라도 그보다 유리한 근로조건을 정한 기존의 개별 근로계약 부분에 우선하는 효력을 갖는다고 할 수 없다**. 이 경우에도 근로계약의 내용은 유효하게 존속하고, 변경된 취업규칙의 기준에 의하

---

8) 광주지방법원 목포지원 2018. 11. 28. 선고 2018가단50889 판결.

9) 광주지방법원 2020. 5. 8. 선고 2019나50112 판결.

10) "원고와 피고 사이에 위와 같은 내용을 명시적으로 기재한 근로계약서가 작성되지 아니하였다고 하여 달리 볼 것은 아니다." 이는 근로계약에 호봉제에 관한 구체적인 조항이 없었음을 나타내는 것으로 이해된다.

11) **제4조(근로조건의 결정)** 근로조건은 근로자와 사용자가 동등한 지위에서 자유의사에 따라 결정하여야 한다.

여 유리한 근로계약의 내용을 변경할 수 없으며, 근로자의 개별적 동의가 없는 한 취업규칙보다 유리한 근로계약의 내용이 우선하여 적용된다(대법원 2019.11.14. 선고 2018다200709 판결 참조).

그러나 근기법 제4조, 제94조 및 제97조의 규정 내용과 입법 취지를 고려할 때, 위와 같은 법리는 근로자와 사용자가 취업규칙에서 정한 기준을 상회하는 근로조건을 개별 근로계약에서 따로 정한 경우에 한하여 적용될 수 있는 것이고, **개별 근로계약에서 근로조건에 관하여 구체적으로 정하지 않고 있는 경우에는 취업규칙 등에서 정하는 근로조건이 근로자에게 적용**된다고 보아야 한다.

5. 파기환송심

파기환송심[12]은 취업규칙에 관한 집단적 동의를 얻기 전의 임금은 호봉제에 근거하여 산정된 급여와 실제 지급한 급여의 차액을 지급할 의무가 있다고 판단했다. 반면, 취업규칙에 관한 집단적 동의를 얻은 이후의 임금에 대해서는, 원고가 기존의 호봉제가 시행되던 1994. 3. 1. 피고의 조교수로 신규 임용된 이래 원고와 피고 사이의 근로관계가 계속되어 왔을 뿐 원고와 피고는 대학교 급여 규정 등이 규정한 바에 따라 급여를 지급받기로 하는 외에 별도로 임용계약서를 작성하거나 임금 등 근로조건에 관하여 약정을 체결하지 않았으므로, 적어도 2017. 8. 16. 연봉제 임금체계에 대하여 근로자 과반수의 동의를 얻은 후에는 원고에게 취업규칙상 변경된 연봉제 규정이 적용된다고 판단했다.

Ⅲ. 판결의 주요 쟁점

1. 취업규칙의 법적 성격

취업규칙의 법적 성격은 크게 법규범설과 계약설로 나누어진다. 법규범설은 취업규칙을 법률상 근로계약 당사자를 구속하는 법규범으로 보는데, 이 중 수권설은 국가가 사용자의 지배력 억제와 근로자 보호를 전제로 취업규칙 제정 권한을 사용자에게 부여했고, 이에 근거하여 취업규칙이 구속력을 갖는다고 설명한다. 반면, 계약설은 취업규칙 그 자체가 법규범은 아니

12) 광주지방법원 2023. 1. 11. 선고 2022나50860 판결.

지만, 근로자의 동의를 매개로 당사자를 구속한다고 본다.[13]

취업규칙보다 불리한 근로조건을 정한 근로계약의 부분은 효력이 부인되고(**강행적 효력**), 무효가 된 부분은 취업규칙에 정한 기준이 적용되므로(**직률적 효력**), 취업규칙은 근기법처럼[14] 사업장 내에서 근로조건의 최저기준을 정하는 기능을 갖는다. 취업규칙의 강행적 · 직률적 효력은 개별 교섭으로 근로자가 안게 될 불리한 계약 내용을 규제 및 시정하고 근로자의 이익을 보호하는데 그 취지가 있다.[15]

법규범설은 취업규칙의 집단적 · 통일적 속성을 중시한다. 계약설은 취업규칙의 작성 · 변경에 반대한 근로자에게도 취업규칙이 구속력을 가지는 이유를 설명하는 데 한계가 있다.[16]

2. 취업규칙 작성의 주된 권한

취업규칙은 다수 근로자의 근로조건을 통일적으로 규율하고, 노동조합 미조직 사업장의 근로조건을 실질적으로 설정하는 점에서 중요하다. 근기법은 취업규칙의 규범적 효력을 인정함과 동시에 작성 · 변경 등 여러 측면에서 규제하고 있다.[17] 사용자와 노동조합의 교섭을 통해 체결되는 단체협약[18]과 달리 법상 취업규칙의 작성 권한은 사용자에게 있다. 이에 따라 취업규칙이 사용자가 일방적으로 작성하는 규범인지, 노사대등 원칙에 따라 사용자와 근로자가 자율적으로 설정하는 규범인지가 문제가 되며, 학설의 대립이 존재한다.

---

13) 임종률 · 김홍영, 「노동법」, 박영사, 2024, 366면.

14) **제15조(이 법을 위반한 근로계약)** ① 이 법에서 정하는 기준에 미치지 못하는 근로조건을 정한 근로계약은 그 부분에 한정하여 무효로 한다.
② 제1항에 따라 무효로 된 부분은 이 법에서 정한 기준에 따른다.

15) 김형배 · 박지순, 「노동법강의」, 신조사, 2023, 147면.

16) 이철수, 「노동법」, 현암사, 2023, 129-130면 참고.

17) 이철수, 「노동법」, 현암사, 2023, 40면.

18) **노조법 제31조(단체협약의 작성)** ① 단체협약은 서면으로 작성하여 당사자 쌍방이 서명 또는 날인하여야 한다.

3. 취업규칙 불이익 변경 시 유리한 기존 근로계약의 효력

대상판결을 지지하는 견해는 사적자치의 원칙상 취업규칙보다 높은 수준의 근로계약을 체결할 수 있고, 집단적 동의는 취업규칙 변경의 유효요건에 불과하여 유리한 개별 근로계약 부분이 존속한다고 본다.[19] 즉, 취업규칙의 강행적 효력은 취업규칙으로 정한 근로조건에 미달하는 근로계약의 부분에만 미친다고 본다.[20]

반면, 대상판결을 비판하는 견해는 취업규칙의 불리한 변경에 집단적 동의라는 엄격한 요건을 설정하고 있으므로 동의를 얻은 이후에는 집단적 · 통일적 근로조건 규율이라는 취업규칙 본래의 기능을 고려해야 하고, 근로자 동의를 별도로 받아야 하는 실무적인 어려움도 지적한다.[21] 또한, 개별적 근로계약의 일반원칙인 근기법 제4조가 집단적 규율 단계에 원용될 수 없는 점,[22] 취업규칙 불이익 변경의 절차적 요건인 제94조의 취지가 상실되는 점,[23] 집단적 동의에는 개별 동의까지 포함된 것으로 볼 수 있는 점[24] 등을 근거로 한다.

Ⅳ. 결론

대상판결은 취업규칙이 근로자의 집단적 동의를 얻어 불리하게 변경되더라도 개별 근로계약에서 정한 유리한 부분은 여전히 존속한다고 판시했다. 이에 따라 근로계약에 정해진 내용을 불리하게 변경하려는 경우, 취업규칙의 개정과 함께 개별 근로자의 동의까지 필요하다. 이는 근로자 보호에는 유리한 것이나 사용자의 관리상 부담을 가중할 수 있다. 다만, 근로계약에 명시적인 규정이 없으면 변경된 취업규칙이 적용된다.

---

19) 김경태, "취업규칙의 불리한 변경과 유리한 조건 우선의 원칙의 적용", 「노동법논총」(제59집), 2023, 321, 326면.
20) 임종률 · 김홍영, 「노동법」, 박영사, 2024, 366면.
21) 최홍엽, "취업규칙의 불이익 변경과 기존 근로계약 -대법원 2018다200709 판결의 비판적 검토-", 「노동법학」(제73호), 2020, 221, 229면.
22) 김형배, "취업규칙의 불이익변경과 근로계약의 유리한 규정", 「노동법포럼」(제29호), 2020, 2, 9-11면 참고.
23) 이달휴, "취업규칙의 불이익 변경 요건과 유리한 조건 우선의 원칙", 「노동법논총」(제55집), 2022, 170-171면 참고.
24) 박종희, "취업규칙과 근로계약 간의 유리한 조건 우선의 원칙과 근로조건의 집단적 결정 법리와의 관계", 「안암법학」(제56호), 2018, 258면.

[2] 근기법상 근로자 개념

(대법원 2006. 12. 7. 선고 2004다29736 판결)

기초지식

☑ 근로자의 4대 사회보험 가입은 법상 의무임.[1] 국민연금과 건강보험은 전 국민을 가입 대상으로 하나(가입 자격 - 지역 및 직장), 고용보험과 산재보험은 근로자를 가입 대상으로 해 오다가 최근 특수형태근로종사자, 플랫폼 종사자, 자영업자 등으로 확대하는 추세

☑ 원칙적으로 근기법상 근로자로 인정되어야 최저임금, 퇴직급여, 연차수당 등 노동법상 권리를 행사할 수 있음. 즉, 근로자 인정이 노동법상 권리 행사의 전제[2]

☑ 최근에는 근기법과 노조법의 근로자 개념이 분리되고, 4대 보험 가입 자격이 확대되는 등 근기법상 근로자로 인정되지 않더라도 일정한 노동법상 권리를 누릴 수 있음

☑ 퇴직일시금과 퇴직연금을 합쳐서 퇴직급여라 함. 종래 퇴직금은 근기법에 퇴직일시금 형태로 규정되어 있다가, 「근로자퇴직급여보장법」이 제정되면서 퇴직일시금과 퇴직연금으로 분리

☑ 해고예고수당은 사용자가 근로자를 해고하는 경우 지켜야 하는 기간에 관한 것이며, 해고의 정당성과는 별개

Ⅰ. 논의의 배경과 쟁점

근기법상 근로자는 직업의 종류와 관계없이 임금을 목적으로 사업이나 사업장에 근로를 제공하는 사람(제2조 제1호)이다. 일반적으로 근로자는 근로계약서를 작성하고 4대 보험에 가입하므로 이러한 사실관계를 통하여 근로자인지를 1차적으로 확인할 수 있지만, 실질적 판단이 필요한 경우도 있다.

> **근기법 제2조(정의)** ① 이 법에서 사용하는 용어의 뜻은 다음과 같다.
> 1. "근로자"란 직업의 종류와 관계없이 임금을 목적으로 사업이나 사업장에 근로를 제공하는 사람을 말한다.

---

1) 4대 사회보험(국민연금, 국민건강보험, 고용보험, 산업재해보상보험)을 줄여서 4대 보험, 국민건강보험을 건강보험, 산업재해보상보험을 산재보험이라고 부른다.

2) 근로자성이 문제 되는 대표 직종으로 학원 강사, 미용사, 헬스장 트레이너, 제조업 1인 수급 사업주 등이 있다.

> 4. "근로계약"이란 근로자가 사용자에게 근로를 제공하고 사용자는 이에 대하여 임금을 지급하는 것을 목적으로 체결된 계약을 말한다.

사용자는 근로자에게 4대 보험 가입, 퇴직급여 지급, 연차휴가 부여, 모성 보호 규정 준수 등 노동법상 의무를 이행해야 하는데 이는 비용 발생과 연결된다. 또한, 계약기간 준수나 해고의 제한으로 근로계약 종료가 제한되며, 노동법 위반에 벌칙이 적용될 수 있다. 이에 따라, 사용자가 근로계약을 회피할 유인이 존재한다. 외관상 근로계약은 아니지만(프리랜서, 자영인, 용역, 도급 등), 실질적으로 근로자인지가 문제 되는 경우, 어떤 기준에 따라서 판단할 것인지가 쟁점이 된다.

퇴직금은 계속근로기간이 1년 이상이면 발생하는데, 1년에 미달하는 기간을 반복한 경우 퇴직금 지급 대상인지가 문제 된다. 개별 계약을 기준으로 하면 법상 요건을 충족하지 못했지만, 실제 장기간 근로에도 퇴직금을 받지 못하는 것은 불합리한 측면이 있기 때문이다.

> **근로자퇴직급여보장법 제8조(퇴직금제도의 설정 등)** ① 퇴직금제도를 설정하려는 사용자는 계속근로기간 **1년**에 대하여 **30일분 이상의 평균임금**을 퇴직금으로 퇴직 근로자에게 지급할 수 있는 제도를 설정하여야 한다.

해고는 사용자가 일방적으로 계약을 해지하는 것으로, 계약기간 만료로 인한 계약 종료는 원칙적으로 해고가 아니다. 다만, 기간제 계약이 반복되고, 당사자가 특별한 사정이 없으면 계약의 지속을 신뢰하는 상황에서 사용자의 일방적인 재계약 거부를 해고로 평가할 수 있을지가 문제가 된다.

II. 대상판결 분석

1. 사실관계

원고들은 학원의 종합반 강사로, 매년 2월 중순부터 대입 수학능력 시험일이 있는 11월까지, 아침 9시부터 저녁 7시까지 이어지는 10교시의 강의 시간 중 하루 4~5교시, 1개월 100시간~110시간의 강의를 하고 시간당 28,000원 내지 30,000원으로 계산된 월 300만 원 정도의 강사료를 받았다. 수학능력시험이 끝난 후 다음 해 2월 개강 전까지는, 논술 담당 강사를 제외하고는 강의하지 않고 강사료도 받지 않았다.

학원 일과는 08:30경 교직원 조례로 시작되는데, 담임을 맡은 강사는 08:00까지 나와 아침 자습과 방송 수업을 감독하다 조례에 참석하고 담임을 맡지 않은 강사는 자신의 첫 강의 전까지 학원에 나와 강의를 마친 오후 5시~7시경 퇴근하였다. 담임 강사들은 한 달에 몇 차례 저녁 자습을 감독한 후 퇴근하였다. 자유시간에는 휴식이나 교재 연구 등으로 다른 곳에 강의를 나가기는 사실상 불가능했고, 특정 요일 오전이나 오후에 강의가 없도록 조정하는 것은 가능했다. 강의 교재는, 강사들이 복수의 교재를 학원 측에 추천하면 학원 측이 하나를 선택하여 사용하였다. 담임 강사들은 담임 업무수행[3]의 대가로 월 30만 원의 수당을 지급받았고, 담임을 맡지 않은 강사에게도 필요에 따라 모의고사 시험 감독 등의 업무가 부과되었다.

원고들은 처음에는 문서로 된 계약서를 작성하지 않았고 근로소득세를 납부했으며, 직장의료보험에 가입했다. 이후 학원 측은 방침을 바꾸어 매년 강사들과 **강의용역제공계약서**를 작성하였고, **사업자 등록**을 하게 하고 **지역의료보험**에 가입하게 하였으며, 강사들의 보수에 대하여 **사업소득세**를 원천 징수하였다.

2. 당사자의 주장

원고는 자신들이 종속적인 관계에서 근로한 근로자이므로, 사용자인 피고가 원고들에게 퇴직금과 해고예고수당을 지급할 의무가 있다고 주장했다. 피고는 원고가 근로자가 아니므로 근기법이 적용되지 않는다고 주장한 것으로 파악된다.

> **근기법 제26조(해고의 예고)** 사용자는 근로자를 해고(경영상 이유에 의한 해고를 포함한다)하려면 적어도 **30일 전**에 예고를 하여야 하고, 30일 전에 예고를 하지 아니하였을 때에는 **30일분 이상의 통상임금**을 지급하여야 한다. 다만, 다음 각 호의 어느 하나[4]에 해당하는 경우에는 그러하지 아니하다.

3) 아침 교직원 조례 등에서 전달받은 **단순 사무와 행정적인 일**로서 아침 자습과 방송 수업 감독, 저녁 자습 감독, 수강생 조례 주재, 전달 사항 통보, 등록금 통지서. 모의고사 성적표 배부, 수강생들의 외출증 · 조퇴증 작성 및 발급, 결석 · 지각 · 조퇴 · 외출 학생 학부모 통보, 개별 상담, 모의고사 시험 감독, 수능 시험 후 대학 지원 상황 파악 · 보고, 합격자 현황 파악 · 보고 등 그때그때 학원 측에서 필요하다고 인정되는 업무를 수행했다.

4) 1. 근로자가 계속 근로한 기간이 3개월 미만인 경우
2. 천재 · 사변, 그 밖의 부득이한 사유로 사업을 계속하는 것이 불가능한 경우
3. 근로자가 고의로 사업에 막대한 지장을 초래하거나 재산상 손해를 끼친 경우로서 고용노동부령으로 정하는 사유

3. 하급심 법원의 판단

1심 법원[5]은 담임이 아닌 강사들은 종속적인 관계에서 근로를 제공했다고 보기 어렵다고 판단했다. 반면, 담임을 맡은 강사들은 담당 업무의 내용이 강의용역제공계약에서 정한 것과 별개로 구체적인 내용이 피고에 의하여 정해지며, 업무수행의 대상적 성격인 담임 수당이 지급되므로 실질에 있어 임금을 목적으로 종속적인 관계에서 근로를 제공한 관계에 있으므로 담임을 맡았던 기간에 한하여 근로자로 볼 여지가 있다고 보았다. 다만, 계약기간이 매년 약 9개월로 근로관계의 계속성이나 전속성을 인정하기 부족하다고 판단했다. 해고예고수당에 대해서는 담임이 아닌 강사들은 근로자가 아니라는 점에서, 담임인 강사들은 매년 새로운 9개월의 강의용역계약을 체결했으므로 기간제 계약의 만료라는 점에서 인정하지 않았다.

원심[6]은 담임을 맡지 않은 강사뿐 아니라 담임 강사의 근로자성도 부정했다. 피고학원에 대한 종속성이 상대적으로 더 강하게 보이지만, 담임 업무의 내용만으로 원고들과 피고 사이에 기본적인 계약 관계를 뛰어넘는 새로운 근로관계를 인정하기는 부족하다고 판단했다. 또한, 근로계약을 가정하더라도 1심과 같은 이유로 주장을 인정할 수 없다고 하였다.

4. 대법원판결

근기법상 근로자 해당 여부는 계약의 형식이 고용계약인지 도급계약인지보다 **그 실질에 있어 근로자가 사업 또는 사업장에 임금을 목적으로 종속적인 관계에서 사용자에게 근로를 제공하였는지 여부에 따라 판단**하여야 하고, 여기에서 종속적인 관계가 있는지 여부는 업무 내용을 사용자가 정하고 취업규칙 또는 복무(인사)규정 등의 적용을 받으며 업무 수행 과정에서 사용자가 상당한 **지휘・감독**을 하는지, 사용자가 근무시간과 근무장소를 지정하고 근로자가 이에 **구속**을 받는지, 노무제공자가 스스로 비품・원자재나 작업도구 등을 소유하거나 제3자를 고용하여 업무를 대행케 하는 등 독립하여 자신의 계산으로 **사업을 영위**할 수 있는지, 노무 제공을 통한 이윤의 창출과 손실의 초래 등 **위험**을 스스로 안고 있는지, 보수의 성격이 **근로 자체의 대상적 성격**[7]인지, 기본급이나 고정급이 정하여졌는지 및 근로소득세의 원천징수 여부

에 해당하는 경우

5) 부산지방법원 2003. 9. 17. 선고 2001가합18448 판결.

6) 부산고등법원 2004. 5. 19. 선고 2003나14492 판결.

7) 대상적(對象的) - 대상으로 되거나 대상과 관련되는 것(표준국어대사전).

등 **보수**에 관한 사항, 근로 제공 관계의 **계속성**과 사용자에 대한 **전속성**의 유무와 그 정도, 사회보장제도에 관한 법령에서 근로자로서 지위를 인정받는지 등의 경제적·사회적 여러 조건을 종합하여 판단하여야 한다. 다만, 기본급이나 고정급이 정하여졌는지, 근로소득세를 원천징수하였는지, 사회보장제도에 관하여 근로자로 인정받는지 등의 사정은 **사용자가 경제적으로 우월한 지위를 이용하여 임의로 정할 여지**가 크기 때문에, 그러한 점들이 인정되지 않는다는 것만으로 근로자성을 쉽게 부정하여서는 안 된다.

대학입시학원 종합반 강사들의 출근·강의 시간 및 강의 장소의 지정, 사실상 다른 사업장에 대한 노무 제공 가능성의 제한, 강의 외 부수 업무 수행 등에 관한 사정과 그들이 시간당 일정액에 정해진 강의시간 수를 곱한 금액을 보수로 지급받았을 뿐 수강생 수와 이에 따른 학원의 수입 증감이 보수에 영향을 미치지 아니하였다는 사정 등에 비추어 볼 때 위 강사들은 근기법상의 근로자에 해당한다. 비록 이들이 학원 측과 매년 '강의용역제공계약'이라는 이름의 계약서를 작성하였고 일반 직원들에게 적용되는 취업규칙 등의 적용을 받지 않았으며 보수에 고정급이 없고 부가가치세법상 사업자등록을 하고 근로소득세가 아닌 사업소득세를 원천징수당하였으며 지역의료보험에 가입하였다고 하더라도 위 강사들의 근로자성을 부정할 수 없다.

근로계약기간이 만료하면서 다시 근로계약을 맺어 그 근로계약기간을 갱신하거나 동일한 조건의 근로계약을 반복하여 체결한 경우에는 갱신 또는 반복된 계약기간을 합산하여 계속 근로 여부와 계속 근로 연수를 판단하여야 하고, 갱신되거나 반복 체결된 근로계약 사이에 일부 공백 기간이 있다 하더라도 그 기간이 전체 근로계약 기간에 비하여 길지 아니하고 **계절적 요인이나 방학 기간 등 당해 업무의 성격**에 기인하거나 **대기 기간·재충전을 위한 휴식 기간 등의 사정**이 있어 그 기간 중 근로를 제공하지 않거나 임금을 지급하지 않을 상당한 이유가 있다고 인정되는 경우에는 근로관계의 계속성은 그 기간 중에도 유지된다.

대학입시학원 종합반 강사들이 매년 계약기간을 2월 중순경부터 그 해 11월경까지로 정한 근로계약을 반복하여 체결한 경우, 계약기간이 아닌 기간에 강사들이 수능시험 문제 풀이, 논술 강의, 대학 지원자 및 대학 합격자 파악·보고 등의 업무를 수행한 점 등에 비추어 볼 때 계약기간이 아닌 기간도 강의 외 부수 업무 수행과 다음 연도 강의를 위한 재충전 및 강의 능력 제고를 위한 연구 기간으로서 근로관계가 계속되었다.

대학입시학원 종합반 강사들이 짧게는 10년, 길게는 15년 동안 계속하여 강사로 근무하였고, 1994년 전까지는 기간의 정함이 없이 근로를 제공하였으며, 그 후로는 계약의 형식이 '용역계약'으로 바뀌었으나 실제 근무 형태는 종전과 달라진 것이 없이 매년 2월에 계약을 갱신하였고, 그와 같이 반복 체결된 계약이 6~7회에 이르며, 사용자가 계약 갱신을 거절한 것도 강사들이 60세에 도달하였기 때문일 뿐 근무성적이나 업무 성과 등 근로계약의 갱신 시 고려할 다른 사정 때문이 아니라는 등의 이유로, 위 강사들이 매년 근로계약을 체결하는 형식을 갖추었더라도 **실질적으로 기간의 정함이 없는 근로자의 지위**에 있었다고 보아 사용자의 근로계약 갱신 거절이 해고에 해당한다.

Ⅲ. 판결의 주요 쟁점

1. 근로자성 판단

근로자의 노무 제공은 인신과 분리될 수 없으므로 신체 · 건강 · 노동력 유지라는 보호가 요청되고, 사용자의 지배영역인 경영조직에서 지시에 따라 노무를 제공하므로 인격적으로 보호되어야 하며, 최소한의 임금수준 보장 및 해고로부터의 보호가 필요하다.[8)]

대상판결에 의하면, 근기법상 근로자에 해당하는지 판단할 때 계약의 형식보다는 **근로 제공의 실질**을 중시 또는 우선된다. 노무제공자가 사업 또는 사업장에 임금을 목적으로 종속적 관계에서 근로를 제공했는지에 따라 판단하고, 종속성 여부 판단에는 제반 요소를 종합적으로 고려한다. 한편, 사용자가 경제적 힘의 우위를 이용하여 쉽게 일방적으로 정할 수 있는 사항을 이유로 근로자성을 쉽게 부정해서는 안 된다.[9)] 사실관계에서 원고가 불리한 조건의 변경을 수용할 수밖에 없었다는 사실은 강력한 종속성 추정을 가능하게 한다.[10)]

2. 퇴직금 지급 관련 계속근로연수

퇴직급여(퇴직금)는 계속근로기간이 1년 이상인 경우 적용된다.[11)] 이에 따라 1년 미만으로 근로계약을 정한 기간제 근로자에게는 퇴직급여가 발생하지 않는 것이 원칙이다. 하지만, 같은 사업장에서 일정한 공백 기간을 두고 계약이 반복되는 경우가 있다. 기간제법은 기간제 근

---

8) 김형배 · 박지순, 「노동법강의」, 신조사, 2020, 25면.
9) 이철수, 「노동법」, 현암사, 2023, 48면.
10) 한국노동법학회(피용호 집필 부분), 「노동판례백선」, 박영사, 2015, 23면.
11) 입사 직후부터 적립되는 퇴직연금(DC형)도 계속근로기간 1년을 넘어야 근로자의 권리로 귀속된다.

로자를 2년을 초과하여 사용할 수 없도록 규정하고 있지만(제4조), 계약이 단절되면 이러한 제한이 적용되지 않는다.[12] 이에 따라 사업장에서 합산하여 수년을 근무하더라도 개별 근로계약 기간이 1년에 미달하여 퇴직급여가 발생하지 않는 경우가 있다.

근로계약이 만료됨과 동시에 근로계약기간을 갱신하거나 동일한 조건의 근로계약을 반복하여 체결한 경우에는 갱신 또는 반복한 계약기간을 모두 합산하여 계속근로년수를 계산하여야 한다(대법원 1995. 7. 11. 선고 93다26168 전원합의체 판결). 대상판결은 이에 더하여 갱신·반복 체결된 근로계약 사이에 일부 공백 기간이 있다 하더라도 그 기간이 **전체 근로계약 기간에 비하여 길지 아니하고**, 계절적 요인이나 방학 기간 등 **당해 업무의 성격**에 기인하거나 대기 기간·재충전을 위한 휴식 기간 등의 **사정**이 있어 그 기간 중 근로를 제공하지 않거나 임금을 지급하지 않을 상당한 이유가 있다고 인정되는 경우에는, 근로관계의 계속성이 유지된다고 판시했다.

3. 갱신기대권

기간을 정하여 채용된 근로자라고 할지라도 장기간에 걸쳐서 그 기간의 갱신이 반복되어 그 정한 기간이 단지 형식에 불과하게 된 경우에는 사실상 기간의 정함이 없는 근로자의 경우와 다를 바가 없게 되는 것이고, 사용자가 정당한 사유 없이 갱신계약의 체결을 거절하는 것은 해고와 마찬가지로 무효다(대법원 1994. 1. 11. 선고 93다17843 판결).

대법원은 근로계약, 취업규칙, 단체협약 등에 '기간이 만료되더라도 일정한 요건이 충족되면 당해 근로계약이 갱신된다'라는 취지의 **규정**을 두거나, 근로계약의 내용과 근로계약이 이루어지게 된 동기 및 경위, 계약 갱신의 기준 등 **갱신에 관한 요건이나 절차의 설정 여부 및 그 실태**, 근로자가 수행하는 업무의 내용 등 당해 **근로관계를 둘러싼 여러 사정**을 종합하여, 근로계약의 당사자 사이에 일정한 요건이 충족되면 근로계약이 갱신된다는 **신뢰 관계**가 형성되어 근로자에게 근로계약이 갱신될 수 있으리라는 **정당한 기대권**이 인정되는 경우에는, 사용자가 이에 위반하여 부당하게 근로계약의 갱신을 거절하는 것은 부당해고와 마찬가지로 효력이 없

12) **기간제 및 단시간근로자 보호 등에 관한 법률 제4조(기간제근로자의 사용)** ① 사용자는 **2년을 초과하지 아니하는 범위** 안에서(기간제 근로계약의 반복갱신 등의 경우에는 그 계속근로한 총기간이 2년을 초과하지 아니하는 범위 안에서) 기간제근로자를 사용할 수 있다. 다만, 다음 각 호의 어느 하나에 해당하는 경우에는 2년을 초과하여 기간제근로자로 사용할 수 있다.
1~6. 생략
② 사용자가 제1항 단서의 사유가 없거나 소멸되었음에도 불구하고 2년을 초과하여 기간제근로자로 사용하는 경우에는 그 기간제근로자는 기간의 정함이 없는 근로계약을 체결한 근로자로 본다.

고, 기간만료 후의 근로관계는 종전의 근로계약이 갱신된 것과 동일하다는 '갱신기대권' 법리를 인정하고 있다(대법원 2011. 4. 14. 선고 2007두1729 판결, 대법원 2014. 2. 13. 선고 2011두12528 판결 등 참조).[13]

Ⅳ. 결론

일반적인 민사상 계약과 달리 근로계약 관계의 근로자는 특별한 노동법상 보호를 받고, 사용자는 법상 최저기준 준수 의무와 법 위반 시 형사 책임을 부담한다. 이런 점에서 근기법상 근로자 개념의 확정은 노동법의 보호 대상을 명확히 한다는 측면에서 매우 중요하다.

최근 고용 형태가 다양화되면서 판단이 어려운 사례가 늘어나고 있다.[14] 도급적 노무자가 근기법상 근로자인지에 관하여 판례는 계약의 형식이나 명칭보다는 실질에 있어 사업 또는 사업장에 임금을 목적으로 종속적 관계에서 근로를 제공하는지 여부에 따라 결정해야 한다고 전제한다.[15] 한편, 이들을 보호하기 위하여 노동법은 적용 범위를 확대하려는 경향을 보이는데, 대표적으로 「산업안전보건법」, 「산업재해보상보험법」,[16] 「고용보험법」은 근기법상 근로자가 아닌 자의 권리를 인정한다.[17]

대상판결은 근로자로서 실질과 보호 필요성이 있는 학원 강사를 근로자라고 판단하면서 퇴직금과 해고예고수당에 관한 권리를 인정했다. 이는 법 적용에 있어서 실질을 중요시하는 노동법의 특성을 보여주며, 산업·사회환경의 변화에 따른 규범 해석의 변화를 나타낸다.

---

13) 정년이 지난 기간제 근로자에게도 갱신기대권이 인정될 수 있다. 이와 관련하여 대법원 2017. 2. 3. 선고 2016두50563판결 참고. "기간제법의 입법 취지가 기간제근로자 및 단시간근로자에 대한 불합리한 차별을 시정하고 근로조건 보호를 강화하기 위한 것임을 고려하면, 기간제법 제4조제1항 단서의 예외 사유에 해당한다는 이유만으로 갱신기대권에 관한 위 법리의 적용이 배제된다고 볼 수는 없다."

14) 김형배·박지순, 「노동법강의」, 신조사, 2020, 22-24면 참고.

15) 임종률·김홍영, 「노동법」, 박영사, 2024, 39면.

16) **산업재해보상보험법 제91조의15(노무제공자 등의 정의)** 이 장에서 사용하는 용어의 뜻은 다음과 같다.
   1. **"노무제공자"**란 자신이 아닌 다른 사람의 사업을 위하여 다음 각 목의 어느 하나에 해당하는 방법에 따라 자신이 직접 노무를 제공하고 그 대가를 지급받는 사람으로서 업무상 재해로부터의 보호 필요성, 노무제공 형태 등을 고려하여 대통령령으로 정하는 직종에 종사하는 사람을 말한다.
      가. 노무제공자가 사업주로부터 직접 노무제공을 요청받은 경우
      나. 노무제공자가 사업주로부터 일하는 사람의 노무제공을 중개·알선하기 위한 전자적 정보처리시스템(이하 "온라인 플랫폼"이라 한다)을 통해 노무제공을 요청받는 경우
   2. **"플랫폼 종사자"**란 온라인 플랫폼을 통해 노무를 제공하는 노무제공자를 말한다.

17) 한편, '노란봉투법'으로 불리는 노조법 개정안 논의도 이와 관련 있다.

※ 참고판례 - 대법원 2022. 4. 14. 선고 2021두33715판결

1. 사실관계

사용자인 피고 보조참가인[18]은 생명보험계약 체결과 보험료 징수, 보험금 지급 등을 목적으로 하는 회사로, 원고는 2010년 참가인과 보험설계사 위촉계약을 체결하였고, 2014년에는 회사와 사업가형 지점장[19] 추가업무 위탁계약을 체결하였다. 회사는 원고가 계약서의 준수사항, 회사의 규정 · 지침을 위반하여 계약을 유지할 수 없다는 취지로 2018. 3. 추가업무 위탁계약을, 2018. 4. 보험설계사 위촉계약을 해지한다는 통지를 하였다.

2. 당사자 주장 및 하급심 판결

원고는 추가업무 위탁계약의 해지가 부당해고라고 주장하며 서울지노위에 구제신청을 제기했다. 서울지노위는 2018. 7. '원고는 근기법상 근로자에 해당하고, 참가인이 일방적으로 위탁계약을 해지한 것은 해고에 해당하며, 해고 절차가 위법하다.'며 원고의 구제신청을 인용하였다. 회사는 이에 불복하여 중노위에 재심 신청을 하였는데,[20] 중노위는 2018. 11. '원고는 근기법상 근로자에 해당하지 아니하므로, 추가업무 위탁계약 해지는 해고에 해당하지 않는다.' 라며 초심 판정을 취소하고 원고의 구제신청을 각하하였다.

1심 법원[21]은 원고가 임금을 목적으로 회사의 지휘 감독하에 종속적인 관계에서 근로를 제공한 근로자로 보기 어렵다고 판단했다. 지점장 추가업무 위탁계약서의 내용은 다수의 사업가형 지점장과 반복 계약을 체결하기 위하여 표준 양식을 마련한 것일 뿐 회사가 일방적으로 업무 내용을 정한 것이 아닌 점, 일반직 지점장과 사업가형 지점장과의 업무상 유사성이 근로자성 판단의 결정적 요소가 아닌 점, 회사의 업무 수행 과정에 대한 지휘 · 감독이나 구체적 · 개별적 지시 · 감독이 나타나지 않은 점, 근로시간이나 근태, 휴가 등의 감독을 받지 않은 점, 실적에 따른 인센티브를 받아 (보수의) 변동 폭이 큰 점,[22] 사업소득세의 납부나 4대 보험 미

---

18) 노동위원회 부당해고 구제신청을 거쳐 서울행정법원의 원고는 근로자, 피고는 중노위 위원장, 사용자는 피고 보조참가인이 되었다.
19) FP 신분 지점장, Branch Manager.
20) 정황상 근로자가 아니라는 취지로 주장한 것으로 파악된다.
21) 서울행정법원 2019. 10. 25. 선고 2018구합90459 판결.

가입은 원고 노무 제공의 실질을 반영한 것인 점을 주된 근거로 하였다. 원심[23] 역시 1심 법원과 같은 취지로 판단했다.

3. 대법원판결의 요지

을 주식회사는 '지역본부-지역단-지점'으로 이어지는 영업 조직에서 지역 단장이 위탁계약형 지점장에게도 **시기별로 구체적인 실적 목표**를 제시하였고, 목표 달성을 독려하는 차원을 넘어 실적 달성을 위한 **구체적인 업무 내용에 관하여 일일 보고, 현장 활동 보고 등을 지시**하는 등 위탁계약형 지점장인 갑의 업무 수행 과정에서 상당한 지휘·감독을 하였던 점, 위탁계약에 따르면 계약기간 만료 전에도 실적 부진 등을 이유로 해지할 수 있을 뿐만 아니라 을 회사의 필요에 따라 위탁계약형 지점장의 **소속 지점 변경**이 가능하였고 이는 실질적으로는 정규직 지점장의 인사이동과 크게 다르지 않았던 점, 위탁계약형 지점장의 실제 업무시간은 정규직 지점장과 크게 다르지 않았고, 지점 내에 **을 회사가 제공한 사무실에**서 지점 운영 업무를 수행하면서 **현장 활동 시 등에는 지역단에 보고**가 이루어졌으며, **휴가 일정**도 지역단에 보고되었고, 지점 사무실에 배치된 을 회사의 서무직원에 의해 **출근부 관리**가 이루어졌다고 볼 여지도 있어 위탁계약형 지점장이 근무 시간과 근무 장소에 구속을 받은 점, 위탁계약형 지점장이 스스로 비품·원자재나 작업도구 등을 소유하거나 제3자를 고용하여 업무를 대행하게 하는 등 독립하여 자신의 계산으로 사업을 영위할 수 없었던 점 등을 종합하면, 갑이 임금을 목적으로 종속적인 관계에서 을 회사에 근로를 제공한 근로자에 해당한다.

22) 지점장 발탁 후 6개월 동안 지급되는 최소 수수료 보장 제도가 있었으나, 이것이 기본급이나 고정급의 성격을 지닌다고 보기 어렵다고 판단했다.

23) 서울고등법원 2021. 1. 21. 선고 2019누63500 판결.

[3] 위약금 예정 금지

(대법원 2008. 10. 23. 선고 2006다37274 판결)

기초지식

☑ 근로계약 존속 중 소속 기업을 둘러싼 법적 관계가 변동되는 경우가 있음. 예를 들어, 다른 회사와 합병 · 인수 · 분할되는 경우로 특별한 사정이 없으면 근로관계도 함께 이전하는 것이 원칙

☑ 자동차산업은 기업 간(원 · 하청 및 원청 제조사 간) 협력이 긴밀하게 이루어지는 매우 복잡한 구조를 보임

☑ 인적자원에 대한 교육의 중요성이 커짐에 따라 교육 시간과 비용도 증가하고 있는데, 이는 기업과 근로자 모두에게 유용한 측면이 있음

☑ '사이닝 보너스(signing bonus)'는 기업이 경력직 또는 우수 인력을 채용하기 위하여 근로계약 체결을 조건으로 근로자에게 일시불로 지급하는 금액

Ⅰ. 논의의 배경과 쟁점

기업은 인적 · 물적 요소를 결합하여 사업체를 관리 및 운영하며 이를 통해 이윤을 추구한다. 산업환경이 빠르게 변화함에 따라 기술과 정보 등 **'영업비밀'**을 어떻게 보호하고 관리할 것인지가 중요해졌다. 영업비밀은 유형의 형태로 존재하기도 하나, 직원이나 근로자 등 인적자원이 보유하기도 한다. 이에 따라 사용자는 근로계약의 내용에 영업비밀 준수를 조건으로 포함하는 경우가 있다. 다만, 근로계약은 인적 종속을 전제하므로 근로자는 「헌법」의 직업선택의 자유와 근기법의 강제근로금지 규정 등을 근거로 근로관계에서 이탈할 수 있다. 원치 않는 근로를 강요하는 것은 인간의 존엄과 가치에 반하고, 노동법의 원리에 맞지 않기 때문이다.

사용자가 영업비밀을 보유한 근로자와 계약기간을 별도로 약정하고 위반 시 손해를 배상하도록 하는 규정을 설정할 수 있을지가 문제 된다. 해당 약정은 기업의 재산권이나 경영상 이익 보호를 위하여 일정 부분 필요한 측면도 있지만, 근기법이 금지하는 위약금의 예정으로 해석될 여지가 있기 때문이다.[1)] 대상판결은 위약금의 예정에 대해서 판시하였다.

---

1) 기업이 우수 인재를 유치하기 위하여 연봉 외에 별도로 지급하는 특별 보너스인 '사이닝 보너스(signing bonus)'나 기업 내 우수 직원의 이직을 방지하기 위해 지급하는 '리텐션 보너스(retention bonus)'제도도 있다. 이는 통상 연봉 외에 별도로 지급되는 금품으로 여겨지는 경우가 많은데, 금전적으로 근로자에게 유리한 측면이 있다.

Ⅱ. 대상판결 분석

1. 사실관계

피고 근로자는 2001. 2. 소외 A회사(원고 회사의 분할 전 회사)에 기술제휴 업무전담자로 입사하여 프로젝트 전임자 및 신차종 **엔진마운트 시스템**의 개발책임자로 근무하였다. 피고는 2001. 7. A회사와 영업비밀 보호 계약을 체결하면서 A회사에서 10년간 근무하기로 약정했고, **금 5억 원을 약속이행금**으로 하면서 **불이행 시 그 금액의 배액**을 지급하기로 약정했다. 원고 B회사는 2002. 3. A회사로부터 분할 설립되면서 피고와 약정상 지위를 승계했다. 원고의 취업규칙 제13조는 '근로자는 업무상 비밀을 누설하여서는 안 된다'라고 규정하고 있었다. 피고는 원고에 소속되어 종전과 같은 업무를 담당하다 2003. 10. 부터 공정 총괄 프로젝트매니저로 근무했는데, A회사와 원고의 직원으로 근무하는 동안 11회에 걸쳐 243일 동안 기술습득을 위한 연수·출장을 다녀왔으며, A회사와 원고는 연수경비로 합계 금 27,711,933원을 지출했다. 피고는 헤드헌팅 업체의 소개로 2003. 11. 경 **조향 시스템** 분야 경력자를 공개모집 중이던 소외 C회사와 접촉하게 되어 2004. 1. 원고에 사직서를 제출하고, 같은 해 2. C회사에 과장으로 입사하였다. 피고는 C회사의 조향연구소 개발팀에 소속된 상태에서 설계 및 개발업무에 종사하였다.

2. 당사자의 주장

원고는, 피고 근로자가 연수를 통하여 취득한 정보와 근무하면서 취득한 영업상·기술상 정보는 영업비밀에 해당한다는 전제에서, 피고가 C회사로 전직하여 관련 업무[2]에 종사하면서 위 영업비밀을 사용·공개하는 등 영업비밀 침해 행위를 하고 있고, 피고가 현재 위 영업비밀과 관련 없는 업무에 종사하여 영업비밀을 침해하지 않고 있더라도 계속 근무할 경우 영업비밀을 C회사나 원고의 경쟁업체에 유출하는 등 침해할 가능성이 농후하다고 주장했다.[3] 그러므로 원고는 피고에게 약정에 따라 10억 원[4]을 지급할 것을 청구했다.[5]

---

2) 원고 회사는 **방진고무 제품 등의 제조 및 판매** 등을 주된 업무로 하여 특히, 방진고무 제품 등이 문제가 되었다.

3) ① 원고가 제조·판매하는 제품의 원가 정보가 유출되어 원가경쟁력을 상실하고, ② 다른 업체와의 거래에 문제가 발생했으며, ③ 원고가 타 회사로부터 전수받아 독점적으로 보유한 기술이 C회사의 기술이 되었고, ④ 이것이 다른 경쟁업체에 유출될 위험성이 있으며, ⑤ 타 회사와의 기술원조 계약상 비밀유지의무 불이행을 이유로 한 기술이전 중단과 손해배상이 예상된다고 주장했다.

3. 하급심 법원의 판단

1심 법원[6]은 원고가 C회사에 근무하면서 종사하고 있는 업무가 영업비밀과 직접적인 관련성[7]이 없어 영업비밀 침해행위를 하고 있다고 단정할 수 없다고 보았다. 또한, 전직이 신의칙 위반인지에 관하여 이를 제한하는 규정이나 계약, 법령 기타 명문의 근거가 없어 「헌법」상 피고에게 보장된 직업선택의 자유 중 하나인 전직의 자유가 제한된다고 보기 어렵고, 연수 종료 후 11개월이 지나서 전직하였으므로 신의칙에 반하여 허용되지 않는다고 보기 어렵다고 판단했다.

2심[8] 역시 피고의 영업비밀 침해행위를 인정하지 않았다.[9] 다만, 피고가 원고에게 제공한 근로는 **상대적으로 전문적인 지식을 전제로 한 비대체적 성질**의 것[10]인 점, 원고가 피고로부터 근로를 제공받지 못하면 일정 **지연에 따른 손해**를 당연히 입는 점, 피고의 **재직 기간 3년은 양산체제 구축을 위한 준비기간**인 점, 영업비밀 침해 방지를 위하여 **약정이 불가피한 측면**이 있는 점, 기술제휴 추진부터 양산까지 4년이 소요된 점 등에서 10년의 **전직금지 약정이 과다하게 장기간으로 단정하기 어려운 점** 등을 근거로 근기법 제27조가 금지하는 위약금 또는 손해배상액을 예정하는 계약에 해당하지 않아 유효하다고 판단했다. 다만, 손해배상액은 5,000만 원으로 감액하여 인정했다.

---

4) 약정금액이 과다하여 무효인 경우라도 엔진마운트 시스템 해석 불가에 따른 손해, 금형 재제작비, 추가출장비용, 후임자 훈련비용, 납기 미준수에 대한 분쟁 비용 등의 손해 4억 4천만원 또는 연수비용을 합산한 4억 7천만원을 지급해야 한다고 주장했다.

5) 2심에서는 10억 원(실 손해액은 4억 2천만 원 주장) 중 1억 원을 지급할 의무가 있다고 주장했다.

6) 창원지방법원 2005. 9. 9. 선고 2004가합3574 판결.

7) 조향장치시스템과 위 영업비밀에 속하는 엔진마운트 시스템이 별개 장치인 점, C회사가 직접 방진고무 제품을 제조하고 있지 않은 점 등을 고려했다.

8) 부산고등법원 2006. 5. 19. 선고 2005나19491 판결.

9) 1심이 인정한 사유 외에 피고가 실제 원고의 영업비밀을 사용하거나 공개하는 등 영업비밀을 침해하는 행위를 하고 있다고 단정하기 부족하고 증거도 없다고 보았다.

10) 즉, 통상적인 노동력과 그 성질을 달리한다고 보았다.

4. 대법원판결

구 근기법 제27조가 "사용자는 근로계약 불이행에 대한 위약금 또는 손해배상액을 예정하는 계약을 체결하지 못한다."라고 정하고 이를 위반하는 행위를 형사처벌 대상으로 삼은 취지는 근로자의 근로계약 불이행을 이유로 사용자에게 어떤 손해가 어느 정도 발생하였는지를 묻지 않고 **바로 일정 금액을 배상**하도록 하는 약정을 미리 함으로써, **근로자의 의사에 반하는 계속 근로를 강제**하는 것을 방지하기 위한 것이다(대법원 2004. 4. 28. 선고 2001다53875 판결 등 참조). 따라서 근로자가 일정 기간 동안 근무하기로 하면서 이를 위반할 경우 소정 금원을 사용자에게 지급하기로 약정하는 경우, 그 약정의 취지가 **약정한 근무기간 이전에 퇴직하면 그로 인하여 사용자에게 어떤 손해가 어느 정도 발생하였는지 묻지 않고 바로 소정 금액을 사용자에게 지급하기로 하는 것**이라면 이는 명백히 위 조항에 반하는 것이어서 효력을 인정할 수 없다. 또, 그 약정이 미리 정한 근무기간 이전에 퇴직하였다는 이유로 **마땅히 근로자에게 지급되어야 할 임금을 반환하기로 하는 취지**일 때에도, 결과적으로 위 조항의 입법 목적에 반하는 것이어서 역시 그 효력을 인정할 수 없다.

다만, **사용자가 근로자의 교육훈련 또는 연수를 위한 비용**을 우선 지출하고 근로자는 실제 지출된 비용의 전부 또는 일부를 상환하는 의무를 부담하기로 하되 장차 일정 기간 동안 근무하는 경우에는 그 상환의무를 면제해 주기로 하는 취지인 경우에는, 그러한 약정의 필요성이 인정되고, 주로 사용자의 업무상 필요와 이익을 위하여 원래 사용자가 부담하여야 할 성질의 비용을 지출한 것에 불과한 정도가 아니라 근로자의 자발적 희망과 이익까지 고려하여 근로자가 전적으로 또는 공동으로 부담하여야 할 비용을 사용자가 대신 지출한 것으로 평가되며, 약정 근무기간 및 상환해야 할 비용이 합리적이고 타당한 범위 내에서 정해져 있는 등 위와 같은 약정으로 인하여 근로자의 의사에 반하는 계속 근로를 부당하게 강제하는 것으로 평가되지 않는다면, 구 근기법 제27조에 위반되는 것은 아니다.

이 사건 약정은 **피고가 약정 근무기간 이전에 퇴직하는 등 위 약속을 위반하기만 하면 그로 인하여 사용자에게 어떤 손해가 어느 정도 발생하였는지 묻지 않고 바로 미리 정한 10억 원을 사용자에게 손해배상액으로 지급하기로 하는 것**이므로, 구 근기법 제27조가 금지하는 전형적인 위약금 또는 손해배상액의 예정에 해당하여 그 효력을 인정할 수 없다. 또한, 피고가 실제 지출된 교육훈련 또는 연수 비용의 전부 또는 일부를 상환하는 의무를 부담하기로 하되 일정 기간 근무하면 상환의무를 면제받기로 하는 취지로 해석할 여지는 없는 것으로 보인다.

Ⅲ. 판결의 주요 쟁점

1. 강제근로의 금지

근기법은 사용자는 폭행, 협박, 감금, 그 밖에 정신상 또는 신체상의 자유를 부당하게 구속하는 수단으로써 근로자의 자유의사에 어긋나는 근로를 강요하지 못한다고 규정하고 있다(제7조). 근로계약의 불이행에 대한 위약금 약정이나 손해배상액의 예정(제20조), 전차금 상계(제21조), 강제 저축(제22조) 등도 근로자의 자유의사에 반하는 계속근로의 강제 및 퇴직의 자유에 대한 제한을 초래할 우려가 있어 금지하고 있다.[11)]

> **제7조(강제 근로의 금지)** 사용자는 **폭행, 협박, 감금, 그 밖에 정신상 또는 신체상의 자유를 부당하게 구속하는 수단**으로써 근로자의 자유의사에 어긋나는 근로를 강요하지 못한다.

구타, 족쇄, 해고 등의 위협, 작업 중 출입문 폐쇄, 주민등록증・여권・외출복 등 중요한 생활용품의 보관이나 반환거부 등의 방법으로 근로자가 원하지 않는 근로를 하게 하는 것은 강제근로에 해당한다.[12)] 강제근로는 「헌법」이 보장하는 인간으로서의 존엄과 가치에 반하는 것으로서 전형적인 노동인권 침해에 해당한다. 강제근로금지는 ILO 회원국이 준수해야 하는 핵심적인 국제노동기준이기도 하다.[13)] 이는 헌법 제12조 제1항[14)]의 강제노역을 받지 않을 권리에 관한 규정이 근로관계에 구체화된 것으로 볼 수 있다.[15)]

---

11) 이철수, 「노동법」, 현암사, 2023, 90면.
근기법 제20조(위약 예정의 금지) 사용자는 근로계약 불이행에 대한 위약금 또는 손해배상액을 예정하는 계약을 체결하지 못한다.
제21조(전차금 상계의 금지) 사용자는 전차금(前借金)이나 그 밖에 근로할 것을 조건으로 하는 전대(前貸)채권과 임금을 상계하지 못한다.
제22조(강제 저금의 금지) ① 사용자는 근로계약에 덧붙여 강제 저축 또는 저축금의 관리를 규정하는 계약을 체결하지 못한다.

12) 임종률・김홍영, 「노동법」, 박영사, 2024, 382면.

13) 이철수, 「노동법」, 현암사, 2023, 90면.

14) **제12조** ① 모든 국민은 신체의 자유를 가진다. 누구든지 법률에 의하지 아니하고는 체포・구속・압수・수색 또는 심문을 받지 아니하며, 법률과 적법한 절차에 의하지 아니하고는 처벌・보안처분 또는 **강제노역**을 받지 아니한다.

15) 김형배・박지순, 「노동법강의」, 신조사, 2023, 75면.

2. 위약예정의 금지

근기법은 사용자가 근로계약 불이행에 대한 위약금 또는 손해배상을 예정하는 계약을 체결하지 못하도록 규정하고 있다(제20조). 규정을 위반하면 벌칙(제114조)이 적용되고, 위약금이나 손해배상액을 예정하는 계약은 무효가 된다.

「민법」에서는 당사자 사이의 채무불이행에 대한 손해배상 또는 위약금을 예정할 수 있으나(제398조)[16], 근로관계에서는 근로자가 직장을 얻기 위해 불리한 근로계약을 체결하고도 위약금 또는 손해배상 등의 부담 때문에 사직하지 못해 사실상 근로가 강제되는 결과를 초래할 수 있다. 다만, 이는 사전에 위약금이나 손해배상액을 '**예정**'하는 계약을 금지할 뿐이고, 사용자가 근로자의 근로계약 불이행으로 발생한 **실제의 손해**에 대해 손해배상을 청구하는 것까지 금지하지 않는다.[17] 즉, **위약금 규정은 근로자의 퇴직 자유를 제한함으로써 사실상 신분적 종속을 초래할 가능성**이 있어, 근기법은 근로자의 자유로운 직장선택을 보호하기 위하여 이를 금지하는 규정을 두고 있다.[18]

이와 관련하여 **근로자의 연수 · 교육 비용 반환약정**의 적법성이 문제가 된다. 근로자의 직업능력 향상과 인적자원의 개발을 위하여 사용자가 비용을 부담하여 연수 및 교육을 했음에도 불구하고 연수 또는 교육 종료 후 근로자가 이직해 버리면, 기업으로서는 그와 같은 교육훈련이 무의미해지기 때문이다.[19] 대상판결은 이러한 비용 지출이 사용자의 업무상 필요와 이익을 위하여 원래 사용자가 부담하는 성질뿐만 아니라 근로자의 자발적 희망과 이익을 위하여 근로자가 전적으로 또는 공동으로 부담할 비용을 사용자가 대신 지출하는 성질도 함께 지니고 있고, 의무재직기간 및 상환 비용이 합리적이고 타당한 범위 내에 있는 경우에는 퇴직의 자유를 부당하게 제한하지 않아 유효하다고 판단했다.[20]

---

16) **제398조(배상액의 예정)** ① 당사자는 채무불이행에 관한 손해배상액을 예정할 수 있다.
② 손해배상의 예정액이 부당히 과다한 경우에는 법원은 적당히 감액할 수 있다.
③ 손해배상액의 예정은 이행의 청구나 계약의 해제에 영향을 미치지 아니한다.
④ 위약금의 약정은 손해배상액의 예정으로 추정한다.
⑤ 당사자가 금전이 아닌 것으로써 손해의 배상에 충당할 것을 예정한 경우에도 전4항의 규정을 준용한다.

17) 이철수, 「노동법」, 현암사, 2023, 110-111면 참고.

18) 김형배 · 박지순, 「노동법강의」, 신조사, 2023, 128면.

19) 김형배 · 박지순, 「노동법강의」, 신조사, 2023, 128면.

20) 임종률 · 김홍영, 「노동법」, 박영사, 2024, 396면.

3. 영업비밀유지 및 전직금지 약정

'영업비밀'이란 공공연히 알려져 있지 아니하고 독립된 경제적 가치를 가지는 것으로서, 비밀로 관리된 생산방법, 판매방법, 그 밖에 영업활동에 유용한 기술상 또는 경영상의 정보를 의미한다(부정경쟁방지 및 영업비밀보호에 관한 법률 제2조).

근로 제공과 관련하여 사용자의 영업비밀을 알게 된 근로자는 취업규칙이나 근로계약에 이를 명시하지 않았더라도 신의칙상 이를 유지할 의무를 가진다. 한편, 당사자 사이에 근로자가 퇴직 후 일정 기간 영업비밀을 침해하지 않고 경쟁업체에 취업하지 않는다는 취지의 약정이 있는 경우에는, 이 약정이 직업선택의 자유 등 근로자의 권리와 자유로운 경쟁을 지나치게 제한함으로써 사회질서(민법 제103조)에 어긋나 무효가 아닌 이상, 근로자는 퇴직 후에도 영업비밀유지 의무를 지닌다. 또한, 이러한 약정이 없더라도 「부정경쟁방지 및 영업비밀보호에 관한 법률」 제10조에서 정하는 바에 따라 영업비밀유지 의무는 퇴직 후까지 미칠 수 있다.[21] 다만, 근로자가 재직하면서 알게 된 모든 사실이 영업비밀에 해당하지 않는다는 점에서 구체적 사례에서 영업비밀유지 의무 위반을 인정하는 것은 신중할 필요가 있다.[22]

Ⅳ. 결론

근기법은 강제 근로 금지와 관련된 다수의 규정을 두고 있다. 특히, 위약예정 금지 규정을 통해서 근로자가 위약금이나 손해배상액 등으로 인하여 원하지 않는 근로를 지속하는 상황이 발생하지 않게 한다. 대상판결 이전의 대법원 판례는 위약금 예정 금지조항의 취지가, 위약금이나 손해배상 예정의 약정을 금지함으로써 근로자가 퇴직의 자유를 제한받아 부당하게 근로를 강요당하는 것을 방지하고, 근로자의 직장선택의 자유를 보장하며, 불리한 근로계약의 해지를 보호하는 것에 있다고 보았다.[23] 대상판결은 이를 "근로자의 근로계약 불이행을 이유로 사용자에게 **어떤 손해가 어느 정도 발생하였는지를 묻지 않고 바로 일정 금액을 배상하도록**

---

21) **제10조(영업비밀 침해행위에 대한 금지청구권 등)** ① 영업비밀의 보유자는 영업비밀 침해행위를 하거나 하려는 자에 대하여 그 행위에 의하여 영업상의 이익이 침해되거나 침해될 우려가 있는 경우에는 법원에 그 행위의 금지 또는 예방을 청구할 수 있다.
② 영업비밀 보유자가 제1항에 따른 청구를 할 때에는 침해행위를 조성한 물건의 폐기, 침해행위에 제공된 설비의 제거, 그 밖에 침해행위의 금지 또는 예방을 위하여 필요한 조치를 함께 청구할 수 있다.

22) 이철수, 「노동법」, 현암사, 2023, 105면.

23) 대법원 2004. 4. 28. 선고 2001다53875판결.

하는 약정을 미리 함으로써"로 명확히 하고, 기존 판례 문구의 '부당하게'를 빼고 '근로자의 의사에 반하는 계속근로를 강제하는 것을 방지하기 위한 것'이라고 표현하였다. 즉, 계약이 여러 상황을 종합하여 실질적으로 부당한지 다시 살펴볼 필요가 없게 되었다.[24] 기업의 영업비밀에 대한 보호의 필요성이 커지고 있고, 인적자원의 확보 · 유지를 위해 다양한 수단이 도입됨에 따라 향후 위약예정금지에 관한 판단 사례는 증가할 것으로 예상된다.

한편, 사이닝 보너스는 유능한 근로자가 타 회사로 전직하는 것을 방지할 목적으로 소정의 임금 이외의 일정액을 지급하되, 일정 기간 근무하지 않고 전직 시 이 금액 또는 그 이상을 반환하게 하는 약정이다.[25] 대법원은 사이닝보너스가 **이직에 따른 보상이나 근로계약 등의 체결에 대한 대가로서의 성격**에 그칠 뿐이라면 근로계약이 실제 체결된 이상 약정 근무기간을 준수하지 않아도 사이닝보너스가 예정하는 대가적 관계의 반대급부는 이행된 것으로 볼 수 있다는 입장이다.[26] 사이닝 보너스의 법적 성격을 파악하려면 구체적인 여러 사정을 종합적으로 고려해야 하며, 그 법적 성격에 따라 구분하여 반환 의무나 손해배상 여부를 판단하여야 한다.[27]

---

24) 한국노동법학회(심재진 집필 부분), 「노동판례백선」, 박영사, 2015, 40면.

25) 한국노동법학회(심재진 집필 부분), 「노동판례백선」, 박영사, 2015, 40면; 김형배 · 박지순, 「노동법강의」, 신조사, 2023, 130-131면에 의하면 사이닝보너스는 ① 기존 직장을 사직하고 입사한 데 대한 위로금 또는 이직 사례금으로서의 성격과, ② 앞으로 일정 기간 계속 근무할 것을 약속하는 의미로 지급되는 전속계약금 및 임금선급금의 성격도 가질 수 있다. 따라서 사이닝보너스는 근로계약 체결 시 당사자의 의사해석에 의하여 그 내용 및 법적 성질이 확인되어야 한다.

26) 대법원 2015. 6. 11. 선고 2012다55518 판결 "① 이 사건 채용합의서에는 7년간의 전속근무를 조건으로 사이닝보너스를 지급한다거나 피고가 약정근무기간 7년을 채우지 못하였을 경우 이를 반환하여야 한다는 등의 내용은 기재되어 있지 아니한 점, ② 이 사건 채용합의서만으로는 원고와 피고가 약정근무기간과 고용보장기간을 각 7년으로 약정한 특별한 이유나 동기를 찾기 어려운 점, ③ 이 사건 약정 체결 과정에서 피고에게 장기간 근무의 필요성이나 근무기간이 7년이어야 하는 구체적인 이유는 설명하지 아니한 것으로 보이는 점, ④ 이 사건 약정 당시 피고에게 약정근무기간을 채우지 못할 경우 사이닝보너스를 반환하여야 한다는 사실은 고지하여 주지도 아니하였고, 피고로서도 근무기간 7년이 사이닝보너스의 반환과 결부된 의무근무 기간이라고는 예상하기 힘들었을 것으로 보이는 점 등의 사정이 나타나 있고, 거기에 이 사건 약정의 체결 동기 및 구체적 내용, 약정 인금 액수, 사이닝보너스의 지급 경위와 지급 방식 및 액수, 피고의 종전 근로조건과 임금 액수 등 여러 사정을 종합하여 보면, 이 사건 사이닝보너스가 7년간의 전속근무 등을 조건으로 하여 지급되었다거나 7년간의 근무에 대한 임금의 선급 명목으로 지급되었다고 보기는 어렵다."

27) 이철수, 「노동법」, 현암사, 2023, 113면.

[4] 임금성의 판단

(대법원 2011. 7. 14. 선고 2011다23149 판결)

기초지식

☑ 개정 전 근기법은 연차휴가와 월차휴가를 함께 규정하고 있었지만, 1주 40시간제 도입에 따라 월차휴가는 삭제되고 연차휴가로 통합됨

☑ 미지급 임금(금품청산 및 임금지급 의무 위반[1])에 대해서는 근기법 제37조 및 「근기법 시행령」 제17조에 따라 연 100분의 20의 지연이자가 적용(임금지급 의무 위반에 대한 지연이자는 2025. 10. 23.부터 적용)[2]

☑ 연차휴가는 ① 근로자가 원하는 시기에, ② 유급으로 쉬는 것을 핵심으로 하며, 연차휴가대체 제도는 ①의 예외를 인정한 것

☑ 평균임금은 근기법의 임금 개념을 기초로 하므로 '근로의 대가'를 필수 요소로 함. 다만, 사용자가 근로자에게 지급하는 금품이 많은 경우, 개별적인 판단이 필요[3]

Ⅰ. 논의의 배경과 쟁점

연차유급휴가는 비교적 장기간 근로한 근로자에게 부여하는 유급휴가 제도이며, 근로자의 육체적 · 정신적 휴양, 노동의 재생산 유지와 문화적인 생활의 확보를 위한 것이다.[4] 연차휴가의 사용 시기를 지정할 권리는 원칙적으로 근로자에게 있고, 예외적으로 사업 운영에 막대한 지장이 있는 경우 사용자가 그 시기를 변경할 수 있다(제60조 제5항). 다만, 근로자의 사용 시기 지정에 대한 예외로 유급휴가의 대체가 가능한데(제62조), 근로자대표와의 서면

---

1) **근기법 제36조(금품 청산)**은 근로자의 사망 또는 퇴직을 전제로 14일 이내에 금품을 청산하도록 하는 규정이고, **제43조(임금 지급)**은 근로계약 중의 임금 지급에 관한 원칙이다.

2) **근기법 제37조(미지급 임금에 대한 지연이자)** ① 사용자는 다음 각 호의 어느 하나에 해당하는 임금의 전부 또는 일부를 각 호에 따른 날까지 지급하지 아니한 경우 그 다음 날부터 지급하는 날까지의 지연 일수에 대하여 연 100분의 40 이내의 범위에서 「은행법」에 따른 은행이 적용하는 연체금리 등 경제 여건을 고려하여 대통령령으로 정하는 이율에 따른 지연이자를 지급하여야 한다. 〈개정 2010. 5. 17., 2024. 10. 22.〉

   1. **제36조**에 따라 지급하여야 하는 임금 및 「근로자퇴직급여 보장법」 제2조제5호에 따른 급여(일시금만 해당된다): 지급 사유가 발생한 날부터 14일이 되는 날
   2. **제43조**에 따라 지급하여야 하는 임금: 제43조제2항에 따라 정하는 날

3) 대표적으로 경영성과금의 임금성 또는 평균임금 해당성에 대한 논쟁이 존재한다.

4) 김형배 · 박지순, 「노동법강의」, 신조사, 2023, 359면.

합의라는 요건을 충족해야 한다. 사업장에서 관행적으로 연차유급휴가를 집단적으로 사용한 것으로 처리하여 온 경우, 이것이 근기법이 정한 연차유급휴가 대체 요건에 부합하는지가 문제 된다.

'임금'이란 사용자가 근로의 대가로 근로자에게 임금, 봉급, 그 밖에 어떠한 명칭으로든지 지급하는 모든 금품을 말한다(근기법 제2조 제1항 5호). 근기법은 근로자와 가족의 생계유지에 있어 중요한 수단인 임금을 보호하는 규정을 다수 두고 있다.[5] 임금은 일반 민사 채권과 달리 특별한 보호를 받는데, 규정상 '**근로의 대가**'가 무엇을 의미하는지, 그 외 임금으로 인정되기 위한 다른 요건들은 무엇인지가 문제 된다. 근로자 입장에서는 근로계약의 전제 또는 근로관계를 매개로 지급되는 모든 금품이 임금으로 인정되는 것이 유리하다. 하지만, 개별 금품의 지급 경위나 배경에 차이가 존재하고, 근로와 직접적인 관련성이 낮은 금품도 존재하므로 사용자가 지급하는 모든 금품을 임금이라고 단정할 수 없다.

대상판결은 연차유급휴가의 대체 기준과 임금에 대한 판단기준을 제시했다.

Ⅱ. 대상판결 분석

1. 사실관계

피고는 자동차를 수입·판매하는 회사이고, 원고는 2004. 4. 피고 회사에 입사하여 영업사원으로 근무하다가 2007. 4. 퇴직한 근로자다. 원고는 2007. 1. 부터 퇴직 시까지 월 1,100,000원의 기본급과 월 100,000원의 자녀보육수당을 받았으며, 차량 판매 실적에 따른 인센티브[6]를 지급받았다.

---

5) 대표적으로 사망·퇴직한 경우의 금품 청산(제36조), 지연이자(제37조), 임금채권 우선 변제(제38조), 임금 지급에 대한 원칙(제43조) 등이 있다.

6) 2007년 1월분 9,412,364원(팀 인센티브 300,000원 포함), 2007년 2월분 9,239,456원, 2007년 3월분 9,223,273원을 받았다.

2. 당사자의 주장

원고는 피고 회사에 근무할 당시 부여된 연월차 유급휴가 67일을 전혀 사용하지 아니하였으므로, 피고가 연월차휴가수당과 이에 대한 지연손해금을 지급할 의무가 있다고 주장했다. 피고는 원고를 비롯한 근로자들의 동의를 얻어 연월차 유급휴가를 토요휴무제로 대체하여 토요일에 휴무하였으므로, 연월차 유급휴가 69일 중 55.5일을 사용한 것인데, 피고는 원고에게 이를 초과하는 금액을 지급했으므로 초과 지급분을 반환해야 한다고 주장했다.

한편, 원고는 인센티브는 근로의 대상으로 지급된 것으로서 계속적, 정기적으로 지급되고 사용자에게 지급 의무가 있으므로 평균임금에 포함되어야 함에도 이를 평균임금 산정의 기초가 되는 임금총액에 산입하지 않은 것이 부당하다고 주장했다. 반면, 피고는 인센티브는 지급조건의 충족 여부는 근로자 개인의 실적에 따라 달라지는 것으로서 근로자의 근로 제공 자체의 대상이 아니므로 임금이 아니라고 주장했다.

3. 하급심 법원의 판단

1심 법원[7]은 사실상 피고 회사 내에서 연월차 유급휴가를 토요일 휴무제로 대체 실시했다고 하더라도, 이에 관하여 사용자와 근로자대표 사이에 서면 합의가 있었음을 인정할 아무런 증거가 없으므로 연월차수당 및 지연손해금의 지급 의무가 있다고 판단했다. 인센티브에 대해서는 지급기준 및 시기가 '인센티브지급규정'에 미리 정해져 있어 피고가 지급 여부나 금액을 임의적으로 결정할 수 없으므로, 이를 우발적 · 일시적 급여거나 호의에 의하여 은혜적으로 지급되는 급부라고 할 수 없는 점, 영업사원이 자동차를 판매하는 영업활동은 결국 근로의 일부라고 볼 수 있어 근로의 대가로 볼 수 있는 점 등에서 인센티브는 퇴직금 산정에 있어 평균임금에 해당한다고 판단했다. 2심 법원[8] 역시 연월차휴가수당의 발생과 인센티브의 퇴직금 산입을 인정했다. 다만, 인센티브 중에서 팀별 목표 달성 여부에 따라 지급 여부가 정해지는 팀 인센티브는 개인적으로 지급되는 것이 아니거나 은혜적 급부에 불과하다고 보아 평균임금에서 제외해야 한다고 판단했다.

7) 수원지방법원 성남지원 2009. 10. 21. 선고 2008가단34544 판결.
8) 수원지방법원 2011. 1. 28. 선고 2009나33003 판결.

4. 대법원판결

구 근기법 제60조의 입법 취지에 비추어 볼 때 연월차유급휴가를 토요일 휴무로 대체하기 위해서는 반드시 근로자대표의 서면 합의를 통해서만 가능하다(대법원 2009. 1. 30. 선고 2007도10873 판결 등 참조). 피고 회사의 근로자대표가 연월차유급휴가를 토요일 휴무로 대체하는 것에 대하여 서면 합의를 하였다고 볼 증거가 없고, 피고 회사에 근로자를 대표하는 자격이 있는 자가 존재하지 아니하여 서면 합의를 할 수 없었다는 사정만으로는 연월차유급휴가 대체의 서면 합의 요건을 충족하였다고 할 수 없다는 원심의 판단은 정당하다.

평균임금 산정의 기초가 되는 임금총액에는 사용자가 **근로의 대상**으로 근로자에게 지급하는 일체의 금품으로서, 근로자에게 **계속적·정기적**으로 지급되고 그 지급에 관하여 단체협약, 취업규칙 등에 의하여 사용자에게 **지급 의무**가 지워져 있으면 그 명칭 여하를 불문하고 모두 포함된다(대법원 2002. 5. 31. 선고 2000다18127 판결 등 참조). 한편, 어떤 금품이 근로의 대상으로 지급된 것인지를 판단함에 있어서는 **그 금품 지급 의무의 발생이 근로 제공과 직접적으로 관련되거나 그것과 밀접하게 관련된 것**으로 볼 수 있어야 하고, 이러한 관련 없이 그 지급 의무의 발생이 개별 근로자의 **특수하고 우연한 사정에 의하여 좌우**되는 경우에는 그 금품의 지급이 단체협약·취업규칙·근로계약 등이나 사용자의 방침 등에 의하여 이루어진 것이라 하더라도 근로의 대상으로 지급된 것으로 볼 수 없다(대법원 1995. 5. 12. 선고 94다55934 판결, 대법원 2011. 3. 10. 선고 2010다77514 판결 등 참조).

피고 회사가 **인센티브(성과급) 지급 규정이나 영업 프로모션 등**으로 정한 지급기준과 지급 시기에 따라 인센티브(성과급)를 지급하여 왔고, **차량 판매는 피고 회사의 주업**으로서 영업사원들의 차량 판매 영업활동은 근로의 일부로 볼 수 있어 인센티브(성과급)는 근로의 대가로 지급되는 것이라고 보아야 하며, **매월 정기적, 계속적으로 이루어지는 인센티브의 지급**이 개인 근로자의 특수하고 우연한 사정에 의하여 좌우되는 우발적, 일시적 급여라고 할 수 없고, 지급 기준 등의 요건에 맞는 실적을 달성하면 피고 회사는 인센티브 지급을 거절할 수 없을 것이므로 은혜적인 급부라고 할 수 없으며, 인센티브(성과급)를 일률적으로 임금으로 보지 않을 경우 인센티브(성과급)만으로 급여를 지급받기로 한 근로자는 근로의 대상으로서 임금은 없는 것이 되고 퇴직금도 전혀 받을 수 없게 되는 불합리한 결과가 초래되는 점 등에서 인센티브(성과급)는 퇴직금 산정의 기초가 되는 평균임금에 해당한다고 판단한 원심이 정당하다.

Ⅲ. 판결의 주요 쟁점

1. 연차유급휴가의 대체

근기법은 1년간 80퍼센트 이상 출근한 근로자에게 15일의 **유급휴가**를 부여하도록 규정하고 있다(제60조 제1항). 이 휴가는 근로자가 **청구한 시기**에 주어야 하고, 청구한 시기에 휴가를 주는 것이 사업 운영에 막대한 지장이 있는 경우에는 시기를 변경할 수 있다(동조 제5항). 이에 따르면, 연차휴가는 ① 유급이라는 점과 ② 근로자가 원하는 시기에 부여하는 점을 핵심으로 하는 제도다. 한편, 사용자는 근로자대표와의 서면 합의에 따라 연차 유급휴가일에 갈음하여 특정한 근로일에 근로자를 휴무시킬 수 있는데(제62조), 이는 연차휴가의 사용 시기를 제한하는 것으로 근로자에게 불리하다. 근기법은 이를 고려하여, 사용자의 일방적인 지정이 아닌 '근로자대표'의 '서면합의'에 의해서 대체할 수 있도록 규정한 것이다.

> **제60조(연차 유급휴가)** ① 사용자는 1년간 80퍼센트 이상 출근한 근로자에게 15일의 유급휴가를 주어야 한다.
> ⑤ 사용자는 제1항부터 제4항까지의 규정에 따른 휴가를 근로자가 청구한 시기에 주어야 하고, 그 기간에 대하여는 취업규칙 등에서 정하는 통상임금 또는 평균임금을 지급하여야 한다. 다만, 근로자가 청구한 시기에 휴가를 주는 것이 사업 운영에 막대한 지장이 있는 경우에는 그 시기를 변경할 수 있다.
>
> **제62조(유급휴가의 대체)** 사용자는 **근로자대표와의 서면 합의**에 따라 제60조에 따른 연차 유급휴가일을 갈음하여 특정한 근로일에 근로자를 휴무시킬 수 있다.

대상판결의 사실관계를 살펴보면, 취업규칙에 월차 유급휴가를 '토요 휴무제로 대체할 수 있다'라는 규정을 두었을 뿐, 실제 근로자대표와 서면 합의 사실은 확인되지 않았다. 이에 따라 유효하게 연차유급휴가의 대체가 이루어진 것으로 인정되지 않았다. 또한, 피고는 근로자를 대표하는 자격이 있는 자가 존재하지 아니하여 서면 합의를 할 수 없었다고 주장했으나, 필요한 경우 근기법에 따라 근로자대표를 정할 수 있으므로[9] 이 역시 인정되지 않았다.

---

9) **근기법 제24조(경영상 이유에 의한 해고의 제한)** ③ 사용자는 제2항에 따른 해고를 피하기 위한 방법과 해고의 기준 등에 관하여 그 사업 또는 사업장에 근로자의 과반수로 조직된 노동조합이 있는 경우에는 그 노동조합(근로자의 과반수로 조직된 노동조합이 없는 경우에는 **근로자의 과반수를 대표하는 자**를 말한다. 이하 "근로자대표"라 한다)에 해고를 하려는 날의 50일 전까지 통보하고 성실하게 협의하여야 한다.

대상판결은 연차유급휴가와 관련하여, 근로자의 사용 시기 지정의 중요성을 확인하면서, 이를 제한하는 근로자대표와의 서면 합의의 유효성을 법 문언에 따라 엄격하게 판단했다는 점에 의의가 있다.

2. 평균임금 산입 임금

임금은 근로자가 근로를 제공하고 지급받는 보수이며(민법 제655조), 임금체계와 종류, 임금액과 산정 기준, 계산 및 지급 방법 등에 대해서는 노사 간 단체교섭이나 취업규칙 등을 기초로 당사자의 합의로 결정하는 것이 원칙이다. 현행 노동관계법은 특정의 임금제도를 강제하지 않지만, 근로자 보호의 관점에서 근기법, 「최저임금법」, 「임금채권보장법」 등을 통한 다양한 규제 수단을 두고 있다.[10)]

임금은 '근로의 대가'이므로, 근로 제공에 대한 반대급부로 지급하는 것이어야 한다. 근로의 대가인 이상, 명칭에 관계없이 임금에 해당한다. 판례는 근로의 대가로서 임금인지 여부를 대체로 단체협약, 취업규칙, 근로계약에 따라 사용자에게 지급 의무가 있는지 여부와 계속적 · 정기적으로 지급되는지에 따라 판단하고 있다.[11)] 즉, 임금의 실체적 요소로 **'지급 의무의 존재'**를, 지급 형태적 요소로 **'정기성 및 계속성'**을 고려하여 임금인지를 판단한다.[12)]

평균임금에 산입되기 위해서는 그것이 근로의 대가인 '임금'이어야 한다. 즉, 사용자가 근로자에게 지급하는 금품 중에서 '근로의 대가' 속성이 인정되는 경우만 임금으로서 평균임금에 산입된다. 사안에서 자동차 딜러인 근로자들이 사용자로부터 받는 금품의 구성을 살펴보면 고정급 또는 기본급 비율은 낮았고, 판매 실적에 따른 인센티브 비율이 높았다. 이때 인센티브가 임금에 포함되면, 평균임금이 크게 상승한다. 사용자는 이것이 임금이 아니라고 주장했지만, 대법원은 인센티브의 발생이 딜러가 제공하는 근로와 직접적 또는 밀접하게 관련되었다는 전제에서 근로의 대가성을 인정하였다.

---

10) 김형배 · 박지순, 「노동법강의」, 신조사, 2023, 286면.

11) 임종률 · 김홍영, 「노동법」, 박영사, 2024, 404면; 대법원 2005. 9. 9. 선고 2004다41217 판결 참고. "비록 현물로 지급되었다 하더라도 근로의 대가로 지급하여 온 금품이라면 평균임금의 산정에 있어 포함되는 임금으로 봄이 상당하다(대법원 1990. 12. 7. 선고 90다카19647 판결). 원심이 그 채용 증거를 종합하여, 피고 회사는 **단체협약에 따라** 원고들을 포함한 전 사원들에게 매년 설 휴가비, 추석 휴가비 각 150,000원, 하기 휴가비 250,000원을 각 지급하여 왔고, 노사합의에 따라 선물비를 연 200,000원 상당으로 책정한 후 그에 상응하는 선물을 현품으로 지급하여 온 사실을 인정하고, 위 각 휴가비 및 선물비는 단체협약, 노사합의 및 관행에 따라 일률적 · 계속적 · 정기적으로 지급된 것으로서 월평균액이 퇴직금 산정의 기초가 되는 평균임금에 포함된다고 할 것이라고 판단한 것은 정당하다."

12) 이철수, 「노동법」, 현암사, 2023, 148면.

특기할 부분은 대상판결의 원심이 개인 인센티브는 임금으로 인정하면서도 팀 인센티브의 임금성을 부정했다는 점이다. 이에 관하여 대법원이 별도로 판단하지 않음에 따라 팀 인센티브는 결국 임금성이 인정되지 않고, 평균임금 산입에서도 제외된 것으로 보인다. 1심 사실관계에서 확인되는 '인센티브지급규정'을 살펴보면, 판매 대수에 대한 인센티브 지급률 및 추가 인센티브가 명확하게 설정되어 있었지만, 팀 인센티브에 대한 구체적인 내용은 확인되지 않는다. 이에 따라, 법원은 지급 의무의 존재나 정기성 및 계속성을 인정하지 않은 것으로 파악된다. 다만, 최근, '경영성과급'이나 '목표 인센티브', '성과 인센티브' 등 수당의 평균임금 산입과 관련된 분쟁이 이어지고 있다.[13)]

Ⅳ. 결론

대상판결은 연차유급휴가 대체의 요건과 임금에 관한 판단기준을 제시했다. 먼저, 연차유급휴가는 개별 근로자에게 사용 시기에 대한 지정권을 인정한다. 다만, 사용자의 사용 시기 변경권과 집단적으로 연차 사용을 지정할 수 있는 연차유급휴가 대체 제도가 규정되어 있다. 이는 법 적용의 예외이므로 엄격하게 적용 및 해석될 필요성이 있다. 대상판결은 이러한 전제에서 근로자대표와의 서면 합의 요건을 갖추지 않은 사용자의 연차유급휴가 대체 주장을 인정하지 않았다.

사용자는 근로자에게 여러 가지 금품을 지급할 수 있는데, 이것이 사전에 약정된 것인지, 근로 제공에 대한 반대급부로 지급된 것인지, 근로 제공과의 관련성과 밀접성이 어느 정도인지에 따라 임금 여부가 달라질 수 있다. 즉, 사용자가 근로자에게 지급하는 금품 중에는 임금이 아닌 것도 존재할 수 있다.[14)] 대상판결은 사용자가 취업규칙에 약정한 개별 근로자의 성과 인센티브에 대하여 지급기준과 지급 시기가 정해져 있는 점, 해당 근로자의 근로와 직접적이고 밀접하게 관련된 점에서 근로의 대가인 임금이라고 판단했다.

---

13) 대표적으로 'PI(생산성 격려금)' 및 'PS(초과이익분배금)'을 포함한 경영성과급이 평균임금에 산입되는지에 관한 분쟁이 있다. 수원지방법원 2021. 2. 4. 선고 2020나55510 판결(대법원 계류 중); 수원고등법원 2021. 6. 17. 선고 2020나26085 판결(대법원 계류 중) 등 참고.

14) 대표적으로 생일이나 자녀 출산 시 지급하는 '축하금'이 있다.

[5] 통상임금의 판단기준*

(대법원 2013. 12. 18. 선고 2012다89399 전원합의체 판결(제1판결), 대법원 2013. 12. 18. 선고 2012다94643 전원합의체 판결(제2판결))

기초지식

☑ 통상임금은 연장 · 야간 · 휴일에 관한 가산임금, 연차유급휴가수당, 해고예고수당 등을 산정하기 위한 기준 임금

☑ 사용자는 통상임금에 산입되는 임금이 적으면, 근로자는 통상임금에 산입되는 임금이 많으면 유리하므로 어떤 수당이나 금품을 통상임금에 산입할 것인지에 대한 분쟁이 지속적으로 발생 중

☑ 통상임금과 관련해서 2013년 대법원 전원합의체 판결(대상판결)과 2024년 대법원 전원합의체 판결(참고판례)이 존재함.

☑ 2013년 판결은 통상임금의 요건인 정기성, 일률성, 고정성에 관한 판단기준을 제시하였으나, 2024년 대법원 전원합의체 판결은 통상임금에 관한 요건 중에서 고정성을 제외

Ⅰ. 논의의 배경과 쟁점

'통상임금'이란 근로자에게 정기적이고 일률적으로 소정 근로 또는 총 근로에 대하여 지급하기로 정한 시간급 금액, 일급 금액, 주급 금액, 월급 금액 또는 도급 금액을 말한다(근기법 시행령 제6조 제1항). 통상임금은 일반적으로 소정 근로를 기준으로 한 시간급 금액으로 산정되고, 이를 일급, 주급, 월급으로 환산하여 사용하나, 도급제 또는 도급 금액으로 정한 임금[1)]은 총 근로시간 수로 나누어 산정하기도 한다.

> **근기법 시행령 제6조(통상임금)** ① 법과 이 영에서 "통상임금"이란 근로자에게 **정기적**이고 **일률적**으로 **소정(所定)근로 또는 총 근로**에 대하여 지급하기로 정한 시간급 금액, 일급 금액, 주급 금액, 월급 금액 또는 도급 금액을 말한다.

* 2025. 8, "통상임금의 판단기준(2020다247190 · 2023다302838)"으로 교체되었으며, 이는 참고판례로 반영하였다. 주의할 부분은 2013년 전원합의체 판결이 인정한 통상임금 요건 중 '고정성'은 2024년 전원합의체 판결에 따라 제외되었다는 점이다. 이는 해당 판결 부분에서 상세하게 살펴본다.

1) 여기서 도급제란 「민법」상 도급계약이 아니라, 근로자의 임금계산 방식이 도급 형태로 이루어지는 것을 의미하므로 근로자를 전제로 한 개념이다. 예를 들어, 의류 업체에서 시간이나 장소의 구속 없이 만들어 온 수대로 실적 정산을 받는 경우가 전형적인 도급이라면, 의류 업체에 출근해서 사용자의 업무지시를 받으면서 일하되 매월 총생산량을 기준으로 임금을 정산받는 경우는 도급제 근로자다.

② 제1항에 따른 통상임금을 시간급 금액으로 산정할 경우에는 다음 각 호의 방법에 따라 산정된 금액으로 한다.
1~5. 생략.
6. 도급 금액으로 정한 임금은 그 임금 산정 기간에서 도급제에 따라 계산된 임금의 총액을 해당 임금 산정 기간(임금 마감일이 있는 경우에는 임금 마감 기간을 말한다)의 총 근로 시간 수로 나눈 금액

통상임금에 관한 분쟁은 오래전부터 최근까지 지속되어 왔다. 통상임금이 문제가 되는 이유는 그 개념이 추상적이면서 어렵고, 판단해야 하는 수당 항목이 복잡하며, 사업장 내에서 통상임금의 산입이나 인정 여하에 따라 혜택을 보는 근로자 집단이 많기 때문이다. 즉, 개념상으로도 실무적으로도 다툼의 소지가 될 부분이 많고, 법적 분쟁으로 이어질 유인이 크다는 특징을 갖고 있다.

이 중에서 가장 큰 문제는 통상임금의 개념 요소가 법에 명확히 정의되어 있지 않아, 해석상 다툼이 발생하고 있는 점이다. 현행 근기법 시행령이 산정 및 계산 기준을 제시하고 있지만, 그 요건이 추상적이므로 개별 사업장에서 이를 적용하여 수당 항목을 산출하기 어렵다. 통상임금에 관한 2013년과 2024년의 대법원 전원합의체 판결은 통상임금 개념에 대한 판단과 적용이 매우 어렵고 난해하다는 점을 시사한다.

Ⅱ. 대상판결 분석

1. 사실관계

(제1판결) 피고 회사는 '상여금지급규칙'에 따라, 이 사건 상여금을 짝수 달에 지급하되, 근속기간이 2개월을 초과한 근로자에게는 전액을, 근속기간이 2개월을 초과하지 않는 신규입사자나 2개월 이상 장기 휴직 후 복직한 자, 휴직자에 대하여는 상여금 지급대상 기간 중 해당 구간에 따라 **미리 정해 놓은 비율을 적용**하여 산정한 금액을 각 지급하였으며, 상여금 지급대상 기간 중에 퇴직한 근로자에 대해서는 근무 일수에 따라 **일할계산**하여 지급하였다. 피고와 노동조합은 2008. 10. 체결한 단체협약에서 통상임금에 산입될 임금의 범위를 정하면서, 이 사건 상여금을 통상임금 산입에서 제외했다.[2)]

(제2판결) 피고 회사는 통상임금에 산입되는 임금을 단체협약으로 열거하는 방식으로 정해 두었다. 한편, 상여금 역시 단체협약에 짝수달에 각 100%, 설 · 추석 50% 지급하기로 하고, 그 외에 하기휴가비 정액 500,000원, 김장보너스(지급 금액, 노사협의)를 지급한다고 명시되어 있었다. 상여금은 실제 근무성적과 상관없이 6개월 이상 휴직 중인 근로자를 제외한 소속 근로자에게 지급되었고, 하기휴가비 역시 실제 근무성적과 관계없이 휴직자, 정직자 등을 제외한 소속 근로자들에게 지급되었다. 김장 보너스도 실제 근무성적과 상관없이 휴직자, 정직자 등을 제외한 소속 근로자에게 지급되었고, 단체보험료, 선물비, 생일자 지원금도 이와 유사한 기준이 적용되었다.

2. 당사자의 주장

(제1판결) 원고는 상여금이 통상임금에 해당함을 전제로 퇴직금을 다시 계산하여 지급할 것을 주장했다. 피고는 원고가 2009년 이전에는 상여금의 통상임금 여부에 관하여 전혀 이의를 제기하지 않다가 주장하는 것이 신의성실의 원칙에 반한다고 주장했다.

(제2판결) 원고는 ① 설 · 추석 상여금, ② 하기휴가비, ③ 김장 보너스, ④ 개인연금 지원금, ⑤ 단체보험료, ⑥ 선물비, ⑦ 생일자 지원금, ⑧ 회의 식대, ⑨ 부서 단합대회비를 통상임금에서 제외한 것은 무효이고, 평균임금 산정 시 개인연금 지원금, 단체보험료, 선물비, 생일자 지원금, 회의 식대, 부서 단합대회비를 누락하였으므로 퇴직금 차액 지급 의무가 있다고 주장했다. 피고는 설 · 추석 상여금, 하기휴가비, 김장 보너스는 실제 근무성적, 근무태도 등에 따라 그 지급 여부 및 비율이 달라지므로 일률적 · 고정적으로 지급되는 임금이라고 할 수 없어 통상임금에 포함되지 않고, 개인연금 지원금, 단체보험료, 선물비, 생일자 지원금은 복리후생 차원에서, 부서 단합대회비는 복리후생 차원에서 실비정산 방식으로 지원하는 것이므로 근로의 대가라고 볼 수 없어 임금에 해당하지 않는다고 주장했다.

3. 하급심 법원의 판단

(제1판결) 1심 법원[3]은 원고의 청구를 모두 기각했다. 원심[4]은 상여금이 2개월을 초과하여

---

2) 대법원 2013. 12. 18. 보도자료, "통상임금에 관한 대법원 전원합의체 판결 선고", 5면.
3) 대전지방법원 천안지원 2012. 2. 14. 선고 2011가소29741 판결.
4) 대전지방법원 2012. 8. 22. 선고 2012나4372 판결.

계속 근무한 근로자에게 전액 지급하고 신규입사자나 휴직자에 대해서는 미리 정해 놓은 비율에 따라 지급한 점에서 근로의 대가로서 정기적 · 일률적으로 지급한 통상임금에 해당하며, 2009. 1.부터 2010. 3. 까지 명시적으로 상여금을 기본급에 통합하여 지급하는 것으로 급여지급방식을 변경하면서 퇴직한 근로자들에게 상여금을 통상임금에 포함하여 계산한 퇴직금 및 연월차수당을 지급한 점에서 상여금을 기본급에 포함시켜 통상임금에 합산하기로 하는 합의가 있었다고 판단했다.

(제2판결) 1심 법원[5]은 원고가 통상임금에 산입되어야 한다고 주장한 수당 중에서 설 · 추석 상여금, 하기휴가비, 김장 보너스, 개인연금 지원금, 단체보험료, 선물비,[6] 생일자 지원금[7]이 통상임금에 해당한다고 판단하였으나, 회의 식대 및 부서 단합대회비는 복리후생 차원 내지 실비변상 차원에서 지급한 것이라는 점에서 인정하지 않았다. 원심[8]은 1심의 수당 항목에 관한 판단을 유지하면서, 피고 회사와 노동조합 사이에 설 · 추석 상여금 등을 통상임금에 포함시키지 않기로 하는 명시적 또는 묵시적 합의가 있더라도 이는 근기법이 정한 기준에 달하지 못하는 근로조건을 정한 계약으로 무효이며, 이를 주장하는 것이 신의칙에 반하지 않는다고 판단했다.

4. 대법원판결

(제1판결) 어떠한 임금이 통상임금에 속하는지 여부는 그 임금이 **소정근로의 대가**로 근로자에게 지급되는 금품으로서 **정기적 · 일률적 · 고정적**으로 지급되는 것인지를 기준으로 객관적인 성질에 따라 판단하여야 하고, 임금의 명칭이나 지급주기의 장단 등 형식적 기준에 의해 정할 것이 아니다. 여기서 <u>소정 근로의 대가라 함은 근로자가 소정근로시간에 통상적으로 제공하기로 정한 근로에 관하여 사용자와 근로자가 지급하기로 약정한 금품</u>을 말한다.[9]

---

5) 대전지방법원 천안지원 2011. 9. 23. 선고 2010가합4045 판결.

6) "연간 선물 단가는 200,000원으로 하되 선물 지급 금액은 상반기(설날, 근로자의 날), 하반기(추석, 창립기념일) 각각 100,000원으로 하기로 하고, 선물선정 및 지급에 있어서 연 2회 정기선물 지급 시 배정된 단가 선물 외에 초과분은 본인 부담(급여공제)으로 하여 선물을 선택할 수 있도록 합의된 사실, 이후 피고 회사는 설날과 추석 무렵 수개의 품목을 제시하여 그중 근로자가 원하는 선물을 선택할 수 있도록 하되, 선물의 가액 중 100,000원을 초과하는 부분은 당해 근로자의 임금에서 공제하거나 사내근로복지기금이 지원하여 온 사실"

7) "생일자 지원금은 노사협의에 의하여 피고 회사에 지급 의무가 지워져 있고, 근로의 대가로서의 성질을 가지는 것으로서 임금에 해당된다고 할 것이고, 실제의 근무성적과 상관없이 모든 근로자의 생일에 30,000원 상당의 문화상품권이 지급"

8) 대전고등법원 2012. 9. 21. 선고 2011나6388 판결.

어떤 임금이 통상임금에 속하기 위해서 **정기성**을 갖추어야 한다는 것은 임금이 일정한 간격을 두고 계속적으로 지급되어야 함을 의미한다. 통상임금에 속하기 위한 성질을 갖춘 임금이 1개월을 넘는 기간마다 정기적으로 지급되는 경우, 이는 노사 간의 합의 등에 따라 근로자가 소정근로시간에 통상적으로 제공하는 근로의 대가가 1개월을 넘는 기간마다 분할지급되고 있는 것일 뿐, 그러한 사정 때문에 갑자기 그 임금이 소정 근로의 대가로서 성질을 상실하거나 정기성을 상실하게 되는 것이 아님은 분명하다. 따라서 정기상여금과 같이 일정한 주기로 지급되는 임금의 경우 단지 그 지급 주기가 1개월을 넘는다는 사정만으로 그 임금이 통상임금에서 제외된다고 할 수는 없다.

어떤 임금이 통상임금에 속하기 위해서는 그것이 **일률적**으로 지급되는 성질을 갖추어야 한다. '일률적'으로 지급되는 것에는 '모든 근로자'에게 지급되는 것뿐만 아니라 '일정한 조건 또는 기준에 달한 모든 근로자'에게 지급되는 것도 포함된다.[10] 일정 범위의 모든 근로자에게 지급된 임금이 일률성을 갖추고 있는지 판단하는 잣대인 '일정한 조건 또는 기준'은 통상임금이 소정 근로의 가치를 평가한 개념이라는 점을 고려할 때, **작업 내용이나 기술, 경력 등과 같이 소정 근로의 가치 평가와 관련된 조건**이라야 한다.

어떤 임금이 통상임금에 속하기 위해서는 그것이 **고정적**으로 지급되어야 한다. '고정성'이라 함은 '근로자가 제공한 근로에 대하여 업적, 성과 기타의 추가적인 조건과 관계없이 당연히 지급될 것이 확정되어 있는 성질'을 말하고, '고정적인 임금'은 '임금의 명칭 여하를 불문하고 임의의 날에 소정근로시간을 근무한 근로자가 그 다음 날 퇴직한다 하더라도 그 하루의 근로에 대한 대가로 당연하고도 확정적으로 지급받게 되는 최소한의 임금'이라고 정의할 수 있다.[11] 이와 달리 근로자가 소정근로를 제공하더라도 **추가적인 조건**을 충족하여야 지급되는 임금이나 조건 충족 여부에 따라 지급액이 변동되는 임금 부분은 고정성을 갖춘 것이라고 할 수 없다.

통상임금은 **근로조건의 기준을 마련하기 위하여 법이 정한 도구 개념**이므로, 사용자와 근로자가 통상임금의 의미나 범위 등에 관하여 단체협약 등에 의해 따로 합의할 수 있는 성질의 것이 아니다. 따라서 성질상 근로기준법상의 통상임금에 속하는 임금을 통상임금에서 제외하기로 노사 간에 합의하였다 하더라도 그 합의는 효력이 없다.

---

9) "근로자가 소정근로시간을 초과하여 근로를 제공하거나 근로계약에서 제공하기로 정한 근로 외의 근로를 특별히 제공함으로써 사용자로부터 추가로 지급받는 임금이나 소정근로시간의 근로와는 관련 없이 지급받는 임금은 소정근로의 대가라 할 수 없으므로 통상임금에 속하지 아니한다."

10) "여기서 '일정한 조건'이란 고정적이고 평균적인 임금을 산출하려는 통상임금의 개념에 비추어 볼 때 고정적인 조건이어야 한다."

11) "고정성을 갖춘 임금은 근로자가 임의의 날에 소정 근로를 제공하면 추가적인 조건의 충족 여부와 관계없이 당연히 지급될 것이 예정된 임금이므로, 지급 여부나 지급액이 사전에 확정된 것이라 할 수 있다."

회사가 상여금지급규칙에 따라 상여금을 근속기간이 2개월을 초과한 근로자에게는 전액을, 2개월을 초과하지 않는 신규입사자나 2개월 이상 장기 휴직 후 복직한 자, 휴직자에게는 상여금 지급 대상기간 중 해당 구간에 따라 미리 정해 놓은 비율을 적용하여 산정한 금액을 각 지급하고, 상여금 지급 대상기간 중에 퇴직한 근로자에게는 근무일수에 따라 일할 계산하여 지급한 사안에서, 위 상여금은 근속기간에 따라 지급액이 달라지기는 하나 일정 근속기간에 이른 근로자에게는 일정액의 상여금이 확정적으로 지급되는 것이므로, 소정 근로를 제공하기만 하면 지급이 확정된 것이라고 볼 수 있어 정기적 · 일률적으로 지급되는 고정적인 임금인 통상임금에 해당한다.

단체협약 등 노사 합의의 내용이 근로기준법의 강행규정을 위반하여 무효인 경우에, 무효를 주장하는 것이 신의칙에 위배되는 권리의 행사라는 이유로 이를 배척한다면 강행규정으로 정한 입법 취지를 몰각시키는 결과가 될 것이므로, 그러한 주장이 신의칙에 위배된다고 볼 수 없음이 원칙이다. 그러나 노사 합의의 내용이 근로기준법의 강행규정을 위반한다고 하여 노사합의의 무효 주장에 대하여 예외 없이 신의칙의 적용이 배제되는 것은 아니다. 신의칙을 적용하기 위한 일반적인 요건을 갖춤은 물론 근로기준법의 강행규정성에도 불구하고 신의칙을 우선하여 적용하는 것을 수긍할 만한 특별한 사정이 있는 예외적인 경우에 한하여 노사합의의 무효를 주장하는 것은 신의칙에 위배되어 허용될 수 없다.[12)]

(제2판결) 통상임금은 근로자가 소정근로시간에 통상적으로 제공하는 근로인 **소정근로**(도급근로자의 경우에는 총 근로)**의 대가**로 지급하기로 약정한 금품으로서 **정기적 · 일률적 · 고정적**으로 지급되는 임금을 말한다. 1개월을 초과하는 기간마다 지급되는 임금도 그것이 정기적 · 일률적 · 고정적으로 지급되는 것이면 통상임금에 포함될 수 있다.

---

12) "임금협상 과정을 거쳐 이루어진 노사 합의에서 정기상여금은 그 자체로 통상임금에 해당하지 아니한다고 오인한 나머지 정기상여금을 통상임금 산정 기준에서 제외하기로 합의하고 이를 전제로 임금수준을 정한 경우, 근로자 측이 앞서 본 **임금협상의 방법과 경위, 실질적인 목표와 결과 등은 도외시한 채 임금협상 당시 전혀 생각하지 못한 사유를 들어 정기상여금을 통상임금에 가산하고 이를 토대로 추가적인 법정수당의 지급**을 구함으로써, 노사가 합의한 임금수준을 훨씬 초과하는 예상외의 이익을 추구하고 그로 말미암아 사용자에게 예측하지 못한 새로운 재정적 부담을 지워 중대한 경영상의 어려움을 초래하거나 기업의 존립을 위태롭게 한다면, 이는 종국적으로 근로자 측에까지 피해가 미치게 되어 노사 어느 쪽에도 도움이 되지 않는 결과를 가져오므로 정의와 형평 관념에 비추어 신의에 현저히 반하고 도저히 용인될 수 없음이 분명하다. 그러므로 이와 같은 경우 근로자 측의 추가 법정수당 청구는 신의칙에 위배되어 받아들일 수 없다."

고정적인 임금이라 함은 '임금의 명칭 여하를 불문하고 임의의 날에 소정근로시간을 근무한 근로자가 그 다음 날 퇴직한다 하더라도 그 하루의 근로에 대한 대가로 당연하고도 확정적으로 지급받게 되는 최소한의 임금'을 말하므로, 근로자가 임의의 날에 소정근로를 제공하면 **추가적인 조건의 충족 여부**와 관계없이 당연히 지급될 것이 예정되어 지급 여부나 지급액이 사전에 확정된 임금은 고정성을 갖춘 것으로 볼 수 있다. 여기서 말하는 조건은 근로자가 임의의 날에 연장 · 야간 · 휴일 근로를 제공하는 시점에 그 성취 여부가 아직 확정되어 있지 않은 조건을 말하므로, 특정 경력을 구비하거나 일정 근속기간에 이를 것 등과 같이 위 시점에 그 성취 여부가 이미 확정되어 있는 기왕의 사실관계를 조건으로 부가하고 있는 경우에는 고정성 인정에 장애가 되지 않지만, 근로자가 소정근로를 했는지 여부와는 관계없이 지급일 기타 특정 시점에 재직 중인 근로자에게만 지급하기로 정해져 있는 임금은 그 특정 시점에 재직 중일 것이 임금을 지급받을 수 있는 자격요건이 된다. 그와 같은 조건으로 지급되는 임금이라면, 그 임금은 이른바 '소정근로'에 대한 대가의 성질을 가진다고 보기 어려울 뿐 아니라 근로자가 임의의 날에 근로를 제공하더라도 그 특정 시점이 도래하기 전에 퇴직하면 당해 임금을 전혀 지급받지 못하여 근로자가 임의의 날에 연장 · 야간 · 휴일 근로를 제공하는 시점에서 그 지급조건이 성취될지 여부가 불확실하므로, **고정성도 결여**한 것으로 보아야 한다.

Ⅲ. 판결의 주요 쟁점

1. 통상임금 판결의 의의

근기법상 임금에 관한 여러 규정의 입법 취지와 통상임금의 기능 · 필요성 등에 비추어 볼 때 '통상임금'이란 당사자 사이에 소정근로(도급 임금의 경우에는 총 근로)의 대가로서 정기적 · 일률적으로 지급하기로 정한 임금이다.[13] **'고정성'은 후술하여 살펴볼 2024년 대법원 전원합의체 판결에 의하여 통상임금 요건에서 제외**되었다.

장시간 근로가 관행적으로 이루어져 온 우리나라의 현실에서 통상임금이 소정근로시간을 초과하는 근로에 대한 가산임금 산정 기준이라는 점이 중요하다. 통상임금은 근로자가 소정근로시간에 통상적으로 제공하는 근로의 가치를 금전적으로 평가한 것으로, 근로자가 추가 근로를 제공하는 시점 이전에 미리 확정되어 있어야 하는 **사전적 · 평가적 개념**이다. 근로 현

13) 임종률 · 김홍영, 「노동법」, 박영사, 2024, 410면.

장에서는 다양한 종류의 수당과 상여금 등이 존재하고 그에 대한 지급조건 등도 복잡다기하여 어떤 임금이 통상임금에 포함되는지 판단이 곤란한 경우가 많아, 수당과 상여금이 통상임금에 포함되는지가 중요한 법적 쟁점이 되어 왔다. 대법원은 대상판결을 통해 통상임금의 의미를 명확히 하고, 구체적인 판단기준을 제시했다.[14] 다만, 단체협약의 강행규정적 성격과 당사자의 의사를 존중하지 않고 안이하게 법률해석을 포기하고 일반조항으로 회피하였다는 비판도 있다.[15]

2. 통상임금에 대한 노사합의의 효력

대상판결에 의하면, 법률상 통상임금에 해당하는 임금을 통상임금에서 제외하기로 하는 단체협약, 취업규칙, 묵시적 합의 등 노사합의는 무효이고 근로자는 제외된 임금을 포함하여 연장근로수당 등 추가 임금을 청구할 수 있다.[16] 즉, 통상임금은 근로조건의 기준을 마련하고자 법이 정한 도구 개념이므로, 사용자와 근로자가 통상임금의 의미나 범위 등에 관하여 단체협약 등에 따라 따로 합의할 수 있는 성질의 것은 아니다.[17] 다만, 통상임금은 소정근로, 정기성, 일률성의 해석에 의하여 그 의미와 범위가 정하여지는 것이고 법률에 의하여 그 개념과 내용이 확정되어 있는 것은 아니므로 단체협약 당사자의 협약 자치를 전적으로 부인할 것은 아니라는 주장도 있다.[18]

---

14) 이철수, 「노동법」, 현암사, 2023, 160면.

15) 이철수, 「노동법」, 현암사, 2023, 164면. 즉, 신의칙 인정 여부가 또 다른 쟁점이 되어 버린 측면이 있다. 이와 관련하여 대법원 2021. 12. 16. 선고 2016다7975판결 참고. "통상임금 재산정에 따른 근로자의 추가 법정수당 청구가 기업에 중대한 경영상의 어려움을 초래하거나 기업 존립을 위태롭게 하는지는 추가 법정수당의 규모, 추가 법정수당 지급으로 인한 실질임금 인상률, 통상임금 상승률, 기업의 당기순이익과 그 변동추이, 동원 가능한 자금의 규모, 인건비 총액, 매출액, 기업의 계속성 · 수익성, 기업이 속한 산업계의 전체적인 동향 등 기업운영을 둘러싼 여러 사정을 종합적으로 고려해서 판단해야 한다. 기업이 일시적으로 경영상의 어려움에 처하더라도 사용자가 합리적이고 객관적으로 경영 예측을 하였다면 그러한 경영상태의 악화를 충분히 예견할 수 있었고 향후 경영상의 어려움을 극복할 가능성이 있는 경우에는 신의칙을 들어 근로자의 추가 법정수당 청구를 쉽게 배척해서는 안 된다."

16) 임종률 · 김홍영, 「노동법」, 박영사, 2024, 413면.

17) 이철수, 「노동법」, 현암사, 2023, 163면.

18) 김형배 · 박지순, 「노동법강의」, 신조사, 2023, 296면.

3. 신의칙의 적용

「민법」 제2조는 권리의 행사와 의무의 이행은 신의에 좇아 성실히 하여야 하고, 권리는 남용하지 못한다고 규정하고 있다. 신의칙은 일정한 법률관계에 있는 당사자로서 권리를 행사하는 채권자와 의무를 이행하는 채무자는 상대방의 이익과 신의를 고려하여 이에 어긋나지 않도록 성실하세 행동해야 한다는 기본원칙을 말한다.[19] 대상판결에 의하면, 신의칙 적용을 주장할 수 있는 요건으로 첫째, 정기 상여금에만 적용되며, 여타의 수당 또는 임금에는 적용되지 않는다. 둘째, 노사가 정기상여금이 통상임금에서 제외되는 합의를 하고, 이를 전제로 하여 전체적인 임금수준 및 임금인상률 등 그 밖의 임금 조건을 정해야 한다. 셋째, 근로자에게 추가 임금을 지급할 경우 예측하지 못한 재정적 부담으로 기업에 '중대한 경영상 어려움'을 초래하거나 그 존립이 위태롭게 될 수 있다는 사정이 있어야 한다.[20]

Ⅳ. 결론

2013년 통상임금에 관한 대법원 전원합의체 판결은 통상임금을 소정 근로의 대가를 전제로 정기성, 일률성, 고정성을 갖춘 임금이라고 판시하였고, 이에 관한 구체적이고 상세한 기준 등을 제시했다. 이 중 핵심적인 사항은 '사전확정성'이라고도 불리는 '고정성' 요건으로 대상판결 선고 이후 10년 동안 통상임금 판단의 핵심적인 요건으로 기능했다.

하지만, **'고정성' 요건에 의문**을 갖는 경우가 많았다. 고정성 요건이 법에 명시되어 있지 않은 점, 사전확정성의 개념이 다소 추상적인 점, 조건의 부가에 따라 통상임금의 성격이 달라지는 점 등이 주된 근거였다. 이에 따라 2013년 대법원 전원합의체 판결 이후에도 통상임금에 관한 문제이 완전히 해소되지 못하고, 법적 판단으로 이어지는 사례가 증가했다. 법률의 미비점을 보완하기 위한 판결과 행정적 노력이 있었지만, 궁극적인 해소방안이 되지 못한 것이다. 이러한 상황에서 2024년 **대법원 전원합의체 판결은 '고정성' 요건을 통상임금에서 제외하여 통상임금 요건을 전면적으로 변경**하게 되었다.

---

19) 김형배, 「민법학강의」, 신조사, 2016, 32면.
20) 이상윤, 「노동법」, 법문사, 2024, 207면.

※ 참고판례 – 대법원 2024. 12. 29. 선고 2020다247190 · 2023다302838[21)]

1. 사실관계

근로자로 재직 중이거나 퇴직한 원고들은 '지급일 현재 재직자에게만 지급'하는 **재직자 요건이 부가된 정기상여금**(2020다247190, 이하 '재직자 요건 사건'이라고 함)을 지급받았다. 한편, 근로자인 원고들은 '기준기간 내 15일 미만 근무'한 경우 지급대상에서 제외하는 **근무일수 조건이 부가된 정기상여금**(2023다302838, 이하 '근무일수 조건 사건'이라고 함)을 지급받았다.

2. 당사자 주장 및 하급심 판결

재직자 요건 사건에서 원고들은 **재직자 요건이 부가된 정기상여금과 성과급의 최소 지급분**이 통상임금에 포함된다고 주장하면서 통상임금을 기초로 재산정한 시간외근무수당 차액을 청구했다. 한편, 근무일수 조건 사건에서 원고들은 **근무일수 조건이 부가된 정기상여금**이 통상임금에 포함된다고 주장하며 재산정한 연장근로수당 등 차액을 청구했다.

재직자 요건 사건의 1심[22)]은 고정성이 없고 소정 근로의 대가가 아니라는 이유로 재직자 요건 정기상여금의 통상임금성을 부정하였고, 성과급의 최소 지급분은 통상임금성을 인정하였다. 반면, 원심[23)]은 재직자 요건 정기상여금의 통상임금성을 인정하였다. 근무일수 조건 사건의 1심[24)]은 근무일수 조건부 정기상여금은 기준기간 중 15일 이상 근무라는 추가 조건이 성취되어야 지급되므로, 근로 제공 시점의 조건 성취 여부가 불확실하여 고정성을 결여했다는 이유로 통상임금성을 부정했다. 원심[25)]도 1심과 동일한 취지로 판단했다.

---

21) 이하의 내용은 이재현, "최근 임금 쟁점의 최저임금 영향에 관한 소고", 「강원법학(제78권)」, 2025, 534-536면 참고.

22) 서울남부지방법원 2018. 6. 8. 선고 2016가합2315 판결.

23) 서울고등법원 2020. 6. 19. 선고 2018나2037060 판결. 재직자 요건은 퇴직자가 이미 제공한 근로에 상응하는 부분까지 지급하지 않는데, 이는 **소정근로의 제공에 따라 '기본급' 또는 '기본급에 준하는 수당'이 확정적으로 발생**했음에도 지급 시점에 재직 중이 아니라는 이유만으로 임금을 지급하지 않은 것으로 **소정 근로에 대한 대가를 포기·상실하도록 한 것**으로 보았다. "이 사건 상여금을 포함한 피고의 각종 급여에 대한 지급방식을 볼 때 이 사건 상여금 역시 소정근로의 대가로서의 성격을 갖고 있음을 알 수 있고, 달리 재직 중 일정 기준 이상의 성과를 올렸다는 특별한 조건이 충족되는 경우에만 추가로 지불하여야 하는 성격의 임금이라고 보이지 않는다."

24) 서울중앙지방법원 2022. 11. 15. 선고 2021가단5173367 판결.

25) 서울중앙지방법원 2023. 10. 12. 선고 2022나75299 판결.

3. 대법원판결의 요지

재직자 요건 사건에서 대법원은 통상임금은 법적 개념이므로 법령상 정의에 충실하게 해석되어야 하고, 강행적 개념이므로 당사자가 임의로 변경할 수 없어야 하며, 소정근로의 가치를 온전하게 담아야 한다고 하였다. 또한, 통상임금은 사전에 명확하게 산정될 수 있어야 하고, 연장근로 억제 등 정책목표에 부합해야 한다고 했다. 이러한 전제에서 **고정성 개념은 법령상 근거가 없고, 통상임금 개념의 강행성에 반하며, 소정근로의 가치를 온전하게 반영하지 못한다**고 보았다. 또한, 고정성은 **통상임금의 사전적 산정 가능성을 약화하고, 연장근로 억제라는 정책목표에도 부합하지 않는다**고 보았다. 이에 따라 고정성을 통상임금의 개념적 징표에서 제외하고, 소정근로의 대가성 및 정기성, 일률성으로 판단해야 하며, 재직자 요건이 설정된 임금은 통상임금에 포함된다고 판단했다.

근무일수 조건 사건 역시 같은 취지에서 소정근로 대가성, 정기성, 일률성을 갖추면 통상임금에 해당하고, 소정근로를 온전하게 제공하는 근로자라면 충족할 수 있는 소정근로일수 이내로 정해진 근무일수 조건이 부가된 임금은 통상임금이라고 보았다. 다만, 소정근로를 초과하는 근무일수 조건부 임금은 소정근로를 넘는 추가 근로의 대가이므로 통상임금이 아니라고 보았다.

한편, 변경된 내용은 대상판결의 사건과 현재 재판에 계류 중인 사건에 소급해서 적용되고, 그 외 다른 사업장은 판결 선고일 이후 시점부터 적용된다.

4. 판결의 의의 및 시사점

대법원은 **고정성을 통상임금 요건에서 제외**하면서, 근로자가 소정 근로를 온전하게 제공하면 그 대가로서 정기적 · 일률적으로 지급하도록 정해진 임금은 조건의 존부나 성취 가능성과 관계없이 통상임금에 해당한다고 판시했다. 나아가 종전 판례가 고정성을 부정하여 통상임금이 아니라고 보았던 근무실적에 따른 성과급은 소정근로 대가성이 없어 여전히 통상임금이 아니라고 판단하면서, 근무실적과 무관한 최소 지급분은 소정근로의 대가라고 하였다.[26] 대상판결은 통상임금 요건 중 고정성을 제외하는 한편, 기존에는 크게 부각되지 않았던 소정 근로 대가성을 강조했다. 고정성은 종래 통상임금 판단에서 가장 중요한 기준으로 재직자 또는 근속률 요건을 설정하면 지급 여부가 불투명함을 이유[27]로 통상임금에서 제외되었다. 하지만 이번 전원합의체

---

26) 대법원 2024. 12. 19. 보도자료, "대법원 2020다247190 임금 사건, 대법원 2023다302838 임금 사건 보도자료", 5-6면 참고.

판결은 **고정성 요건이 통상임금 개념에 부합하지 않고, 해당 조건을 임의로 설정하면 강행규정인 통상임금 개념을 잠탈할 우려가 있음을 근거로 고정성 요건을 제외**하였다.

〈참고 - 임금유형별 통상임금 여부 정리〉[28]

임금명목	임금의 특징	통상임금 해당여부	
		'13년	'24년
기술수당	기술이나 자격보유자에게 지급되는 수당(자격수당, 면허수당 등)	통상임금○	통상임금○
근속수당	근속기간에 따라 지급여부나 지급액이 달라지는 임금	통상임금○	통상임금○
가족수당	부양가족 수에 따라 달라지는 가족수당	통상임금× (근로와 무관한 조건)	통상임금× (근로와 무관한 조건)
	부양가족 수와 관계없이 모든 근로자에게 지급되는 가족수당 분	통상임금 ○ (명목만 가족수당, 일률성 인정)	통상임금 ○ (명목만 가족수당, 일률성 인정)
성과급	근무실적을 평가하여 지급여부나 지급액이 결정되는 임금	통상임금× (조건에 좌우됨, 고정성 인정×)	통상임금× ('소정근로 대가성'을 갖추었다고 보기 어려움)
	최소한도가 보장되는 성과급	그 최소한도 만큼만 통상임금○ (그 만큼은 일률적, 고정적 지급)	최소한도의 일정액은 통상임금○ (근무실적과 무관하게 최소한도의 일정액을 지급하기로 정한 경우 그 금액은 소정근로의 대가에 해당)
상여금	정기적인 지급이 확정되어 있는 상여금(정기상여금)	통상임금○	통상임금○
	기업실적에 따라 일시적, 부정기적, 사용자 재량에 따른 상여금 (경영성과분배금, 격려금, 인센티브)	통상임금× (사전 미확정, 고정성 인정×)	통상임금× ('소정근로 대가성'을 갖추었다고 보기 어려움)
특정시점 재직 시 에만 지급되는 금품	특정시점에 재직 중인 근로자만 지급받는 금품 (명절귀향비나 휴가비의 경우 그러한 경우가 많음)	통상임금× (근로의 대가×, 고정성×)	통상임금○ (명절귀향비, 휴가비도 소정근로의 대가성이 인정되고 정기성, 일률성을 갖춘 경우 통상임금○)
	특정시점이 되기 전 퇴직 시에는 근무일수에 비례하여 지급되는 금품	통상임금○ (근무일수 비례하여 지급되는 한도에서는 고정성○)	통상임금○

27) 지급일 당시 회사를 다니고 있을지 여부, 일정 기간 출근할 수 있을지 여부 등이 확실하지 않다고 본 것이다.
28) 고용노동부, "통상임금 노사지도 지침", 2025. 2. 6, 15면.

[6] 취업규칙 불이익 변경과 동의방식*

(대법원 2003. 11. 14. 선고 2001다18322 판결)

기초지식

☑ 취업규칙을 불이익하게 변경하기 위해서는 과반수 노조 또는 근로자 과반수의 동의를 받아야 함(근기법 제94조 제1항). 이와 관련하여 '불이익 변경'은 무엇인지, 불이익 변경 시 '동의'를 어떻게 받아야 하는지 등에 대해서 판례 법리가 형성되어 있음

☑ 종래 '사회통념상 합리성'이 있는 경우, 불이익한 변경이라도 동의 없이 변경 가능하다는 판례 법리가 있었으나, 최근 대법원은 이를 변경하여 집단적 동의권 남용이라는 특별한 사정이 없는 한, 근로자 집단의 동의 없는 불리한 변경의 유효성을 인정할 수 없다고 판시함[1]

☑ 집단적 동의는 개별 근로자의 동의와 구분되는 엄격한 기준인데, 대상판결은 이것이 어느 정도 수준인지에 대하여 판시함

☑ 노사협의회는 근로자와 사용자가 참여 · 협력을 통해 근로자의 복지증진과 기업의 건전한 발전을 도모하기 위해 구성하는 상시적 협의기구로서, 30인 이상 사업 또는 사업장에 의무적으로 설치(근로자 참여 및 협력 증진에 관한 법률)

Ⅰ. 논의의 배경과 쟁점

사용자가 기존 근로조건의 내용을 근로자에게 불리하게 변경하려면 종전 취업규칙의 적용을 받고 있던 근로자 집단의 '**집단 의사 결정방식**'에 의한 동의가 있어야 한다. 이는 근로자 과반수로 조직된 노동조합이 있는 경우에는 그 노동조합의 동의, 그와 같은 노동조합이 없는 경우에는 근로자 과반수의 동의를 말한다(근기법 제94조 제1항).[2] 이는 이미 정한 근로조건을 사용자가 일방적으로 저하하는 것을 방지하려는 취지에서 설정된 것이다.[3]

---

* 2025. 8, 핵심판례로 추가된 "**취업규칙 불이익변경에 관한 집단적 동의권 남용**(2017다35588 · 35595)" 및 2022다297830 판결은 참고판례로 반영하였다.

1) 대법원 2023. 5. 11. 선고 2017다35588 · 35595 전원합의체 판결.

2) 이와 관련하여 근기법 제24조의 '근로자 대표'와 제94조 취업규칙의 '집단 의사 결정방식'은 다르게 규정되어 있다.

3) 임종률 · 김홍영, 「노동법」, 박영사, 2024, 362면.

근기법 제94조(규칙의 작성, 변경 절차) ① 사용자는 취업규칙의 작성 또는 변경에 관하여 해당 사업 또는 사업장에 근로자의 과반수로 조직된 노동조합이 있는 경우에는 그 노동조합, 근로자의 과반수로 조직된 노동조합이 없는 경우에는 근로자의 과반수의 의견을 들어야 한다. 다만, 취업규칙을 근로자에게 불리하게 변경하는 경우에는 그 동의를 받아야 한다.

과반수 노동조합이 있는 경우에는 해당 노동조합의 동의를 얻으면 되므로, 동의의 어려움과는 별개로 절차는 상대적으로 간소해진다.[4] 반면, 과반수 노조가 없는 경우에는 근로자 과반수의 동의를 얻어야 하는데, 변경될 취업규칙의 내용을 어떤 방식으로 전달할 것인지, 이후 동의의 의사를 어떻게 취합하는지에 따라서 근로자 집단의 실질적 동의권 보장 여부가 문제가 될 수 있다. 판례에 따르면 동의 방법은 **근로자들의 회의방식에 의한 집단적 의사결정**을 원칙으로 하고 있지만, 최근에 와서 이를 완화하는 경향을 보인다.[5] 특히, 근로자 수가 많거나 사업장이 전국에 흩어져 있는 경우, 전 직원이 회의방식으로 참여하기 어렵기 때문이다. 이와 관련하여, 대상판결은 근로자의 집단적 동의방식에 관한 기준과 원칙을 구체적으로 제시하였다.

Ⅱ. 대상판결 분석[6]

1. 사실관계

피고 회사는 급여 규정에 따라 직원들에게 상여금을 지급하던 중 경영상태가 급격히 악화되자, 1998. 1. 급여 규정을 변경하여 6개월간 이를 미지급한다는 내용을 신설하고(1차 변경) 본사 각 부서 및 전국 영업소에 서면으로 변경 취지와 필요성을 설명한 다음, **부서별로 직원들의 서명을 받아 취합**하였다. 이후에도 경영환경 및 상태가 개선되지 않자, 1998. 7. 급여 규정을 재변경하여 1년 6개월간 상여금을 미지급한다는 내용을 신설하고(2차 변경) **1차 변경과 동일한 방식**으로 동의를 받았다. 변경 당시, 부서장들이 먼저 서명을 마치고 직원들이 서명할 때 자리를 비켜주거나 서명 장소에 계속 남아 있기도 하였다. 당시 노동조합은 미조직 상태였다.

4) 실무적으로 노동조합 대표자의 동의서를 받는 형태로 진행된다.
5) 이철수, 「노동법」, 현암사, 2023, 140면.
6) 해당 내용은 이재현, "현행 취업규칙 제도의 기능적 한계와 개선방안 - 주요 대법원판결의 흐름을 중심으로 -", 「원광법학」(제40권 제4호), 2024, 199-201면의 내용을 요약 정리한 것이다.

2. 당사자의 주장

원고들은 상여금을 삭감하는 내용의 신설은 불리한 변경이므로 근로자 과반수의 동의를 얻어야 하는데, **회사 측의 부당한 개입** 등 적법한 절차를 거치지 않아 개정 내용이 적용될 수 없다고 주장했다. 피고는 급여 규정의 개정은 경영 위기에 대처하기 위한 것이며, 근로자들에게 개정 필요성을 설명하고 자유로운 분위기에서 동의를 받아 적법하다고 주장했다.

3. 하급심 법원의 판단

1심 법원[7)]은 직원들이 서명할 수밖에 없는 상황을 조성하고 형식적인 기회를 부여했다고 보아, 집단적 의사결정에 따른 동의가 아니라고 판단했다. 또한, 서명 경위는 피고의 지시에 좇은 것으로 내심의 의사가 아니라고 하였다. 하지만 원심[8)]은 직원들이 회사의 경영합리화 및 자구노력 조치에 관한 설명을 듣고 그 사정을 충분히 인식한 상태에서, 자유로운 의견교환과 판단에 따라 부서별로 서명한 이상, 회사 측의 간섭이나 개입이 없는 적법한 동의라고 판단했다.

4. 대법원판결

대법원은 사용자 측의 개입 또는 간섭은 명시 또는 묵시적 방법으로 **동의를 강요**하여 근로자들의 **자율적 · 집단적인 의사결정을 저해**할 정도를 의미하는 것이고, 단순히 변경될 취업규칙의 내용을 설명하거나 홍보하는데 그친 것은 해당하지 않는다고 판시했다. 사안의 경우, 설명과 홍보를 넘어서 강요했다고 볼 수 없으므로 의사결정을 부당하게 저해할 정도는 아니라고 보았다.[9)]

취업규칙에 규정된 근로조건의 내용을 근로자에게 불이익하게 변경하는 경우에 근로자 과반수로 구성된 노동조합이 없는 때에는 **근로자들의 회의방식에 의한 과반수 동의**가 필요하다고 하더라도, 그 회의방식은 반드시 한 사업 또는 사업장의 전 근로자가 일시에 한자리에 집합

---

7) 서울중앙지방법원 2000. 1. 13. 선고 98가합104730판결.

8) 원심인 서울고등법원 2001. 2. 8. 선고 2000나7990 판결은 사용사가 각 부서 및 영업국별로 동의 여부를 묻은 것은 불가피한 것이었고, 회사 측의 간섭이나 개입이 없는 상태에서 직원들 간 의견교환과 자유로운 판단을 거쳤다고 판단했다. 구체적으로 동의 서면에 반대 의사를 표현하는 칸은 없었지만, 서명하지 않거나 다른 방법으로 반대 의사를 표현할 수 있었다고 보았다.

9) 피고 회사의 상황을 인식하고 위기의식에서 부득이 상여금 삭감을 감수하기로 하고 급여규정 변경에 과반수 이상 동의했다고 보았다.

하여 회의를 개최하는 방식만이 아니라 한 사업 또는 사업장의 기구별 또는 단위 부서별로 사용자 측의 개입이나 간섭이 배제된 상태에서 근로자 상호 간에 의견을 교환하여 찬반 의견을 집약한 후 이를 전체적으로 취합하는 방식도 허용되는데, 여기서 사용자 측의 개입이나 간섭이라 함은 사용자 측이 근로자들의 자율적이고 집단적인 의사결정을 저해할 정도로 명시 또는 묵시적인 방법으로 동의를 강요하는 경우를 의미하고 사용자 측이 단지 **변경될 취업규칙의 내용을 근로자들에게 설명하고 홍보**하는 데 그친 경우에는 사용자 측의 부당한 개입이나 간섭이 있었다고 볼 수 없다.[10]

Ⅲ. 판결의 주요 쟁점

1. 취업규칙 집단적 동의의 주체

판례에 따르면, 불이익 변경 시점에는 어느 근로자 집단만이 직접적인 불이익을 받더라도 **다른 근로자 집단에게도 변경된 취업규칙의 적용이 예상**되면 장래 변경된 취업규칙의 적용이 예상되는 근로자 집단도 포함하여 동의 주체가 된다. **근로자 집단이 이원화**되어 있는 경우에는 변경된 취업규칙이 적용되거나 적용이 예상되는 근로자 집단만이 동의 주체가 된다(대법원 2009. 5. 28. 선고 2009두2238판결). 판례는 취업규칙의 적용 여부를 판단할 때 간접적・잠재적 관련을 내세워 적용 근로자로 인정한다.[11] 노동조합의 동의는 노동조합 대표자가 노동조합을 대표하는 것이므로 노동조합 소속 근로자의 과반수의 동의를 얻어야 하는 것은 아니다(대법원 1997. 5. 16. 선고 96다2507판결).[12]

2. 의견 청취 및 동의 의무 위반의 효과

의견 청취 의무나 동의를 받을 의무를 위반하면 벌칙 제재를 받는다(제114조 제1호). 사용자가 이러한 의무를 위반한 채 취업규칙을 작성・변경한 경우, 그 취업규칙이 유효한지가 문

---

10) "1차 변경 때는 전원이, 2차 변경 때는 대부분이 동의 서명을 한 경위 등에 비추어 보면 피고 회사 직원들은 피고 회사의 상황을 인식하고 위기 의식에서 부득이 상여금 삭감을 감수하기로 하고 급여규정 변경에 과반수 이상 동의한 것으로 보는 것이 타당하므로,"

11) 이철수, 「노동법」, 현암사, 2023, 138~139면.

12) 김형배・박지순, 「노동법강의」, 신조사, 2023, 154-155면 참고.

제가 된다. 판례는 사용자가 **의견 청취**의 결과에 구속되지 않고, 의견 청취 의무는 취업규칙의 작성 변경에 근로자의 의견을 반영할 기회를 갖게 하려는 취지에 불과하므로 이를 위반하여도 취업규칙은 법적 효력(제97조)을 갖는다고 본다(대법원 1989. 5. 9. 선고 88다카4277판결). 반면, 취업규칙의 불이익 변경 시 근로자 집단의 **동의**를 받지 못한 경우 그 취업규칙은 법률의 규정에 따라 당연히 무효이고, 판례도 같은 입장이다.[13)]

과거 판례는 집단적 동의 없이 변경된 취업규칙은 무효이므로 종전의 취업규칙이 입사 연도와 관계없이 모든 근로자에게 적용된다고 보았으나, 1992년 전원합의체 판결(대법원 1992. 12. 22. 선고 91다45165 판결)은 변경 후에 입사한 근로자에 대해서는 변경된 취업규칙이 적용된다고 판시했다.[14)]

3. 취업규칙 동의의 방식

근로자 과반수로 조직된 노동조합이 없는 경우에는 근로자 과반수의 동의를 얻어야 한다. 판례에 따르면 동의 방법은 근로자들의 **회의방식에 의한 집단적 의사결정**을 원칙으로 하나, 최근 판례는 이를 완화하는 경향을 보인다.[15)] 하나의 사업 또는 사업장의 모든 근로자가 일시에 한 자리에 취합하여 회의하는 방식만이 아니라, 기구별 또는 단위부서별로 사용자 측의 개입이나 간섭이 배제된 상태에서 근로자 상호 간에 의견을 교환하여 찬반 의견을 집약한 후 이를 전체적으로 취합하는 방식도 허용된다(대법원 2003. 11. 14. 선고 2001다18322판결). 다만, 불이익의 정도 등을 충분히 구체적으로 설명하지 않고, 자유로운 토론 등을 통해 의사결정을 하도록 하지 않은 채, 회람을 돌리고 동의 또는 부동의 여부를 확인하는 형식만 거쳤다면, 적용대상 근로자의 과반수 이상이 동의했더라도 그 개정은 무효다(대법원 2017. 5. 31. 선고 2017다209129판결).[16)] 또한, 노사협의회에서의 합의 또는 각 근로자의 개별적 동의도 근로자

---

13) 이철수, 「노동법」, 현암사, 2023, 133-134면.

14) 이철수, 「노동법」, 현암사, 2023, 142면. "사용자가 취업규칙에서 정한 근로조건을 근로자에게 불리하게 변경함에 있어서 근로자의 동의를 얻지 않은 경우에 그 변경으로 기득 이익이 침해되는 기존의 근로자에 대한 관계에서는 변경의 효력이 미치지 않게 되어 종전 취업규칙의 효력이 그대로 유지되지만, 변경 후에 변경된 취업규칙에 따른 근로조건을 수용하고 근로관계를 갖게 된 근로자에 대한 관계에서는 당연히 변경된 취업규칙이 적용되어야 하고, 기득이익의 침해라는 효력배제사유가 없는 변경 후의 취업근로자에 대해서까지 변경의 효력을 부인하여 종전 취업규칙이 적용되어야 한다고 볼 근거가 없다."

15) 이철수, 「노동법」, 현암사, 2023, 140면.

16) 원심 - 서울고등법원 2017. 1. 13. 선고 2015나2049413 판결.
(나) 피고가 '직급정년 도달자 임금삭감제도'를 적당한 방법으로 공고 · 설명함으로써 근로자들에게 이를 주지시켰는지 여부

의 집단적 동의방식을 대신할 수 없다.[17] 다만, 동의할 권한을 근로자위원들에게 위임한 경우는 근로자위원들이 취업규칙 변경에 동의한 것을 근로자들 과반수가 동의한 것으로 볼 수 있다(대법원 1992. 2. 25. 선고 91다25055판결[18]).

Ⅳ. 결론

현행법에 '동의'에 관한 구체적인 방식, 수단, 절차가 규정되어 있지 않다는 점에서, 법원이 구체적인 방식과 수단을 제시할 수 있는지가 문제가 된다.[19] 대법원은 **설명회 개최**나 **동의서 회람** 방식을 인정한다. 다만, 근로자들이 찬반 회의 등을 통하여 정보와 집단적 의사를 교환할 기회가 보장되어야 하고, 사용자 측의 부당한 개입·간섭은 배제되어야 한다. 이는 불리한 취업규칙 변경의 동의가 '집단적' 방식으로 이루어진다는 점에 착안한 해석으로 보인다. 즉, 사용자 배제상태에서 의견을 집약하는 과정이 없으면, 실질적으로 개별적 동의에 지나지 않아 이를 취합하더라도 집단적 동의로 평가하기 어렵다. 대법원의 태도는 취업규칙의 성격, 개별적 동의와 구분되는 집단적 동의방식의 특성 등을 종합적으로 고려한 것으로 평가할 수 있다.

---

① 위 공지문에는 '직급정년 도달자 임금삭감제도'는 물론이고, 여타 취업규칙 변경의 구체적인 내용이 나와 있지 않았다.

④ 피고 인사팀장이 2009. 5. 21. 11:57 '취업규칙 개정 관련 FAQ'라는 글을 사내인트라넷에 게시하였는데, 글의 마지막 부분에 '직급정년 도달자 임금삭감제도'에 관한 설명이 있는 사실은 인정된다. 그러나 피고가 이미 2009. 5. 20.에 동의절차를 개시하였고... 위 문서 제목이 '취업규칙 개정 관련 FAQ'이므로 필수적인 열람대상으로 볼 수도 없는 점, 위 문서를 열람한 사람 수는 총 1,500명 미만으로 전체 동의대상자의 절반에도 미치지 못하였던 것으로 보이는 점 등...

(다) 근로자들이 회의를 개최하여 '직급정년 도달자 임금삭감제도'에 대하여 찬반 의견을 교환하였는지 여부

① 다수 근로자들이 '직급정년 도달자 임금삭감제도'가 취업규칙 변경 대상에 포함되어 있음을 모른 상태에서 또는 그에 관한 찬반 회의를 거치지 않고서 동의서에 찬반 의견을 표시한 사실을 인정할 수 있다.

② 근로자들은 3,331명이었는데, 피고는 이들을 794개의 팀별 단위로 분리하여 의견을 취합한 사실을 인정할 수 있으므로, 평균 4.2명 정도가 1개 단위가 되어 찬반 회의를 거친 셈이다.

17) 김형배·박지순, 「노동법강의」, 신조사, 2023, 155면.

18) "각 근로자들은 위 취업규칙개정안에 대한 근로자의 의견개진을 피고회사 ○○노사협의회 근로자위원 5인에게 일체 위임한 바 있으므로, 비록 노사협의회의 규정에 의한 근로자위원의 업무중에 취업규칙개정안의 동의와 같은 사항은 포함되어 있지 않다고 하여도 위와 같이 위임받은 특정사항에 관하여는 근로자들의 의사표시를 대리할 권한이 있다고 할 것인바, 그 대리권 위임의 내용이 위 근로자위원 자신들이 취업규칙개정안의 내용을 검토하여 동의여부를 협의 결정하도록 위임한 것이라면 위 근로자위원들이 위 취업규칙 개정의 취지를 알고 이에 동의한 이상 그 동의의 효력을 탓하기는 어려울 것이다."

19) 권 혁, "취업규칙에 관한 법적 쟁점과 입법흠결에 대한 입법정책론적 평가", 「노동법포럼」(제41호), 2024, 15면. 판례법리에 따른 집단적 동의방식이 현실적으로 구현되기 어렵다는 점을 지적하면서, 집단적 동의방식과 수단에 관한 세부 절차에 대한 입법이 명확하게 이루어질 필요가 있다고 한다.

한편, 대법원은 이러한 과정이 집단별로 분리되어 진행하는 것도 가능하다고 보았는데, 이는 실무적인 어려움을 고려한 것으로 보인다. 과반수 노동조합이 있는 경우, 해당 노동조합 대표자의 동의만 득하면 되지만, 과반수 노동조합이 없는 상태에서 근로자 수가 많거나 지역적으로 분산된 경우는 한 번에 동의 절차를 진행하는 것이 어렵기 때문이다. 정리하면, 판례는 취업규칙을 근로조건 등을 집단적으로 규율하는 규범으로 인식하면서도, 개정과 관련하여 실무적 관점이나 현장에서의 수용성 등을 함께 고려하고 있다고 평가할 수 있다.[20]

※ 참고판례1 – 대법원 2023. 5. 11. 선고 2017다35588 · 35595 전원합의체 판결[21]

1. 사실관계

법정근로시간을 단축하는 구 근기법이 2004년부터 시행되자, 피고는 간부사원에게만 적용되는 취업규칙을 별도로 제정했는데, 월차휴가제도를 폐지하고 종래 상한이 없던 연차휴가의 상한을 25일로 정하는 내용이 포함되어 있었다. 피고는 과반수 노동조합의 동의를 받지 않았고, 지역본부별 · 부서별로 전체 간부사원 약 89%의 동의를 받았다.

2. 당사자 주장 및 하급심 판결

간부사원인 원고들은 단체협약의 일반적 구속력에 따라 간부사원에게도 단체협약이 적용되어야 하나 피고가 취업규칙의 불이익한 차별적 근로조건을 임의로 적용한 점, 피고가 노동조합의 동의를 받지 않았고 간부사원들에게 동의를 받을 때 적법한 집단적 동의방식을 거치지 않은 점, 승급이 예정된 하위지급 근로자들의 동의를 받지 않은 점 등을 근거[22]로 신설 취업규칙의 연월차 휴가 부분이 무효라고 주장했다. 1심 법원[23]은 원고 등이 미지급 연월차수당을 직접 청구할 수 있으므로 부당이득이 성립되지 않는다는 취지로 청구를 기각했다. 원고는 항

20) 이재현, “현행 취업규칙 제도의 기능적 한계와 개선방안 – 주요 대법원판결의 흐름을 중심으로 –”, 「원광법학」(제40권 제4호), 2024, 201-202면 참고.
21) 이하의 내용은, 이재현, “현행 취업규칙 제도의 기능적 한계와 개선방안 – 주요 대법원판결의 흐름을 중심으로 –”, 「원광법학」(제40권 제4호), 2024, 205-208면.
22) 취업규칙을 변경해도 불이익이 없다고 기망한 점, 취업규칙 신고에 관한 규정을 위반한 점 등도 근거로 제시했다.
23) 서울중앙지법 2015. 11. 6. 선고 2014가합41686, 2014가합57643 판결(원심에서 병합).

소하면서 미지급된 연월차수당 지급 청구를 추가했다. 원심[24]은 취업규칙을 별도로 제정하면서 월차휴가를 삭제하고 연차휴가 일수를 25일로 제한한 것은 불리한 변경이나, 간부사원으로 승진할 가능성이 있는 전체 근로자 과반수의 동의를 얻지 않아 효력이 없다고 보았다. 또한, 이러한 변경에 사회통념상 합리성이 있다고도 보기 어렵다고 판단했다.[25]

3. 대법원판결의 요지

대법원은 노동조합이나 근로자들이 집단적 동의권을 남용했다고 볼 특별한 사정이 없는 한, **사회통념상 합리성이 있다는 이유만으로 근로자 집단의 동의 없는 불리한 취업규칙 변경의 유효성을 인정할 수 없다고 판단**했다. 근로자의 집단적 동의권은 노사대등 결정 원칙을 실현하기 위한 절차적 권리이므로 취업규칙 내용의 타당성이나 합리성으로 대체될 수 없는 점, 집단적 동의는 요식적인 절차 이상의 유효요건인 점, 근로조건의 조정을 위해서 사용자의 설득과 노력이 필요하며 근로자 측이 집단적 동의권을 남용하면 불리한 변경이 가능한 점, 이러한 해석이 단체협약에 의한 노동조합의 동의권 및 남용에 관한 대법원 판례의 태도와 일치하는 점[26], 사회통념상 합리성의 개념은 불확정적이고 사후적으로 평가해야 하는 적용상 한계가 있는 점, 강행규정인 근기법 제94조 제1항 단서의 명문에 반하고 사실상 사용자에게 일방적인 변경 권한을 부여하여 근로자 보호와 노사대등 결정 원칙이라는 헌법과 근로기준법의 취지에 반하는 점 등을 근거로 제시했다.

한편, 대법원은 집단적 동의권을 행사할 때도 신의성실 및 권리남용금지의 원칙이 적용되며, 다만 엄격하게 판단할 필요가 있다고 하였다. 판단기준으로는 ① 관계 법령이나 근로관계를 둘러싼 사회환경의 변화로 취업규칙의 변경 필요성이 객관적이고 명백하게 인정되고, ② 사용자의 진지한 설득과 노력에도 불구하고 근로자들이 합리적 근거나 이유를 제시하지 못한 채 반대하는 사정 등을 제시했다.[27]

---

24) 서울고등법원 2017. 7. 21. 선고 2015나31904, 2015나31898. 참고로 원고가 단체협약의 일반적 구속력이 미치는 동종 근로자가 아니라고 보아 단체협약에 관한 주장을 인정하지 않았다.

25) 사회통념상 합리성 결여의 근거로 근로기준법의 근로조건은 최저기준인 점, 간부사원에게만 월차유급휴가를 폐지하고 휴가 일수를 제한할 필요성이 없는 점, 간부사원들이 입는 불이익의 정도가 작다고 볼 수 없는 점을 제시했다.

26) 즉, 취업규칙의 불리한 변경에 관한 집단적 동의권을 단체협약의 동의권에 준하여 판단한 것으로 평가할 수 있다.

27) 한편, 별개 의견은 '사회통념상 합리성 법리'는 대법원이 오랜 기간 인정하고 적용해 온 것이고, 현재도 여전히 법리적 · 실무적으로 타당하므로 유지되어야 한다는 의견을 제시했다. 그동안 근기법 개정 과정에서 사회통념상 합리성 이론이 명시적으로 배제되지 않은 점, 객관적으로 사회통념상 합리성을 인정할 수 있는 경우가 존재하는 점, 사회통념상 합리성 이론은 신의성실의 원칙이나 조리 등 법의 일반원칙을 근로관계에 적용한 것이므로 배제되거나 폐기될 성질이 아닌 점, 판례가 사회통념상 합리성을 인정한 사례들은 비교적 명확하고 법의 취지에 반하지 않는

4. 의의 및 시사점

사회통념상 합리성 이론을 폐기한 대법원판결을 지지하는 견해는 대법원이 '집단적 동의권'의 중요성을 재확인하고, 이것이 변경되는 취업규칙이 갖는 타당성이나 합리성으로 대체될 수 없는 중요한 절차적 권리임을 확인했다고 평가한다.[28] 사회통념상 합리성 법리는 결과적 합리성을 근거로 근로자의 절차적 권리를 형해화한다는 점도 지적된다.[29] 향후 노사갈등이 줄어들 것으로 전망하는 견해도 확인된다.[30] 반면, 대법원판결을 비판하는 견해는 집단적 동의권의 남용으로 제시된 판단기준은 종래 사회통념상 합리성 기준에서 몇 가지를 제외한 것으로 오히려 예측 가능성을 인정하기 어렵다고 평가하면서, 관련 분쟁의 예방과 해결 측면에서 의문을 제기한다.[31]

한편, 법원이 절차적 측면에 주목하여 동의권 남용 여부로 유효성을 판단하는 것은 방법론상 타당하지만, 이 역시 법원의 직권적 판단에 맡겨져 법적 모호성이 남아 있다는 점이 지적된다.[32] 취업규칙 변경 절차에서 근로자에게 구체적・적극적 교섭 기회가 보장되지 않은 채 동의에 대한 소극적 의사표시만 가능하므로 '사용자의 진지한 설득과 노력'이 불이익 변경 효력 인정의 주된 고려 요소가 될 것을 우려하는 견해도 있다.[33]

종래 사회통념상 합리성 이론은 일반 사업장에서 노사관계 당사자가 이를 판단하는 데 어려움이 있고, 사업장 내에서 자의적인 해석이 이루어지는 경우가 적지 않았다. 근로자 또는 노동조합이 이를 수용하지 못하여 법적 분쟁으로 이어지는 사례도 많았다. 대법원은 이를 고려하여 사회통념상 합리성 이론을 폐기한 것으로 보인다. 이는 법 문언에 충실한 해석이기도 하다. 동의권 남용 법리는 일반 민법상 원칙에 따라 판단될 문제이며 사회통념상 합리성보다 인정 가능성이 더욱 낮을 것으로 전망된다. 노동조합이나 근로자 역시 동의권 남용이 되지 않도록 사용자의 협의 요청 등에 적극적으로 임할 것으로 예상되기 때문이다. 대상판결이 노사 간 협의가 더욱 원활하게 진행되는 계기가 될 수 있을지 지켜볼 필요가 있다.

것인 점, 대법원의 엄격한 해석・적용과 사례 축적으로 법리 적용의 예측 가능성과 안정성이 충분히 확보된 점을 근거로 제시했다.

28) 서희원, "취업규칙 불이익변경 예외적 효력부여사유로서의 '사회통념상 합리성론'의 폐기 및 '동의권 남용 법리' 채택", 「민주사회를 위한 변론」(117호) 2024, 283-284면 참고.

29) 양승엽, "사회통념상 합리성 법리의 폐기와 동의권 남용 이론의 형성", 「노동법학」(제86호), 2023, 234면.

30) 양승엽, "사회통념상 합리성 법리의 폐기와 동의권 남용 이론의 형성", 「노동법학」(제86호), 2023, 234-235면에 의하면, 취업규칙의 불이익 변경과 관련된 노사갈등의 다수는 변경을 일방적으로 밀어붙이다가 발생한다는 점에서 대화와 협의가 증가할 것으로 전망하였다.

31) 전　별, "취업규칙 불이익변경과 사회통념상 합리성 및 집단적 동의권 남용 법리에 대한 고찰", 「외법논집」(제47권 제3호), 2023, 193-194면 참고.

32) 권　혁, "취업규칙에 관한 법적 쟁점과 입법흠결에 대한 입법정책론적 평가", 「노동법포럼」(41호), 2024. 20면.

33) 문준혁, "취업규칙 불이익변경에 대한 최근 전원합의체 판결의 의의와 한계", 「노동법연구」(제56호), 2024, 60면.

※ 참고판례2 – 대법원 2023. 6. 29. 선고 2022다297830 판결

1. 사실관계

피고는 철도운송사업 등을 목적으로 하는 공기업이다. 원고는 2015. 1. 피고에 경력공채로 입사하여 B, C, D 역장 등을 역임하다가 2018. 12. 정년퇴직하였다. 피고는 2018. 6. 당시 D 역장이던 원고가 사회적 물의를 일으키거나 현저히 회사의 이익에 반하는 행위를 하였다는 이유로 직위해제하였다. 구 인사규정은 직위해제 기간을 최대 3개월 이내로 하도록 하였으나, 변경된 신 인사규정은 사유가 소멸된 경우 직위를 부여하도록 개정되었다. 피고는 개정 과정에서 근로자 과반수로 조직된 노동조합 또는 근로자 과반수로부터 명시적 · 묵시적 동의를 받지 않았다.

2. 당사자 주장 및 하급심 판결

원고는 채용비리 혐의로 수사받고 있음을 이유로 한 직위해제 처분이 무효라고 주장했다. 그 근거로 채용비리 혐의도 분명하지 않은 상태에서 직위해제 처분을 한 것은 재량의 일탈 · 남용인 점, 직위해제 처분의 기한을 제한 없이 할 수 있도록 불리하게 변경하면서 취업규칙 불이익 변경 절차를 거치지 않은 점을 들었다. 이에 대하여 피고는 원고가 이미 정년퇴직하였으므로 직위해제 처분의 효력을 다툴 확인의 이익이 존재하지 않는다고 주장했다.[34]

1심[35]은 정부의 공공기관 등의 채용비리 근절 노력, 피고의 기타 공공기관 지정, 피고의 노조에 대한 의견조회 과정에서 노조의 의견 표시가 없었던 점, 공공기관의 채용비리에 관한 소속 근로자와 국민에 대한 인식 등을 근거로 인사규정의 변경은 사회통념상 합리성이 있다고 판단했다. 반면, 원심[36]은, 피고가 직위해제 기간의 상한 3개월을 폐지하고 제한 없이 연장하는 내용으로 이 사건 인사규정을 불이익하게 변경하면서 피고 소속 근로자의 과반수로 조직된 노동조합으로부터 명시적 · 묵시적인 동의를 받지 않았는데, 이 사건 인사규정의 변경에 사회통념상 합리성이 있다고 볼 수 없다는 이유로 신 인사규정 중 직위해제 기간의 상한을 폐지한 부분은 원고에게 효력이 없다고 판단하였다.

---

34) 직위해제 처분의 효력은 금전지급청구에 대한 판단에서 선결문제로 다루어지면 충분하므로 무효확인을 구하는 부분은 확인의 이익이 없다고 하였다.

35) 서울중앙지방법원 2022. 3. 24. 선고 2021가합511541 판결.

36) 서울고등법원 2022. 10. 26. 선고 2022나2013993 판결.

3. 대법원판결의 요지

대법원은 피고가 취업규칙인 이 사건 인사규정을 근로자에게 불리하게 변경하면서 근로자의 **집단적 의사결정 방법에 따른 동의를 받지 못하였고, 노동조합이나 근로자들이 집단적 동의권을 남용하였다고 볼 만한 특별한 사정이 있다고 볼 수도 없으므로** 위와 같은 인사규정 변경은 효력이 없다고 판단했다.

4. 의의 및 시사점

대상판결은 변경된 전원합의체 판결(대법원 2023. 5. 11. 선고 2017다35588 전원합의체 판결 참조)을 인용한 첫 번째 대법원판결로 파악된다. 1심과 원심의 사회통념상 합리성 유무에 대한 판단 결과는 달랐다. 대법원은 앞서 선고된 전원합의체 판결을 근거로 하여 근로자의 집단적 의사결정 방법에 따른 동의를 받지 않은 불리한 변경의 효력을 부정하였고, 동의권 남용 등의 사정도 없다고 판단했다.

[7] 배치전환(전직)의 정당성 판단기준*

(대법원 2018. 10. 25. 선고 2016두44162 판결)

기초지식

- ☑ 인사처분은 사업장의 인사 · 조직 관리로써 이루어지는 사업장 내 배치전환, 전보, 전직, 전근 등을 의미하여, 사업장 밖으로 이동하는 전적, 전출 등도 있음[1]
- ☑ 근기법은 사용자가 근로자에게 정당한 이유 없이 해고, 휴직, 정직, 전직, 그 밖의 징벌을 하지 못하도록 규정하고 있는데(제23조), 이는 징계와 인사처분을 모두 포함하는 것임
- ☑ 배치전환은 징계의 속성을 갖는 경우와 일반 인사 조치로 이루어지는 경우가 있음. 어떤 경우든 근기법에 따른 정당성 판단의 대상이 되나, 판단기준과 요건은 다를 수 있음

Ⅰ. 논의의 배경과 쟁점

인사이동은 다양한 형태의 근로관계 변경을 포함하는 개념으로서 이를 일률적으로 정의하기는 어렵다. 대체로 기업 내에서 또는 기업과 기업 간 근로자의 근무내용, 근무 장소, 근로관계 당사자 등이 변경되는 근로관계 변동으로 정의할 수 있다.[2] 사용자는 사업의 목적 달성을 위하여 인력을 효율적으로 활용 · 관리할 필요가 있는데, 이를 위해서 취업규칙에 전직 · 휴직 · 징계 등 인사처분을 할 수 있다는 포괄적인 근거 규정을 두기 마련이다. 취업규칙이나 명시적 · 묵시적 합의에 따라 사용자는 인사권을 갖고 행사에 상당한 재량을 갖지만, 근기법은 근로자 보호를 위해 '정당한 이유'를 요구한다.[3]

배치전환의 개념에 관한 설명방식은 다소 차이가 있다. 배치전환을 근로자의 직무내용 또는 근무 장소가 동일한 기업 내에서 변경되는 것을 전제로 직무내용, 직군, 직종이 장기간에 걸쳐 변경되는 '전직'과 다른 사업장으로의 근무 장소 변경이나 같은 사업장 내에서 직무내용의 순환 변경을 뜻하는 '전보'로 구분하는 방식이 있고,[4] 같은 근무지 내 직무내용의 변경이 '전직'이

---

* 2025. 8, "**배치전환(전직)의 정당성 판단기준**(2020다253744)"으로 교체되었으며, 참고판례로 반영하였다.

1) 이러한 용어는 법에 명확히 규정된 것은 아니므로 사용례에 차이가 있을 수 있다.

2) 이상윤, 「노동법」, 법문사, 2024, 467면. 전직, 전적, 전출, 전근, 전보, 출장, 파견, 배치전환, 근로자공급 및 근로관계의 이전 등을 예시로 제시한다.

3) 임종률 · 김홍영, 「노동법」, 박영사, 2024, 517면.

4) 김형배 · 박지순, 「노동법강의」, 신조사, 2023, 164면. 실무에서는 전직과 전보를 엄격하게 구별하지 않고 판례(대

고 근무지의 변경을 '전근'이라고 구분하는 방식이 있다.[5] 사업장 내 인력 배치나 배치전환에 관한 사항은 **사용자의 인사권**에 속하는 영역이므로 사용자의 재량이 인정될 수 있는 부분이지만, **근로자 보호** 차원에서 일정한 통제가 필요한 측면이 있다. 대상판결은 사용자의 인사권에 속하는 사항의 처분에 관하여 어떤 기준과 원칙이 적용될 것인지에 대해서 판시했다.

Ⅱ. 대상판결 분석

1. 사실관계

피고 보조참가인(회사)은 자동차용 여과지 제조 및 판매업을 하는 법인이고, 원고는 1988년 보일러실 기사로 입사하여 2009. 11. 부터 품질관리부 검사원으로서 근무한 근로자다. 참가인은 원고가 외관 불량을 검사하지 못하여 불량품 생산에 책임이 있다는 사유로 견책(시말서) 징계처분을 하였다. 원고가 재심을 신청하자 참가인은 업무태만보다는 품질 불량 인식 부족에 따른 책임의식 결여를 이유로 감경된 경고 처분을 하였다. 한편, 참가인은 원고에 대하여 '검사진행 속도가 느리고 물성검사 결과를 현장에 늦게 전달하여 현장에서 불만을 제기한다'는 등의 이유로 현장직 상주 형태[6]로 근무하도록 하는 전환배치 인사발령을 하였다.

원고는 징계처분 및 전환배치가 부당하다며 경북지노위에 구제신청을 하였고, 경북지노위는 불량품 생산에 원고의 책임이 인정되고 그 양정이 적정하며, 전환배치의 업무상 필요성이 인정되고 생활상 불이익이 없다는 등의 이유로 구제신청을 모두 기각하는 결정을 하였다. 중노위 역시 같은 이유로 원고의 재심 신청을 모두 기각했다.

2. 당사자의 주장

원고는 품질검사원인 원고의 업무영역에는 외관검사 항목이 포함되어 있지 않아 외관검사 과정의 잘못에 대한 책임을 원고에게 물을 수 없어 징계사유가 인정되지 않는다고 주장했다.

법원 2000. 4. 11. 선고 99두2963판결)도 동일하지만, 정당한 이유를 요건으로 하는 전직과 상당한 재량권이 인정되는 전보 명령은 법적으로 구별되어야 한다는 점에서 문제 소지가 있다는 점을 지적한다.

5) 임종률 · 김홍영, 「노동법」, 박영사, 2024, 517면. 양자 사이에 본질적 차이가 없고 직무내용과 근무지를 모두 변경하는 경우도 있으므로 법률상 양자를 엄격하게 구분할 필요가 없다는 입장이다.

6) 기존에는 교대근무 형태로 연장 및 야간 수당을 추가로 받은 것으로 파악된다.

또한, 참가인은 전환배치 사유로 신속하지 못한 업무처리, 연계공정 근로자들의 문제 제기, 원고의 징계전력 등을 들었으나, 원고는 업무처리 지연을 이유로 징계받은 사실 없이 성실하게 근무해 왔으며, 연계공정 근로자들이 원고의 구체적 근무행태를 알 수 없고, 징계전력은 대부분 과거 원고가 노조 활동을 할 당시 이루어진 것이라고 주장하였다. 또한, 원고는 전환배치로 급여가 평균 41% 감소하고 새로운 업무 적응에 큰 어려움을 겪고 있으며, 협의 과정도 없었으므로 전환배치는 업무상 필요성이 없을 뿐만 아니라 생활상 불이익이 심대하여 부당하다고 하였다.

3. 하급심 법원의 판단

1심 법원[7]은 원고가 여과지의 외관검사를 잘못하여 불량품을 발생하게 하였다는 징계사유가 인정되지 않아 징계처분이 위법하다고 하였다.[8] 또한, 전환배치는 업무상 필요성이 인정되기 어려울 뿐만 아니라 원고가 입는 생활상 불이익도 통상 감수하여야 할 정도를 현저히 벗어나며, 성실한 협의절차 없이 이루어진 것으로서 인사권 남용에 해당한다고 하였다. 원심[9]은 제1심판결이 정당하다고 보아 피고 및 참가인의 항소를 모두 기각했다.

4. 대법원판결

근로자에 대한 전직이나 전보 처분은 근로자가 제공하여야 할 근로의 종류 · 내용 · 장소 등에 변경을 가져온다는 점에서 근로자에게 불이익한 처분이 될 수 있으나 원칙적으로 **인사권자인 사용자의 권한**에 속하므로 업무상 필요한 범위 내에서는 **상당한 재량**을 인정하여야 하는 것으로서, 그것이 근로기준법에 위반되거나 권리남용에 해당하는 등의 특별한 사정이 없는 한 무효라고 할 수 없다. 전직 처분 등이 정당한 인사권의 범위 내에 속하는지는 당해 전직 처분 등의 **업무상의 필요성**과 전직 등에 따른 근로자의 **생활상의 불이익**을 비교 · 교량하고, 근로자가 속하는 **노동조합(노동조합이 없으면 근로자 본인)과의 협의** 등 그 전직 처분 등을 하는 과정에서 신의칙상 요구되는 절차를 거쳤는지에 따라 결정하여야 한다. 업무상 필요에 의한 전

---

7) 대전지방법원 2015. 8. 26. 선고 2014구합1811 판결.

8) “여과지의 외관 불량을 검사하지 못한 것은 원고의 업무영역이 아니거나 견본만을 대상으로 한 품질검사 업무의 처리 과정에서 발견이 불가능하여 원고에게 책임이 없다.”

9) 대전고등법원 2016. 5. 26. 선고 2015누12814 판결.

직 등에 따른 생활상의 불이익이 근로자가 통상 감수하여야 할 정도를 현저하게 벗어나지 않으면 이는 정당한 인사권의 범위 내에 속하므로 권리남용에 해당하지 않는다. 전직 처분 등을 할 때 근로자 본인과 성실한 협의절차를 거쳤는지는 정당한 인사권의 행사인지를 판단하는 하나의 요소라고 할 수 있으나, 그러한 절차를 거치지 아니하였다는 사정만으로 전직 처분 등이 권리남용에 해당하여 당연히 무효가 된다고 볼 수 없다. 그리고 사용자가 전직 처분 등을 할 때 요구되는 업무상의 필요란 인원 배치를 변경할 필요성이 있고 그 변경에 어떠한 근로자를 포함시키는 것이 적절할 것인가 하는 인원 선택의 합리성을 의미하는데, 여기에는 **업무능률의 증진, 직장 질서의 유지나 회복, 근로자 간의 인화 등의 사정도 포함**된다(대법원 2013. 2. 28. 선고 2010두20447 판결 참조).

이 사건 전환배치의 사유는 이 사건 징계처분의 사유와는 다르므로, 징계처분의 사유가 인정되지 않는다고 하더라도 그러한 사정만으로 이 사건 전환배치의 사유가 인정되지 않는다고 볼 수는 없다. 각 절차에서 원고 스스로 고형분 측정이 늦었다는 점을 인정한 사실을 고려하면, 이 사건 전환배치를 할 업무상의 필요성이 없었다고 단정하기 어렵다. **참가인은 원고에 대한 징계 등과 무관하게 이 사건 전환배치 당시의 업무상의 필요성에 따라 전환배치를 할 수 있다**. 이 사건 전환배치 후 원고가 근무부서의 변경 없이 계속 품질검사원의 업무를 수행하되, 다만 현장직 3교대 근무에서 현장직 상주 근무로 그 근무형태가 변경된 사실을 알 수 있는데, 원고가 이 사건 전환배치로 인하여 겪는 어려움과 불편의 정도가 근로자가 전환배치 후 통상적으로 겪게 되는 업무 적응과정에서의 어려움과 불편의 정도를 현저하게 벗어난 것이라고 단정하기 어렵다. 또한 전환배치 후 원고가 실제 지급받는 급여가 감소하였다고 하더라도, 만약 그 급여 감소가 원고가 자발적으로 야간 · 휴일 근무 등을 하지 않기로 선택한 것에 따른 결과라면, 그 급여 감소를 이유로 이 사건 전환배치가 권리남용에 해당한다고 보기는 어렵다.[10)]참가인이 이 사건 전환배치 전 원고와 3차례에 걸쳐 면담을 실시하였으므로 참가인이 원고와 협의절차를 거쳤다고 볼 수 있을 뿐만 아니라, 설령 참가인이 형식적으로만 협의절차를 거친 데 불과하다고 보더라도, 그러한 사정만으로 당연히 이 사건 전환배치가 권리남용에 해당한다고 보기는 어렵다.[11)]

---

10) "나아가 참가인 회사의 작업 공정상 품질검사원 중 **3교대 근무를 하는 근로자와 상주 근무를 하는 근로자가 모두 필요한 상황**이라면, 근무시간이 08:00부터 17:00까지인 상주 근무의 성격상 해당 근로자의 급여가 3교대 근무 근로자의 급여보다 상대적으로 적을 수밖에 없다고 하더라도, 그러한 급여 차이의 정도가 근로자가 통상 감수하여야 할 정도를 현저하게 벗어나고 대상 근로자 선택에 합리성이 없는 등의 특별한 사정이 없는 한, 위와 같은 급여 차이만으로 3교대 근무와 상주 근무 사이의 전환배치가 정당한 인사권의 범위를 벗어난 것이라고 단정하기 어렵다."

11) "원심으로서는, 원고가 고형분 측정을 늦게 하는 등의 사유로 인해 참가인이 전환배치를 할 업무상의 필요가 있었는지, 근로자가 전환배치 후 통상적으로 겪게 되는 업무 적응과정에서의 어려움이나 불편과 비교할 때 원고가 이

Ⅲ. 판결의 주요 쟁점

1. 배치전환의 근거

배치전환 명령의 법적 근거에 대해서 **포괄적 합의설**과 **계약설**의 대립이 있다. 포괄적 합의설은 근로계약의 특성[12)]상 직종 · 근무 장소에 대한 특별한 약정이 없으면 사용자는 자신의 인사권을 행사하여 일방적으로 배치전환을 명할 수 있고, 단체협약 또는 취업규칙, 민법상 권리남용법리에 의해서 제한될 수 있다고 본다. 계약설은 사용자의 배치전환 명령은 근로계약에서 합의된 범위 내에서만 법적 구속력을 가지고, 합의의 범위는 계약당사자의 의사해석으로 판단되며, 합의된 범위 밖이면 근로자의 동의[13)]를 요한다고 본다. 판례는 배치전환 명령은 원칙적으로 인사권자인 사용자의 권한에 속하므로 업무상 필요한 범위 내에서 상당한 재량을 가지고, 그것이 근기법을 위반하거나 권리남용에 해당하는 등의 특별한 사정이 없는 한 유효하다고 판단하는데, 이는 포괄적 합의설에 바탕을 둔 것으로 보인다.[14)]

근기법은 '취업의 장소와 종사하여야 할 업무에 관한 사항'을 명시하도록 규정하고 있다(근기법 시행령 제8조). 이에 따라 취업 장소와 수행 업무가 근로계약에 특정되어야 하는 것은 맞지만, 이를 매우 상세하고 구체적으로 정하는 것은 한계가 있다. 기업 운영 상황과 인력 배치 계획 등에 따라서 변동될 가능성이 있기 때문이다. 최초 정한 근로계약을 벗어나는 내용에 대해서 그때마다 합의가 필요하다고 한다면, 전체 근로자의 배치전환과 관련된 사용자의 인사권은 크게 제한될 수 있다. 이를 고려하면, 상당한 재량을 인정하되 규정이나 권리남용법리에 따른 통제가 합리적이라고 판단된다.

사건 전환배치 후 겪는 어려움과 불편의 내용 및 정도가 구체적으로 어떠한지, 원고의 급여가 감소된 구체적인 원인이 무엇인지, 3교대 근무와 상주 근무의 형태가 상이함으로써 불가피하게 발생하는 급여 차이가 어느 정도인지 등 전환배치를 할 업무상의 필요성 및 그로 인한 원고의 생활상의 불이익과 관련된 여러 사정을 추가로 심리한 후 이 사건 전환배치에 정당한 이유가 있는지를 판단하였어야 한다. 그런데도 원심이 그 판시와 같은 사정만으로 **이 사건 전환배치가 인사권의 남용에 해당한다고 판단한 데에는, 전환배치의 정당한 이유 판단에 관한 법리를 오해하여 필요한 심리를 다하지 아니한 잘못**이 있다."

12) 근로계약은 근로자가 자신의 노동력에 대한 처분을 사용자에게 포괄적으로 맡기는 계약이다.

13) 하갑래, 「근로기준법」,(주)중앙경제, 2021, 852면에 의하면 근로계약상 합의를 기초로 인사이동 명령이 법적 구속력을 가지며, 근로계약상 합의로 볼 수 있는 내용이 없다면 이는 (새로운) 계약 내용의 신청에 불과하므로 근로자가 별도로 동의해야 효력이 생긴다고 한다.

14) 김형배 · 박지순, 「노동법강의」, 신조사, 2023, 164-165면.

2. 전직의 정당성 판단기준

대법원은 근로계약에서 근로 내용이나 근무 장소를 특별히 한정한 경우, 사용자가 근로자에 대하여 전보나 전직 처분을 하려면 원칙적으로 근로자의 동의가 있어야 한다고 전제하면서(대법원 2009. 4. 23. 선고 2007두20157 판결), 최초 입사 당시 직종만 특정되었을 뿐 그 이후 근로계약 및 취업규칙 등에 의하여 직부가 변경될 수 있다는 점에 동의 또는 승낙하고 근로계약을 체결하였다고 봄이 상당하다는 이유로 동의가 전직 처분의 요건은 아니라고 판시한 바 있다(대법원 2013. 2. 28. 선고 2010다52041 판결).

대상판결에 따르면, 전직의 정당성은 전직 명령의 **업무상 필요성**과 전직에 따른 근로자의 **생활상 불이익**의 비교형량, 근로자 본인과의 **협의 등 전직 명령을 하는 과정에서 신의칙상 요구되는 절차**를 거쳤는지 등에 따라 결정된다. 전직의 정당성 여부는 근기법 제23조 제1항에 따라 규율되고, 정당성과 관련된 증명책임은 사용자가 부담한다.[15] 부당한 전직에 대한 벌칙은 없다. 그러나 근로자는 노동위원회에 신청하여 구제를 받을 수 있고, 법원에 제소하여 사법적 구제를 받을 수 있다. 또 부당전직은 사법상 무효가 된다.[16]

Ⅳ. 결론

통상적으로 징계(해고)가 정당하기 위해서는 사유의 정당성, 절차의 준수, 적정한 양정 등의 요건이 지켜져야 한다. 노동위원회나 법원에서 이러한 요건 중 하나라도 지켜지지 못했다고 판단되면 부당한 징계(해고)로 판단된다. 다만, 사용자의 인사 조치는 그 성격이 징계인 경우가 있고, 징계가 아닌 인사권의 행사인 경우가 있다. 대상판결은 배치전환이나 전직 등의 조치가 징계가 아닌 경우, 어떠한 요건에 따라서 판단이 이루어져야 하는지에 대한 기준을 제시했다는 데 의의가 있다.

---

15) 이철수, 「노동법」, 현암사, 2023, 254면.

16) 임종률 · 김홍영, 「노동법」, 박영사, 2024, 520면. 근로자가 전직에 불응하여 출근 또는 근로 제공을 거부하면 징계 또는 해고 사유가 될 수 있으나, 객관적으로 부당하여 무효인 경우에는 불응을 이유로 징계나 해고를 할 수 없다고 한다.

※ 참고판례 - 대법원 2023. 7. 13. 선고 2020다253744 판결

1. 사실관계

피고는 국책은행이고, 원고는 1990. 1. 입사하여 근무하다가 2018. 7. 카드사업부의 업무추진역으로 인사발령(전보명령)된 사람이다. 피고는 영업실적이 부진하거나 경영관리 능력이 미흡한 직원 등을 후선업무로 배치하고, 후선 배치 기간 중의 업무실적 등을 평가하여 이들을 현업에 복귀시키거나, 역직을 유지 또는 변경하는 방법으로 소속 직원들을 관리하는 '후선배치 제도'를 운영하고 있다. 원고는 2017. 7. C지점의 지점장으로 발령받아 근무하다가, 2018. 7. 이 사건 전보 명령을 받아 카드사업부에서 업무추진역으로 일반재산조사, 카드채권 상각심사 등의 업무를 수행하였다.

2. 당사자 주장 및 하급심 판결

원고는 지점장으로서 우수한 업무능력과 자질을 갖고 있고, 지점의 근무 분위기와 인화를 저해한 사실이 없으며, 관리기준에서 정한 대상자에 해당하지 않으므로 전보 명령은 업무상 필요성이 인정되지 않는다고 주장했다. 또한, 전보 명령으로 연차가 낮은 직원에게 결재를 받고 있고, 연봉의 약 20%가 감액되어 사실상 강등 및 감봉과 같은 징계 처분이므로 불이익이 매우 크다고 주장했다. 이 사건 전보 명령은 특별한 업무상 필요성이 인정되지 않는데 반해 생활상 불이익이 크고, 전보 명령에 앞서 사유 등에 대한 설명이나 소명 기회의 부여가 없어 절차적 정당성도 없다고 하였다.

1심[17]은 이 사건 전보 명령으로 인하여 원고에게 일부 생활상의 불이익이 발생하였다고 볼 수 있으나, 이 사건 전보 명령의 업무상 필요성[18]에 비추어 보면 위와 같은 생활상의 불이익은 원고가 피고의 근로자로서 수인해야 하는 범위를 현저하게 벗어난 것이라고 평가하기 어려우므로 전보 명령이 정당하다고 판단했다.[19] 원심[20] 역시 같은 취지로 원고의 항소를 기각했다.

---

17) 서울중앙지방법원 2019. 11. 22. 선고 2018가합565180 판결.

18) "원고는 지점장으로서의 역량과 리더십이 부족하였고, 그로 인하여 C지점의 근무분위기가 크게 저하되었던 것으로 판단된다. 따라서 피고로서는 C지점 직원들의 근무 분위기를 쇄신하고 직원들의 사기 진작 등을 위하여 이 사건 전보명령을 할 업무상 필요성이 있었던 것으로 판단된다."

19) 이 사건 전보 명령으로 인하여 보직이 변경되었을 뿐 직급에는 변동이 없었던 점, 전보 명령으로 기본급은 감소하

3. 대법원판결의 요지

근로자에 대한 전직이나 전보 처분은 근로자가 제공하여야 할 근로의 종류·내용·장소 등에 변경을 가져온다는 점에서 근로자에게 불이익한 처분이 될 수 있으나 원칙적으로 인사권자인 사용자의 권한에 속하므로 업무상 필요한 범위 내에서는 상당한 재량이 인정된다. 다만, 사용자는 근로자에게 정당한 이유 없이 전직 등을 할 수 없는데(근기법 제23조 제1항), 전직 처분 등이 정당한 이유가 있는지는 해당 전직 처분 등의 **업무상의 필요성**과 전직 처분 등에 따른 근로자의 **생활상의 불이익**을 비교·교량하고, 근로자 측과의 **협의 등 그 전직 처분 등의 과정에서 신의칙상 요구되는 절차**를 거쳤는지 여부를 종합적으로 고려하여 판단하여야 한다. 이때 업무상 필요란 인원 배치를 변경할 필요성이 있고 그 변경에 어떠한 근로자를 포함시키는 것이 적절할 것인가 하는 인원 선택의 합리성을 의미하는데, 여기에는 업무능률의 증진, 직장질서의 유지나 회복, 근로자 간의 인화 등의 사정도 포함된다. 업무상 필요에 의한 전직 처분 등에 따른 생활상의 불이익이 근로자가 통상 감수하여야 할 정도를 현저하게 벗어나지 않으면 전직 처분 등의 정당한 이유가 인정되고, 근로자 측과 성실한 협의절차를 거쳤는지는 정당한 이유의 유무를 판단하는 하나의 요소라고 할 수 있으나, 그러한 절차를 거치지 아니하였다는 사정만으로 전직 처분 등이 무효가 된다고 볼 수 없다(대법원 2009. 4. 23. 선고 2007두20157 판결, 대법원 2018. 10. 25. 선고 2016두44162 판결 등 참조).

피고는 영업실적이 부진하거나 경영관리 능력이 미흡한 직원 등을 후선업무로 배치하고, 후선배치 기간 중의 업무실적 등을 평가하여 이들을 현업에 복귀시키거나 역직을 유지 또는 변경시키는 방법으로 소속 직원들을 관리하는 후선배치 제도를 운영해 오고 있고, 후선배치 제도와 관련하여 후선배치 인력 관리기준을 시행하고 있는데, 원고에게는 지점장으로서의 역량 부족 등 위 관리 기준상 후선배치 사유가 있어 이 사건 전보 명령을 할 업무상 필요성이 있었던 것으로 판단되고, 피고가 다른 직원들과 달리 원고에 대하여만 이례적인 전보 명령을 하였다고 보기 어렵다. 원고는 이 사건 전보 명령으로 인하여 원고보다 연차가 낮은 팀장의 결재를 받게 되었고, 20.2% 감소된 급여를 지급받는 생활상의 불이익을 입었으나, 원고의 보직이 지점장에서 업무추진역으로 변경되었을 뿐 직급에는 변동이 없었고, 임금이 감소된 것은 기본

지 않은 점(20%의 임금 감소는 직무수당의 감소에 따른 것인 점), 전보명령으로 종전보다 생활의 근거지에 인접한 장소에서 업무를 수행하게 된 점 등을 근거로 제시했다.

20) 서울고등법원 2020. 7. 17. 선고 2019나2055416 판결.

급이 아닌 직무수당이 감소하였기 때문으로 보이며, 원고가 종전보다 생활의 근거지에 인접한 장소에서 업무를 수행하게 되었고, 후선배치 기간 중 실적평가, 사유 해소의 정도 등에 따라 현업에 복귀하는 것이 가능하므로, 원고에게 발생하는 생활상의 불이익은 이 사건 전보 명령의 업무상 필요성에 비추어 볼 때 근로자로서 수인해야 하는 범위를 현저하게 벗어난 것이라고 평가하기 어렵다. 피고는 이 사건 전보 명령에 앞서 원고에게 후선배치 사유 등을 설명하거나 소명의 기회를 부여하지 않았지만, 그와 같은 사정만으로 이 사건 전보 명령이 무효가 된다고 볼 수는 없다.

4. 의의 및 시사점

대상판결은 배치전환(전직)의 정당성 판단기준을 ① **업무상의 필요성**, ② **생활상의 불이익**, ③ **절차적인 부분**(협의 등 전직 처분 과정에서 신의칙상 요구되는 절차)으로 나누어서 판시했다. 업무상의 필요성은 사용자 측 사정, 생활상의 불이익은 근로자 측 사정으로 이해할 수 있고, 절차적인 부분은 근로관계의 특성에 기인한 당사자 사이의 신뢰 등을 고려한 것이라고 볼 수 있다.

다만, 대상판결에서 사용자는 근로자에게 소명 기회를 부여하지 않았지만, 이로 인하여 처분이 무효가 되는 것은 아니라고 판시하여 절차적인 부분에 관한 요건은 다소 완화하는 듯한 태도를 보였다. 대상판결은 배치전환(전직)의 정당성 판단기준을 구조화하여 제시한 것으로 평가할 수 있다.

[8] 대기발령 · 직위해제의 법리

(대법원 2007. 2. 23. 선고 2005다3991 판결)

기초지식

☑ 대기발령과 직위해제는 징계처분 등을 앞둔 근로자에게 사전적 처분으로 이루어질 수 있음[1]

☑ 대기발령과 직위해제가 사용자의 인사권 행사 또는 인사상 조치라 하더라도 이를 제한 없이 인정하면 엄격한 요건이 적용되는 징계를 회피하는 수단으로 악용될 수 있음. 이에 따라 판례는 대기발령과 직위해제의 정당성 요건에 대하여 판시함

Ⅰ. 논의의 배경과 쟁점

직위해제 또는 대기발령은 근로자가 직무수행 능력이 부족한 경우, 근무성적이나 태도가 불량한 경우, 근로자에 대한 징계 절차가 진행 중인 경우, 형사사건으로 기소된 경우 등의 사유가 있을 때 이루어지는 것이 보통이다.[2]

사용자가 특정 근로자에 대하여 중징계, 해고 등 계약 종료를 고려하고 있는 경우, 대상자에게 업무를 계속 부여하는 것은 무리가 있다. 가까운 장래의 업무수행 중단에 대한 대비가 필요하기 때문이다. 근로자가 업무에 집중하지 못하거나 추가 비위행위를 저지를 가능성도 고려될 필요가 있다.[3] 한편, 징계 · 해고 등의 처분을 앞둔 경우는 처분이 이루어지기 전에 사실관계 확정을 위해 집중적으로 조사 등이 이루어질 필요가 있다. 근로자의 정상 업무수행을 기대하기 어렵다. 직장 내 괴롭힘이나 성희롱 가해자와 신고인 · 피해자를 분리해야 하는 상황도 있다. 직무수행 능력이 부족하거나 근무성적 · 태도가 불량한 경우에는 직무 배제 후 교육이나 훈련이 필요할 수 있다. 이러한 경우에 대기발령이나 직위해제가 활용되는데 개념과 의의, 정당한 처분으로 인정받기 위한 요건 등이 무엇인지 문제가 된다. 대상판결은 대기발령에 관한 상세한 기준을 밝히고 있다.

---

1) 예를 들어, 징계 조사에 상당 시간이 소요되거나 이후 중징계 처분이 예견되는 상황에서 근로자의 직위 · 직무를 그대로 두는 것은 다른 문제를 일으킬 수 있다. 이 경우, 해당 근로자의 직위나 직무를 해제하여 다른 근로자가 이를 수행하도록 하면, 처분이 이루어진 이후에도 공백 없이 업무가 정상적으로 수행될 수 있다.

2) 임종률 · 김홍영, 「노동법」, 박영사, 2024, 527면.

3) 이와 비슷한 사유로 근로자 개인의 형사재판, 회사 내 · 외부의 감사 진행 등이 있다.

Ⅱ. 대상판결 분석

1. 사실관계

원고는 1986. 1. 소외 A회사에 입사한 다음 1989. 경부터는 같은 회사의 기술연구소 내 차량 실험실에서 근무하기 시작하였다. 이후 회사의 경영이 어려워지자 1998. 10. 영업팀으로 전보 처분되었다가 2000. 12. 경영상 과원을 이유로 대기발령되었다.

2002. 8. 설립된 피고 B회사는 2002. 10. A회사의 공장을 인수하였고, 소속 근로자들에 대하여 A회사를 퇴사하고 B회사에 재입사하는 형식으로 고용관계를 승계하기로 하였다. B회사는 원고에게도 고용제안서를 제시했다.[4] 원고는 B회사가 제시한 고용제안서에 '본인이 처한 특수상황(20개월 이상 지속되는 인사 대기의 부당성과 인사상의 불이익)에 국한하여 정당한 권리 주장을 할 것입니다'라는 취지의 문구를 추가 기재한 다음 이를 제출하였으나 2002. 10. 무렵 B회사가 위 고용제안서를 되돌려주면서 새로운 고용제안서 제출을 요구하자, 이의를 유보하는 내용의 문구가 없는 고용제안서에 서명한 후 이를 제출하였다.

한편, B회사 '취업규칙' 제67조 제11호는 '대기발령된 자가 3개월이 경과되도록 보직되지 아니한 때에는 해고한다'라고 규정하고 있는데 원고는 2000. 12. 소외 회사로부터 대기발령을 받은 이래, 피고 회사가 고용승계를 한 2002. 10. 이후에도 보직을 부여받지 못한 채 기본급만 지급받아 오고 있었다.

2. 당사자의 주장

원고는 피고 회사가 A회사와 원고 사이의 고용관계를 그대로 **승계**하였음을 전제로 피고 회사를 상대로 A회사가 자신에 대하여 한 전보 및 대기 처분의 무효확인과 아울러 대기 처분으로 감액된 임금의 추가지급을 구했다. 또한, 원고는 피고 회사가 A회사의 고용관계를 포괄적으로 승계했음에도 책임을 면탈하려는 의도로 고용제안서의 제출을 강요했고, 원고를 포함한 근로자들은 고용관계 유지를 위하여 부득이 서명할 수밖에 없었으며, 특히 원고는 이의를 유보하는

---

4) '소외 회사와 동일한 근로조건(급여와 후생 등) 하에 소외 회사에서 근무하던 부서에서 동일한 직무를 수행하는 조건으로 근로자들을 신규로 고용하되 **피고 회사는 소외 회사의 퇴직금 지급의무만을 승계**하고, 근로자들은 피고 회사를 상대로는 소외 회사와의 고용관계 및 소외 회사로부터의 퇴사와 관련하여 발생하는 어떠한 권리주장이나 청구를 하지 않을 것에 동의한다'는 내용이었다.

내용의 문구를 기재한 고용제안서를 제출했다가, 피고 회사의 협박을 이기지 못하여 이의 유보가 없는 고용제안서에 서명할 수밖에 없었으므로, 고용제안서에 담긴 부제소합의는 비진의 의사표시에 해당하거나 원고의 궁박한 상태를 이용한 것이어서 무효라고 주장했다(주위적 청구). 피고 회사는 원고의 이 사건 소는 부제소합의에 반하여 부적법하다고 주장했다.

3. 하급심 법원의 판단

1심 법원[5]은 원고가 제기한 소는 고용 제안 과정에서 성립된 부제소합의에 반하여 이루어진 것이어서 부적법하다고 각하했다. 원심[6]에서 원고는 고용제안서 중 부제소합의 문구는 단순한 예문에 불과하여 부제소의 합의로는 볼 수 없고, 부제소합의가 유효하다고 하더라도 피고 회사는 적어도 원고가 피고 회사에 입사한 날부터 1년이 경과한 시점에 인사 대기 처분을 한 것으로 보아야 하므로 인사대기 처분의 무효확인과 감액된 임금의 추가지급을 구한다고 주장했다(예비적 청구). 그러나 법원은 부제소합의 문구가 단순한 예문에 불과하다고 볼 수 없고, 피고 회사가 원고에게 인사대기 처분을 한 것으로 간주할 수 없으며, 실제로 인사대기 처분을 했다고 인정할 증거가 없음을 이유로 주위적 청구를 각하한 원심 판결을 유지하고 예비적 청구를 모두 기각했다.

4. 대법원판결

원심이 A회사가 원고에 대하여 한 전보 및 인사대기 처분의 무효와 임금 및 위자료의 지급을 구하는 주위적 청구는 원고와 피고 회사 사이의 부제소합의에 반하여 이루어진 것이어서 부적법하고, 부제소합의의 문구가 예문에 불과하다고 볼 수도 없다고 하여, 원고의 주위적 청구를 각하한 제1심판결을 유지한 것은 정당하다.

원심이 원고의 예비적 청구를 모두 배척한 조치는 다음과 같은 이유로 수긍하기 어렵다. 기업이 그 활동을 계속적으로 유지하기 위해서는 노동력을 재배치하거나 그 수급을 조절하는 것이 필요불가결하므로, **대기발령을 포함한 인사명령은 원칙적으로 인사권자인 사용자의 고유권한**에 속한다고 할 것이고, 이러한 인사명령에 대하여는 업무상 필요한 범위 안에서 사용자에게 상당한 재량을 인정하여야 하지만(대법원 2005. 2. 18. 선고 2003다63029 판결 참조), 대

---

5) 서울중앙지방법원 2004. 1. 30. 선고 2003가합28939 판결.
6) 서울고등법원 2004. 12. 1. 선고 2004나15500 판결.

기발령이 일시적으로 당해 근로자에게 직위를 부여하지 아니함으로써 직무에 종사하지 못하도록 하는 **잠정적 조치**이고, 근기법 제30조 제1항에서 사용자는 근로자에 대하여 **정당한 이유** 없이 전직, 휴직, 기타 징벌을 하지 못한다고 제한하고 있는 취지에 비추어 볼 때, 사용자가 대기발령 근거 규정에 의하여 일정한 대기발령 사유의 발생에 따라 근로자에게 대기발령을 한 것이 정당한 경우라 하더라도 **당해 대기발령 규정의 설정 목적과 그 실제 기능, 대기발령 유지의 합리성 여부 및 그로 인하여 근로자가 받게 될 신분상 · 경제상 불이익 등 구체적인 사정을 모두 참작하여 그 기간은 합리적인 범위 내에서 이루어져야 하는 것**이고, 만일 대기발령을 받은 근로자가 상당한 기간에 걸쳐 근로의 제공을 할 수 없다거나, 근로 제공을 함이 매우 부적당한 경우가 아닌데도 사회통념상 합리성이 없을 정도로 부당하게 장기간 동안 대기발령 조치를 유지하는 것은 특별한 사정이 없는 한 정당한 이유가 있다고 보기 어려우므로 그와 같은 조치는 무효라고 보아야 할 것이다.

A회사가 경영 형편상 과원을 이유로 이 사건 인사대기 처분을 한 것 자체는 업무상 필요한 범위 안에서 이루어진 것으로서 정당한 이유가 있었다고 보더라도 그 이후 장기간에 걸쳐 인사대기 처분을 그대로 유지하고 있다가 피고 회사가 사실상 A회사와 원고 사이의 고용관계를 그대로 승계하면서 고용계약까지 체결한 이상 경영 형편상 과원이라고 보기도 어려우므로 원고에 대한 대기발령 사유는 일응 해소되었다고 볼 것인데, 그 이후에도 원고에게 아무런 직무도 부여하지 않은 채 기본급 정도만을 수령하도록 하면서 장기간 대기발령 조치를 그대로 유지한 것은 특별한 사정이 없는 한 정당한 사유가 있다고 보기 어렵다 할 것이다. 그렇다면 피고 회사가 2002. 10. 경 이후에도 원고에 대한 대기발령을 그대로 유지한 조치는 특별한 사정이 없는 한 무효라고 볼 것이고, 원고가 구하는 바에 따라 원고는 2003. 2. 부터[7] 피고의 귀책사유로 인하여 자신의 근로계약상의 의무인 근로 제공을 하지 못하게 된 것이라고 볼 수밖에 없으므로, 위 날짜 이후 계속 근로하였을 경우에 받을 수 있는 임금과 실제 지급받은 돈의 차액의 지급을 청구할 수 있다고 할 것이다.[8]

---

7) 해당 시기의 주장 근거가 명확히 확인되지 않으나, B회사 '취업규칙'이 '대기발령된 자가 3개월이 경과되도록 보직되지 아니한 때에는 해고한다'라고 규정한 점에서 대기발령은 최대 3개월까지 가능하다고 해석하고, 2002. 10. 입사 이후 3개월이 경과한 2003. 2.부터 대기발령이 해소되어야 한다고 주장한 것으로 추정된다.

8) "원고 대리인은 2004. 5. 17. 제출한 청구취지 변경신청서에서 예비적 청구취지로 2003. 10. 11.자 인사대기 처분의 무효를 구하고 있으나, 위 날짜를 기준으로 청구하는 원인은 전혀 밝히지 아니하고 있고... 고용승계 이후의 대기 처분은 피고가 행한 처분으로 보아야 한다고 주장하고 있는바, **결국 원고 주장의 요지는 피고 회사가 대기발령을 유지하면서 보직을 부여하지 않고 있는 것이 부당하다는 취지로 선해**할 여지도 충분히 있다고 할 것이다."

Ⅲ. 판결의 주요 쟁점

1. 대기발령 · 직위해제의 의의

직위해제 또는 대기발령은 일반적으로 근로자의 직무수행 능력이 부족하거나 근무성적 또는 근무태도 등이 불량한 경우, 근로자에 대한 징계 절차가 진행 중인 경우, 근로자가 형사사건으로 기소된 경우 등에 있어서 당해 근로자가 계속 직무를 담당하면 회사 업무상 장애 등이 예상되어 이를 예방하기 위해 일시적으로 직위를 부여하지 않거나 직무에 종사하지 못하게 하는 **잠정적 조치**다.[9] 일반적으로 출근은 하되 직무에 종사하지 못하는 점에서 휴직과 다르지만, 자택에서 대기하도록 하는 경우는 휴직과 다를 바 없다. 반드시 근로자의 비행을 이유로 하지 않는 점에서 징계의 일종인 정직과 구별되지만, 취업규칙 등에서 직위해제를 징계의 일종으로 규정한 경우는 그렇지 않다.[10]

실무적으로 직위해제는 근로자에게 부여된 직위나 직책을 일시적으로 해제하여 무보직 또는 무직책 상태에 두는 것을 의미하는 경우가 많고, 대기발령은 수행 업무에서 제외하는 성격이 강하다. 이에 따라 대기발령에 직위해제가 포함된 경우도 있지만, 직위해제나 대기발령 중 하나만 이루어지는 경우도 있을 수 있다.[11] 이를 고려하면, 직위해제나 대기발령이 완전히 동일한 개념은 아니라고 판단된다. 다만, 직위 및 직무 미부여가 일시적인 처분이라는 공통점이 있어 통상 함께 논의되고 있다.

2. 대기발령 · 직위해제의 정당성

인사 조치는 근로자에게 여러 가지 불이익(승진 및 승급 제한, 급여 감액 등)을 주는 것이므로 사유가 존재하여야 하고, 절차 규정 등을 위반하지 않아야 한다. 또한, 대기발령을 포함한 인사명령이 원칙적으로 인사권자인 사용사의 고유한 권한에 속하고, 업무상 필요한 범위 안에서 이에 대한 사용자의 재량이 인정된다고 하더라도 근기법을 위반하거나 권리남용에 해당하여서는 아니 된다.[12] 대기발령이 정당한 인사권의 범위 내에 속하는지 여부는 대기발령의 업

9) 김형배 · 박지순, 「노동법강의」, 신조사, 2023, 184면.

10) 임종률 · 김홍영, 「노동법」, 박영사, 2024, 527면.

11) 예를 들어서, 2급 부장이면서 팀장인 직원에게 ① 대기발령 조치를 하면서 팀장 직위를 함께 해제, ② 팀장 직위만 해제하면서 팀원으로서 계속 업무수행 명령, ③ 팀장 직위는 유지하되 업무수행을 못 하게 하는 대기발령 처분(팀장 업무는 조직 내 차 상위자가 임시로 수행) 모두 가능하다.

무상 필요성과 그에 따른 근로자의 생활상의 불이익의 비교형량, 근로자와의 협의 등 대기발령 과정에서 신의칙상 요구되는 절차를 거쳤는지 여부에 따라 판단될 것이나, 그러한 절차를 거치지 아니하였다는 사정만으로 대기발령이 권리남용에 해당되어 무효가 되는 것은 아니다(대법원 2005. 2. 18. 선고 2003다63029판결).

취업규칙 등에서 직위해제가 징계의 일종으로 규정되어 있지 않은 경우, 징계 절차를 거치지 않았다는 이유만으로 직위해제가 부당하다고 볼 수 없다. 또한, 대기발령과 같은 잠정적인 인사명령을 사회통념상 합리성이 없을 정도로 부당하게 장기간 유지하는 조치는 특별한 사정이 없는 한 무효이고, 근로자의 기존 직무 범위 중 본질적인 부분을 제한하는 등의 방식으로 사실상 아무런 직무도 부여하지 않은 것과 별 차이가 없는 경우에도 이러한 법리가 적용된다(대법원 2013. 5. 9. 선고 2012다64833판결).

사용자는 수시로 직위해제 사유의 소멸 여부를 점검하여 소멸 시 직위를 부여해야 하고, 이러한 노력 없이 장기간 근로자를 직위해제 상태에 두는 것은 권리남용에 해당한다.[13)]

Ⅳ. 결론

직위해제 또는 대기발령은 근로자가 정상적인 업무수행이 어려운 사정을 근거로 일시적 · 잠정적으로 직위나 직무수행을 해제하는 사용자의 처분을 의미한다. 일시적 조치라 하더라도 근로자는 정상 업무수행에서 배제되고, 잠재적 처분 대상자로 조직 내에 알려지며, 임금의 일부가 삭감되는 등 불이익을 받는 경우가 많다. 이에 따라 대법원은 직위해제나 대기발령이 징계처분과 구분되는 사용자의 인사상 조치라는 점을 인정하면서도 일정한 요건에 따라 이루어져야 한다는 기준과 원칙을 밝혔다.

대상판결의 사실관계를 살펴보면, 경영상 위기 및 회사 인수, 고용승계의 영향으로 최초 처분으로부터 수년간 대기발령이 지속되었다. 근로자는 임금을 위해 근로를 제공하지만, 근로는 사회생활과 자아실현의 성격도 함께 갖고 있다. 즉, 근로자의 노무 제공은 근로계약의 의무이지만 권리일 수도 있다. 대상판결은 회사가 공장을 인수하면서 근로자들을 고용승계하고, 근로계약을 체결함으로써 대기발령 사유가 소멸했다고 평가하면서 장기간의 대기발령을 정당화할 수 있는 특별한 사유가 없어 부당하다고 판단했다.

12) 김형배 · 박지순, 「노동법강의」, 신조사, 2023, 185면.
13) 임종률 · 김홍영, 「노동법」, 박영사, 2024, 529면.

[9] 징계(해고)의 절차적 정당성*

(대법원 2004. 6. 25. 선고 2003두15317 판결)

기초지식

☑ 노동위원회 및 법원의 징계에 관한 정당성 판단은 **징계사유, 징계 절차, 징계양정**을 기준으로 이루어지며, 이 중 하나라도 갖추지 못하면 정당성이 없는 것으로 판단

☑ 근기법은 징계 절차에 관해 별도 규정을 두고 있지 않으므로, 징계 절차는 통상 단체협약이나 취업규칙으로 정해지는 경우가 많음

☑ 징계 절차가 단체협약 등에 규정되어 있는 경우, 사용자는 이를 준수할 의무가 있음. 징계 절차의 준수는 피징계자에게 실질적인 소명기회를 부여하는 기능을 함

☑ 절차를 준수하지 않은 징계가 노동위원회 등에서 취소되더라도 '징계의 정당한 사유'가 있다면 재징계가 가능함. 다만, 시간과 비용이 소요되므로 절차를 준수하기 위한 노력은 매우 중요

Ⅰ. 논의의 배경과 쟁점

'징계'란 종업원에 대한 근무규율 그 밖의 직장 질서 위반행위에 대한 제재로서 근로자에게 불이익을 주는 경고, 감봉, 정직, 징계해고 등의 조치를 말한다.[1] 근기법은 사용자는 근로자에게 정당한 이유 없이 해고, 휴직, 정직, 전직, 감봉, 그 밖의 징벌을 하지 못하도록 규정하고 있다(제23조 제1항).

> **근기법 제23조(해고 등의 제한)** ① 사용자는 근로자에게 **정당한 이유** 없이 **해고, 휴직, 정직, 전직, 감봉, 그 밖의 징벌(懲罰)**(이하 "부당해고등"이라 한다)을 하지 못한다.

사업의 목적을 달성하려면 다수의 근로자에게 일률적으로 적용되는 질서를 확립하여 유지할 필요가 있고, 근로자의 복무규율 위반행위에 대한 제재 수단이 필요하다. 징계는 근로자의 기업 질서 위반행위에 불이익을 가하는 제재를 말한다. 징계는 근로계약 위반에 따른 채무불이행 책임(손해배상, 계약 해지・해제)과 달리 사용자가 근로자에게 질서벌을 가하는 것이다.

---

* 2025. 8. 핵심판례에서 제외되었으며, 새롭게 추가된 "**징계(해고)의 절차적 및 실체적 정당성**(2010다100919)"은 참고판례로 반영하였다.

1) 임종률 · 김홍영, 「노동법」, 박영사, 2024, 529면.

이는 일종의 권력적 작용이므로 그 법적 근거가 문제가 된다.[2] 법적 근거는 사용자의 고유한 권리로 보는 고유권설, 취업규칙에서 징계권을 도출하는 법규범설, 노사 간의 집단적 합의에 근거한다고 보는 공동규범설(계약설)[3] 등이 있다. 판례는 징계권을 기업 운영 또는 근로계약의 본질상 당연히 사용자에게 인정되는 권한으로 보며,[4] 기업 질서의 확립과 유지에 필요하고 그 내용이 합리적이면 관계 법령에 반하지 않는 범위에서 위반행위에 대한 규율을 취업규칙으로 정할 수 있다고 한다.[5] 한편, 징계를 일종의 권력적 작용으로 보는 경우, 정당성을 갖추려면 적법절차, 비례 원칙 등을 갖추어야 한다.[6]

대상판결은 징계의 정당성 요건 중에서 절차의 적법성에 관한 것으로 징계사유가 존재하더라도 절차가 적법하지 않은 경우, 이를 어떻게 평가할 것인지 판단했다.

Ⅱ. 대상판결 분석

1. 사실관계

피고 보조참가인(이하 '참가인'이라 함)은 자동차운전학원의 대표자이고, 원고는 학원에서 기능 강사로 근무하던 자이다. 원고는 학원의 노동조합 설립과 관련하여 2000. 12. 1. 비노조원인 학원 직원들의 협박으로 사직서를 작성 및 제출하고, 12. 2.부터 결근하면서 강제 사직서의 제출이 부당해고라고 주장하여 철회를 요구하였다.

참가인은 12. 20.과 12. 27, 원고에게 출근명령서를 보냈으나 원고가 출근하지 않자, 무단결근을 이유로 원고를 징계위원회에 회부하였고 2001. 1. 16. 징계위원회 의결에 따라 1. 17.부

---

2) 이철수, 「노동법」, 현암사, 2023, 267면.

3) 김형배 · 박지순, 「노동법강의」, 신조사, 2023, 186면.

4) 대법원 1994. 9. 30. 선고 94다21337판결. "인사권은 사용자의 고유권한으로서 그 범위에 속하는 징계권 역시 기업 운영 또는 노동계약의 본질상 당연히 사용자에게 인정되는 권한이기 때문에 그 징계 규정의 내용이 강행법규나 단체협약의 내용에 반하지 않는 한 구체적 내용을 자유롭게 정할 수 있고, 단체협약의 부속서나 단체협약 체결 절차에 준하여 제정되어야 하는 것은 아니다."

5) 대법원 1994. 6. 14. 선고 93다26151판결. "근로자를 해고함에 있어서 해고사유 및 해고절차를 단체협약에 의하도록 명시적으로 규정하고 있거나 동일한 징계사유나 징계 절차에 관하여 단체협약상의 규정과 취업규칙 등의 규정이 상호 저촉되는 경우가 아닌 한 사용자는 취업규칙에서 새로운 해고 사유를 정할 수 있고, 그 해고 사유에 터 잡아 근로자를 해고할 수 있으며 단체협약에서 해고 사유와 해고 이외의 징계사유를 나누어 구체적으로 열거하더라도 취업규칙에서 이와 다른 사유를 해고 사유로 규정하는 것이 단체협약에 반하는 것이라고 할 수 없다."

6) 이철수, 「노동법」, 현암사, 2023, 268-269면 참고.

터 10일간 사무실 대기발령을 하였다. 참가인은 대기발령에도 불구하고 원고가 계속 출근하지 않자 다시 징계위원회에 회부하여 2001. 1. 26. 징계위원회에서 해고를 의결하여 원고를 징계해고하였다. 취업규칙 제70조 제1항은 "징계의 결정은··· 사원에게 소명의 기회를 부여하여야 한다."라고 규정하고 있었다.

원고는 서울지노위에 구제신청을 제기하였고, 지노위는 원고의 구제신청을 받아들여 구제명령을 내렸다.[7] 중노위는 지노위의 결정을 취소하고 이 사건 해고가 정당하다는 재심판정을 하였다.

2. 당사자의 주장

원고는, 원고를 포함한 학원의 근로자들이 노동조합을 설립하자 노조원들에 대한 전출, 보직 변경, 대기발령 등의 불이익처분과 구사대(救社隊)를 통한 폭력, 납치, 감금 등 부당노동행위가 자행되었고,[8] 2000. 12. 1.에는 구사대 중 한 명이 식칼을 휘두르며 사직서를 강요하여 신변에 위협을 느껴 사직서를 제출한 것이며, 이후에도 구사대의 출근 저지와 노조원들에 대한 폭력 등으로 신변의 위협을 느껴 출근하지 못했음에도 부당노동행위를 고려하지 않은 채 해고를 정당하다고 판단한 재심 판정은 위법하다고 주장했다.

3. 하급심 법원의 판단

1심 법원[9]은 원고들이 협박과 강요로 사직서를 제출했다 하더라도 다른 사직서 제출자들은 계속 출근하여 정상 근무했고, 참가인으로부터 출근명령서를 송달받았으므로 사직서가 수리되지 않았음을 예상할 수 있었으므로 출근명령서 송달 이후는 무단결근으로 볼 수 있는 점, 2000. 12. 4. 이후로는 노조원과 비노조원 사이에 큰 충돌은 없었고 원고들이 자의로 노조를 탈퇴한 점, 원고들이 출근 시도조차 하지 않았던 점, 징계해고에 앞서 1차로 10일간의 사무실

7) 참가인은 직장 내 폭력 및 감금 등의 부당노동행위를 하여서는 안 되고 향후 재발 방지를 위하여 노력하여야 하며 원고들을 각각 원직에 복직시키고 해고 기간 중 정상적으로 근로하였다면 받을 수 있었던 임금 상당액을 지급하여야 한다는 내용의 구제명령을 내렸다.

8) 기능 강사들이 중심이 된 노동조합 설립에 대하여 셔틀버스 기사, 홍보실 직원 등으로 근무하던 직원들과 학원 관리사들은 노조로 인하여 학원이 폐업될지도 모른다고 생각하고 생계에 위협을 느껴 노조에 반감을 가지게 되었다. 그리하여 비노조원인 학원 직원 20여 명은 원고들과 출근하는 노조원들을 붙잡아 노조탈퇴각서를 작성할 것을 요구하면서 도로 주행강사 사무실, 학원 3층 기숙사 등에 감금하고, 폭행과 협박으로 노조 포기각서 및 노조로 인해 발생하는 학원의 피해에 대하여 민 · 형사상 책임을 지겠다는 내용의 각서를 작성, 제출받았다.

9) 서울행정법원 2002. 5. 14. 선고 2001구44174 판결.

대기발령 조치를 했지만 이행하지 않은 점 등을 종합하면 해고에 정당한 이유가 있다고 판단했다.

반면, 원심[10]은 참가인은 원고에게 변명과 소명 자료를 준비할 상당한 기간을 두고 개최일시와 장소를 통보하여야 하는데, 2001. 1. 26. 개최되어 징계해고가 의결된 위 징계위원회의 개최 통보서가 원고의 집으로 송달된 것은 **징계위원회 개최 당일**로서 원고에게 징계위원회에 참석 또는 변명과 소명 자료를 준비할 시간적 여유를 주지 않고 촉박하게 이루어진 통보로서 부적법하므로 재심은 위법하다고 판단했다.[11]

4. 대법원판결

단체협약, 취업규칙 또는 징계 규정에서 징계대상자에게 징계위원회에 출석하여 **변명과 소명자료를 제출할 수 있는 기회**를 부여한 경우, 통보 시기와 방법에 관하여 특별히 규정한 바가 없다고 하여도 변명과 소명자료를 준비할 만한 상당한 기간을 두고 개최일시와 장소를 통보하여야 하며, 시간적 여유를 주지 않고 촉박하게 이루어진 통보는 실질적으로 변명과 소명자료 제출의 기회를 박탈하는 것과 다를 바 없어 부적법하다고 보아야 할 것이고, 설사 징계대상자가 징계위원회에 출석하여 진술했다 하여도 스스로 징계에 순응하는 것이 아닌 한 그 징계위원회의 의결에 터 잡은 징계해고는 징계 절차에 위배한 부적법한 징계권의 행사다(대법원 1991. 7. 9. 선고 90다8077 판결 참조).

학원의 취업규칙은 징계 결정에서 징계대상자에게 소명 기회를 부여하여야 한다고 규정하고 있는데, 징계위원회의 개최 통보서가 원고의 집으로 송달된 것은 징계위원회 개최 당일로서 위 통보가 징계위원회 개최 전에 이루어진 것인지조차 확정되지 아니할 뿐만 아니라, 개최 전에 이루어진 것이라 하더라도 원고에게 징계위원회에 참석할 시간적 여유 또는 변명과 소명자료를 준비할 시간적 여유를 주지 않고 촉박하게 이루어져 부적법하고, 이러한 징계위원회 의결에 터 잡은 징계해고 재심 판정은 위법하다.[12]

---

10) 서울고등법원 2003. 11. 21. 선고 2002누11273 판결.

11) 참가인은 원고가 다른 징계대상자들과 긴밀히 연락을 취하여 공동으로 행동을 하였기 때문에 위 징계위원회 개최 사실을 알고 있었으므로 부적법한 통보의 하자는 치유된다고 주장했지만, 이는 추측에 불과하여 주장 사실을 인정하기 부족하다고 판단했다.

12) 징계위원회 개최통보서가 우체국의 사정으로 송달이 지체된 경우와 같이 근로자가 징계위원회 개최통보서를 수령하지 못한 것이 사용자의 귀책사유에 의한 것이 아닌 경우에는 근로자가 징계위원회 개최통보서를 수령하지 못하여 징계위원회에 참석하지 못하였다고 하더라도 징계절차 위반에 해당하지 않는다는 상고이유의 주장은 독자적 견해로서 받아들일 수 없다고 판시했다.

또한, 원고가 다른 징계대상자들과 긴밀히 연락을 취하여 공동으로 행동하였기 때문에 징계위원회 개최 사실을 알고 있었으므로 부적법한 통보의 하자는 치유된다는 피고보조참가인의 주장을 배척한 원심의 사실인정과 판단은 옳다. 한편, 원고가 각 징계위원회에 참석하지 않고 징계위원회 결의에 대하여 항변 또는 이의제기 등을 하지 않았다고 하여 학원의 취업규칙이나 징계위원회 결정 자체를 무시했다고 볼 수 없고, **해고를 정당화할 수 있는 실체적인 사유가 존재한다고 하더라도 징계 절차상 하자를 이유로 징계처분의 무효를 주장하는 것은 징계대상자의 권리**이므로 이를 행사했다고 하여 신의성실의 원칙에 반한다고 할 수 없다.[13)]

Ⅲ. 판결의 주요 쟁점

1. 징계의 정당성

징계는 ①징계사유가 존재하고, ②징계 절차가 적정해야 하며, ③비위와 징계 수준이 비례(양정의 상당성)해야 한다. 즉, 징계의 정당성은 **징계사유의 정당성**(징계사유의 존부, 행위가 소정의 징계사유에 해당하는지), **징계 절차의 준수**(소정의 징계 절차를 준수했는지), **징계양정의 상당성 또는 적정성**(비위의 정도 등에 비추어 볼 때 징계처분이 과하여 징계권의 남용에 해당하는지) 등에 따라 판단되고, 세 가지 기준 중 어느 하나라도 충족하지 못하면 징계처분은 무효가 된다.[14)] 징계사유, 절차 구비 및 징계처분의 적정성(상당성)에 관한 증명책임은 사용자에게 있고, 징계사유 부존재에 관한 증명책임은 근로자에게 있다.[15)]

2. 징계의 절차

징계사유 및 징계처분의 상당성을 확인하고 심의하는 징계 절차는 징계의 객관성과 공정성을 확보하기 위한 것으로 매우 중요하다.[16)] 단체협약이나 취업규칙에 징계위원회를 거치거나

13) 원심이 이 사건 징계해고가 징계 절차에 관한 취업규칙 규정에 위배되어 무효라고 판단하였을 뿐 징계해고 사유에 관한 실체적 판단을 하지 않은 이상, 이 사건 징계해고에 실체적으로 정당한 사유가 있다거나, 또는 원고가 다른 회사에 취업하는 등 학원에 근무할 의사가 없었으므로 이 사건 징계해고는 단순히 이를 확인하는 의미를 가질 뿐이어서 징계해고 절차에 하자가 있더라도 징계해고 결과는 징계대상자인 원고의 의사에 합치하여 유효하다는 상고이유의 주장 역시 받아들일 수 없다고 판단했다.

14) 이철수, 「노동법」, 현암사, 2023, 270면.

15) 김형배 · 박지순, 「노동법강의」, 신조사, 2023, 196면.

16) 김형배 · 박지순, 「노동법강의」, 신조사, 2023, 192면.

소명 기회를 부여하도록 했다면 사용자는 이를 따라야 하고, 이를 위반한 징계는 징계사유 인정과 관계없이 절차 위반으로 무효가 된다.[17] 즉, 취업규칙에 사전 통지, 변명의 기회 부여, 징계위원회 등의 의결, 징계위원회의 구성, 재심 기회 부여 등의 절차가 규정된 경우, 이를 위반하여 한 징계는 정당한 것으로 인정되지 않는다.[18]

다만, 징계위원회에서 징계대상자에게 징계 혐의 사실을 고지하고 그에 대하여 진술할 기회를 부여하면 족한 것이지 그 혐의사실 개개의 사항에 대하여 구체적으로 질문하여 징계대상자가 이에 대하여 빠짐없이 진술하도록 조치하여야 하는 것은 아니다(대법원 1995. 7. 14. 선고 94누11491 판결).[19] 회사의 단체협약이나 취업규칙 등에 징계 절차에서 피징계자에게 사전에 통고하거나 변명의 기회를 부여할 것을 명한 규정이 없는 이상, 징계 절차에서 그와 같은 절차를 거치지 않았다고 하더라도 징계 처분을 무효라고 할 수 없다(대법원 1992. 4. 14. 선고 91다4775 판결).

Ⅳ. 결론

사용자의 징계처분이 적법하기 위해서는 징계사유, 징계 절차, 징계양정 등이 정당하고 적정하게 이루어져야 한다. 대상판결은 이 중 징계 절차에 관한 기준을 제시했다.

사용자의 징계 등 처분에서 절차의 정당성은 징계사유에 비하여 상대적으로 경시될 가능성이 있다. 하지만, 사용자의 사실관계 판단의 오류 가능성, 피징계자에 특유한 사정, 그 밖에 징계에서 고려되어야 할 제반 상황 등을 명확하게 파악하기 위해서는 피징계자의 소명이나 변명 기회 부여가 매우 중요하다. 대상판결은 이를 확인하기 위한 절차가 단체협약이나 취업규칙,

---

17) 대법원 2012. 1. 27. 선고 2010다100919판결. "취업규칙 등 징계 규정에서, 근로자에게 일정한 징계사유가 있을 때 **징계 의결 요구권자가 먼저 징계사유를 들어 징계위원회에 징계 의결 요구**를 하고 **징계 의결 결과에 따라 징계처분**을 하되 징계위원회는 징계대상자에게 진술의 기회를 부여하고 이익되는 사실을 증명할 수 있도록 하며 징계의결을 하는 경우에는 징계의 원인이 된 사실 등을 명시한 징계의결서에 의하도록 규정하고 있을 경우, 징계위원회는 어디까지나 징계의결 요구권자에 의하여 징계의결이 요구된 징계사유를 심리대상으로 하여 그에 대하여만 심리·판단하여야 하고 징계의결이 요구된 징계사유를 근본적으로 수정하거나 징계의결 이후에 발생한 사정 등 그 밖의 징계사유를 추가하여 징계의결을 할 수는 없다. 또한 징계대상자에게 징계위원회에 출석하여 변명과 소명자료를 제출할 기회를 부여하도록 되어 있음에도 이러한 **징계 절차를 위반하여 징계해고하였다면 이러한 징계권의 행사는 징계사유가 인정되는지와 관계없이 절차의 정의에 반하여 무효**라고 보아야 한다."

18) 임종률·김홍영, 「노동법」, 박영사, 2024, 538면.

19) 취업규칙 등에 징계처분에 대한 재심절차에서 징계대상자에게 진술의 기회를 부여한다는 규정이 없는 이상 재심의 절차가 징계대상자에게 진술의 기회를 부여하지 않고 진행되었다고 하여 무효라고 할 수 없다고 하였다.

내부 규정에 명시된 경우, 이를 엄격히 준수해야 하고 이를 지키지 않을 경우, 징계의 효력이 부정된다고 판단했다. 특히, 근로자에게 실질적인 소명기회 부여 여부 등을 중요한 판단기준으로 보아, 형식적으로 징계위원회 개최 일정 등이 통지되었다 하더라도 대응할 시간적 여유가 충분하지 않은 경우는 절차를 준수하지 않았다고 판시했다.

다만, 이러한 기준이 없으면 사용자에게 절차 준수 의무가 없다는 대법원판결도 존재하나, 개별적 근로관계에서 상대적 약자이자 노동관계법령의 보호 대상인 근로자에게 징계절차에서의 실질적인 소명 기회 부여는 방어권 보장에 있어 핵심이라고 평가할 수 있다.

※ 참고판례 - 대법원 2012. 1. 27. 선고 2010다100919 판결

1. 사실관계

피고는 국민건강보험법에 의하여 건강보험과 관련한 제반 업무를 관장하는 법인이고, 원고는 피고 공단 대전서부지사 행정직 3급으로 근무하다가 2009. 10. 29. 피고 공단으로부터 해임처분을 받은 사람이다. 원고는 2009. 7. 2회에 걸쳐 피고 공단의 전 직원의 볼 수 있는 내부통신망의 자유게시판에 피고의 인사제도 운영 등에 대하여 비판하는 글을 게시했다. 피고 공단은 원고가 근거 없이 인력관리실장 소외 1의 명예를 훼손하고 공단 방침을 비방하는 한편, 정당한 권원에 의하여 생산된 문서를 수용하지 않고 권위를 부정하여 직원의 '제규정 준수 및 성실의무'를 위반하고, 음주 상태로 징계위원회에 참석하여 불량한 진술 태도를 보이는 등 직원으로서 품위유지의무를 위반하였다는 이유로 2009. 10. 29. 원고를 해임하는 처분을 하였다.

2. 당사자 주장 및 하급심 판결

원고는 이 사건 게시글을 작성하였다거나 음주 상태에서 징계위원회에 출석하여 진술한 것이 직원으로서의 품위유지의무에 위반된다고 볼 수 없고, 설령 위와 같은 행위가 징계사유에 해당한다고 하더라도 그 징계양정이 너무 무거워서 부당하다고 주장했다.

1심[20]은 원고가 직원으로서 피고 공단의 방침에 불만이 있는 경우, 정당한 절차에 따라 이의를 제기해야 함에도 게시글에서 저속한 표현[21]을 쓰며 근거 없이 피고 공단의 방침을 비판한 점, 소외 1을 특정할 수 있는 표현을 쓰면서 정당하지 못한 방법으로 인사상 특혜를 입었다는 취지로 명예를 훼손하고 인사정책을 왜곡한 점 등 제반 사정을 종합하면, 원고의 게시글 작성이 인사규정을 위반한 사실이 충분히 인정된다고 판단했다. 또한, 중견 간부의 위치임에도 저속한 표현을 사용하여 급여정책을 비방하고 소외1의 명예를 훼손하여 위계질서를 문란하게 될 위험성이 상당하고, 징계절차에 술을 마신 채 출석하여 징계위원의 질문에 불성실하게 답변하였으며, 품위손상 및 금품수수로 징계전력이 있는 점 등을 들어 징계양정도 부당하지 않다고 판단했다. 원심[22] 역시 같은 취지로 원고의 항소를 기각했다.

3. 대법원판결의 요지

취업규칙 등 징계규정에서, 근로자에게 일정한 징계사유가 있을 때 징계의결 요구권자가 먼저 징계사유를 들어 징계위원회에 징계의결 요구를 하고 징계의결 결과에 따라 징계처분을 하되 징계위원회는 징계대상자에게 진술의 기회를 부여하고 이익되는 사실을 증명할 수 있도록 하며 징계의결을 하는 경우에는 징계의 원인이 된 사실 등을 명시한 징계의결서에 의하도록 규정하고 있을 경우, 징계위원회는 어디까지나 징계의결 요구권자에 의하여 징계의결이 요구된 징계사유를 심리대상으로 하여 그에 대하여만 심리 · 판단하여야 하고 징계의결이 요구된 징계사유를 근본적으로 수정하거나 징계의결 이후에 발생한 사정 등 그 밖의 징계사유를 추가하여 징계의결을 할 수는 없다. 또한 징계대상자에게 징계위원회에 출석하여 변명과 소명자료를 제출할 기회를 부여하도록 되어 있음에도 이러한 징계절차를 위반하여 징계해고 하였다면 이러한 징계권의 행사는 징계사유가 인정되는지와 관계없이 절차의 정의에 반하여 무효라고 보아야 한다.

국민건강보험공단이 인사규정 위반을 이유로 근로자 갑을 해임 처분한 사안에서, 공단의 징계의결 요구를 받은 징계위원회가 갑이 징계위원회에 음주 상태로 출석하여서 한 진술과 관련하여 **'진술 시 품위손상'**을 별도의 독립한 징계사유로 삼았으나, 징계의결 요구권자는 징계위원회에 갑의 **사내 전자게시판 게시글 게시행위**만을 징계사유로 삼아 경징계 요구하였으므

20) 서울서부지방법원 2010. 5. 26. 선고 2009가합16582 판결.

21) "문서 생산자가 현상을 모른 저능아들인지", "사려 깊은 고민도 없이 임금보수의 역사적 고찰과 임금론의 기초도 없는 놈들이 누워서 침을 뱉고 있구나" 등

22) 서울고등법원 2010. 11. 5. 선고 2010나56168 판결. 원고는 추가로 음주 상태로 출석하여 진술한 것은 숙부의 사망에 따른 특수한 사정이 존재했던 것이고, '이 사건 진술시 품위손상'은 징계 요구 시 거론되지 않았던 것을 징계위원회가 자의적으로 추가한 것이라고 주장했다. 이에 대해 법원은 이 사건 진술은 정식 징계사유로 판단된 것이라기보다 징계 양정 자료의 하나로 참작된 것이며, 소명권이 침해된 것도 아니라고 판단했다.

로 징계의결에는 요구되지 않은 **'진술 시 품위손상'을 새로운 징계사유로 추가한 잘못**이 있고, 징계위원회가 갑에게 **'진술 시 품위손상'이 징계사유로 된다는 점을 징계위원회 개최 중에라도 전혀 고지하지 않았으므로** 갑이 음주 상태로 징계위원회에 출석하게 된 경위에 관하여 답변하였다고 하여 **징계사유에 대한 변명과 소명자료를 제출할 기회를 부여받았다고 할 수 없으므로**, 공단 인사규정에서 정한 징계절차를 위반하여 이루어진 위 해임처분은 징계사유가 인정되는지와 관계없이 무효다.

사내 전자게시판에 게시된 문서에 기재되어 있는 문언에 의하여 타인의 인격, 신용, 명예 등이 훼손 또는 실추되거나 그렇게 될 염려가 있고, 또 문서에 기재되어 있는 사실관계 일부가 허위이거나 표현에 다소 과장되거나 왜곡된 점이 있다고 하더라도, 문서를 배포한 목적이 타인의 권리나 이익을 침해하려는 것이 아니라 **근로조건의 유지 · 개선과 근로자의 복지증진 기타 경제적 · 사회적 지위의 향상을 도모하기 위한 것으로서 문서 내용이 전체적으로 보아 진실한 것이라면** 이는 근로자의 정당한 활동 범위에 속한다.

4. 의의 및 시사점

대상판결에서 근로자가 징계위원회에 음주 상태로 징계위원회에 출석한 것이 문제가 되자, 사용자는 '진술 시 품위손상'을 새로운 징계사유로 추가했다. 1심과 원심은 이것이 징계양정으로서 반영되었다고 보았지만, 대법원은 징계 의결에 요구되지 않은 새로운 징계사유로 추가한 점, 징계사유라는 점을 고지하지 않아 변경과 소명자료를 제출할 기회를 부여하지 않은 것이 절차적 하자인 점 등을 들어 징계처분을 무효라고 판단했다. 이는 징계처분에 있어서 사용자의 징계사유 및 적용 규정의 선정, 관련 절차에 있어 신중을 기해야 함을 시사한다(**절차적 정당성**). 한편, 근로조건의 유지 · 개선과 근로자의 복지증진 기타 경제적 · 사회적 지위 향상을 도모하기 위한 정당한 활동이면 일정한 보호 필요성이 있다고 판시했는데, 이는 노사관계의 특성을 고려한 것으로 이해될 수 있다(**실체적 정당성**).

[10] 경영상 해고

(대법원 2021. 7. 29. 선고 2016두64876 판결)

기초지식

☑ 경영상 이유에 의한 해고는 정리해고, 경영상 해고 등으로 불림. 근기법은 종래 경영상 이유에 의한 해고를 별도로 규정하고 있지 않다가, 판례가 인정해 오던 법리를 규정화함

☑ 경영상 이유에 의한 해고는 징계해고보다 엄격한 법상 요건이 적용되는데, 이는 근로자에게 귀책사유가 없음에도 사용자 측 사정에 의하여 계약이 해지되는 점을 고려한 것임

☑ 최초 개정 시 노동계의 우려와 달리 경영상 이유에 의한 해고는 제한적으로 이루어지고 있음

☑ 사용자는 해고회피노력 중 하나인 희망퇴직, 전환배치, 근로시간 단축 등을 통하여 과 인원을 우선 조정하고, 예외적으로 경영상 해고를 단행

Ⅰ. 논의의 배경과 쟁점

경영상 해고는 징계해고와 달리 사용자 측 사정으로 행해지는데, 이는 사업의 외적 요인인 경제적 · 기술적 변화에 기인한 경우가 많기 때문이다. 경영상 해고는 대규모로 진행되는 경우가 많으므로 집단적 노동분쟁으로 이어지거나 근로자의 가족과 지역사회에 큰 영향을 미칠 수 있다. 이러한 특성으로 인하여 경영상 해고에 대한 특수한 규율이 필요한데, 그 요건은 엄격해야 하고 국가의 개입 필요성이 인정되기도 한다.[1)]

1997년 근기법 개정 전 통설과 판례는 정리해고가 정당한 이유를 가진 것으로 인정되기 위해서는 긴박한 경영상의 필요성이 있고, 해고를 회피하기 위한 노력을 다해야 하며, 해고대상자를 공정하고 합리적인 기준에 따라 선정해야 하고, 노동조합 및 근로자 측과 성실한 사전협의를 거쳐야 한다고 판시했다. 현행법은 정리해고의 요건에 관한 종전 판례 법리를 계승하는 한편, 이를 더 구체화하면서 엄격하게 제한한 것이다.[2)]

---

1) 이철수, 「노동법」, 현암사, 2023, 348면.
2) 임종률 · 김홍영, 「노동법」, 박영사, 2024, 555면.

근기법 제24조(경영상 이유에 의한 해고의 제한) ① 사용자가 경영상 이유에 의하여 근로자를 해고하려면 긴박한 경영상의 필요가 있어야 한다. **이 경우 경영 악화를 방지하기 위한 사업의 양도 · 인수 · 합병은 긴박한 경영상의 필요가 있는 것으로 본다.**
② 제1항의 경우에 사용자는 해고를 피하기 위한 노력을 다하여야 하며, 합리적이고 공정한 해고의 기준을 정하고 이에 따라 그 대상자를 선정하여야 한다. 이 경우 남녀의 성을 이유로 차별하여서는 아니 된다.
③ 사용자는 제2항에 따른 해고를 피하기 위한 방법과 해고의 기준 등에 관하여 그 사업 또는 사업장에 근로자의 과반수로 조직된 노동조합이 있는 경우에는 그 노동조합(근로자의 과반수로 조직된 노동조합이 없는 경우에는 근로자의 과반수를 대표하는 자를 말한다. 이하 "근로자대표"라 한다)에 해고를 하려는 날의 50일 전까지 통보하고 성실하게 협의하여야 한다.
④ 사용자는 제1항에 따라 대통령령으로 정하는 일정한 규모 이상의 인원을 해고하려면 대통령령으로 정하는 바에 따라 고용노동부장관에게 신고하여야 한다.
⑤ 사용자가 제1항부터 제3항까지의 규정에 따른 요건을 갖추어 근로자를 해고한 경우에는 제23조제1항에 따른 정당한 이유가 있는 해고를 한 것으로 본다.

한편, 대상판결에서 사용자는 특정 사업 부문의 폐지가 폐업으로 인한 통상해고라고 주장했는데, 이는 근로계약의 일방 당사자가 소멸한 것에 준하는 것이므로 계약이 당연 종료된 것임을 주장한 것으로 보인다. 통상해고는 법상 규정이 없고, 계약 법리 차원에서 논의되면서 판례가 인정하고 있어 요건 등에 관한 논쟁이 존재한다. 사용자의 이러한 주장이 통상해고에 해당할 수 있는지가 문제가 된다.

II. 대상판결 분석

1. 사실관계

원고는 2008년 A회사, B회사, C회사를 합병한 후 상호를 D주식회사로 변경했고, 전선 사업, 통신사업, 재료사업, 중전기[3] 사업을 영위하였다. 원고는 2012년 이후 통신사업부[4]의 신규 채

3) 중량이 큰 전기 기구 - 발전기, 전동기, 변압기 등
4) 유선통신사업은 2000년 이후 국내 유선 통신망 기반구축이 거의 완료되면서 추가 수요가 발생하지 않았고, 무선통신기술의 발전으로 어려워지는 상황이었다. 수요의 급감과 생산설비의 과잉이 맞물려 제품 가격이 급락하면서 상당수의 유선 케이블 제조업체들은 심각한 경영난을 겪고 있었다.

용을 중단하고, 2011년 이후 사무직 근로자 퇴직 시 인력을 충원하지 않았다. 원고는 2014년 10월, 4차례 노사협의회를 개최했고, 통신사업부 공장 노동조합에게 '3조 3교대 운용, 사택매각, 희망퇴직' 등 비상 경영안 수용을 제안했으나 노동조합은 이를 거절했다. 원고는 10. 20. 노동조합에게 '통신사업부 정리에 따른 정리해고 일정, 희망퇴직, 전환배치 등 해고회피 방안 협의'를 요청하며, 희망퇴직 신청을 받았는데, 통신사업부 근로자 56명 중 34명이 희망퇴직을 신청했다.

원고는 통신사업부 사업 폐지 결정 이후, 6차례 노사협의회를 개최하였으나, 잔류인원 전원을 전환 배치해 달라는 노동조합의 요구와 이는 어렵다는 원고의 입장이 대립하여 합의점을 찾지 못했다. 원고는 2014년 11월, 희망퇴직을 신청하지 않은 생산직 근로자 중 7명을 재료사업부 등으로 전환 배치했다. 원고는 11. 20. '희망퇴직 추가접수' 공고를 하였으나 참가인들이 이에 응하지 않았다, 11. 24. 해고예고통지서를 교부하였고, 12. 29. '취업규칙 제31조 제1항에 의거 사업부 폐지에 따라 경영상 해고한다.'라는 내용의 해고통지를 하였다.

경기지노위는 이 사건 해고가 **부당노동행위**에 해당하지는 않으나, 근로기준법 제24조에 따른 '경영상 이유에 의한 해고'의 요건을 갖추지 못하였다고 판단하여 **부당해고 구제**신청만을 인용하였다. 중노위는 원고와 참가인들의 재심 신청을 모두 기각했다.

2. 당사자의 주장

원고는 주위적으로 각 사업부는 별개 법인이었다가 인수·합병 등을 통해 원고 산하에서 운영되고 있는 점, 사업부별로 독자적인 인사관리가 이루어지고 인적교류가 없으며 생산제품과 생산 공정이 상이한 점, 공장별로 별도의 노동조합이 조직되어 임금협상이나 단체협약 등이 개별 공장 단위로 이루어지는 점 등을 종합하면, 원고가 통신사업부 사업을 폐지하면서 해고한 것은 통상해고로서 적법하다고 주장했다.

예비적으로 통신사업은 시장 규모가 급감하는 등 구조적 위기에 봉착해 있었고, 원고의 통신사업부도 매출이 지속적으로 감소하여 최근 4년간 104억 원 이상의 누적적자를 기록하는 등 정리해고를 할 긴박한 경영상 필요가 있었으며, 해고를 회피하기 위한 노력을 다하였고, 합리적이고 공정하게 정리해고 대상자를 선정했으며, 근로자대표와 성실히 협의하였으므로 정리해고로서도 적법하다고 주장했다.

3. 하급심 법원의 판단

1심 법원[5]은 통상해고 주장에 대해서 통신사업부는 존속하는 다른 사업부와 독립한 별개의 사업체로 보기 어려우므로 원고가 통신사업부를 폐지한 것은 사업 축소에 해당할 뿐 사업체 전부를 폐업한 것으로 볼 수 없다고 판단했다. 경영상 해고에 대해서는 통신사업부를 축소 내지 폐지할 긴박한 경영상의 필요는 있지만, 해고회피 노력을 다했다고 보기 어렵고 전환배치 대상자나 정리해고 대상자가 합리적이고 공정하게 선정되지 않았으며, 성실히 협의했다고 보기 어렵다고 판단했다.

원심[6]은 1심 판결을 취소하면서, 독립한 별개의 사업체인 통신사업부를 폐지한 것은 독자적 사업 부문 전체를 폐지한 것에 해당하므로 이 사건 해고는 통상해고의 요건을 갖추고 해고에 정당한 사유가 있다고 판단했다. 또한, 긴박한 경영상의 필요성뿐만 아니라 해고 회피를 위한 충분한 노력을 다했고, 해고대상자 선정기준이 현저히 부당하거나 불합리하지 않으며, 근로자대표와 성실한 협의를 거쳤다고 판단했다.

4. 대법원판결

부당해고 구제신청에 관한 중노위의 명령 또는 결정의 취소를 구하는 소송에서 그 명령 또는 결정이 적법한지는 그 명령 또는 결정이 이루어진 시점을 기준으로 판단하여야 하고, 그 명령 또는 결정 후에 생긴 사유를 들어 적법 여부를 판단할 수는 없으나, 그 명령 또는 결정의 기초가 된 사실이 동일하다면 노동위원회에서 주장하지 아니한 사유도 행정소송에서 주장할 수 있다.[7]

어떤 기업이 경영상 이유로 사업을 여러 개의 부문으로 나누어 경영하다가 그중 일부를 폐지하기로 하였더라도 이는 **원칙적으로 사업 축소**에 해당할 뿐 사업 전체의 폐지라고 할 수 없으므로, 사용자가 일부 사업을 폐지하면서 그 사업 부문에 속한 근로자를 해고하려면 근기법 제24조에서 정한 경영상 이유에 의한 해고 요건을 갖추어야 하고, 그 요건을 갖추지 못한 해고

5) 서울행정법원 2016. 6. 2. 선고 2015구합70874 판결.

6) 대전고등법원 2016. 5. 26. 선고 2016누12014 판결

7) "원심은 이 사건 해고가 통상해고로서 적법한 요건을 갖추었는지 여부는 해고라는 사실관계에 대한 규범적 판단에 해당할 뿐 재심 판정 후에 발생한 새로운 사유라고 볼 수 없으므로 이 사건 해고가 **통상해고로서 적법한 것인지 여부가 중노위에서 주장 및 판단되지 않았더라도** 원고로서는 이 소송에서 이 사건 해고가 통상해고라는 주장을 할 수 있고, 법원으로서도 그 주장의 당부에 관하여 판단할 수 있다"

는 정당한 이유가 없어 무효다.[8] 사용자가 일부 사업 부문을 폐지하고 그 사업 부문에 속한 근로자를 해고했는데 그와 같은 해고가 경영상 이유에 의한 해고로서의 요건을 갖추지 못하였지만, 폐업으로 인한 통상해고로서 예외적으로 정당하기 위해서는 **일부 사업의 폐지 · 축소가 사업 전체의 폐지와 같다고 볼 만한 특별한 사정이 인정**되어야 한다. 이때 일부 사업의 폐지가 폐업과 같다고 인정할 수 있는지는 해당 사업 부문이 인적 · 물적 조직 및 운영상 독립되어 있는지, 재무 및 회계의 명백한 독립성이 갖추어져 별도의 사업체로 취급할 수 있는지, 폐지되는 사업 부문이 존속하는 다른 사업 부문과 취급하는 업무의 성질이 전혀 달라 다른 사업 부문으로의 전환배치가 사실상 불가능할 정도로 업무 종사의 호환성이 없는지 등 여러 사정을 구체적으로 살펴 종합적으로 판단하여야 한다.[9]

근기법 제24조에서 정한 경영상 이유에 의한 해고의 요건 중 긴박한 경영상의 필요란 반드시 기업의 도산을 회피하기 위한 경우에 한정되지 아니하고, 인원 감축이 객관적으로 보아 합리성이 있는 경우도 포함되지만, 긴박한 경영상의 필요가 있는지는 법인의 어느 사업 부문이 다른 사업 부문과 인적 · 물적 · 장소적으로 분리 · 독립되어 있고 재무 및 회계가 분리되어 있으며 경영 여건도 서로 달리하는 예외적인 경우가 아니라면 **법인의 일부 사업 부문의 수지만을 기준으로 할 것이 아니라 법인 전체의 경영 사정을 종합적으로 검토하여 판단**하여야 한다.

근기법 제24조에서 정한 경영상 이유에 의한 해고의 요건 중 해고를 피하기 위한 노력을 다하여야 한다는 것은 경영방침이나 작업방식의 합리화, 신규 채용의 금지, 일시 휴직 및 희망퇴직의 활용, 전근 등 사용자가 해고 범위를 최소화하기 위하여 가능한 모든 조치를 취하는 것을 의미하고, 그 방법과 정도는 확정적 · 고정적인 것이 아니라 당해 사용자의 **경영위기의 정도, 해고를 실시하여야 하는 경영상의 이유, 사업의 내용과 규모, 직급별 인원 상황 등**에 따라 달라지는 것이다.[10]

근기법 제24조의 경영상 이유에 의한 해고 요건 중 합리적이고 공정한 해고의 기준은 확정적 · 고정적인 것은 아니고 당해 사용자가 직면한 경영 위기의 강도와 해고를 실시하여야 하는

8) "사용자가 사업체를 폐업하고 이에 따라 소속 근로자를 해고하는 것은 그것이 노동조합의 단결권 등을 방해하기 위한 **위장 폐업이 아닌 한** 원칙적으로 기업 경영의 자유에 속하는 것으로서 유효하고, 유효한 폐업에 따라 사용자와 근로자 사이의 근로관계도 종료한다."

9) 사업 부문의 일부 폐지를 이유로 한 해고가 통상해고로서 정당성을 갖추었는지에 관한 증명책임은 사용자가 부담한다고 하였다.

10) 경영상 이유에 의한 해고가 정당하기 위한 요건은 사용자가 모두 증명해야 하므로, 해고 회피 노력을 다하였는지에 관한 증명책임은 이를 주장하는 사용자가 부담한다고 하였다.

경영상의 이유, 해고를 실시한 사업 부문의 내용과 근로자의 구성, 해고 실시 당시의 사회경제적 상황 등에 따라 달라지는 것이지만, 객관적 합리성과 사회적 상당성을 가진 구체적인 기준을 실질적으로 공정하게 적용하여 정당한 해고대상자의 선정이 이루어져야 한다.

따라서 해고대상자 선정기준은 단체협약이나 취업규칙 등에 정해져 있는 경우라면 특별한 사정이 없는 한 그에 따라야 하고, 만약 그러한 기준이 사전에 정해져 있지 않다면 근로자의 **건강 상태, 부양의무의 유무, 재취업 가능성 등 근로자 각자의 주관적 사정과 업무능력, 근무성적, 징계 전력, 임금수준 등 사용자의 이익 측면을 적절히 조화**시키되, 근로자에게 귀책사유가 없는 해고임을 감안하여 사회적 · 경제적 보호의 필요성이 높은 근로자들을 배려할 수 있는 합리적이고 공정한 기준을 설정하여야 한다.[11)]

Ⅲ. 판결의 주요 쟁점

1. 경영상 해고의 정당성

경영상 이유에 의한 해고가 정당하기 위해서는 ①긴박한 경영상의 필요, ②해고회피노력, ③합리적이고 공정한 기준에 따른 해고대상자 선정, ④해고 회피 방법과 해고 기준 등에 관하여 근로자대표와 사전에 성실하게 협의할 것 등의 요건을 갖추어야 한다(근기법 제24조).

대법원은 경영상 이유에 의한 해고가 정당하기 위해서는 4요건을 전체적 · 종합적으로 고려하여 당해 해고가 객관적 합리성과 사회적 상당성을 지닌 것으로 인정될 수 있어야 한다고 판시했다(대법원 2003. 11. 13. 선고 2003두4119 판결). 또한, 각 요건의 구체적 내용은 확정적 · 고정적인 것이 아니라 구체적 사안에서 다른 요건의 충족 정도와 관련하여 유동적으로 정해지는 것이므로 각 요건을 구성하는 개별 사정들(경영상 위기의 강도, 정리해고를 실시한 사업 부분의 내용과 근로자 구성, 정리해고 당시의 사회 · 경제 상황 등)을 종합적으로 고려하여 판단해야 한다고 하였다(대법원 2009. 12. 24. 선고 2009다53949판결, 대법원 2002. 7. 9. 선고 2001다29452판결).[12)]

11) 경영상 이유에 의한 해고에 앞서 전환배치를 실시하는 경우 전환배치대상자 선정기준은 최종적으로 이루어지는 해고대상자 선정에도 영향을 미치게 되므로, 전환배치 기준은 해고대상자 선정기준에 준하여 합리성과 공정성을 갖추어야 하고, 이에 관한 증명책임 역시 이를 주장하는 사용자가 부담한다.

12) 김형배 · 박지순, 「노동법강의」, 신조사, 2023, 238-239면 참고.

2. 통상해고의 개념 및 적용

근로관계는 사용자에 의한 해고 외에도 근로자 측의 사직 의사표시, 근로자와 사용자의 합의 해지, 당사자의 소멸(사망, 법인격 소멸 등), 정년퇴직, 기간의 정함이 있는 근로계약에서 기간의 만료 등으로 종료한다.[13)]

노동법 학계에서는 **'일신상의 사유'**에 의한 해고가 해고의 한 유형인 통상해고로 논의되고 있다. 대체로 근로자의 비위행위나 기업질서 위반행위에 대한 제재로 이루어지는 것은 징계해고로, 근로자의 일신상 사유로 인한 해고는 통상해고로 분류된다.[14)] 일신상의 사유는 계약상 급부의무의 이행에 필요한 정신적 · 육체적 또는 기타 노무 수행상의 적격성을 현저히 저해하는 사정이 근로자에게 발생하여 근로자가 자신의 지위에 상응하여 정당하게 요구되는 업무를 충분히 감당할 수 없게 된 경우를 의미한다. **직무능력의 결여나 업무 부적격성, 질병, 경쟁기업과의 관계 등**이 이에 해당할 수 있다.[15)]

대상판결은, 원고의 통신사업부를 독립한 별개의 사업체라고 볼 수 있다는 전제하에 통신사업부의 폐지를 이유로 한 이 사건 해고는 통상해고로서 정당하다고 판단한 원심판결이 일부 사업 부문의 폐지에 따른 해고의 정당성에 관한 법리를 오해한 잘못이 있다고 하면서, 일부 사업 부문을 폐지하고 그 사업 부문에 속한 근로자를 해고한 경우, 그 해고가 폐업으로 인한 통상해고로서 예외적으로 정당하기 위해서는 일부 사업의 폐지 · 축소가 사업 전체의 폐지와 같다고 볼 만한 특별한 사정이 인정되어야 한다고 판시했다.[16)]

Ⅳ. 결론

경영상 이유에 의한 해고는 근로자에게 귀책사유가 없음에도 사용자가 계약을 해지한다는 특수성이 있다. 근로자 보호를 위한 근기법에 이러한 형태의 규정을 둔 것은 경영상 이유에 의

13) 김형배 · 박지순, 「노동법강의」, 신조사, 2023, 214면.
14) 이철수, 「노동법」, 현암사, 2023, 331면.
15) 김형배 · 박지순, 「노동법강의」, 신조사, 2023, 233-235면 참고.
16) 다만, 사업 전체의 폐지는 사실상 계약 일방 당사자의 소멸을 의미하는 것인데, 이는 계약의 당연 종료 사유라는 점에서 통상해고로 평가하는 것이 타당한지 의문이 제기될 수 있다. 향후 사업체가 존속되지 않거나 존속 여부가 불투명한 상황에서 당연 종료의 전 단계에서 통상해고가 가능할 수 있음을 인정한 것으로 해석될 여지는 있지만, 관련 사례가 많지 않아 일반화하기 어려운 상황으로 보인다.

한 해고의 요건을 엄격하게 정함으로써 남용을 방지하고자 한 것으로 이해할 수 있다. 실무적으로 경영상 이유에 의한 해고가 단행되는 경우는 적으며, 단행되더라도 개별 요건의 충족에 대한 첨예한 법적 다툼이 진행되는 경우가 많다.[17)]

대상판결에서 사용자는 하나의 사업 부문을 폐지하면서 이것이 통상해고 또는 경영상 이유에 의한 해고로 정당하다고 주장했다. 종래 합병 전 하나의 회사였던 점에 착안한 것으로 보이지만, 합병을 통해 한 회사가 되었기 때문에 하나의 사업 부문 폐지가 사업 종료 등에 준하는 통상해고로 인정되기는 어려운 측면이 있었다.

한편, 대상판결은 경영상 이유에 의한 해고의 요건을 상세하게 밝혔는데, 특히, 법인 전체의 경영 사정을 종합적으로 검토하여 판단해야 하는 점, 해고 회피를 위해서는 사용자가 가능한 모든 조치를 해야 하는 점, 객관적 합리성과 사회적 상당성을 가진 구체적인 기준을 공정하게 적용하여 대상자를 선정해야 하는 점, 사회적・경제적 보호 필요성이 높은 근로자들에 대한 배려가 필요한 점 등을 제시했다는 점에 의의가 있다.

17) 대규모 해고라는 점에서 부당해고로 인한 부담은 매우 커진다. 이러한 점을 고려하면, 해고회피노력의 일환으로 명예퇴직 또는 희망퇴직, 순환휴직 등 다른 조치를 강구하는 것이 경영의 안정성 측면에서 합리적이다.

[11] 우선 재고용 의무

(대법원 2020.11. 26. 선고 2016다13437 판결)

기초지식

☑ 경영상 해고는 기업의 존속을 전제로 일부 근로자에게 희생을 요구하는 제도임. 근기법은 기업 경영이 정상화되었을 때 해고 근로자를 우선적으로 재고용하도록 하는 의무를 추가로 규정

☑ 우선 재고용 의무의 **강제성, 의무의 발생 시기, 미 이행시 효과 등**에 대해서 명확한 규정이 없었는데 대상판결은 이를 상세하게 밝힘

☑ 해고 근로자가 해고를 노동위원회나 법원에 다투는 중에도 다른 회사에 근로를 제공할 수 있음. 사용자는 근로자가 다른 곳에서 근로했음을 이유로 원직 복직이 불가하다고 주장할 수 없음

☑ 노동위원회는 구제 방법 중 하나로 금전보상명령 제도를 두고 있는데, 이는 근로자의 신청에 따라 부당해고 인정 시 원직 복직을 포기하고 금전적 보상만 받는 것임

☑ 민법 제538조는 채권자 귀책사유로 인한 이행불능 시 채무자가 자기의 채무를 면함으로써 이익을 얻은 때에 이를 공제하도록 하는데, 판례는 이를 근로계약 관계에 적용하면서 휴업수당을 기준으로 한 독자적인 공제 기준을 정하고 있음

Ⅰ. 논의의 배경과 쟁점

근로자를 경영상 해고한 사용자는 근로자를 해고한 날부터 3년 이내에 해고된 근로자가 **해고 당시 담당하였던 업무와 같은 업무**를 할 근로자를 채용하려고 할 경우, 해당 근로자가 원하면 그 근로자를 우선적으로 고용하여야 한다(근기법 제25조 제1항).[1]

이는 귀책사유가 없음에도 사용자의 경영상 사유로 직장을 잃은 근로자에게 복귀할 기회를 부여해 해고 근로자를 보호하려는 취지다.[2] 긴박한 경영상의 사정으로 정리해고를 한 후 3년 이내에 경영 사정이 호전되어 해고된 근로자가 담당했던 업무를 수행할 근로자를 다시 채용하게 된 경우에는 정리해고된 근로자를 우선적으로 재고용하라는 것이다.[3] 2007년 근기법 개정으로 우선 재고용은 노력 조항에서 의무조항으로 바뀌었으나, 불이행에 대한 벌칙 규

1) 근로계약의 특성상 근로자가 원하지 않는 근로계약의 체결이나 근로를 강제할 수 없음.
2) 이철수, 「노동법」, 현암사, 2023, 355면.
3) 임종률 · 김홍영, 「노동법」, 박영사, 2024, 553-564면 참고.

정은 없다.[4] 이와 관련하여 우선 재고용 의무는 언제부터 발생하는지, 사용자가 우선 재고용 의무를 어떻게 이행해야 하는지, 구체적으로 근로자가 특정한 의사표시(복귀 희망 등)를 해야 하는지 등이 문제가 된다.

한편, 해고를 당한 근로자가 해고 기간 다른 직장 등을 다니면서 수입이 생긴 경우, 이후 해고무효 등으로 인한 원직 복직, 재고용 의무 확인이 이루어졌을 때 임금 상당액[5] 계산에 이를 어떻게 반영할 것인지, 즉 중간수입 공제가 문제가 된다. 대상판결은 우선 재고용 의무와 중간수입 공제에 대하여 판시했다.

Ⅱ. 대상판결 분석

1. 사실관계

피고는 사회복지법인으로서 장애인 복지시설을 운영하는 재단법인이다. 원고는 2004년부터 복지시설에서 **생활부업무** 생활재활교사로 근무하다가 2010. 6. 1. 피고로부터 경영상 이유에 의한 인원 조정이 불가피하다는 이유로 다른 근로자와 함께 정리해고되었다. 이후 피고는 2010. 12. 1.부터 2013. 5. 1. 까지 10명의 근로자를 사무행정업무 담당 생활재활교사(5명) 또는 생활부업무 담당 생활재활교사(4명) 및 사무국장(1명)으로 채용했다.

2. 당사자의 주장

원고는, 원고를 정리해고한 2010. 6. 1.로부터 3년 이내인 2011. 7. 1.부터 2013. 5. 1.까지 생활재활교사 채용 절차를 진행했는데, 근기법 제25조 제1항에 따라 원고에게 복직 의사를 확인했어야 함에도 이를 하지 아니하였거나 원고가 복직 의사를 표시했음에도 원고를 재고용 하지 아니하였으므로 피고는 원고에게 **고용의 의사를 표시할 의무**가 있고, 재고용 의무에 위반하여 다른 생활재활교사를 신규로 채용한 행위는 원고에 대한 불법행위이므로 **임금 상당의 재산상 손해배상책임**을 부담한다고 주장했다.

---

4) 하갑래, 「근로기준법」, ㈜중앙경제, 2021, 981면.

5) 해고가 무효가 되면 소급하여 해고일로부터 정상적인 근로한 것으로 간주되고, 실제 근로를 하지 않았더라도 임금 상당액이 발생함.

피고는 해당 규정은 사용자의 사회적 책임을 강조한 규정일 뿐 사용자에게 법적 의무를 부과한 것은 아니고, 법적 의무를 부과한 조항으로 보더라도 이를 근거로 근로자의 사용자에 대한 구체적인 권리가 발생한다고 해석할 수 없다고 주장했다. 또한, 신규로 채용한 생활재활교사들의 업무는 원고가 생활재활교사로서 수행했던 업무와 동일하지 아니하고, 원고가 피고에게 재고용을 원한다는 의사를 표시한 바 없거나 오히려 재고용 거부로 해석될 수 있는 해고무효확인 소송을 제기했다고 하였다.

3. 하급심 법원의 판단

1심 법원[6]은 재고용 의무에 관한 규정이 **사법상 청구권**으로서 성격을 가진다는 전제에서 생활부업무 담당 생활재활교사와 사무행정업무 담당 생활재활교사에 요구되는 직업능력·자격에 차이가 있다고 볼 증거가 없는 점, 원고에게 개별적 통지의 방식으로 채용 절차를 고지하여 의사를 확인한 사실을 인정할 증거가 없는 점, 해고무효확인 소송의 제기 사실만으로 재고용 의사 확인 의무가 부정되거나 재고용 거절 의사를 밝혔다고 보기 어려워 적어도 두 명의 생활재활교사 신규 채용이 이루어진 2011. 7. 1. 원고에 대한 재고용 의무가 발생했다고 판단했다.[7] 또한, 2011. 7. 1.부터 고용의 의사표시를 할 때까지 월급 상당액에 대한 금전적 손해배상의무가 있음을 인정했으나, 정신적 손해는 인정하지 않았다.

원심[8]은 재고용을 원한다는 뜻을 표시하는 형식이나 방법에 특별한 제한이 있는 것은 아니지만, 신규 채용 절차에 앞서 재고용 우선권을 갖는 근로자에게 개별적 통지 방식으로 채용 절차를 고지하고 이를 확인해야 한다고 볼 근거가 없고, 2011. 5. 경 정리해고에 관한 무효확인 등의 소의 제기가 재고용을 원한다는 뜻을 표시했다고 보기 어렵다고 판단했다. 다만, 2012. 5. 12. 자 항소이유서에서 재고용 의무 불이행과 재고용될 것을 기대한다는 표현을 사용하고 있었음을 이유로 항소이유서가 송달된 2012. 5. 17. 이후의 채용인 2013. 4. 1.부터 우선 재고용 의무가 있다고 보았다. 이에 따라 손해배상도 2013. 4. 1.부터 인정하였다.

---

6) 인천지방법원 2014. 9. 25. 선고 2013가합17168 판결.
7) "이후 피고는 ① **2010. 12. 1.** 사회재활교사 E의 퇴직을 이유로 사무행정업무 담당 생활재활교사 F를 사회재활교사로 전보하고 G를 사무행정업무 담당 생활재활교사로 채용하였고, ② **2011. 7. 1.** 생활부업무 담당 생활재활교사 H의 퇴직을 이유로 사무행정업무 담당 생활재활교사 G를 생활부업무 담당 생활재활교사로 전보하고 I를 사무행정업무 담당 생활재활교사로 채용하였으며,"
8) 서울고등법원 2016. 2. 5. 선고 2014나50038 판결.

4. 대법원판결

근기법 제25조 제1항의 규정 내용과 자신에게 귀책사유가 없음에도 경영상 이유에 의하여 직장을 잃은 근로자로 하여금 이전 직장으로 복귀할 수 있는 기회를 보장하여 해고 근로자를 보호하려는 입법 취지 등을 고려하면, 사용자는 근기법 제24조에 따라 근로자를 해고한 날부터 3년 이내의 기간 중에 해고 근로자가 해고 당시에 담당하였던 업무와 같은 업무를 할 근로자를 채용하려면, **해고 근로자가 반대하는 의사를 표시하거나 고용계약을 체결할 것을 기대하기 어려운 객관적인 사유가 있는 등의 특별한 사정이 있는 경우가 아닌 한 해고 근로자를 우선 재고용할 의무**가 있다.

이때 사용자가 해고 근로자에게 고용계약을 체결할 의사가 있는지 확인하지 않은 채 제3자를 채용했다면, 해고 근로자가 고용계약 체결을 원하지 않았을 것이라거나 고용계약 체결을 기대하기 어려운 객관적인 사유가 있었다는 등의 특별한 사정이 없는 한 우선 재고용 의무를 위반한 것으로 볼 수 있다.

갑이 을 재단법인이 운영하는 장애인 복지시설에서 생활부업무 담당 생활재활교사로 근무하다가 경영상 이유에 의하여 해고된 후 3년 이내의 기간 중에 을 법인이 여러 차례 생활재활교사를 채용하면서 갑에게 채용 사실을 고지하거나 고용계약을 체결할 의사가 있는지 확인하지 아니하였는데, 갑이 고용계약을 체결하기 원하지 않았을 것이라거나 을 법인에 갑과 고용계약을 체결할 것을 기대하기 어려운 객관적인 사유가 있었다고 볼 수 없고, 을 법인이 갑에게 채용 사실과 채용 조건을 고지하여 고용계약을 체결할 의사가 있는지 확인하지 아니하였으므로, 늦어도 갑이 해고 당시 담당하였던 생활부업무 담당 생활재활교사 업무에 근로자를 2명째 채용한 무렵에는 을 법인의 우선 재고용 의무가 발생하였다고 볼 수 있는데도, 이와 달리 갑이 을 법인에 재고용을 원한다는 뜻을 표시한 이후로서 을 법인이 신규 채용을 한 때에 비로소 을 법인의 우선 재고용 의무가 발생하였다고 본 원심 판단에 법리 오해의 잘못이 있다.

해고 근로자는 사용자가 우선 재고용 의무를 이행하지 아니하는 경우 사용자를 상대로 **고용의 의사표시를 갈음하는 판결을 구할 사법상의 권리**가 있고, **판결이 확정되면 사용자와 해고 근로자 사이에 고용관계가 성립**한다. 또한 해고 근로자는 사용자가 위 규정을 위반하여 우선 재고용 의무를 이행하지 않은 데 대하여, **우선 재고용 의무가 발생한 때부터 고용관계가 성립할 때까지의 임금 상당 손해배상금을 청구**할 수 있다.

채무불이행이나 불법행위 등으로 손해를 입은 채권자 또는 피해자 등이 동일한 원인에 의하여 이익을 얻은 경우에는 공평의 관념상 그 이익은 손해배상액을 산정할 때 공제되어야 한다. 손해배상액을 산정할 때 **손익상계**가 허용되기 위해서는 손해배상책임의 원인이 되는 행위로 인하여 피해자가 새로운 이득을 얻었고, 그 이득과 손해배상책임의 원인인 행위 사이에 상당인과관계가 있어야 한다. 사용자의 고용 의무 불이행을 이유로 고용 의무를 이행하였다면 받을 수 있었던 임금 상당액을 손해배상으로 청구하는 경우, **근로자가 사용자에게 제공하였어야 할 근로를 다른 직장에 제공함으로써 얻은 이익이 사용자의 고용 의무 불이행과 사이에 상당인과관계가 인정된다면, 이러한 이익은 고용 의무 불이행으로 인한 손해배상액을 산정할 때 공제**되어야 한다. 한편 사용자의 고용 의무 불이행을 이유로 손해배상을 구하는 경우와 같이 **근로관계가 일단 해소**되어 유효하게 존속하지 않는 경우라면 근로기준법 제46조가 정한 휴업수당에 관한 규정을 **적용할 수 없다**.

Ⅲ. 판결의 주요 쟁점

1. 경영상 해고의 우선 재고용 의무

경영상 이유에 의한 해고를 한 사용자에게는 해당 해고 근로자에 대한 우선 재고용 의무가 있다.

> **근기법 제25조(우선 재고용 등)** ① 제24조에 따라 근로자를 해고한 사용자는 근로자를 해고한 날부터 **3년 이내**에 해고된 근로자가 해고 당시 담당하였던 업무와 같은 업무를 할 근로자를 채용하려고 할 경우 제24조에 따라 해고된 근로자가 원하면 그 근로자를 우선적으로 고용하여야 한다.
> ② 정부는 제24조에 따라 해고된 근로자에 대하여 생계안정, 재취업, 직업훈련 등 필요한 조치를 우선적으로 취하여야 한다.

대상판결에 의하면, 해고된 근로자는 근기법 제25조 제1항의 요건이 충족되면 사용자에 대하여 재고용 청구권을 갖게 된다. 근로자는 사용자에 대하여 고용 의무 확인 또는 이행의 소를 제기할 수 있으며, 사용자가 재고용 의무를 게을리하면 근기법상 의무 위반에 대한 책임을 부담해야 한다.[9] 대상판결은 이 경우 재고용 의무가 발생한 때부터 고용관계가 성립할 때까지

9) 김형배 · 박지순, 「노동법강의」, 신조사, 2023, 245면.

임금 상당액의 손해배상금을 청구할 수 있다고 판단했다.[10] 이는 해고에 관한 책임과 동일한 수준이며 경영상 해고에 관한 중·장기적 부담으로 작용할 수 있다.

참고로, 사용자는 경영상 이유에 의한 해고를 한 후 일정한 기간이 경과하기 전에는 해당 업무에 파견근로자를 사용해서는 아니 되며, 정부는 해고 근로자에게 생계안정, 재취업, 직업훈련 등 필요한 조치를 해야 한다.

> **파견근로자 보호 등에 관한 법률 제16조(근로자파견의 제한)** ② 누구든지 「근로기준법」 제24조에 따른 경영상 이유에 의한 해고를 한 후 대통령령으로 정하는 기간이 지나기 전에는 해당 업무에 파견근로자를 사용하여서는 아니 된다.[11]

2. 중간수입의 공제

근로자가 해고 기간 중에 다른 사업장에 취업하는 등 수입이 있는 활동을 한 경우에는 임금 상당액에서 중간수입을 공제할 수 있다. 즉, 근로자가 자기의 채무를 면함으로써 이익을 얻은 때에는 이를 사용자에게 상환하되, 상환하여야 할 이익은 채무를 면한 것과 상당인과관계 있는 것에 한한다.[12]

> **민법 제538조(채권자귀책사유로 인한 이행불능)** ① 쌍무계약의 당사자 일방의 채무가 **채권자의 책임있는 사유로 이행할 수 없게 된 때**에는 채무자는 상대방의 이행을 청구할 수 있다. 채권자의 수령지체 중에 당사자쌍방의 책임없는 사유로 이행할 수 없게 된 때에도 같다.
> ② 전항의 경우에 채무자는 자기의 채무를 면함으로써 이익을 얻은 때에는 이를 채권자에게 상환하여야 한다.

다만, 판례에 따르면 이 경우에도 **근기법 제46조가 준용되고 휴업수당의 한도에서는 공제 대상으로 삼을 수 없으므로**, 휴업수당의 한도에서는 이를 이익공제의 대상으로 삼을 수 없고 그 휴업수당을 초과하는 금액에서 중간수입을 공제하여야 한다(대법원 2022. 8. 19. 선고 2021다279903 판결[13]).

---

10) 이철수, 「노동법」, 현암사, 2023, 355면.

11) 시행령 제4조(파견근로자의 사용제한) 법 제16조제2항에서 "대통령령으로 정하는 기간"이란 2년을 말한다. 다만, 해당 사업 또는 사업장에 근로자의 과반수로 조직된 노동조합이 있는 경우 그 노동조합(근로자의 과반수로 조직된 노동조합이 없는 경우에는 근로자의 과반수를 대표하는 자를 말한다)이 동의한 때에는 **6개월**로 한다.

12) 하갑래, 「근로기준법」, ㈜중앙경제, 2021, 1057면.

> **근기법 제46조(휴업수당)** ① 사용자의 귀책사유로 휴업하는 경우에 사용자는 휴업기간 동안 그 근로자에게 평균임금의 100분의 70 이상의 수당을 지급하여야 한다. 다만, 평균임금의 100분의 70에 해당하는 금액이 통상임금을 초과하는 경우에는 통상임금을 휴업수당으로 지급할 수 있다.
> ② 제1항에도 불구하고 부득이한 사유로 사업을 계속하는 것이 불가능하여 노동위원회의 승인을 받은 경우에는 제1항의 기준에 못 미치는 휴업수당을 지급할 수 있다.

한편, 상기 중간수입 공제에 관한 일반적인 법리는 해고의 무효를 다투는 경우이나, 대상판결은 해고의 무효를 다투거나 이것이 소급해서 무효가 된 것이 아니라는 점에서 사실관계에 큰 **차이**가 있다(경영상 해고 이후, 우선 재고용 의무에 대한 다툼임). 즉, 해고 사건에서 중간수입 공제 법리를 적용할 때 휴업수당 기준을 차용하는 이유는, 해고가 소급해서 무효가 되는 것은 사용자의 귀책 사유이므로 휴업수당 발생에 준하는 사유로 인정되어 휴업수당 상당액을 보전해줄 필요성이 있다는 논리로 귀결될 수 있다.

반면, **퇴직을 전제로 한 재고용 의무를 다투는 경우는 이러한 법리를 그대로 적용하는 데 어려움**이 있다. 이에 따라 종래 대법원판결은 "근로관계가 일단 해소되어 유효하게 존속하지 않는 경우라면 휴업수당에 관한 규정을 적용할 수 없다"라고 판시한 바 있다(대법원 1992. 7. 24. 선고 91다44100판결).[14] 대상판결의 원심은 중간수입 공제에 있어 휴업수당을 고려하였으나,[15]

---

13) 사용자의 귀책 사유로 해고된 근로자가 해고기간에 다른 직장에 종사하여 이익을 얻은 경우 이는 민법 제538조 제2항에서 말하는 채무를 면함으로써 얻은 이익에 해당한다. 사용자가 해당 근로자에게 해고기간 중의 임금을 지급할 경우 그러한 이익을 중간수입으로 공제할 수 있다. 다만 근로자가 지급받을 수 있었던 해고기간의 임금액 중 근로기준법 제46조 제1항에서 정한 **휴업수당 한도 내의 금액은 중간수입으로 공제할 수 없고, 그 한도를 초과하는 금액만을 중간수입으로 공제**할 수 있다(대법원 1991. 6. 28. 선고 90다카25277 판결 등 참조).

14) 원고가 지병이 악화되어 그 치료 때문에 출근도 하지 못하는 등 직무수행에 지장이 있는데다가 병세가 쉽게 호전될 기미도 보이지 아니하자 피고는 원고에게 3개월간의 휴직을 명하였는데, 휴직 기간이 끝나는 날까지도 완치되지 못하자 원고를 인사 규정의 퇴직 사유에 해당한다고 인정하여 직권면직 처분하였다. 원고가 이에 불복하여 진정을 제출하자, 원고와 피고 사이에 원고는 진정을 취하하고 그 대신 피고는 원고를 원직에 일단 복직시켰다가 **다음 날짜로 퇴직시키고 직권면직처분 이후의 임금으로서 금 98만 원을 지급하기로 하는 합의**가 이루어지고, 합의 당시 **7개월 후 원고의 병세가 호전되어 정상 근무가 가능하면 원고를 원직에 복직시키기로 하는 내용의 특약**이 이루어졌다. 원고는 위 7개월이 끝나자 복직신청을 하였으나 피고가 이를 거부했다. (중략) 이 사건과 같이 근로관계가 일단 해소되어 유효하게 존속하지 아니하는 경우에는 근로기준법 제38조를 적용할 수 없다. 원고가 주장하는 채권은 근로관계의 존속을 전제로 한 임금채권이 아니고, 피고의 채무불이행으로 인한 손해배상채권이므로 원고의 손해액 범위를 산정함에 있어서는 손해배상의 일반이론에 따라 **손해의 원인이 된 사실과 상당인과관계에 있는 이득을 모두 공제**하여야 할 것이다.

15) **공제액**은 [정상 근무했더라면 받을 수 있었던 임금 상당액(100%) - 휴업수당(평균임금 70%)]으로 산정하되, 중간수입액을 초과할 수 없음. **실수령액은** [정상 근무했더라면 받을 수 있었던 임금 상당액(100%) - 상기 공제액]으로 계산함. 즉, 공제액의 최대한도는 평균임금의 30%가 되고, ① 중간수입이 이를 초과하면 평균임금의 30%가 공제되지만 ② 중간수입이 이에 미치지 못하면 중간수입 금액만 공제됨. 대상판결의 원심 역시 이러한 기준에 따라 판시함.

대법원은 근로관계의 해소를 이유로 중간수입 공제에 휴업수당을 고려할 수 없다는 점을 지적했고, 파기환송심은 중간수입을 모두 공제하였다.[16)]

Ⅳ. 결론

경영상 해고 시 우선 재고용 의무는 귀책 사유가 없음에도 본인의 의사에 반하여 해고된 근로자가 사업장으로 다시 복귀할 수 있도록 한 규정이다. 경영상 해고는 해고 시점 및 장래에 부담이 되는 인건비를 절감하여 기업이 회생할 수 있도록 한다. 이러한 점을 고려하면, 향후 기업 경영이 정상화되어 감축된 인원의 회복이 필요한 경우에는 해고된 근로자에게 고용 기회를 먼저 부여하는 것이 정당하고 합리적이다. 이에 따라 근기법은 우선 재고용 의무를 두고 있었으나, 그동안 이것이 어느 정도의 강제성을 갖는지가 명확하지 않았다.

대상판결은 해당 규정을 통한 우선 재고용이 사용자의 의무라는 점을 명확하게 밝히고, 사용자가 이를 개별 해고 근로자에게 확인해야 하며, 의무 미이행 시 중간수입을 공제한 임금 상당액의 손해배상 책임이 발생한다고 판시했다. 다만, 경영상 해고가 유효하게 이루어진 이상, 근로관계가 일단 해소되어 유효하게 존속하지 않는 경우이므로 근로기준법 제46조가 정한 휴업수당에 관한 규정을 중간수입 공제에 적용할 수 없다고 판시했다.

2013. 4.부터 2013. 6.까지, 2013. 12.부터 2014. 4.까지(2013. 4. 중간수입 1,638,000원, 2013. 5. 중간수입 1,678,520원, 2013. 6. 중간수입 1,638,000원, 2013. 12.부터 2014. 3.까지 중간수입 각 1,400,000원, 2014. 4. 중간수입 767,315원임) : 임금의 30%를 초과하는 중간수입이 발생하였으므로 임금의 70%인 월 1,628,200원, 2013. 7.부터 2013. 11.까지 : 월 2,326,000원, 2014. 5. 1.부터 고용의 의사표시를 할 때까지 : 월 2,326,000원이 중간수입 공제 후 손해라고 판시함.

16) 서울고등법원 2021. 10. 26. 선고 2020나56426 판결(대상판결의 파기환송심)
"원고가 피고로부터 정리해고되기 전 지급받았던 3개월 동안의 임금 평균이 2,326,000원이므로 우선 재고용 의무를 이행하지 않은 2011. 11. 1.부터 2019. 9. 9.까지의 기간 동안 월 2,326,000원의 비율로 계산한 임금 상당 손해액 합계 219,341,800원을 지급할 의무가 있다. 사실조회 결과에 변론 전체의 취지를 종합하면, 우선 재고용 의무 불이행 기간(2011. 11. 1.부터 2019. 9. 9.까지) 동안 원고가 다른 직장에 취업하여 얻은 중간수입은 합계 118,269,456원인 사실을 인정할 수 있다. 원고는 피고가 원고에 대한 우선 재고용 의무를 이행하지 않는 동안 피고에게 제공하였어야 할 근로를 다른 직장에 제공함으로써 위와 같이 합계 118,269,456원의 이익을 얻은 것이어서 이러한 이익은 피고의 우선 재고용 의무 불이행과 사이에 상당인과관계가 인정된다. 따라서 원고의 손해액을 산정할 때에는 원고가 주장하는 손해액 청구 기간과 시기적으로 대응하는 기간 동안 원고가 얻은 **위 중간수입을 전부 공제**하여야 한다."

[12] 해고의 예고

(대법원 2018. 9. 13. 선고 2017다16778 판결)

기초지식

☑ 근기법상 '해고의 예고(제26조)'와 '해고의 정당성(제23조)' 및 '해고의 서면통지(제27조)' 규정은 그 요건과 효과를 달리함

☑ 해고 예고 제도는 사용자가 근로자를 해고할 때 시간적 · 경제적 여유를 주도록 한 것으로 이를 준수했는지 여부는 해고의 정당성과 관련 없음. 즉, 해고 예고 규정을 준수했더라도 부당한 해고일 수 있고, 반대로 정당한 해고지만, 해고 예고 규정 미준수 사례가 존재할 수 있음

☑ 실무적으로 사용자가 해고 근로자의 즉시 해고를 원하거나, 근로를 시킬 수 없는 사정(보안 문제 등)이 있는 경우에는 징계해고를 하면서 해고예고수당을 함께 지급하는 경우가 있음

☑ 근기법은 해고의 절차에 있어서 해고 사유와 시기를 명시하여 서면으로 해고예고를 한 경우, 서면통지로 갈음하는 규정을 두고 있음

Ⅰ. 논의의 배경과 쟁점

근기법은 근로자를 해고로부터 보호하기 위하여 해고 사유의 제한(제23조), 해고의 예고(제25조), 해고사유 등의 서면통지(제27조) 규정을 두고 있다. 제23조는 사유의 정당성, 제27조는 절차적 정당성과 연결되는데, 이와 별개로 해고의 예고에 관한 제25조는 계약 해지를 앞둔 **근로자에게 시간적 · 경제적 여유를 보장**하도록 정한 것이다.

실무적으로 해고 예고가 적법하게 이루어지면, 해고도 정당한 것으로 오인하는 경우가 있는데 이는 차원을 달리하는 별개의 개념으로 해고 예고는 해고의 정당성 판단에 영향을 미치지 않는다. 따라서 해고를 하면서 해고예고 기간을 준수하지 않았더라도 해고 사유와 절차, 양정이 적법 · 적정한 경우 해고에 대한 효력에 영향을 미치지 않는다.[1)]

1) 참고로, 경영상 이유에 의한 해고에 관한 규정(제24조)은 사유와 절차에 관한 사항을 함께 규정하면서 '50일 전까지 근로자 대표와 통보 및 성실한 협의'를 요건 중 하나로 설정하고 있다. 다만 대법원(2003. 11. 13. 선고 2003두4119판결)은 "해고를 피하기 위한 방법과 해고의 기준을 해고실시 60일(구법) 이전까지 근로자대표에게 통보하게 한 취지는, 소속 근로자의 소재와 숫자에 따라 그 통보를 전달하는 데 소요되는 시간, 그 통보를 받은 각 근로자들이 통보 내용에 따른 대처를 하는 데 소요되는 시간, 근로자대표가 성실한 협의를 할 수 있는 기간을 최대한으로 상정 · 허여하자는 데 있는 것이고, 60일 기간의 준수는 정리해고의 효력요건은 아니어서, 구체적 사안에서 통보 후 정리해고 실시까지의 기간이 그와 같은 행위를 하는 데 소요되는 시간으로 부족하였다는 등의 특별한 사정이 없으며, 정리

문제는 사안처럼 **사용자가 근로자에게 해고예고수당을 지급한 이후에 해고가 무효가 되어 근로자가 복직한 경우**다. 해고가 무효인 경우, 그 효력은 소급하므로 사용자는 근로자를 원직 복직시킴과 동시에 해고일 이후 임금 상당액을 지급해야 한다. 이때 해고 무효의 소급효로 인하여 해고예고수당의 지급 원인이 없어진 것인지, 지급한 해고예고수당은 부당이득으로써 근로자가 사용자에게 반환해야 하는지가 쟁점이 된다.

Ⅱ. 대상판결 분석

1. 사실관계

원고는 광주 동구 소재 A아파트 입주자대표회의이고, 피고는 2005. 5. 2. 원고에게 고용되어 관리소장으로 근무했다. 원고는 2015. 5. 18. '주택법을 위반하여 공사 비용 중 1,968만 원을 장기수선충당금에서 지급한 행위' 등 총 17개의 징계사유로 피고를 5. 20. 자로 징계해고하였다. 피고는 징계해고가 부당하다고 주장하면서 전남 지노위에 구제를 신청했고, 전남 지노위는 7. 20. 징계해고가 부당하다는 취지로 이를 인용하는 판정을 하였다. 원고는 8. 11. 피고를 관리소장으로 복직시켰다.

원고는 피고를 해고하기 30일 전에 예고하지 아니하였고, 그에 따라 5. 27. 피고에게 근기법 제26조에 따라 30일분의 통상임금을 지급하였다. 원고는 부당해고 판정에 따라 피고를 관리소장으로 복직시킨 후 9. 3.경 피고에게 위 금원을 반환하라는 통지를 하였으나 피고는 이를 반환하지 않았다.

2. 당사자의 주장

피고는, 원고는 비법인사단이므로 이 사건과 같이 재산에 관한 소를 제기함에 있어서는 총회 결의를 거쳐야 하는데, 이 사건 소는 적법한 사원총회결의 없이 제기된 것으로 부적법하다고 주장했다(본안 전 항변).

원고는, 이 사건 해고예고의무 위반 금원은 해고가 유효하여 근로계약 관계가 해소되었음

해고의 그 밖의 요건은 충족되었다면 그 정리해고는 유효하다."라는 입장이다.

을 전제로 지급한 것인데, 원고의 피고에 대한 해고가 부당해고로 판정되어 **무효**가 됨에 따라 근로계약 관계가 회복되었고, 피고는 원고로부터 지급받은 해고예고의무 위반 금원을 보유할 법률상 원인을 상실하였으므로 원고에게 이 사건 해고예고의무 위반 금원과 지연손해금을 부당이득으로 반환하여야 한다고 주장했다.

3. 하급심 법원의 판단

1심 법원[2]은 해고가 부당해고로서 무효인 경우에 지급된 해고예고수당은 법률상 원인 없이 지급된 부당이득에 해당한다고 보아 해고수당과 지연손해금을 부당이득으로 반환해야 한다고 판단했다. 원심[3]은 6. 14.자 입주자대표회의의 '이 사건 제소' 추인의결이 적법하고,[4] 해고예고수당은 해고의 적법 여부나 효력 유무와 관련 없는 것이라는 전제에서 해고 무효에도 불구하고 해고예고의무 위반 금원을 지급받을 법률상 원인이 있다고 판단했다.

4. 대법원판결

근기법 제26조 본문에 따라 사용자가 근로자를 해고하면서 30일 전에 예고를 하지 아니하였을 때 근로자에게 지급하는 해고예고수당은 **해고가 유효한지와 관계없이 지급되어야 하는 돈**이고, 해고가 부당해고에 해당하여 효력이 없다고 하더라도 근로자가 해고예고수당을 지급받을 법률상 원인이 없다고 볼 수 없다. 근기법 제26조 본문은 "사용자는 근로자를 해고(경영

---

2) 광주지방법원 2016. 6. 14. 선고 2016가소6308 판결.

3) 광주지방법원 2017. 4. 6. 선고 2016나4927 판결.

4) 참고로 1심은 이에 대하여 별도로 판단하지 않았다. A아파트 관리규약 제27조는 입주자대표회의는 '구성원(관리규약으로 정한 정원을 말하며, 해당 입주자대표회의 구성원의 3분의 2 이상이 선출된 때에는 그 선출된 인원을 말한다) 과반수의 찬성'으로 의결할 수 있다고 정하고 있고, 제17조 제1항은 '입주자대표회의를 구성하는 동별 대표자는 세대수에 비례하여 총 32명의 정원을 선출한다'라고 정하고 있다. 따라서 A아파트 입주자대표회의 구성원의 **2/3 이상(22명 이상) 선출이 되었을 경우에는 선출된 인원의 과반수의 찬성**으로, 2/3 이상이 선출되지 않았을 경우에는 정원(32명)의 과반수의 찬성(17명)으로 의결을 하여야 한다.

○ **2015. 12. 29.자 입주자대표회의의 이 사건 소제기 의결** – 원고는 2015. 12. 29. 당시 입주자대표회의의 구성원 총원 21명 중 17명이 참석한 입주자대표회의에서 그 참석자 중 15명의 찬성으로 이 사건 소제기를 의결한 사실을 인정할 수 있다.

○ **2016. 6. 14.자 입주자대표회의의 '이 사건 제소' 추인의결** – 원고가 2016. 6. 14. 입주자대표회의 개최공고를 하였고, 2016. 6. 14. 개최된 입주자대표회의에서 입주자대표회의의 구성원 총원 25명 중 22명의 참석과 참석인원 중 19명의 찬성으로 '이 사건 소제기에 대한 2015. 12. 29.자 제소의결'을 **추인**한 사실을 인정할 수 있다. 그렇다면, 6. 14.자 입주자대표회의 의결은 회의의 목적으로 공고된 사항에 대한 것으로 적법하고, **이 의결은 앞서의 2015. 12. 29.자 의결과 결합하여 이 사건 제소에 관한 입주자대표회의의 적법한 의결**이 된다고 볼 수 있다. 결국 이 사건 소는 적법하다.

상 이유에 의한 해고를 포함한다)하려면 적어도 30일 전에 예고를 하여야 하고, 30일 전에 예고를 하지 아니하였을 때에는 30일분 이상의 통상임금을 지급하여야 한다."라고 규정하고 있을 뿐이고, 위 규정상 해고가 유효한 경우에만 해고예고 의무나 해고예고수당 지급 의무가 성립한다고 해석할 근거가 없다.

근로기준법 제26조에서 규정하는 해고예고제도는 근로자로 하여금 해고에 대비하여 새로운 직장을 구할 수 있는 **시간적 · 경제적 여유**를 주려는 것으로, **해고의 효력 자체와는 관계가 없는 제도**이다. 해고가 무효인 경우에도 해고가 유효한 경우에 비해 해고예고제도를 통해 근로자에게 위와 같은 시간적 · 경제적 여유를 보장할 필요성이 작다고 할 수 없다.

사용자가 근로자를 해고하면서 해고예고를 하지 않고 해고예고수당도 지급하지 않은 경우, 그 후 해고가 무효로 판정되어 근로자가 복직하고 미지급 임금을 지급받더라도 그것만으로는 해고예고제도를 통하여 해고 과정에서 근로자를 보호하고자 하는 근로기준법 제26조의 입법 목적이 충분히 달성된다고 보기 어렵다. **해고예고 여부나 해고예고수당 지급 여부가 해고의 사법상(사법상) 효력에 영향을 미치지 않는다는 점**을 고려하면, 해고예고제도 자체를 통해 근로자를 보호할 필요성은 더욱 커진다.

Ⅲ. 판결의 주요 쟁점

1. 해고예고 제도

사용자가 근로자를 해고(경영상 이유에 의한 해고 포함)하려면 적어도 30일 전에 예고하거나 30일분 이상의 통상임금(해고예고수당)을 지급하여야 한다. 근기법이 사용자에게 해고예고 의무를 부과한 것은 해고된 근로자에게 새 직장을 구할 수 있는 **시간적 · 경제적 여유**를 주려는 것이다.[5)]

다만, 해고예고를 했다고 하여 정당한 이유 없이 해고할 수 있는 것은 아니다. 해고 예고에 있어서는 반드시 해고될 날을 명시하여야 하며, 불확정한 기한이나 조건을 붙인 예고는 효력이 없다.[6)] 정당한 이유가 있는 해고가 해고예고 등의 흠결로 무효가 되는지가 문제 된다. 판례는 해고예고 의무 위반은 해고의 사법상 효력에 영향을 미치지 않고, 해고예고수당 지급 의무

5) 임종률 · 김홍영, 「노동법」, 박영사, 2024, 557면.
6) 김형배 · 박지순, 「노동법강의」, 신조사, 2023, 248-249면 참고.

만 발생할 수 있다고 한다(대법원 1993. 11. 9. 선고 93다7464판결, 대법원 1994. 12. 27. 선고 94누11132판결).[7)]

해고예고수당은 30일 전의 예고를 하지 않은 것에 대한 경제적 보상으로서 **30일 전의 예고를 갈음**하는 법적 효과를 가진다.[8)] 해고 예고를 30일 전에 하지 않은 경우, 30일분 이상의 통상임금을 지급해야 한다. 이에 따라 30일을 준수하지 않고 곧바로 해고예고수당을 지급하는 경우도 실무적으로 존재한다.[9)] 30일의 기간에 미달하는 경우, 미달한 기간에 비례한 해고예고수당이 지급되는 것이 아니라 전액이 지급되어야 한다.

> **第26조(해고의 예고)** 사용자는 근로자를 해고(경영상 이유에 의한 해고를 포함한다)하려면 적어도 **30일 전**에 예고를 하여야 하고, 30일 전에 예고를 하지 아니하였을 때에는 **30일분 이상의 통상임금**을 지급하여야 한다. 다만, 다음 각 호의 어느 하나에 해당하는 경우에는 그러하지 아니하다.
> 1. 근로자가 계속 근로한 기간이 3개월 미만인 경우
> 2. 천재 · 사변, 그 밖의 부득이한 사유로 사업을 계속하는 것이 불가능한 경우
> 3. 근로자가 고의로 사업에 막대한 지장을 초래하거나 재산상 손해를 끼친 경우로서 고용노동부령으로 정하는 사유에 해당하는 경우

第26조 단서는 해고예고가 면제되는 사유를 규정하고 있다. 이에 해당하는 경우는 별도로 해고의 예고를 하지 않고 즉시 해고가 가능하다. 근기법 시행규칙 별표1은 고의로 사업에 막대한 지장을 초래하거나 재산상 손해를 끼친 경우를 열거하고 있다.[10)] 다만, 실무적으로 해고예고의 면제 사유로 원용하는 데 어려움이 있어 자주 사용되고 있지 않은 것으로 파악된다.[11)]

---

7) 이철수, 「노동법」, 현암사, 2023, 328면.

8) 임종률 · 김홍영, 「노동법」, 박영사, 2024, 557면.

9) 해고통지를 한 근로자와 30일의 기간 동안 계속 근로하는 것을 불편하게 여기거나, 조직 관리상 어려움이 있는 경우를 생각해볼 수 있다.

10) **근로기준법 시행규칙** 별표1
1. 납품업체로부터 금품이나 향응을 제공받고 불량품을 납품받아 생산에 차질을 가져온 경우
2. 영업용 차량을 임의로 타인에게 대리운전하게 하여 교통사고를 일으킨 경우
3. 사업의 기밀이나 그 밖의 정보를 경쟁관계에 있는 다른 사업자 등에게 제공하여 사업에 지장을 가져온 경우
4. 허위 사실을 날조하여 유포하거나 불법 집단행동을 주도하여 사업에 막대한 지장을 가져온 경우
5. 영업용 차량 운송 수입금을 부당하게 착복하는 등 직책을 이용하여 공금을 착복, 장기유용, 횡령 또는 배임한 경우
6. 제품 또는 원료 등을 몰래 훔치거나 불법 반출한 경우
7. 인사 · 경리 · 회계담당 직원이 근로자의 근무상황 실적을 조작하거나 허위 서류 등을 작성하여 사업에 손해를 끼친 경우
8. 사업장의 기물을 고의로 파손하여 생산에 막대한 지장을 가져온 경우
9. 그 밖에 사회통념상 고의로 사업에 막대한 지장을 가져오거나 재산상 손해를 끼쳤다고 인정되는 경우

11) 근기법 시행규칙 별표1에서 정하고 있는 '해고 예고의 예외가 되는 근로자의 귀책사유'가 매우 구체적으로 설정되어 있기 때문이다. 예를 들어, '납품업체로부터 금품이나 향응을 제공받고 불량품을 납품받아 생산에 차질을 가져온

2. 해고예고수당의 반환

'무효(無效)'란 법률요건으로서의 법률행위에 부여되어야 할 법률효과가 처음부터 전혀 발생하지 않기 때문에 그 효력이 발생하지 않는 것을 말한다. 이에 비하여 '취소'할 수 있는 법률행위는 일단 유효한 법률행위로서 효력이 발생하지만, 후에 취소로 법률행위가 있었던 때로 소급하여 효력을 잃게 되는 것을 말한다.[12] 통상 노동위원회는 사용자의 해고나 징계 등을 취소하라는 취지의 판정을 하고,[13] 민사법원에 무효확인 소송을 제기하는 경우에 법원은 처분의 무효나 근로자의 지위를 확인하는 판결을 한다. 대법원은 해고의 무효와 취소의 효력을 특별히 구분하지 않고, 해당 기간 동안 피해고자의 근로자로서의 지위는 계속되고, 근로를 하지 못한 것은 사용자의 귀책사유이므로 「민법」 제538조 제1항에 의하여 계속 근로하였을 경우 받을 수 있는 임금 전부의 지급을 청구할 수 있다는 입장이다(대법원 2012. 2. 9. 선고 2011다20034판결).

이 경우, 해고 시점에 받은 해고예고수당을 반환해야 하는지가 문제가 된다. 대상판결은 해고예고수당은 해고의 유효 여부와 관계없이 지급되어야 하는 돈으로서 해고가 부당해고에 해당하여 효력이 없다 하더라도 이미 지급된 해고예고수당을 부당이득으로 볼 수 없다고 판시했다. 이는 해고예고수당을 근로의 대가와 무관한 법률상의 급여로 보는 것으로 이해할 수 있다.[14]

Ⅳ. 결론

해고예고 제도는 해고를 앞둔 근로자가 다른 직장을 준비하는 등 **시간적・경제적 여유를 보장**해주기 위한 것이다. 대상판결은 해고예고 기간을 지키지 못하여 해고예고수당을 지급한 사업주가, 이후 해고처분이 지노위에서 취소되자 해고예고수당의 반환을 청구한 사건이다.

경우'에서 납품업체, 불량품, 생산 차질 등의 요건을 모두 충족해야 적용할 수 있다. '사업장의 기물을 고의로 파손하여 생산에 막대한 지장을 가져온 경우'에서 막대한의 의미와 범위에 대해서는 다툼이 발생할 소지가 매우 크다.

12) 김형배, 「민법학강의」, 신조사, 2016, 328면.

13) 부당정직 구제신청 사건 주문 예시
1. 이 사건 사용자가 2022. 00. 00. 이 사건 근로자에게 행한 정직은 부당정직임을 인정한다.
2. 이 사건 사용자는 이 판정서를 송달받은 날부터 30일 이내에 이 사건 근로자에 대한 **정직을 취소하고**, 정직기간 동안 정상적으로 근로하였다면 받을 수 있었던 임금상당액을 지급하라.

14) 이철수, 「노동법」, 현암사, 2023, 154면.

사용자는 부당해고 기간에 대한 임금 상당액을 지급할 의무가 있어, 해고예고수당까지 합하면 근로자가 정상적으로 근로를 제공했을 때보다 더 많은 수당을 얻게 된다. 이에 따라 부당이득 또는 과도한 보상이라고 주장할 여지도 있다.

하지만, 대법원은 해고가 유효한 경우만 해고예고 의무나 해고예고수당 지급 의무가 성립한다고 해석되지 않는 점, 해고예고 제도는 해고의 효력 자체와 관계없이 비자발적으로 퇴직하게 된 근로자에게 시간적 경제적 여유를 주는 데 목적이 있으므로 반환 대상이 아니라고 판단했다. 해고 시점을 기준으로 보면, 해고예고 기간을 준수하지 않은 해고로 인하여 근로자는 장래 소득의 단절이나 감소 등의 불안을 느낄 개연성이 크다. 대상판결은 해고예고 제도가 해고의 정당성과는 독자적인 기능과 역할을 하는 제도라는 점을 강조한 것으로 이해할 수 있다. 사용자가 30일 전에 해고예고통지를 한 경우에는 해고예고수당 지급 의무가 발생하지 않는다는 점도 고려한 것으로 보인다.

[13] 해고서면통지*

(대법원 2021. 2. 25. 선고 2017다226605 판결)

기초지식

☑ 해고서면 통지는 해고의 절차적 요건에 관한 것으로, 해고가 정당하더라도 해고 사유와 시기를 서면으로 통지하지 않으면 무효가 됨

☑ 노동위원회의 부당해고 등 구제신청 사건 중에는 해고 사실의 존부를 다투는 경우가 많은데, 이런 사례에서 계약 종료 사유가 해고로 인정되면서 서면 통지가 없으면 무효가 됨.

☑ 근기법 제27조는 해고 예고를 할 때 해고 사유와 시기를 명시하여 서면으로 한 경우, 서면 통지로 갈음하는 규정을 두고 있음

☑ 근기법은 통상해고의 개념을 명시적으로 규정하고 있지 않지만, 학계에서 지속적으로 논의되는 주제임

Ⅰ. 논의의 배경과 쟁점

근기법 제27조는 사용자는 근로자를 해고하려면 해고 사유와 해고 시기를 서면으로 통지하도록 규정하고 있다. 종래 근기법은 서면 통지에 관한 규정을 두고 있지 않았다가, 2007년 전부개정에서 관련 규정을 신설하였다. 이에 따라 서면으로 통지하지 않은 해고는 그 효력이 인정되지 않는다.

실무적으로 빈발하는 유형은 해고 발생 사실 자체에 다툼이 있는 경우다. 근로자는 해고를, 사용자는 사직 등을 주장하는 사안에서 해고가 인정되는 경우, 서면 통지에 관한 절차적 하자로 인하여 그 해고는 무효가 된다. 사용자가 사직이라고 인식한 경우, 별도로 해고 사유 등에 관한 서면 통지를 할 의무가 없는 데다가, 이러한 조치를 거치면 스스로 해고를 인정하는 것이 될 수 있기 때문이다.

대상판결에서 사용자는 근로자에게 해고통지를 서면으로 하였으나, 사유가 명확하게 정해져 있지 않았고, 이후 이를 다투는 소송에서 사용자가 통상해고라는 구체적인 사유 등을 적시하여 다툼이 되었다. 사용자는 근로자가 해고 경위 등을 알고 있으므로 사유에 대한 통지가 불필요하고 주장했고, 근로자는 문언에 따라 해고 사유와 시기가 없는 해고는 무효라고 주장했다.

---

* 2025. 8. 핵심판례에서 제외되었다.

Ⅱ. 대상판결 분석

1. 사실관계

원고는 미국 변호사 자격이 있는 사람으로, 2009년 11월, 피고 회사와 근로계약을 체결하고 국제법무팀에서 근무하였다. 원고는 2011년 3월, 피고 회사와 계약기간을 무기한으로 하여 다시 근로계약을 체결하였다. 피고 회사는 매년 근무 평가를 하였는데, 상무 소외 1은 2012년 11월, 원고의 2011~2012년 근무 기간에 대하여 72점의 평가를 하였다.[1](75점 이상 연장 가능, 74점 이하 해지 고려). 피고 회사는 이에 따라 2013년 6월, 근로계약을 종료할 예정이었으나, 상무 소외 7이 원고와 협상 끝에 근무성적을 개선할 기회를 주기로 하여 계속 근무하였다.

원고는 2012~2013년 근무 기간에 대하여 71점, 2013~2014년의 근무 기간에 대하여 70점의 근무 평가를 받았다. 피고 회사는 2015. 1. 19. 원고에게 **'2011. 3. 8.자 근로계약 제2항에 따라 원고와의 근로계약을 2015. 1. 23.자로 종료하겠다'**는 내용의 계약종료 통지서를 교부하였다. 피고 회사는 2015. 2. 3. 원고에게 해고수당 14,599,678원(= 월급 7,299,839원 × 2개월)을 포함한 퇴직금 56,024,454원을 지급하였다.

2. 당사자의 주장

원고는, 자신이 성실하게 근무하였고 상무 소외1의 무리한 업무처리에 원고가 반대하자 사이가 나빠져 고의로 원고에 대한 근무 평가를 낮게 준 것이라고 주장했다. 또한, 이 사건 해고는 정당한 사유가 없는 '징계해고'임에도 징계 절차를 거치지 않았고, 해고 사유와 해고 시기를 명시하여 서면으로 통보하도록 규정한 근기법 제27조에 반하여 무효라고 주장했다.

이에 대하여 피고는, 원고에 대한 근무 평가가 2012~2014년까지 연속하여 계약 해지가 고려될 수 있는 점수가 나오는 등 취업규칙 제16조의1(해고사유) 제6호의 '근무성적 또는 능력이 현저하게 불량하여 직무를 수행할 수 없다고 인정되었을 때'에 해당하여 정당한 해고 사유가 존재하고, 원고에게 해고를 통보하기 전에 미리 면담을 통하여 해고 사유를 설명하는 등 근기법이 정한 절차를 위반하지 않아 이 사건 해고가 '통상해고'로서 정당하다고 주장했다.

---

1) '법률적 분석력이 상대적으로 부족하고 조직 적응도와 팀워크가 미흡하며 이와 관련한 전체적인 발전이 부족함'이라는 종합의견을 함께 제시했다.

3. 하급심 법원의 판단

1심 법원[2)]은 근무 평가 등을 근거로 취업규칙의 '근무성적 또는 능력이 현저하게 불량하여 직무를 수행할 수 없는 경우'에 해당하는 해고 사유를 인정했다. 또한, 면담을 통해 해고사유 등을 알려주는 절차를 거쳤으므로 계약 종료 통지서에 해고 사유의 기재가 없다는 것만으로 부당한 절차상의 위법이 없다고 판단했다.

원심[3)]은 이 사건 해고가 징계해고가 아닌 통상해고라는 전제에서 징계해고와 관련된 원고의 주장을 인정하지 않았다. 한편, 근기법 제27조의 준수와 관련해서, 원고는 자신에 대한 해고사유가 무엇인지 구체적으로 알고 있었고 적절하게 대응할 수 있었던 것으로 판단되므로, 계약종료통지서에 구체적인 해고 사유가 기재되어 있지 않은 사정만을 들어 위반했다고 볼 수 없다고 판단했다. 또한, 피고가 근무성적 또는 근무 능력 불량을 이유로 원고를 해고한 것은 정당한 이유가 있는 것으로 판단했다.

4. 대법원판결

근기법 제27조는 사용자가 근로자를 해고하려면 해고 사유와 해고 시기를 서면으로 통지하여야 그 효력이 있다고 규정하고 있다. 이러한 규정은 해고 사유 등의 서면 통지를 통해 사용자로 하여금 **근로자를 해고하는 데 신중**을 기하게 함과 아울러, 해고의 존부 및 시기와 그 사유를 명확하게 하여 사후에 이를 둘러싼 **분쟁이 적정하고 용이하게 해결**될 수 있도록 하고, 근로자에게도 **해고에 적절히 대응**할 수 있게 하기 위한 취지이므로, 사용자가 해고사유 등을 서면으로 통지할 때는 **근로자의 처지에서 해고 사유가 무엇인지를 구체적으로 알 수 있도록 해야** 한다(대법원 2011. 10. 27. 선고 2011다42324 판결 등 참조). 다만 해고 대상자가 이미 해고 사유가 무엇인지 구체적으로 알고 있고 그에 대해 충분히 대응할 수 있는 상황이었다면 해고 통지서에 해고 사유를 상세하게 기재하지 않았더라도 위 조항을 위반한 것이라고 볼 수 없다(대법원 2014. 12. 24. 선고 2012다81609 판결 참조). 그러나 근기법 제27조의 규정 내용과 취지를 고려할 때, 해고 대상자가 해고 사유가 무엇인지 알고 있고 그에 대해 대응할 수 있는 상황이었다고 하더라도, **사용자가 해고를 서면으로 통지하면서 해고사유를 전혀 기재하지 않았다면 이는 근로기준법 제27조를 위반한 해고통지에 해당**한다고 보아야 한다.

---

2) 울산지방법원 2016. 7. 7. 선고 2015가합20700 판결.
3) 부산고등법원 2017. 4. 19. 선고 2016나54360 판결.

갑이 을 주식회사와 1년으로 기간을 정한 고용계약을 체결하고 근무하다가 고용계약을 새로이 체결하면서 근로계약 기간의 종기를 따로 정하지 않았는데, 을 회사가 갑에게 계약종료통지서를 교부하면서 **계약 종료의 사유나 별도의 근거 규정을 기재하지 않은 사안**에서, 갑에 대한 해고통지서에 해당하는 계약종료통지서에 해고 사유가 **전혀 기재되어 있지 않으므로** 근기법 제27조를 위반한 통지에 해당하는데도, 갑이 해고 사유가 무엇인지 구체적으로 알고 있고 그에 대해 적절하게 대응할 수 있는 상황이었다는 등의 이유만으로 위 계약종료통지서에 의한 해고통지가 근기법 제27조를 위반한 것이 아니라고 본 원심판결에 법리 오해의 잘못이 있다.

Ⅲ. 판결의 주요 쟁점

1. 해고의 서면통지

해고는 근로관계를 장래에 해소하는 것을 목적으로 하는 일방적 의사표시로서 상대방에게 도달해야 효력이 발생한다(민법 제111조). 근기법 제27조는 해고를 서면으로 통지하도록 규정하고 있다.

> **제27조(해고사유 등의 서면통지)** ① 사용자는 근로자를 해고하려면 해고사유와 해고시기를 서면으로 통지하여야 한다.
> ② 근로자에 대한 해고는 제1항에 따라 **서면**으로 통지하여야 **효력**이 있다.
> ③ 사용자가 제26조에 따른 해고의 예고를 해고사유와 해고시기를 명시하여 서면으로 한 경우에는 제1항에 따른 통지를 한 것으로 본다. 〈신설 2014. 3. 24.〉

해고의 방식을 서면주의로 한 것은 근로자를 해고하는데 신중을 기하게 하고, 해고에 관한 분쟁을 용이하게 해결하도록 함으로써 **근로자 보호와 법적 안정성**을 확보하기 위해서다. 해고 서면은 원칙적으로 사용자의 서명 또는 날인이 있어야 유효하다고 해석된다. 공인전자서명이 포함된 전자문서는 전자서명법 제3조 제1항에 의하여 서면으로 인정된다.[4] 대법원은 이메일의 형식과 작성 경위 등에 비추어 사용자의 해고 의사를 명확하게 확인할 수 있고, 이메일에 해고 사유와 해고 시기에 관한 내용이 구체적으로 기재되어 있으며, 해고에 적절히 대응하

4) 김형배 · 박지순, 「노동법강의」, 신조사, 2023, 251-252면 참고.

는 데에 아무런 지장이 없는 등 서면에 의한 해고통지의 역할과 기능을 충분히 수행한다면, 이메일에 의한 해고통지도 근로기준법 제27조의 입법 취지를 해치지 않는 범위 내에서 서면에 의한 해고통지로 유효하다고 본다(대법원 2015. 9. 10. 선고 2015두41401판결[5]).[6]

서면에 기재할 '해고의 사유'는 근로자의 처지에서 해고 사유가 무엇인지 구체적으로 알 수 있어야 하며, 징계해고의 경우에는 해고의 실질적 사유가 되는 구체적 사실 또는 비위 내용을 적어야 하고 단순히 단체협약 등의 관련 조문만 나열하는 것으로는 불충분하다(대법원 2011. 10. 27. 선고 2011다42324판결). 해고 사유를 서면으로 통지할 때 해고통지서 등 명칭이어야 하는 것은 아니고, 근로자의 처지에서 해고 사유가 무엇인지를 구체적으로 알 수 있는 서면이면 충분하다(대법원 2021. 7. 29. 선고 2021두36103판결[7]).[8]

2. 통상해고

근로관계는 사용자에 의한 해고 외에도 근로자 측의 사직 의사표시, 근로자와 사용자의 합의 해지, 당사자의 소멸(사망, 법인격 소멸 등), 정년퇴직, 기간의 정함이 있는 근로계약에서 기간의 만료 등으로 종료한다.[9]

학계에서는 '일신상의 사유'에 의한 해고가 통상해고로 논의되고 있다. 대체로 근로자의 비위행위나 기업 질서 위반행위에 대한 제재로 이루어지는 것은 징계해고로, 근로자의 일신상 사유로 인한 해고는 통상해고로 분류된다.[10] 일신상의 사유는 계약상 급부의무의 이행에 필

---

5) 여기서 '서면'이란 일정한 내용을 적은 문서를 의미하고 이메일 등 전자문서와는 구별되지만, 전자문서 및 전자거래 기본법 제3조는 "이 법은 다른 법률에 특별한 규정이 있는 경우를 제외하고 모든 전자문서 및 전자거래에 적용한다."라고 규정하고 있고, 같은 법 제4조 제1항은 "전자문서는 다른 법률에 특별한 규정이 있는 경우를 제외하고는 전자적 형태로 되어 있다는 이유로 문서로서의 효력이 부인되지 아니한다."라고 규정하고 있는 점, **출력이 즉시 가능한 상태의 전자문서는 사실상 종이 형태의 서면과 다를 바 없고 저장과 보관에서 지속성이나 정확성이 더 보장될 수도 있는 점, 이메일(e-mail)의 형식과 작성 경위 등에 비추어 사용자의 해고 의사를 명확하게 확인할 수 있고, 이메일에 해고사유와 해고시기에 관한 내용이 구체적으로 기재되어 있으며, 해고에 적절히 대응하는 데 아무런 지장이 없는 등 서면에 의한 해고통지의 역할과 기능을 충분히 수행하고 있다면**, 단지 이메일 등 전자문서에 의한 통지라는 이유만으로 서면에 의한 통지가 아니라고 볼 것은 아닌 점 등을 고려하면, 근로자가 이메일을 수신하는 등으로 내용을 알고 있는 이상, 이메일에 의한 해고통지도 해고사유 등을 서면 통지하도록 규정한 근로기준법 제27조의 입법 취지를 해치지 아니하는 범위 내에서 구체적 사안에 따라 서면에 의한 해고통지로서 유효하다고 보아야 할 경우가 있다.

6) 이철수, 「노동법」, 현암사, 2023, 329-330면 참고.

7) "이 사건 서면에 해고사유가 된 소외인의 업무상 잘못이 다소 축약적으로 기재되었고 회의록의 형식으로 작성되었다고 하더라도 위 서면에 의한 해고통지가 근로기준법 제27조를 위반한 것으로 보기 어렵다."

8) 임종률 · 김홍영, 「노동법」, 박영사, 2024, 571면.

9) 김형배 · 박지순, 「노동법강의」, 신조사, 2023, 214면.

10) 이철수, 「노동법」, 현암사, 2023, 331면.

요한 **정신적 · 육체적 또는 기타 노무 수행상의 적격성을 현저히 저해하는 사정이 근로자에게 발생**하여 근로자가 자신의 지위에 상응하여 정당하게 요구되는 업무를 충분히 감당할 수 없게 된 경우를 의미한다. 직무능력의 결여나 업무 부적격성, 질병, 경쟁기업과의 관계 등이 이에 해당할 수 있다.[11)]

특히, 업무능력 부족 등을 이유로 해고하는 경우, 정당한 이유는 사용자의 주관적 평가가 아니라 객관적이고 사회적인 기준에서 판단해야 한다.[12)] 단순히 인사고과에서 하위 일정 비율에 속한다는 이유 또는 구체적 평가 기준 없이 추상적으로 업무능력이 부족하다는 이유만으로 해고가 정당해질 수는 없다. 저성과자의 경우, 근로자의 근무성적이나 근무 능력이 다른 근로자에 비하여 상대적으로 낮은 정도를 넘어 **상당한 기간 일반적으로 기대되는 최소한에도 미치지 못하고 향후에도 개선될 가능성을 인정하기 어렵다는 등 사회통념상 고용관계를 계속할 수 없을 정도인 경우**에 한하여 해고의 정당성이 인정된다.[13)]

이와 관련하여, 법률상으로 통상해고와 징계해고가 특별히 구별되는 것은 아니나, 징계해고의 경우에는 직장 질서 위반행위가 문제되어 해고되었다는 점으로 인하여 취직 장애 등 사실상의 불이익을 입을 수 있다는 지적이 있다.[14)] 이는 근기법 제23조가 특별히 징계해고와 통상해고를 구분하지 않고 있다는 점을 근거로 하는 것으로 보인다.

다만, 대상판결의 원심은 이 사건 해고를 징계해고가 아닌 통상해고로 보고 징계해고와 관련된 절차 준수 등 원고의 주장을 인정하지 않았다. 통상적으로 사업장 내 취업규칙은 징계(해고)와 관련하여 엄격한 절차나 소명기회 부여 등을 규정하는 경우가 많은데, 이 경우 더욱 엄격한 기준이 적용될 개연성이 있다. 부당해고 등 구제 판단에 있어서도 징계해고는 근로자의 비위행위의 정도나 비난 가능성, 조직 질서 저해 등이 중요한 판단기준으로 작용하지만, 통상해고는 근로계약의 유지가 어려운 사정 등이 주된 판단기준이 되어 실질적인 차이가 있다고 평가할 수 있다.

---

11) 김형배 · 박지순, 「노동법강의」, 신조사, 2023, 233-235면 참고.

12) 정당성 여부는 합리적이고 객관적인 평가 기준의 존재와 이를 토대로 인사고과 등의 평가를 공정하게 했는지, 해당 근로자가 담당한 직무의 특성과 그 직무와 관련하여 사회통념상 요청되는 업무능력의 수준, 해당 근로자에게 업무능력을 개선할 적절한 기회(교육훈련, 업무조정, 경고 등)를 제공하였음에도 개선 가능성이 결여되어 있는지 등을 종합적으로 고려하여 해당 근로관계의 계속에 대한 객관적 기대 가능성 여부에 따라 판단해야 한다.

13) 이철수, 「노동법」, 현암사, 2023, 337-338면.

14) 임종률 · 김홍영, 「노동법」, 박영사, 2024, 537면.

Ⅳ. 결론

해고 사유 및 시기에 대한 서면 통지는 해고와 관련된 분쟁을 사전에 예방하거나, 해고에 관한 분쟁이 발생하더라도 사용자의 의사를 명확하게 판단할 수 있는 근거 자료가 되어 분쟁을 조기에 종식할 수 있다. 이에 따라 근기법은 서면통지 의무를 규정하면서 이를 준수하지 않는 경우 해고의 효력을 부정한다.

종래 대법원판결은 해고 대상자가 이미 해고사유가 무엇인지 구체적으로 알고 있고 그에 대해 충분히 대응할 수 있는 상황이었다면 해고통지서에 해고 사유를 상세하게 기재할 필요는 없다는 입장이었고, 대상판결의 사용자도 이러한 취지로 주장했다. 하지만, 대상판결에서 사용자는 근로계약서의 근거 조항만 명시했을 뿐 실제 어떤 사유로 해고되는지에 관한 내용을 적시하지 않았다.

향후 소송에서 근로자에 대한 계약 종료가 통상해고인지, 징계해고인지에 대한 다툼이 전개된 점을 고려하면, 근로자의 방어권 행사에 큰 지장이 초래되었음을 짐작할 수 있다. 대상판결은 이에 따라 사유 등을 전혀 적시하지 않은 통지는 효력이 없다고 판시하였다.

[14] 단체협약상 해고합의조항

(대법원 2007. 9. 6. 선고 2005두8788 판결)

기초지식

☑ 단체협약은 노동조합과 사용자가 단체교섭을 통해 확정한 근로조건 등의 사항을 서면으로 정한 문서

☑ 통상 협의는 구속력 없는 의견 확인 등을 지칭하는 경우가 많으며, 합의나 동의는 상대방의 의사에 따라 효력 발생 여부가 달라지는 중요한 요건임

☑ 노조법은 쟁의행위(파업) 기간에 노동조합, 조합원 등의 행위에 대한 면책 규정을 두고 있지만, 어떠한 경우에도 폭력이나 파괴행위는 정당한 행위로 해석되지 않음(제4조)

Ⅰ. 논의의 배경과 쟁점

노사가 합의로 단체협약에 징계나 해고를 제한하거나, 징계 및 해고를 위하여 노동조합의 동의·합의를 얻도록 하는 경우가 있다. 근로자에 대한 징계는 사용자의 인사권이나 경영권에 속하는 것으로 사용자가 자신의 재량으로 행사할 수 있지만, 근기법상 정당한 이유가 있어야 한다(제23조). 이에 더하여 단체협약으로 징계나 해고에 대한 제한을 두는 경우, 이를 어떻게 해석 및 적용할 것인지가 다툼이 될 수 있다. 단체협약에 징계(해고)에 대한 노동조합의 동의를 **필수적 요건**으로 규정한 경우, 근로자가 중대한 비위행위를 저질러 징계(해고)가 필요한 상황임에도 불구하고 노동조합이 동의하지 않으면 징계(해고)가 불가능할 수 있다. 이는 사용자의 인사권이나 경영권을 침해할 수 있어 합리적인 범위 내에서 제한될 필요가 있다. 대상판결은 단체협약에 정한 노동조합의 동의 또는 합의의 의미, 어떠한 경우에 권리남용이 될 수 있는지에 대하여 판단하였다.

Ⅱ. 대상판결 분석

1. 사실관계

징계해고 당시 원고 회사와 노동조합 사이의 단체협약 제35조 제1항은 "회사는 **조합 임원에 대한 해고, 징계, 이동**에 대하여는 사전에 조합과 **합의**한다."라고 규정되어 있고, 해고 사유에

관하여 위 단체협약 제40조는 "회사는 다음의 각 호의 1에 해당하는 경우 이외에는 해고를 명할 수 없다고 규정[1]되어 있었다.

원고 회사는 2003. 3. 피고 보조참가인에 대하여 "참가인은 원고 회사 노동조합 위원장으로서 2000. 11. 부터 2001. 1. 까지 파업 기간 소외인 등과 공모 공동하여 업무방해, 임직원 폭행·협박·감금·명예훼손, 성희롱, 회사기물 손괴, 업무방해로 인한 매출 손실, 회사 명예 실추, 기타 불법집단 행위 등을 자행하였다"는 것을 징계사유로 삼아 참가인을 포함하여 노동조합 임원 4명을 징계위원회에 회부하였고, 2003. 2. 부터 2003. 4. 까지 5차례에 걸쳐 당시 노동조합 위원장이던 소외인 등과 징계에 관한 노사협의를 벌였는데, 노동조합 측은 참가인에 대한 징계해고를 반대[2]하여 결국 노사 간에 합의에 이르지 못하였다.[3]

참가인은 2003. 4. 28. 서울지노위에 부당노동행위 및 부당해고 구제신청을 하였으나 모두 기각되었고, 다시 2003. 10. 1. 중노위에 재심 신청을 하였는데, 중노위는 2004. 2. 19. 참가인을 해고한 행위는 당초 징계해고가 파업이 종료된지 1년 6개월여가 지나 실시된데다가 노사 간의 합의정신이나 취지, 신의칙에 부합되지 않는다는 이유로 부당해고로 인정하여, 원고는 참가인을 원직에 복직시키고 해고기간 동안 근무하였더라면 받을 수 있는 임금상당액을 지급하여야 한다는 명령(이하 '이 사건 재심판정'이라 한다)을 하는 한편 부당노동행위에 관한 재심 신청은 이를 기각하였다.

2. 당사자의 주장

원고는 참가인이 쟁의대책위원장으로서 주도적으로 불법파업에 참여하였고, 파업 과정에서 원고의 기물을 파손하고 업무를 방해하는 등의 행위를 하여 원고에게 재산상의 손해를 입게 하였을 뿐만 아니라 당초 징계해고 이후에도 원고의 사옥에 무단으로 침입하여 천막농성을

---

1) 1. 6. (생략) 7. 다음 사항으로 인사위원회 결의에 의할 시. 가)~다), 마)~사) (각 생략) 라) **고의 또는 중대한 과실로 기물을 파손하거나 또는 재산에 손해**를 끼쳤을 때

2) "이미 파업이 끝난 지 2년이 지난 일이다. 징계 양정이 고려되어야 한다. 2002년 7월 1차 징계로 일정 부분 징계의 효과를 보았다. 해고만 아니면 타협의 여지가 있다. 참가인에 대한 1심 재판에서 징역형이 아닌 벌금형이 나왔기 때문에 해고를 받아들이기 어렵다."

3) 이 사건 징계해고 사유 중 업무방해의 점에 대하여는 파업 종료 후 노사 합의에 따라 원고가 형사고소를 취하하였으나 기소되어 형사재판 절차에서 벌금형을 선고받고 확정되었는데, 그 밖에 이를 제외한 나머지 징계해고 사유들은 따로 형사처벌을 받지는 않았다. 한편, 파업 종료 후 원고 회사 노사는 서로에 대하여 제기한 일체의 고소·고발·소송을 취하하고, 쟁의행위 관련자에 대한 징계 조치를 사면하겠다고 발표하는 등의 조치가 이루어졌다. 노사는 2001. 7. 2003년 1월까지 노사평화기간을 설정하는 '노사 평화 대선언'을 발표하고, 2001년, 2002년도 임금 동결과 일정 수당의 반납 등을 합의하였다.

하는 등 행위를 하여 근로계약을 계속할 수 없는 상태에 이르렀음에도 불구하고 징계해고가 부당하다고 한 이 사건 재심 판정은 위법하다고 주장했다.

참가인은 원고와 노동조합 사이에 2001. 1. 체결된 단체협약 제35조 제1항에 의하면 '회사는 조합 임원에 대한 해고, 징계, 이동에 대하여는 사전에 노동조합과 합의한다'라고 명확히 규정되어 있음에도 불구하고 합의 없이 이 사건 징계해고를 한 것은 징계 절차를 위반한 것이라고 주장했다. 또한, 참가인의 행위가 단체협약에 규정된 '고의 또는 중대한 과실로 기물을 파손하거나 재산상 손해를 끼친 경우'에 해당하지 아니한다고 주장했다.[4] 마지막으로 징계해고는 파업 종료 이후 오랜 시간이 지난 후에 이루어진 점 등에 비추어 원고가 참가인에 대하여 가장 무거운 징계해고를 한 것은 징계권을 남용한 것이어서 부당하다고 하였다.[5]

3. 하급심 법원의 판단

1심 법원[6]은 해고 사유가 존재하고, 징계 절차를 준수했으며, 징계양정이 지나치게 가혹하다고 볼 수 없다고 판단했다. 특히, 절차와 관련하여 인사처분에 대한 노사 합의를 정한 경우 이를 거치지 않으면 원칙적으로 무효지만, 이는 사용자의 노동조합 간부에 대한 부당한 징계권 행사를 제한하자는 취지이므로 **사용자의 본질적 권한에 속하는 인사권 내지 징계권 행사** 그 자체를 부정할 수는 없으며, 어떠한 경우를 불문하고 징계사유가 있는 경우 노동조합 측의 적극적인 찬성이 있어야 징계권을 행사할 수 있다는 취지는 아니라고 하였다. 또한, 노동조합이 참가인의 행위가 징계사유임이 분명한데도 합리적 이유 없이 징계를 반대한 것으로서 **사전 합의권을 남용**했다고 판단했다. 원심[7]은 제1심 판결을 그대로 인용했다.

4. 대법원판결

구 근기법(2007. 4. 11. 법률 제8372호 전문 개정 전) 제30조 제1항은 "사용자는 근로자에 대하여 정당한 이유 없이 해고를 하지 못한다"라고 규정하여 원칙적으로 해고를 금지하면서, 다만 예외적으로 정당한 이유가 있는 경우에 한하여 해고를 허용하여 제한된 범위 안에서만 사

---

4) 단체협약 제40조는 취업규정에 정한 해고사유를 다시 제한하여 규정하고 있기 때문에 원고는 참가인의 행위가 단체협약상의 해고사유에 해당되어야만 징계해고를 할 수 있다고 주장했다.

5) 그 외에 참가인과 같이 벌금형을 선고받은 소외 2에 대한 징계해고는 중앙노동위원회에서 부당해고로 인정된데다가 소외 1, 3 등의 경우 각 정직 3개월의 징계를 받은 점 등을 고려해야 한다고 했다.

6) 서울행정법원 2004. 9. 24. 선고 2004구합8323 판결.

7) 서울고등법원 2005. 6. 22. 선고 2004누21762 판결.

용자의 해고 권한을 인정하는데, 노사 간 협상을 통해 사용자가 그 해고 권한을 제한하기로 합의하고 노동조합이 동의할 경우에 한하여 해고권을 행사하겠다는 의미로 **해고의 사전 합의 조항**을 단체협약에 두었다면, 그러한 절차를 거치지 아니한 해고처분은 **원칙적으로 무효**다.

단체협약에 해고의 사전 합의 조항을 두고 있다고 하더라도 사용자의 해고 권한이 어떠한 경우를 불문하고 노동조합의 동의가 있어야만 행사할 수 있다는 것은 아니고, 노동조합이 **사전동의권을 남용**하거나 **스스로 사전동의권을 포기**한 것으로 인정되는 경우에는 노동조합의 동의가 없더라도 사용자의 해고권 행사가 가능하나, 여기서 노동조합이 사전동의권을 남용한 경우라 함은 **노동조합 측에 중대한 배신행위가 있고 그로 인하여 사용자 측의 절차의 흠결이 초래**되었다거나, 피징계자가 사용자인 회사에 대하여 **중대한 위법행위를 하여 직접적으로 막대한 손해를 입히고 비위 사실이 징계사유에 해당함이 객관적으로 명백**하며 회사가 노동조합 측과 **사전 합의를 위하여 성실하고 진지한 노력**을 다하였음에도 불구하고 노동조합 측이 **합리적 근거나 이유 제시도 없이 무작정 반대함으로써 사전 합의에 이르지 못하였다는 등의 사정**이 있는 경우에 인정되므로, 이러한 경우에 이르지 아니하고 단순히 해고 사유에 해당한다거나 실체적으로 정당성 있는 해고로 보인다는 이유만으로는 노동조합이 사전동의권을 남용하여 해고를 반대하고 있다고 단정하여서는 아니 된다.

이에 따라 파업을 주도한 노동조합 위원장에 대한 해고 사유가 해고하여야 함이 명백한 때에 해당한다고 보기 어렵고, 노동조합 또한 사전 합의 조항만을 내세워 해고를 무작정 반대하였다고도 볼 수도 없어, 노동조합이 사전동의권을 남용하였다고 단정할 수 없다.[8)]

Ⅲ. 판결의 주요 쟁점

1 징계제도 개관과 정당성 판단

사업은 노동과 자본의 유기적 결합체로서, 그 목적 달성을 위해 다수 근로자에게 일률적으로 적용되는 질서를 확립하고 유지할 필요가 있다. 이에 따라 근로자의 복무규율 위반행위를 제재할 수단이 필요한데, 징계가 대표적인 예이다. 징계는 근로계약 위반에 따른 채무불이행

8) 파기환송심(서울고등법원 2008. 4. 25. 선고 2007누23554 판결)은 해고 사유가 중대하여 참가인을 해고하여야 함이 명백한 때에 해당된다고 단정하기 어렵고, 노동조합이 단체협약의 사전 합의 조항만을 내세워 참가인에 대한 해고를 무작정 반대하였다고 볼 수 없어, 노동조합이 단체협약상의 **사전동의권을 남용하였다고 단정할 수 없다고 보아 징계해고를 무효**라고 판단했다.

책임과 달리 사용자가 근로자에게 질서벌을 가하는 일종의 권력적 작용이다.[9] 징계권의 법적 근거와 관련하여, 사용자의 고유한 권리로 보는 견해(고유권설), 취업규칙에서 징계권을 도출하는 견해(법규범설), 노사 간의 집단적 합의에서 징계권을 도출하는 견해(공동규범설)[10] 등이 있다. 판례는 징계권을 기업 운영 또는 근로계약의 본질상 당연히 사용자에게 인정되는 권한으로 보며,[11] 기업 질서의 확립과 유지에 필요하고 그 내용이 합리적이면 근기법 등 관계 법령에 반하지 않는 범위에서 위반행위에 대한 규율을 취업규칙으로 정할 수 있다고 본다.[12] 한편, 징계가 정당성을 갖추려면 적법절차, 비례 원칙 등 공법적 원리가 원용되어야 한다.[13] 징계를 기업 공동질서 위반행위에 대한 제재로 이해하면, 징계사유는 일반적인 계약위반과는 구별된다.[14]

징계는 ①**징계사유가 존재**하고, ②**징계 절차가 적정**해야 하며, ③**비위와 징계 수준이 비례**(징계양정의 상당성)해야 한다. 이 세 가지 기준 중 어느 하나라도 충족하지 못하면 그 징계처분은 무효다.[15] 이를 확인하고 심의하는 징계 절차는 징계의 객관성과 공정성을 확보하기 위한 것이므로 매우 중요하다.[16] 단체협약이나 취업규칙에서 징계와 관련하여 징계위원회를 거치도록 하거나 소명기회를 부여하도록 하였다면 사용자는 이를 따라야 하고, 이를 위반한 징계는 징계사유가 인정되는지와 관계없이 절차적 정의에 반하여 무효이다.[17] 징계사유의 해당

---

9) 이철수, 「노동법」, 현암사, 2023, 267면.

10) 김형배 · 박지순, 「노동법강의」, 신조사, 2023, 186면은 이를 '계약설'이라고 표현하면서, "징계권의 근거를 노사의 합의에서 구하는 견해로, 이에 따르면 사용자의 고유한 징계권은 존재하지 않으며 다만 징계규정이 포함된 취업규칙에 대한 근로자의 합의가 인정될 수 있는 경우에는 이러한 합의가 징계권의 근거가 될 수 있다"라고 한다.

11) 대법원 1994. 9. 30. 선고 94다21337판결. "근로자의 상벌 등에 관한 인사권은 사용자의 고유권한으로서 그 범위에 속하는 징계권 역시 기업운영 또는 노동계약의 본질상 당연히 사용자에게 인정되는 권한이기 때문에 그 징계규정의 내용이 **강행법규나 단체협약의 내용에 반하지 않는 한** 사용자는 그 구체적 내용을 자유롭게 정할 수 있고,"

12) 대법원 1994. 6. 14. 선고 93다26151판결. "**근로자를 해고함에 있어서 해고사유 및 해고절차를 단체협약에 의하도록 명시적으로 규정하고 있거나 동일한 징계사유나 징계절차에 관하여 단체협약상의 규정과 취업규칙 등의 규정이 상호 저촉되는 경우가 아닌 한** 사용자는 취업규칙에서 새로운 해고사유를 정할 수 있고, 그 해고사유에 터잡아 근로자를 해고할 수 있다."

13) 이철수, 「노동법」, 현암사, 2023, 268-269면 참고.

14) 김형배 · 박지순, 「노동법강의」, 신조사, 2023, 188-190면 참고. 일반적인 징계사유로는 ① 노동력의 정상적 제공 및 노무 관리상의 요청에 관한 사유(노동력의 정상적 제공을 제대로 행하지 않은 근무성적불량 및 업무명령 위반), ② 기업재산 및 물적 시설의 보존 및 안전 규칙에 위반한 사유(기업재산에 대한 손해나 범죄행위, 기업시설이나 물품의 무단 사용, 금연구역에서의 흡연 등), ③ 사업장 내에서의 비위행위(사업장 내에서 도박 폭행 등 비위행위가 기업 내 공동질서를 위반하는 경우, 회사와 관련된 허위사실을 유포하고 경영진을 상대로 모욕적인 언사를 행한 것 등), ④ 종업원의 지위에 관한 사유(회사의 기밀이나 영업상 비밀 누설, 겸직의무 위반), ⑤ 근로자의 정치적 또는 집단적 활동(취업시간 중 권한없는 활동), ⑥ 사생활에서의 비위행위(사업활동에 직접 관련있거나 기업의 사회적 평가를 훼손할 염려가 있는 경우)가 있다.

15) 이철수, 「노동법」, 현암사, 2023, 270면.

16) 김형배 · 박지순, 「노동법강의」, 신조사, 2023, 192면.

17) 대법원 2012. 1. 27. 선고 2010다100919판결. "징계위원회는 어디까지나 징계 의결 요구권자에 의하여 징계

성, 절차의 구비 및 징계(처분)의 적정성(상당성)에 관한 증명책임은 사용자에게 있고 징계사유의 부존재에 관한 증명책임은 근로자에게 있다.[18]

2. 해고 동의 조항의 해석

노조법 제33조는 규범적 효력이 발생하는 부분을 조합원인 근로자의 '근로조건 기타 대우에 관한 기준'으로 규정하고 있다.

제33조(기준의 효력) ① 단체협약에 정한 **근로조건 기타 근로자의 대우에 관한 기준**에 위반하는 취업규칙 또는 근로계약의 부분은 무효로 한다.

여기에는 임금, 근로시간과 휴식, 인사·징계, 안전보건, 복리후생, 교육훈련, 근로관계의 종료 등에 관한 사항이 포함된다. 특히, 인사·징계의 기준과 절차는 근로조건 기타 근로자의 대우에 관한 것으로서 규범적 부분에 해당한다. 예를 들어, 사용자가 인사처분을 할 때 노동조합의 사전동의나 승낙을 얻어야 한다거나 노동조합과 논의하여 의견 합치를 보아 인사처분을 하도록 단체협약 등에 규정된 경우 그 절차를 거치지 아니한 인사처분은 원칙적으로 무효이다.[19]

단체협약에 "근로자에 대한 해고는 노동조합과 협의 또는 동의를 얻어야 한다"라고 규정하는 경우가 있는데, 이를 해고 협의 또는 동의조항이라고 한다. 해고의 정당한 이유가 있으나 사전에 노동조합과 협의를 거치지 않았거나 동의를 얻지 아니한 경우 그 해고가 유효한지가 문제가 된다. 학설과 판례[20]는 해고 협의·동의조항의 성격과 관련하여 그 효력을 다르게 보고 있다.[21]

통설과 판례(대법원 1993. 9. 28. 선고 91다30620)는 **해고 협의 조항**은 해고의 절차에 관한

의결이 요구된 징계사유를 심리대상으로 하여 그에 대하여만 심리·판단하여야 하고 **징계의결이 요구된 징계사유를 근본적으로 수정하거나 징계의결 이후에 발생한 사성 등 그 밖의 징계사유를 추가하여 징계의결을 할 수는 없다**. 또한 징계대상자에게 **징계위원회에 출석하여 변명과 소명자료를 제출할 기회를 부여하도록 되어 있음에도 이러한 징계절차를 위반하여 징계해고하였다면 이러한 징계권의 행사는 징계사유가 인정되는지와 관계없이 절차의 정의에 반하여 무효**라고 보아야 한다."

18) 김형배·박지순, 「노동법강의」, 신조사, 2023, 196면.

19) 이철수, 「노동법」, 현암사, 2023, 519면.

20) 이러한 판례의 태도에 대하여 이철수, 「노동법」, 현암사, 2023, 520면. 동의 절차와 협의 절차 모두를 단체협약상 규범적 부분이라고 이해하는 이상 양자를 구별하여 효력 유무를 판단해야 할 근거가 없다고 본다.

21) 이하는 김형배·박지순, 「노동법강의」, 신조사, 2023, 596면의 내용을 요약한 것이다.

약정으로서 해고 사유의 실체적 기준을 정한 것은 아니며, 협약당사자 사이의 권리 · 의무를 정한 것으로 채무적 효력을 갖는다고 본다. 따라서 사용자가 이를 위반하여 해고하더라도 정당한 이유에 의한 것이면 효력에 영향이 없다.

반면, 해고의 정당한 이유가 있는 경우에도 사용자가 해고권 행사의 효력을 노동조합의 동의에 의존케 하는 의사표시를 명백하게 한 경우에는 이 조항은 규범적 효력을 갖게 된다(대법원 1994. 3. 22. 선고 93다28553판결). 따라서 **해고 동의 절차**를 거치지 않은 해고처분은 원칙적으로 무효다(대상판결). 다만, 노동조합이 단체협약에 규정된 합의권을 남용하여 합의에 이르지 못한 경우(대법원 1993. 7. 13. 선고 92다50263 판결 외)에는 해고가 유효하다. 노동조합 스스로 동의권 행사를 포기하였다고 인정되는 경우(대법원 2004. 3. 11. 선고 2003두10978판결 외)도 이와 같다.

Ⅳ. 결론

대상판결은 해고의 사전 합의 조항을 단체협약에 두었다면, 이를 원칙적으로 거쳐야 한다고 전제하고 있다. 다만, 이러한 조항으로 인하여 실질적으로 사용자의 인사권이나 경영권 행사가 크게 저해되는 경우가 발생할 수 있다. 대상판결은 이를 고려하여, 노동조합이 사전동의권을 남용하는 경우에는 사용자가 해고권 행사를 할 수 있다고 하면서도 그 사유를 엄격하게 보고 있다. 즉, 노동조합 측의 중대한 배신행위, 사용자 측 절차의 흠결 초래, 중대한 위법행위로 인한 막대한 손해나 명백한 비위 사실, 사전 합의를 위한 성실하고 진지한 노력에도 무조건 반대하는 등의 사정이 이에 해당한다. 다만, 사안의 경우, 이러한 사전동의권 남용에 해당하지 않는다고 판시했다.

[15] 사업 이전과 고용승계

(대법원 2002. 3. 29. 선고 2000두8455 판결)

기초지식

- ☑ 사업이 이전하는 경우, 특별한 사정이 없는 한 고용도 승계됨
- ☑ 고용이 승계되면 장기 근속한 근로자의 퇴직금 및 연차유급휴가 산정을 위한 계속근로연수도 이어지고, 집단적 노사관계의 단체협약 등도 승계되는 것이 원칙임
- ☑ 이는 근로자를 보호하기 위한 것으로 해석할 수 있으며, 영업양도 및 양수와 관련하여 당사자 간 명확한 합의(계약서 작성 등)가 필요함

Ⅰ. 논의의 배경과 쟁점

사업의 합병 또는 분할이나 양도 등으로 근로계약의 일방 당사자인 사업주가 변경된 경우, 이것이 관련 근로자의 고용관계 존속에 영향을 미치는지, 해당 근로자와 종전 사업주 사이의 고용관계가 새로운 사업주에게 승계되는지, 승계된다면 어떤 조건에서 어떻게 승계되는지, 종전의 근로조건이나 단체협약은 어떤 영향을 받는지가 문제가 된다.[1] 사업이 변경된 경우, 근로계약관계가 자동으로 종료한다고 본다면 근기법이 정하고 있는 경영상 이유에 의한 해고를 회피하는 수단으로 악용될 수 있다. 이 정도에 이르지 않더라도 사업이 유효하게 이전하여 존속하는데 근로계약만 종료하는 것은 근로자 보호에 적정하지 않고, 불합리한 측면이 있다.

이러한 내용은 법에 규정되어 있지 않아, 판례 법리로 형성되어 왔다. 대상판결은 사업이 이전(양도 및 양수)되는 경우에 고용관계가 어떻게 될 것인지에 대하여 판단했다.

---

1) 임종률 · 김홍영, 「노동법」, 박영사, 2024, 541면.

Ⅱ. 대상판결 분석

1. 사실관계

A회사는 자동차에 필요한 전기기계장치 부품을 생산하는 회사인데, 1986년부터 일본의 C 주식회사와 기술을 제휴하면서 피고 보조참가인 B회사를 설립했다. A회사는 1996. 경부터 전자사업부 생산 라인을 중국으로 이전하기 시작하여 1996. 8. 경에는 국내에서 카스테레오 생산을 사실상 중단했고, 1997. 말부터 회사 경영이 어려워져 부도 위기에 직면하자, 1998. 3. 20. 참가인 B회사와 전장 사업부문과 관련된 일체의 자산을 271억 원에 매도하는 내용의 **자산매매계약**을 체결했다. A회사는 전장사업부 소속 종업원을 대상으로 B회사로의 입사 희망 여부를 조사하여 그 결과를 채용 전형에 필요한 인사자료와 함께 B회사에 통보하고, B회사는 소요 인력을 충원함에 있어서 공개 채용절차에 의거 기준인원의 범위 내에서 신규 채용하되 입사희망자를 가급적 위 매매 물건 인수 전에 채용하도록 우선적으로 고려하기로 하였다. 다만, B회사는 위 매매 물건 인수와 관련하여 동해의 종업원을 인수할 의무를 부담하지 않았다.

A회사 노동조합은 위 자산매매계약 체결 사실을 알고 1998. 3. 23. 노사협의회를 갖고 **근로관계, 노조 승계 및 단체협약 유지 등을 요구**하였으나 노사 간의 의견 차이로 아무런 합의점을 찾지 못하고 결렬되자, A회사는 '사직서, 참가인 회사로의 입사신청서 및 체불한 설 상여금 100% 삭감동의서가 함께 있는 서면을 개인별로 작성하여 제출할 것'을 통보하였고, 노동조합의 반대에도 불구하고 모두 176명으로부터 개별적으로 재취업신청서를 제출받아 이를 B회사에 통보했다.

B회사는 재취업신청서를 넘겨받아 선별 없이 1998. 4. 1. 자로 모두 신규 채용하였으나, 노동조합의 조합원인 원고들을 포함한 9명은 일괄 고용승계, 상여금 삭감 반대 등을 주장하며 연장된 기한까지 재취업신청서를 제출하지 않다가 늦게 이를 제출하였으나, A회사는 제출기한 도과를 이유로 원고들을 포함한 9명의 신청서를 모두 반려하여 원고들을 포함한 9명은 B회사에 입사할 수 없었다.

2. 당사자의 주장

재취업신청서를 늦게 제출하여 고용승계가 거부된 원고들은 이것이 부당해고에 해당한다고 주장하며 부당해고 구제신청을 제기했다. 피고는 이들에게 재취업 의사가 없고 고용승계를 주장하는 것이 부당하다는 취지로 주장했다. 한편, A회사에 사직서를 제출(입사신청서 미

제출)한 근로자 역시 B회사에 대한 고용승계를 주장했는데, 이에 대하여 B회사는 영업양도 이전에 이미 A를 사직하여 고용승계 대상에서 제외된다고 주장했다.

3. 하급심 법원의 판단

1심 법원[2]은 전장사업 부문의 이전은 실질적으로 영업양도에 해당하므로 근로관계도 원칙적으로 양수인에게 포괄적으로 승계된다고 판단했다. 따라서 지정된 기일로부터 4일이 지난 뒤에 재취업신청서를 제출했다는 이유만으로 고용승계를 거부한 것은 부당하다고 하였다. 한편, 다른 근로자들의 신규 채용 시점 이전으로 소급하여 A회사에 사직서를 제출한 근로자들의 경우, 더 이상 일이 없어진 A회사에 대한 사직이지 고용승계를 주장하고 있던 B회사에 대한 사직의 의미를 포함하는 것은 아니라고 판시했다. 원심[3]은 1심 판결을 대부분 그대로 인용하였다.

4. 대법원판결

영업의 양도라 함은 일정한 영업 목적에 의하여 조직화된 업체 즉, 인적 · 물적 조직을 그 동일성은 유지하면서 일체로서 이전하는 것으로서 영업 일부만의 양도도 가능하고, 이러한 영업양도가 이루어진 경우에는 원칙적으로 해당 근로자들의 근로관계가 양수하는 기업에 포괄적으로 승계되는바, 여기서 **영업의 동일성** 여부는 일반 사회 관념에 의하여 결정되어야 할 사실인정의 문제이기는 하지만, 문제의 행위(양도계약 관계)가 영업의 양도로 인정되느냐 안 되느냐는 단지 어떠한 영업재산이 어느 정도로 이전되어 있는가에 의하여 결정되어져야 하는 것이 아니고 거기에 **종래의 영업조직이 유지되어 그 조직이 전부 또는 중요한 일부로서 기능할 수 있는가에 의하여 결정**되어져야 하는 것이므로, 예컨대 영업 재산의 전부를 양도했어도 그 조직을 해체하여 양도했다면 영업의 양도는 되지 않는 반면에 그 일부를 유보한 채 영업 시설을 양도했어도 그 양도한 부분만으로도 종래의 조직이 유지되어 있다고 사회관념상 인정되면 그것을 영업의 양도라 볼 것이다. 자산매매계약의 매수인이 매도인인 자동차부품 생산기업으로부터 전장사업 부문을 영업 목적으로 하여 **일체화된 물적 · 인적 조직을 그 동일성을 유지한 채 포괄적으로 이전**받음으로써 영업을 양수하였다.

2) 서울행정법원 1999. 9. 21. 선고 98구25036 판결.
3) 서울고등법원 2000. 9. 28. 선고 99누13170 판결.

영업이 양도되면 반대의 특약이 없는 한 양도인과 근로자 사이의 근로관계는 원칙적으로 양수인에게 포괄적으로 승계되고, 영업양도 당사자 사이에 근로관계의 일부를 승계의 대상에서 제외하기로 하는 특약이 있는 경우에는 그에 따라 근로관계의 승계가 이루어지지 않을 수 있으나, 그러한 **특약은 실질적으로 해고**나 다름이 없으므로 근로기준법 제30조 제1항 소정의 정당한 이유가 있어야 유효하며, 영업양도 그 자체만을 사유로 삼아 근로자를 해고하는 것은 정당한 이유가 있는 경우에 해당한다고 볼 수 없다.

영업양도에 의하여 양도인과 근로자 사이의 근로관계는 원칙적으로 양수인에게 포괄승계되는 것이지만 근로자가 반대의 의사를 표시함으로써 양수기업에 승계되는 대신 양도기업에 잔류하거나 양도기업과 양수기업 모두에서 퇴직할 수도 있는 것이고, 영업이 양도되는 과정에서 근로자가 일단 양수 기업에의 취업을 희망하는 의사를 표시하였다고 하더라도 그 승계취업이 확정되기 전이라면 취업희망 의사표시를 철회하는 방법으로 위와 같은 반대 의사를 표시할 수 있는 것으로 보아야 한다. 근로자가 제출한 사직서가 비록 형식적으로는 양도기업을 사직하는 내용으로 되어 있더라도 실질적으로는 양수 기업에 대한 재취업 신청을 철회 또는 포기함과 아울러 양도기업을 사직하는 의사를 담고 있는 것이라고 봄이 상당하다고 판단했다.[4)]

---

4) "원심이 채용한 증거들에 의하면, 원고들은 1998. 4. 4. 재취업신청서를 제출하였으나 제출기한이 도과되었다는 이유로 반려되어 참가인 회사로부터 채용승낙을 받지 못하고 있던 중 같은 달 6. 참가인 회사에 채용된 다른 종업원들이 출근하여 공장가동이 시작되자, 원고 1은 같은 달 6. 참가인 회사의 인사업무 담당자인 소외 1과 면담하는 자리에서 생계를 위하여 다른 일자리를 찾아보겠다며 사직서를 제출하였고, 원고 2는 고용승계를 주장하면서 노동조합 사무실에서 다른 노조원과 함께 농성을 계속하다가 같은 달 7. 참가인 회사 총무부 계장인 소외 2가 위 원고의 아버지를 상경시켜 그에게 위 원고로 하여금 노조활동에 참여하지 못하도록 위 원고를 데리고 귀향하라고 권유함에 따라 아버지와의 의논을 거쳐 같은 날 사직서를 제출하였으며, 원고 3은 1998. 4. 1.부터 A회사에도 참가인 회사에도 출근하지 않으면서 참가인 회사의 직원인 소외 3과의 전화통화에서 어느 회사에도 더 이상 근무할 의사가 없음을 밝히는 한편 같은 달 8. 위 소외 3이 위 원고의 집으로 찾아가 위 원고의 아버지에게 사직서 용지를 전달하자 2주일 후에 1998. 3. 31.자로 소급 작성한 사직서를 참가인 회사로 우송한 사실, 원고들로부터 사직서를 제출받은 직원들은 A에서 근무하다가 참가인 회사에 취업하여 인사업무를 담당하던 사람들인 사실, **원고들은 위 사직서 제출로 인하여 2개월분 급여에 해당하는 퇴직위로금을 추가로 지급받은 사실**을 알 수 있는바, 이러한 원고들의 **사직서 제출의 시기와 그 제출의 경위에 비추어 보면, 원고들이 제출한 사직서는 비록 형식적으로는 A회사를 사직하는 내용으로 되어 있더라도 실질적으로는 참가인 회사에 대한 재취업 신청을 철회 또는 포기함과 아울러 사직하는 의사를 담고 있는 것**이라고 봄이 상당하고, 원심이 들고 있는 바와 같이 원고들이 참가인 회사로의 고용승계를 주장하며 재취업신청서까지 제출하였다거나 원고들이 사직서를 제출한지 얼마 지나지 않아 참가인 회사를 상대로 고용승계를 주장하며 부당해고 구제신청을 한 등의 사정이 있다고 하여 달리 볼 것은 아니다."

Ⅲ. 판결의 주요 쟁점

1. 영업양도

사업의 양도는 유기적 조직체로서의 사업의 전부 또는 일부를 당사자 사이의 계약 등 법률행위를 통하여 양수인에게 이전하는 것으로서 상법상 영업의 양도가 그 전형이다.[5] 여기서 사업이란 단순한 재산이나 권리 의무의 집합체가 아니라 **일정한 목적을 위하여 조직화된 일체로서 기능하는 기업조직**이라고 할 수 있다. 대상판결은 영업양도를 일정한 영업 목적에 의하여 조직화된 업체 즉 인적 · 물적 조직을 그 동일성은 유지하면서 일체로서 이전하는 것으로 정의하고 있다. 즉, 양도 전후로 사업목적과 인적 · 물적 조직의 동일성을 모두 유지하고 있지 않으면 사업양도로 인정되지 아니한다.[6]

2. 고용승계

사업이 양도가 있는 경우, 양수인이 양도인과 근로자 사이의 노동관계를 당연히 승계하는지, 노동관계의 승계를 선택적으로 배제할 수 있는지 여부가 문제가 된다. 우리나라는 노동관계 승계 여부를 명시한 법률 규정이 없기 때문이다.[7] 학설은 당연승계설, 원칙승계설, 승계부정설[8]이 있다. 법적 효과를 상법에서 명문으로 정한 '합병'[9]과 달리 '양도'는 명문 규정이 없지만, 영업양도 시 근로관계의 포괄승계를 인정하는 것은 사업 자체가 기능적으로 동일성을 유지하면서 포괄적으로 이전되는 이상 사업과 불가분으로 관련된 근로관계도 이전된다고 하는 것이 해고제한 등 근로자의 지위를 보호하는 전체 법질서에 부합한다.[10] 당연승계설[11]과 원칙승계설[12]은 영업양도 시 근로관계가 승계된다는 점에서는 동일하지만, 원칙승계설은 그 과

5) 임종률 · 김홍영, 「노동법」, 박영사, 2024, 541면.
6) 김형배 · 박지순, 「노동법강의」, 신조사, 2023, 200면.
7) 임종률 · 김홍영, 「노동법」, 박영사, 2024, 541면.
8) 계약설이라고도 한다. 영업양도의 계약이 있다고 하여 양수인에게 종래부터 고용되어 있는 노동자의 근로관계가 양수인에게 당연히 승계되는 것이 아니라 영업양도 당사자 사이에 근로관계의 승계에 관하여 명시적인 특약 또는 묵시적 합의가 있고 노동자 역시 이에 동의해야만 근로관계가 양수인에게 승계된다는 견해
9) 제235조(합병의 효과) 합병 후 존속한 회사 또는 합병으로 인하여 설립된 회사는 합병으로 인하여 소멸된 회사의 권리의무를 승계한다.
10) 일부 근로자를 승계에서 배제하는 것을 용인하면 근로자에 대한 사용자의 자의적 해고를 허용하는 것이나 다름없고 해고제한을 통한 근로관계 존속 보호라는 근로기준법의 기본 취지를 형해화하는 결과가 발생할 수 있다고 한다.
11) 영업양도 당사자의 약정 여하에 관계없이 종래의 근로관계가 전체로서 법률상 당연히 영업양수인에게 포괄적으로 자동 인수된다.

정에서 해고 내지 근로관계 승계 제외의 가능성을 인정하는 점에서 차이가 있다. 그러나 당연승계설의 입장에서도 정당한 이유가 있는 근로관계 승계 배제가 가능하므로 양자는 결과적으로 동일하다고 평가할 수 있다. 판례는 원칙승계설의 입장을 취하고 있다.[13)]

판례는 사업의 양도가 있으면 양도인과 근로자 사이의 노동관계는 반대의 특약이 없는 한 원칙적으로 양수인에게 포괄적으로 승계된다. 노동관계의 일부를 승계의 대상에서 제외하는 반대 특약이 있는 경우, 그것은 실질적으로 해고와 같으므로 정당한 해고이유가 있는 경우에는 유효하지만, 정당한 이유가 없으면 무효다.[14)]

Ⅳ. 결론

대상판결은 영업양도에 따른 근로계약의 존속 및 이전에 관하여 상세하게 판단하였다. 사안에서 근로자들은 영업양도나 고용승계 자체에 대해서 반대하지는 않았지만, 양도기업에서 발생한 임금채권과 노동조합의 지위나 단체협약의 승계 등에 관하여 의문이 있었다. 이에 따라 양도기업이 제시한 조건을 그대로 수용하지 않고 협의를 진행하던 중 대다수 근로자의 고용승계가 완료되었고 양수기업은 원고들에 대한 승계를 거부하였다.

이에 관하여 대상판결은 영업양도의 효과에 따라서 반대 특약이 없는 한 양도인과 근로자 사이의 근로관계는 원칙적으로 양수인에게 포괄적으로 승계되고, 특약의 존재는 실질적으로 해고에 다름없으므로 엄격하게 해석해야 한다고 판시했다. 한편, 원고들 중에서 해당 기간에 양도기업에 사직서를 제출한 근로자들이 있었는데, 이들에 대해서는 사직서 제출의 전체적인 경위나 사정을 놓고 볼 때 양도기업뿐 아니라 양수 기업의 고용승계를 반대하는 의사가 있는 것으로 판단하였다.

대법원판결은 영업양도에 따른 고용승계 문제와 관련하여 원칙적으로 근로자를 보호하되, 본인의 의사에 따라서 이러한 관계에서 이탈 또는 고용승계를 거부할 수 있음을 나타낸 것으로 이해할 수 있다.

---

12) 영업양도 당사자 사이에 반대의 특약이 없는 한 영업의 양도에 관한 합의 안에는 원칙적으로 근로관계를 포괄적으로 승계하기로 하는 내용의 합의가 있는 것으로 사실상 추정되고, 근로관계의 전부 또는 일부를 제외하는 것은 지극히 예외적인 경우에 해당하므로 이러한 승계 제외의 특약이 유효한 것이 되기 위해서는 영업양도 시에 근로관계의 승계를 배제할만한 합리적 이유가 있어야 한다.

13) 이철수, 「노동법」, 현암사, 2023, 377-378면.

14) 임종률 · 김홍영, 「노동법」, 박영사, 2024, 541면.

제2장

집단적 노사관계

제2장 **집단적 노사관계**

번호	대법원판결	핵심 쟁점
16	**노무제공자의 노조법상 근로자성** (2019두33712) ※ 참고판례 - 2014두12598	▪ 노조법상 근로자 개념 ▪ 부당노동행위 ▪ 노동조합의 설립 무효확인(2017다51610)
17	**조합활동(선전방송)의 정당성** (2017다227325)	▪ 조합활동의 의의 ▪ 조합활동의 법적 근거와 정당성 ▪ 조합활동의 정당성 판단 사례
18	**조합활동(산별노조 간부의 사업장 출입)의 정당성** (2017도2478)	▪ 비종사 조합원의 개념 ▪ 비종사 조합원의 사업장 내 조합활동
19	**성실교섭의무** (2005도8606)	▪ 성실교섭의무의 의의 ▪ 단체교섭 거부의 정당성 판단
20	**공정대표의무** (2017다218642)	▪ 교섭창구 단일화 절차 ▪ 근로시간 면제(Time Off) ▪ 공정대표의무
21	**절차적 공정대표의무** (2017다263192)	▪ 단체협약의 체결과 인준투표제 ▪ 절차적 공정대표의무
22	**근로조건의 불이익변경에 관한 협약자치의 한계** (99다67536)	▪ 협약자치의 한계 ▪ 단체협약의 불리한 변경
23	**단체협약의 효력 확장** (2001두10264)	▪ 단체협약의 효력 확장 개관 ▪ 사업장 단위 효력확장 ▪ 지역 단위 효력확장
24	**단체협약 종료의 효과** (2008다70336)	▪ 단체협약의 규범적 부분과 채무적 부분 ▪ 단체협약의 효력 ▪ 단체교섭 대상사항의 구분 ▪ 단체협약 실효 후 근로조건
25	**찬반투표절차를 거치지 않은 쟁의행위의 정당성** (99도4837)	▪ 권리분쟁과 이익분쟁 ▪ 쟁의행위 찬반투표
26	**직장점거의 정당성 범위** (2007도5204)	▪ 직장점거에 관한 노조법 개정 ▪ 직장점거의 정당성 판단 ▪ 쟁의행위의 신고
27	**직장폐쇄의 정당성** (2012다85335)	▪ 직장폐쇄의 의의 및 인정 근거 ▪ 직장폐쇄의 정당성 요건 ▪ 직장폐쇄의 효과
28	**인사고과 불이익취급의 부당노동행위** (2017두37031) ※ 참고판례 - 2023두41864 · 41871	▪ 인사고과 ▪ 불이익 취급 ▪ 인사평가와 불이익 취급 ▪ 부당노동행위 구제신청 제척기간(2023두41864 · 41871)
29	**지배개입의 부당노동행위** (2017두33510)	▪ 지배 · 개입 부당노동행위 ▪ 개별 교섭에서의 차별

[16] 노무제공자의 노조법상 근로자성*

(대법원 2019. 6. 13. 선고 2019두33712 판결)

기초지식

☑ 근기법과 노조법은 '근로자' 개념을 별도로 규정하고 있음. 종래 이는 동일한 것으로 이해되었으나 노조법상 근로자 개념의 차이가 부각되며, 현행 대법원판결은 차이를 인정

☑ '카마스터(car master, 자동차 판매원)'는 일종의 프리랜서로 대리점과의 용역계약을 통해 성과에 대한 보수를 받음.

☑ 노조법상 근로자는 노동조합 조직과 단체교섭 요구를 할 수 있으며, 사용자의 부당노동행위로부터 보호받음. 근기법상 근로자 지위가 부정되더라도 이를 인정받을 수 있는지가 문제됨

Ⅰ. 논의의 배경과 쟁점

근기법과 노조법의 근로자 개념은 일정한 차이가 있다. 종래 이들 근로자 개념은 동일한 것으로 여겨져 왔으나, 「헌법」상 노동3권의 인정 · 적용 범위에 관한 다툼이 지속적으로 발생하면서 대법원은 노조법상 근로자 개념을 조금씩 확대하여 왔다.[1] 「헌법」 제32조와 제33조의 관계를 유기적으로 보면, 사용자와 근로계약을 맺은 근로자에게 법령의 기준이 최저기준으로 적용되고 계약 이행에 관한 보호가 이루어지며, 이들이 '근로조건 향상'을 위해 노동조합을 조직하고 노동3권을 행사할 수 있다. 반면 제32조와 제33조의 관계를 독자적으로 본다면, 제32조를 경유하지 않고 곧바로 제33조를 누릴 수 있는 집단이 존재할 수 있다. 대상판결은 이러한 관점에서 노조법상 근로자가 제33조에 따른 권리를 행사할 수 있는지, 판단기준은 무엇인지 등에 대하여 판시했다.

---

* 2025. 8, 핵심판례로 추가된 **"노동조합의 설립 무효확인**(2017다51610)"은 참고판례로 반영하였다.

1) 먼저, 현재 사업 또는 사업장에 취업한 상태는 아니지만, 장래 취업 의사가 있는 실업자, 구직자에 대한 노조법상 지위가 인정되었다. 이후, 특수형태근로종사자나 플랫폼 종사자에게 노동3권이 인정되었다.

Ⅱ. 대상판결 분석

1. 사실관계

원고는 A회사 B대리점을 설립하여 자동차 판매업을 영위하고 있다. C등은 원고와 **자동차 판매용역계약**을 체결한 후 이 사건 대리점에서 **'카마스터'**로 근무하였다. 참가인은 전국의 카마스터를 조직대상으로 하는 전국 단위 노동조합으로 2015. 9. 서울지방고용노동청에 노동조합 설립 신고를 하여 노동조합설립신고증을 교부받았고, C등은 참가인에 가입하였다. 원고는 C등에게 계약해지 예고통보[2] 및 계약해지통보를 한 후 계약을 해지했다. 참가인과 C등은 '원고가 C 등에게 참가인 노동조합의 가입 및 활동을 이유로 자동차 판매용역계약을 해지한 것은 노조법 제81조 제1호, 제4호의 부당노동행위에 해당하고, C등에게 참가인 노동조합에서 탈퇴할 것을 종용한 것은 노조법 제81조 제4호의 부당노동행위에 해당한다'고 주장하면서 전북지노위에 구제를 신청했다. 전북지노위는 구제신청을 대부분 인용하면서 금원 지급 부분만을 기각했다. 이해당사자 모두는 초심 판정에 불복하여 재심을 신청하였는데, 중노위는 초심 판정과 같은 이유로 재심 신청을 모두 기각했다.

2. 당사자의 주장

원고는 C등이 노조법상 근로자에 해당하지 않으므로 계약 해지는 노조법 제81조 제1호, 제4호의 부당노동행위에 해당하지 않고, 탈퇴 종용도 노조법 제81조 제4호의 부당노동행위에 해당하지 않는다고 주장했다. 또한, 이들이 노조법상 근로자라 하더라도 계약 해지에 정당한 이유가 있었고 탈퇴를 종용한 적이 없으므로 부당노동행위가 성립할 여지가 없다고 주장했다. 반면, 피고와 참가인은 C등이 노조법상 근로자라는 전제에서, 원고가 C 등의 참가인 가입 · 활동을 이유로 계약 해지를 한 것과 탈퇴를 종용한 것은 부당노동행위라고 주장했다.

3. 하급심 법원의 판단

1심 법원[3]은 카마스터의 소득은 주로 원고에게 의존한 점, 인센티브 지급 등 판매수당 이외

---

2) 해고예고에 준하는 통지를 한 것으로 보이는데, 근기법상 근로자성 판단과 관련된 분쟁을 의식한 것으로 판단된다.
3) 서울행정법원 2018. 9. 14. 선고 2017구합61584 판결.

의 다른 계약 내용도 원고가 일방적으로 결정한 점, 카마스터가 A회사와 B대리점을 통해 자동차 판매시장에 접근한 점, 법률관계가 상당한 정도로 지속적인 점, 직원 배치 · 근태관리 · 업무지시 · 교육 등에 있어서 근기법상 근로자 정도는 아니지만, 어느 정도의 지휘 감독을 받은 점, 카마스터가 원고로부터 받은 판매수당은 판매 영업이라는 노무 제공의 대가로 노조법 제2조 제1호의 '임금 · 급료 기타 이에 준하는 수입'인 점, 카마스터가 경제적 약자의 지위에 있어 노동3권을 보장할 필요성이 있는 점 등을 이유로 노조법상 근로자라고 판단했다. 또한, 계약해지는 노조법 제81조 제1호 및 제4호의 부당노동행위에 해당하고 탈퇴 종용은 노조법 제81조 제4호의 부당노동행위라고 판단했다. 원심[4] 역시 1심 판단과 동일했다.

4. 대법원판결

노조법은 근로자가 노동조합의 주체라고 명시하고(노조법 제2조 제4호 본문), 근로자에 관하여 직업의 종류를 묻지 않고 임금 · 급료 그 밖에 이에 준하는 수입으로 생활하는 사람이라고 정의하고 있다(노조법 제2조 제1호). 노조법상 근로자는 사용자와 사용종속관계에 있으면서 노무에 종사하고 그 대가로 임금 그 밖의 수입을 받아 생활하는 사람을 말하고, 사용자와 사용종속관계가 있는 한 노무제공계약이 고용, 도급, 위임, 무명계약 등 어느 형태이든 상관없다. 구체적으로 노조법상 근로자에 해당하는지는 노무제공자의 소득이 주로 특정 사업자에게 의존하고 있는지, 노무를 제공받는 특정 사업자가 보수를 비롯하여 노무제공자와 체결하는 계약 내용을 일방적으로 결정하는지, 노무제공자가 특정 사업자의 사업 수행에 필수적인 노무를 제공함으로써 특정 사업자의 사업을 통해서 시장에 접근하는지, 노무제공자와 특정 사업자의 법률관계가 상당한 정도로 지속적 · 전속적인지, 사용자와 노무제공자 사이에 어느 정도 지휘 · 감독 관계가 존재하는지, 노무제공자가 특정 사업자로부터 받는 임금 · 급료 등 수입이 노무제공의 대가인지 등을 종합적으로 고려하여 판단하여야 한다.

노조법은 헌법에 의한 근로자의 노동3권을 보장하여 근로조건의 유지 · 개선과 근로자의 경제적 · 사회적 지위 향상을 도모하는 것 등을 목적으로 제정된 것으로(제1조), 개별적 근로관계를 규율하기 위해 제정된 근로기준법과는 목적과 규율 내용이 다르다. 이러한 노동조합법의 입법 목적과 근로자에 대한 정의 규정 등을 고려하면, <u>노조법상 근로자에 해당하는지는 노무제공관계의 실질에 비추어 노동3권을 보장할 필요성이 있는지라는 관점에서 판단하여야 하</u>

4) 서울고등법원 2019. 1. 16. 선고 2018누65745 판결.

고, 반드시 근로기준법상 근로자에 한정되는 것은 아니다.

카마스터들의 주된 소득원은 갑에게서 받은 판매수당과 인센티브 등인 점, 갑이 미리 마련한 정형화된 형식의 자동차 판매용역계약서를 이용하여 카마스터들과 자동차 판매용역계약을 체결한 점, 카마스터들이 제공하는 노무는 갑의 자동차 판매대리점을 운영하는 데 **필수적**인 점, 카마스터들은 여러 해에 걸쳐서 갑과 **전속적·지속적**으로 자동차 판매용역계약을 체결해 온 점, 카마스터들에 대한 직급체계와 근태관리, 표준업무지침 하달, 판매목표 설정, 영업 관련 지시나 교육 등이 이루어진 사정을 종합하면 갑이 카마스터들을 **지휘·감독**해 왔다고 평가할 수 있는 점, 카마스터들이 갑에게서 받은 판매수당이나 인센티브는 카마스터들이 갑에게 제공한 노무인 **차량 판매행위의 대가**라고 볼 수 있는 점, 카마스터들이 다른 회사 자동차도 판매하는 등 독립사업자의 성격을 가지고 있더라도, 갑과 **경제적·조직적 종속관계**가 있는 이상, 카마스터들에게 대등한 지위에서 노무제공계약의 내용을 결정할 수 있도록 노동3권을 보장할 필요가 있는 점 등을 종합하면, 카마스터들은 노조법상 근로자에 해당한다고 본 원심의 판단은 정당하다.

III. 판결의 주요 쟁점

1. 노조법상 근로자 개념

노조법상 근로자의 정의는 근기법과 차이가 있다. 사용자에게 '현재' 사용되고 있을 것을 요하지 않아 실업자 등도 포함되며, 보수를 근로 제공의 대가인 임금에 국한하지 않아 '준하는 수입'에 의하여 생활자는 자도 포함된다.[5]

> **근기법 제2조(정의)** ① 이 법에서 사용하는 용어의 뜻은 다음과 같다.
> 1. "근로자"란 직업의 종류와 관계없이 **임금**을 목적으로 **사업이나 사업장에** 근로를 제공하는 사람을 말한다.
>
> **노조법 제2조(정의)** 이 법에서 사용하는 용어의 정의는 다음과 같다.
> 1. "근로자"라 함은 직업의 종류를 불문하고 **임금·급료 기타 이에 준하는 수입**에 의하여 생활하는 자를 말한다.

5) 김형배·박지순, 「노동법강의」, 신조사, 2023, 35면.

노조법상 근로자성을 둘러싼 분쟁은 실업자와 취업 자격 없는 미등록 외국인 근로자, 특수형태근로종사자의 노동조합 결성·가입 자격을 중심으로 발생했다.[6] 종래 대법원은 사용자와의 근로계약 관계나 사용종속 관계가 노조법상 근로자 개념에도 동일하게 요구된다고 보았으나,[7] 이후 입장을 변경하여, 입법 목적에 따라 근로자 개념은 상이하게 정의되어 있고, 산업·직종·지역별 노동조합은 사용자와의 종속관계를 조합원의 자격요건으로 하지 않으므로 '구직 중인 여성 노동자'를 조합원 범위에 포함한 노동조합 설립 신고의 반려는 위법하다고 판시했다.[8] 이에 따라 취업 활동을 할 수 있는 체류자격 없는 외국인,[9] 회사에서 해고된 직원도 산업별 노동조합의 지부 소속인 경우 노조법상 근로자 범위에 포함된다고 하였다.[10]

이후 대법원은 노조법상 근로자 해당 여부는 노무 제공 관계의 실질에 비추어 노동3권을 보장할 필요성이 있는지의 관점에서 판단해야 하고, 반드시 근기법상 근로자에 한정된다고 할 것은 아니라는 전제에서, **경제적·조직적 종속관계**에서 경제적 약자의 지위에 있는 자들도 포함될 수 있다고 판단했다.[11] 변화된 판례법리에 대하여 노조법상 근로자는 임금에 준하는 수입으로 생활하는 자와 실업자를 포함하는 점에서, 근기법상 근로자가 협의의 근로자라면 노조법상 근로자는 광의의 근로자라는 평가가 있다.[12] 반면, 근기법과 노조법은 보호 방법이 다를 뿐 모두 근로자의 근로조건 유지 및 향상을 목적으로 하므로 근로계약 관계가 전제되어야 하는 점, '임금, 급료 기타 이에 준하는 수입'으로 생활하는 자는 근로 대가의 형태를 신축적으로 규정한 것인 점을 지적하는 견해도 확인된다.[13]

---

6) 이철수, 「노동법」, 현암사, 2023, 52면.

7) 대법원 2006. 10. 13. 선고 2005다64385 판결. 레미콘 제조·판매업자와 레미콘 운반 도급계약을 체결하고 레미콘을 운반하는 업무를 담당하는 레미콘 차주 겸 운송기사는 노조법상·근기법상 근로자가 아니라고 판단했다.

8) 대법원 2004. 2. 27. 선고 2001두8568 판결.

9) 대법원 2015. 6. 25. 선고 2007두4995 전원합의체 판결. 취업 자격 없는 외국인이 사실상 제공한 근로에 따른 권리나 이미 형성된 근로관계에서 근로자로서의 신분에 따른 노동관계법상의 제반 권리 등의 법률효과까지 금지하려는 것으로 보기는 어렵다고 판단했다.

10) 대법원 2016. 11. 10. 선고 2015도7476 판결.

11) 대법원 2018. 6. 15. 선고 2014두12598, 2014두12604 판결 "비록 근로기준법이 정하는 근로자로 인정되지 않는다고 하더라도, 특정 사업자에 대한 소속을 전제로 하지 아니할 뿐만 아니라 '고용 이외의 계약 유형'에 의한 노무제공자까지도 포함할 수 있도록 규정한 노동조합법의 근로자 정의 규정과 대등한 교섭력의 확보를 통해 근로자를 보호하고자 하는 노동조합법의 입법 취지를 고려할 때, 참가인의 사업에 필수적인 노무를 제공함으로써 참가인과 **경제적·조직적 종속관계**를 이루고 있는 원고 학습지 교사들을 노동조합법상 근로자로 인정할 필요성이 있다. 또한 **경제적 약자의 지위**에서 참가인에게 노무를 제공하는 원고 학습지 교사들에게 일정한 경우 집단적으로 단결함으로써 노무를 제공받는 특정 사업자인 참가인과 대등한 위치에서 노무제공조건 등을 교섭할 수 있는 권리 등 노동3권을 보장하는 것이 헌법 제33조의 취지에도 부합한다."

12) 임종률·김홍영, 「노동법」, 박영사, 2024, 37면.

13) 김형배·박지순, 「노동법강의」, 신조사, 2023, 38면. 당해 노무도급 형태가 도급·위임 등의 계약 형태를 취하더라도 실질이 사용종속관계 하에 있다면 노동법의 적용대상인 근로자로 보아야 한다는 점은 인정한다.

2. 부당노동행위

사용자에 의한 근로3권(단결권, 단체교섭권, 단체행동권)의 침해에 대해서 노동조합은 스스로 방어할 수도 있지만, 노동조합에 의한 자주적 방어가 어려운 경우에는 국가기관이 개입하여 사용자의 침해 행위의 배제가 요구된다. 나아가 「헌법」 제33조가 정하고 있는 노동기본권의 보장은 국가적 차원의 가치 질서라는 점에서도 국가는 침해로부터 노동기본권을 보호할 책임이 있다. 이를 위해 도입된 제도가 부당노동행위 제도다. 부당노동행위 제도는 사용자에 의한 근로3권 침해행위를 제거 · 시정함으로써 대등하고 공정한 집단적 노사관계를 신속하게 회복 · 유지하는데 그 목적이 있다.[14)]

> **노조법 제81조(부당노동행위)** ① 사용자는 다음 각 호의 어느 하나에 해당하는 행위(이하 "不當勞動行爲"라 한다)를 할 수 없다.
> 1. 근로자가 노동조합에 가입 또는 가입하려고 하였거나 노동조합을 조직하려고 하였거나 기타 노동조합의 업무를 위한 정당한 행위를 한 것을 이유로 그 근로자를 해고하거나 그 근로자에게 불이익을 주는 행위
> 2. 근로자가 어느 노동조합에 가입하지 아니할 것 또는 탈퇴할 것을 고용조건으로 하거나 특정한 노동조합의 조합원이 될 것을 고용조건으로 하는 행위.[15)]
> 3. 노동조합의 대표자 또는 노동조합으로부터 위임을 받은 자와의 단체협약체결 기타의 단체교섭을 정당한 이유없이 거부하거나 해태하는 행위
> 4. 근로자가 노동조합을 조직 또는 운영하는 것을 지배하거나 이에 개입하는 행위와 근로시간 면제한도를 초과하여 급여를 지급하거나 노동조합의 운영비를 원조하는 행위.[16)]
> 5. 근로자가 정당한 단체행위에 참가한 것을 이유로 하거나 또는 노동위원회에 대하여 사용자가 이 조의 규정에 위반한 것을 신고하거나 그에 관한 증언을 하거나 기타 행정관청에 증거를 제출한 것을 이유로 그 근로자를 해고하거나 그 근로자에게 불이익을 주는 행위

---

14) 김형배 · 박지순, 「노동법강의」, 신조사, 2023, 693면.

15) 다만, 노동조합이 당해 사업장에 종사하는 근로자의 3분의 2 이상을 대표하고 있을 때에는 근로자가 그 노동조합의 조합원이 될 것을 고용조건으로 하는 단체협약의 체결은 예외로 하며, 이 경우 사용자는 근로자가 그 노동조합에서 제명된 것 또는 그 노동조합을 탈퇴하여 새로 노동조합을 조직하거나 다른 노동조합에 가입한 것을 이유로 근로자에게 신분상 불이익한 행위를 할 수 없다.

16) 다만, 근로자가 근로시간 중에 제24조제2항에 따른 활동을 하는 것을 사용자가 허용함은 무방하며, 또한 근로자의 후생자금 또는 경제상의 불행 그 밖에 재해의 방지와 구제 등을 위한 기금의 기부와 최소한의 규모의 노동조합 사무소의 제공 및 그 밖에 이에 준하여 노동조합의 자주적인 운영 또는 활동을 침해할 위험이 없는 범위에서의 운영비 원조행위는 예외로 한다.

노조법은 부당노동행위를 유형별로 규정하고, 부당노동행위로 피해를 받은 근로자 또는 노동조합이 노동위원회를 통해서 구제를 받을 수 있는 구제 절차와 그러한 행위를 한 사용자에 대한 벌칙을 규정하고 있다.

> **노조법 제82조(구제신청)** ① 사용자의 부당노동행위로 인하여 그 권리를 침해당한 근로자 또는 노동조합은 노동위원회에 그 구제를 신청할 수 있다.
> ② 제1항의 규정에 의한 구제의 신청은 부당노동행위가 있은 날(계속하는 행위는 그 終了日)부터 **3월 이내**에 이를 행하여야 한다.
>
> **제89조(벌칙)** 다음 각 호의 어느 하나에 해당하는 자는 **3년 이하의 징역 또는 3천만원 이하**의 벌금에 처한다.
> 2. 제85조제3항(제29조의4제4항에서 준용하는 경우를 포함한다)[17]에 따라 확정되거나 행정소송을 제기하여 확정된 구제명령에 위반한 자
>
> **제90조(벌칙)** 제44조제2항, 제69조제4항, 제77조 또는 **제81조제1항**의 규정에 위반한 자는 **2년 이하의 징역 또는 2천만원 이하의 벌금**에 처한다.

Ⅳ. 결론

대상판결은 2018년 학습지 교사 판결(대법원 2018. 6. 15. 선고 2014두12598 · 2014두12604 판결)의 태도에 따라서, '경제적 약자의 지위' 또는 '경제적 · 조직적 종속'을 근거로 자동차 판매대리점과 판매용역계약을 맺은 카마스터에게 「헌법」 제33조의 노동3권을 인정하였다. 이에 따라 이들은 노동조합에 가입할 수 있고, 사용자의 부당노동행위를 규율할 수 있게 되었다. 참

---

17) **노조법 제85조(구제명령의 확정)** ① 지방노동위원회 또는 특별노동위원회의 구제명령 또는 기각결정에 불복이 있는 관계 당사자는 그 명령서 또는 결정서의 송달을 받은 날부터 10일 이내에 중앙노동위원회에 그 재심을 신청할 수 있다.
② 제1항의 규정에 의한 중앙노동위원회의 재심판정에 대하여 관계 당사자는 그 재심판정서의 송달을 받은 날부터 15일 이내에 행정소송법이 정하는 바에 의하여 소를 제기할 수 있다.
③ 제1항 및 제2항에 규정된 기간내에 재심을 신청하지 아니하거나 행정소송을 제기하지 아니한 때에는 그 구제명령 · 기각결정 또는 재심판정은 확정된다.
④ 제3항의 규정에 의하여 기각결정 또는 재심판정이 확정된 때에는 관계 당사자는 이에 따라야 한다.
⑤ 사용자가 제2항의 규정에 의하여 행정소송을 제기한 경우에 관할법원은 중앙노동위원회의 신청에 의하여 결정으로써, 판결이 확정될 때까지 중앙노동위원회의 구제명령의 전부 또는 일부를 이행하도록 명할 수 있으며, 당사자의 신청에 의하여 또는 직권으로 그 결정을 취소할 수 있다.
제95조(과태료) 제85조제5항의 규정에 의한 법원의 명령에 위반한 자는 500만원 이하의 금액(당해 命令이 作爲를 명하는 것일 때에는 그 命令의 불이행 日數 1日에 50萬원 이하의 比率로 算定한 금액)의 과태료에 처한다.

고로 이러한 지위에 있는 자들의 노조법상 지위 설정에 관한 내용을 담고 있는 노조법 개정안이 소위 '노란봉투법'이다.[18)]

※ 참고판례 - 대법원 2021. 2. 25. 선고 2017다51610 판결

1. 사실관계

피고 A회사는 각종 내연기관 부품 제조 및 판매업을 영위하는 회사이고, 원고는 전국 단위의 산업별 노동조합으로 그 산하에 피고 회사 공장의 생산직 근로자들이 가입한 2개의 지회를 두고 있다. 노조법 개정으로 2011. 7. 부터 하나의 사업장 내에 복수의 노동조합이 존재할 수 있게 되었고, 이에 피고 회사 근로자인 소외인 등은 2011. 7. 고용노동청에 A회사 노동조합(피고 노조) 설립신고서를 제출하고, 설립신고증을 교부받아 노조를 설립했다.

2. 당사자 주장 및 하급심 판결

원고는 피고 노조가 설립 및 운영에 있어 노동조합으로서의 자주성과 독립성을 갖추지 못하였으므로 설립이 무효라고 주장했다. 한편, 회사를 상대로 노조 설립이 무효가 아닐 경우, 예비적으로 원고 노조가 피고 회사 내 과반수 노조로서 피고 회사와의 사이에 임금·단체협약을 체결할 수 있는 교섭대표 노조의 지위에 있다는 확인을 구했다.

1심[19)]은 피고 노조는 설립 자체가 피고 회사가 계획하여 그 주도 하에 이루어졌고, 설립 이후 조합원 확보나 조직의 홍보, 안정화 등 운영이 모두 피고 회사의 계획 하에 수동적으로 이루어졌다고 볼 수밖에 없으므로 설립 및 운영에 있어 사용자인 피고 회사에 대한 관계에서 자주성 및 독립성을 확보하고 있다고 보기 어렵다는 전제에서 피고 노조의 설립이 무효라고 판단했다.[20)] 나아가 어느 시점에서 스스로 자주성과 독립성을 갖추고 진정한 노동조합으로서

---

18) 이들에 대한 노조법상 근로자 지위의 명시적 인정, 사용자적 지위에 있는 자를 상대로 한 단체교섭, 쟁의행위에 대한 권리의 인정 범위 설정이 주요 쟁점이다. 현재 관련 분쟁이 대법원에 계류 중이며, 향후 대법원판결이나 입법 여하에 따라서 노조법의 체계가 크게 변경될 가능성이 있다.

19) 서울중앙지방법원 2016. 4. 14. 선고 2013가합367 판결.

20) 비록 과거 상당기간 지속되어 온 원고 노조의 불법적·폭력적 쟁의행위에 대응하여... 일부 근로자들이 새로운 노동조합 설립을 의도했다 하더라도 사용자인 피고 회사가 그 설립부터 설립 이후 안정화, 세력화에 이르기까지 광범

활동하게 된 경우에는 설립 당시의 하자가 치유되었다고 볼 여지도 전혀 없지 않지만, 이를 인정할 증거가 없다고 보았다. 예비적 청구에 대해서는 주위적 청구가 인용되어 양립할 수 없다며 기각했다. 원심[21] 역시 1심과 동일한 취지로 판단했다.

3. 대법원판결의 요지

<u>노동조합의 조직이나 운영을 **지배하거나 개입하려는 사용자의 부당노동행위에 의해 노동조합이 설립된** 것에 불과하거나, 노동조합이 설립될 당시부터 사용자가 위와 같은 부당노동행위를 저지르려는 것에 관하여 **노동조합 측과 적극적인 통모 · 합의가 이루어진 경우 등**과 같이 해당 노동조합이 헌법 제33조 제1항 및 그 헌법적 요청에 바탕을 둔 노조법 제2조 제4호가 규정한 **실질적 요건**을 갖추지 못하였다면,</u>[22] 설령 설립신고가 행정관청에 의하여 형식상 수리되었더라도 실질적 요건이 흠결된 하자가 해소되거나 치유되는 등의 특별한 사정이 없는 한 이러한 노동조합은 <u>노동조합법상 설립이 무효로서 노동3권을 향유할 수 있는 주체인 노동조합으로서의 지위를 가지지 않는다</u>고 보아야 한다.

복수 노동조합의 설립이 현재 전면적으로 허용되고 있을 뿐 아니라 교섭창구 단일화 제도가 적용되고 있는 현행 노조법 하에서 복수 노동조합 중의 어느 한 노동조합은 원칙적으로 스스로 교섭대표 노조가 되지 않는 한 독자적으로 단체교섭권을 행사할 수 없고(제29조의2, 제29조 제2항 등), 교섭대표 노조가 결정된 경우 그 절차에 참여한 노동조합의 전체 조합원의 과반수 찬성 결정이 없으면 쟁의행위를 할 수 없게 되며(제41조 제1항), 쟁위행위는 교섭대표 노조에 의해 주도되어야 하는(제29조의5, 제37조 제2항) 등 법적 제약을 받는다. 그러므로 단체교섭의 주체가 되고자 하는 노동조합으로서는 위와 같은 제약에 따르는 <u>현재의 권리 또는 법률상 지위에 대한 위험이나 불안을 제거하기 위하여 다른 노동조합을 상대로 해당 노동조합이</u>

<u>위하게 주도적으로 개입한 피고 노조는 근로자들에 의하여 위와 같은 의도 하에 자주적 · 독립적으로 설립된 노동조합</u>으로 볼 수 없다고 판단했다.

21) 서울고등법원 2017. 10. 27. 선고 2016나6950 판결.

22) "피고보조참가인과 ○○컨설팅은 피고의 설립 과정 전반에 관한 사항을 구체적으로 논의하였고 특히 피고의 설립신고서, 규약, 회의록 등 노동조합의 설립 취지 등이 담긴 핵심 요소에도 개입하였으며, 실제로 피고는 피고보조참가인의 사전 계획에 따라 설립되고 운영되었다. 따라서 <u>원고의 세력을 약화시키고 새로운 노동조합을 설립하여 교섭대표노동조합의 지위를 확보하게 할 목적으로 피고보조참가인의 치밀한 기획 하에 설립 · 운영된 피고는 노동조합으로서의 자주성 및 독립성을 갖추지 못하였다</u>고 보아야 한다. 한편 피고보조참가인과 ○○컨설팅은 피고가 설립된 이후에도 직원들에게 피고 조합원으로의 가입을 독려하며 피고를 과반수 노동조합으로 만들기 위한 방안을 지속적으로 논의하였다. 이러한 논의는 매우 구체적으로 이루어졌고 실제로 피고보조참가인의 계획대로 상집간부회의, 노보 창간, 홈페이지 오픈, 노동조합 현판식, 간부 교육, 조합원 체육대회 등이 순차 진행되었다. 피고보조참가인의 임직원들은 원고 조합원 일부에게 피고에 가입하라고 종용하기도 하였다."

설립될 당시부터 노조법 제2조 제4호가 규정한 주체성과 자주성 등의 실질적 요건을 흠결하였음을 들어 설립무효의 확인을 구하거나 노동조합으로서의 법적 지위가 부존재한다는 확인을 구하는 소를 제기할 수 있다고 보는 것이 타당하다.[23] 아울러 이러한 확인청구소송의 인용판결은 사실심 변론종결 시를 기준으로 노동조합의 설립이 무효인 하자가 해소되거나 치유되지 아니한 채 남아 있음으로써 해당 노동조합이 노동조합으로서의 법적 지위를 갖지 아니한다는 점을 확인하는 것일 뿐 이러한 판결의 효력에 따라 노동조합의 지위가 비로소 박탈되는 것이 아니다. 그러므로 노동조합의 설립이 무효인 하자가 해소되거나 치유되지 아니한 채 존재하는지에 관한 증명은 판단의 기준 시점인 사실심 변론종결 당시까지 할 수 있고, 법원은 해당 노동조합의 설립 시점부터 사실심 변론종결 당시까지 사이에 발생한 여러 가지 사정들을 종합적으로 고려하여 노동조합이 설립 과정에서 노조법 제2조 제4호가 규정한 주체성과 자주성 등의 실질적 요건을 흠결한 하자가 여전히 남아 있는지, 이에 따라 현재의 권리 또는 법률관계인 그 노동조합이 노동조합으로서의 법적 지위를 갖는지 여부를 판단하여야 한다.

4. 의의 및 시사점

노조법은 노동조합을 '근로자가 주체가 되어 자주적으로 단결하여 근로조건의 유지·개선, 그 밖에 근로자의 경제적·사회적 지위 향상을 도모할 것을 목적으로 조직하는 단체 또는 그 연합단체'로 정의하면서, 단서에서 사용자 또는 항상 그의 이익을 대표하여 행동하는 자의 참가를 허용하는 경우 또는 공제·수양, 그 밖의 복리사업만을 목적으로 하는 경우 등 다섯 가지 중 어느 하나에 해당하면 '노동조합으로 보지 않는다'고 규정하고 있다(제2조 4호). 노동조합의 정의 규정을 통하여 노동조합으로 인정되기 위한 실체적 요건을 규정한 것이다. 이러한 실체적 요건을 갖추어야 노동조합으로 인정되고, 갖추지 못한 경우에는 형식상 설립신고를 마쳤더라도 노동조합으로 인정되지 않는다.[24] 대상판결에서 회사는 기존에 설립된 노동조합과의 갈등이 극심해지자, 이를 대화와 타협으로 해결하지 않고 별도의 노동조합을 설립하여 이들에게 교섭대표 노조의 지위를 부여하는 계획을 수립하고 실행에 옮겼다. 법원은 이러한 전체적인 과정으로 볼 때 해당 노동조합이 실체적 요건을 갖추지 못한 것으로 보았고, 기존 노동조합이 이를 확인하기 위한 소송을 제기할 수 있다고 판시했다.

---

23) "일반적으로 과거의 법률관계는 확인의 소의 대상이 될 수 없지만, 그것이 이해관계인들 사이에 현재적 또는 잠재적 분쟁의 전제가 되어 과거의 법률관계 자체의 확인을 구하는 것이 관련된 분쟁을 일거에 해결하는 유효·적절한 수단이 될 수 있는 경우에는 예외적으로 확인의 이익이 인정된다."

24) 임종률·김홍영, 「노동법」, 박영사, 2024, 52면.

[17] 조합활동(선전방송)의 정당성

(대법원 2017. 8. 18. 선고 2017다227325 판결)

기초지식

☑ 노동조합의 활동은 크게 단결권, 단체교섭권, 단체행동권과 관련되어 있는데, 이 외에도 단결체가 고유한 목적을 달성하기 위하여 행해지는 다양한 활동이 포함될 수 있음

☑ 단체교섭 요구나 쟁의행위, 그 밖의 법상 제도는 절차와 요건이 비교적 명확히 규정되어 있지만, 노동조합의 일반적인 활동의 내용, 방법, 행위 양태의 정당성 판단이 문제가 될 수 있음

☑ 특히, 기업별 노동조합의 주된 활동 기반인 사업장은 사용자의 경영권, 노무 지휘권, 시설관리권이 미치는 영역이므로 노동조합의 권리와 사용자의 권리가 충돌할 수 있음

Ⅰ. 논의의 배경과 쟁점

노동조합은 교섭요구나 쟁의행위, 부당노동행위 구제신청처럼, 헌법과 노조법에 명시된 활동 외에도 조직을 유지・관리하기 위한 다양한 활동을 하게 된다.

'조합활동'이라는 용어는 다의적이다. '노동조합 활동'의 줄인 말로 이해하는 경우, 근로자가 노동조합과 관련하여 벌이는 모든 활동을 의미하여 노동조합을 조직하거나 가입하는 것, 노동조합의 존립・발전을 위해 필요한 활동을 하는 것, 사용자와 단체교섭을 하고 필요에 따라 쟁의행위를 하는 것 등이 널리 포함된다.[1)]

우리나라는 기업별 단위노동조합의 구성 비율이 높은 편인데, 근로시간에 사업장 내에서 이루어지는 노동조합 활동의 정당성 인정이 문제가 된다. 특히, 사용자는 근로자에게 업무상 지휘명령을 할 수 있고(노무 지휘권), 사업장 내 시설에 대한 관리 권한이 있어(시설관리권), 노동조합과 사용자의 권리가 충돌할 경우 어떤 기준과 원칙에 따라서 해결할 것인지가 문제가 된다. 대상판결은 노동조합 활동의 정당성 인정에 관한 요건을 판단한 점에 그 의의가 있다.

1) 임종률・김홍영, 「노동법」, 박영사, 2024, 238면.

Ⅱ. 대상판결 분석

1. 사실관계

원고는 2015. 3. 11.부터 4. 29.까지 피고 회사 내에서 “여성 조합원을 버린다면 회사는 바로 여러분들한테 정리해고의 칼날을 들이댐”이라는 선전방송을 한 것을 비롯하여 총 12회의 선전방송을 하였다. 또한, 4. 7. 피고 회사 내에 “노동자를 짐승 취급 소외 1은 퇴진해! 뭐하노 빨리!!” 등의 문구가 기재된 유인물을 부착하였다.

피고 회사는 5. 19. 인사(징계)위원회 의결로 원고에게, ‘출근시간에 방송을 통하여 허위사실을 유포하고 회사와 경영진에 대한 명예훼손과 비하 발언으로 직장 내 근무 질서를 문란하게 하고, 총 13회에 걸쳐 유인물을 무단으로 부착하여 시설물을 훼손했을 뿐만 아니라 경영진을 비하하고 명예를 훼손하는 등 직장 내 근무 질서를 문란하게 하였다’는 이유로 정직 8주의 징계처분을 하고, 5. 20. 인사(징계)위원회 징계의결 결과를 통보하였다. 원고가 5. 28. 재심을 요청하자, 피고 회사는 6. 3. 인사(징계)위원회 재심 의결로 원고에게 정직 4주의 징계처분을 하였다.

2. 당사자의 주장

원고는, 피고 회사가 2014. 11.경부터 과장급 이상 근로자에 대한 성과연봉제 도입, 여직원 등에 대한 희망퇴직을 빙자한 정리해고 단행, 해양 배관 제작운영부 외주화 등의 구조조정을 하자, 이에 대응하여 노사협의를 제안하고, 부당노동행위 중단 요구 피케팅 등을 한 것으로 노동조합의 정당한 활동 범위라고 주장했다. 피고 회사는 노동조합의 책임 있는 지위에 있는 사람들을 제외하고 원고에게만 징계 처분을 했는데, 이는 형평성에 있어 불균형이 크고, 징계사유의 실체적 정당성을 결여하였으며 절차적 정당성도 결여한 것이라고 하였다.[2)]

피고는, 원고가 약 2개월 동안 지속적으로 출근 시간에 선전방송을 주도하면서 수차례에 걸쳐 회사와 대표이사에 대한 허위사실을 적시하고, 공연히 모욕 내지 명예를 훼손하였으며, 회

---

2) “선전방송의 일부 표현들은 막무가내로 구조조정을 단행하고 경영진의 책임을 노동자들에게 떠넘긴다는 취지를 다소 과장하여 표현한 것이지 피고 회사나 대표이사를 비하하거나 모욕하려는 것이 아니었다. ‘머리에 똥 밖에 있지 않은 경영자들’이란 표현은 사용한 적도 없다.”, “4. 7.자 유인물 이외의 것들은 원고가 부착한 것도 아니며, 4. 7.자 유인물의 경우에도 피고 회사의 구조조정에 대응하는 취지로 부착한 것에 불과하다.”라고 주장했다.

사의 허가 없이 회사와 대표이사에 대한 허위사실과 모욕적, 명예훼손적 표현이 기재된 유인물을 시설물에 무단으로 부착했는데, 이는 취업규칙에 위반하는 징계사유고 정당한 노동조합 활동 범위를 넘어 피고 회사의 기업 질서와 위계질서를 문란케 하여 정당화될 수 없다고 주장했다. 또한, 원고에 대한 정직 4주의 징계처분은 비위행위의 정도, 회수, 동기와 경위, 원고의 태도 등 제반 사정을 종합적으로 고려하여 이루어진 것으로 피고 회사의 징계재량권 범위 내의 정당한 처분이라고 했다.

3. 하급심 법원의 판단

1심 법원[3)]이 사건 징계처분은 원고의 행위 내용, 정도 등에 비추어 지나치게 가혹하여 징계재량권을 일탈・남용한 것으로서 위법하다고 판단했다.

반면, 원심[4)]은 징계처분의 내용이 객관적으로 명백히 부당한 것으로 사회통념상 현저하게 타당성을 잃어 징계권자에게 맡겨진 재량권을 일탈・남용한 것으로 보기 어렵다며 1심 판결을 취소했다. 그 근거로 선전방송이나 유인물 부착행위가 정당하다고 평가하기 어려운 점, 구조조정의 실시는 경영 주체에 의한 고도의 경영상 결단에 속하는 사항인 점, 경영진에 대한 인신 모독적 표현을 사용하여 임원의 명예를 훼손하고 회사의 명예와 신용을 손상한 점, 이로 인하여 회사의 정상적인 업무 수행이 방해된 점, 정직 처분이 과하지 않은 점 등을 제시했다.

4. 대법원판결

사용자가 징계사유로 삼은 근로자의 행위가 선전방송이나 유인물의 배포인 경우, 선전방송이나 유인물의 배포가 **사용자의 허가를 받게 되어 있더라도** 노동조합의 정당한 업무를 위한 선전방송이나 유인물의 배포 행위까지 금지할 수는 없는 것이므로 행위의 정당성 여부는 **사용자의 허가 여부만을 가지고 판단하여서는 아니되고**, 선전방송이나 유인물의 내용, 매수, 배포

---

3) 울산지방법원 2016. 8. 18. 선고 2015가합21642 판결. 근거로 노동조합 활동의 일환으로 구조조정의 부당함을 호소하고 근로조건의 개선과 근로자의 경제적 지위 향상을 도모하기 위한 목적에서 이루어진 것인 점, 어느 정도 근거 있고 전혀 터무니없는 주장은 아닌 점, 소속된 노동조합의 입장을 대변한 것이고 내용도 노동조합의 대응 지침에 따라 정해진 틀 안에서 구체화된 것인 점, 표현이 단정적이고 다소 과격하거나 부적절한 경우라 하더라도 은유적 표현 또는 격앙된 감정을 표현한 것으로 명예훼손이나 모욕에 이를 정도는 아니며 실제 기소되거나 형사처벌 받지 않은 점, 회사의 업무 수행이 방해되거나 근무 질서가 문란해진 것으로 보기 어려운 점, 정직 4주의 징계처분은 무거운 점, 대의원인 원고 외에도 선전방송이나 유인물 게시에 참여한 근로자들 중 원고에게만 처분이 내려졌는데 원고의 징계 이력이 없는 점 등을 들었다.

4) 부산고등법원 2017. 4. 19. 선고 2016나55424 판결.

의 시기, 대상, 방법, 이로 인한 기업이나 업무에의 영향 등을 기준으로 노동조합의 정당한 업무를 위한 행위로 볼 수 있는지를 살펴본 다음 판단하여야 한다(대법원 1996. 9. 24. 선고 95다11504 판결, 대법원 2000. 6. 23. 선고 98다54960 판결 등 참조).

노동조합 활동으로 이루어진 선전방송이나 배포된 문서에 기재되어 있는 문언에 의하여 타인의 인격·신용·명예 등이 훼손 또는 실추되거나 그렇게 될 염려가 있고, 또 그 선전방송이나 문서에 기재되어 있는 사실관계의 일부가 허위이거나 그 표현에 다소 과장되거나 왜곡된 점이 있다고 하더라도, **선전방송이나 문서를 배포한 목적이 타인의 권리나 이익을 침해하려는 것이 아니라** 노동조합원들의 단결이나 근로조건의 유지 개선과 근로자의 복지증진 기타 경제적, 사회적 지위의 향상을 도모하기 위한 것이고, 또 그 선전방송이나 문서의 내용이 전체적으로 보아 진실한 것이라면, 그와 같은 행위는 노동조합의 정당한 활동 범위에 속하는 것으로 보아야 한다(대법원 2011. 2. 24. 선고 2008다29123 판결 등 참조).

이러한 법리는 사용자가 징계사유로 삼은 근로자의 행위가 선전방송이나 유인물의 배포인 경우 그 행위의 정당성 여부를 판단함에도 마찬가지로 적용된다. 비록 원고가 취업규칙에서 정한 허가를 받지 않은 채 선전방송과 유인물 게시행위를 하였고, 그 내용에 있어 사실관계 일부가 허위이거나 타인의 인격·명예 등을 훼손하는 표현 등이 포함되어 있다고 하더라도, 원고의 선전방송이나 유인물 게시행위는 **노동조합의 정당한 업무를 위한 행위**에 해당한다고 볼 여지가 크고, 따라서 이를 이유로 한 징계는 허용되지 않는다고 봄이 상당하다.

Ⅲ. 판결의 주요 쟁점

1. 조합활동의 의의

넓은 의미의 조합활동은 근로자가 단결하여 노동조합을 결성하고, 유지와 운영을 위해 활동하며, 사용자와 단체교섭을 하고, 필요하면 쟁의행위를 하는 등 근로자가 단결하여 행하는 일련의 모든 활동을 말한다.[5] 다만, 단체교섭, 단체행동에 대해서는 별도의 노조법 규정과 판례 법리가 적용되므로, 일반적으로 조합활동을 지칭할 때는 이를 제외한 노동조합의 일상적인 활동을 지칭하는 경우가 많은 것으로 보인다.[6]

5) 이철수, 「노동법」, 현암사, 2023, 437면.

6) 물론, 이러한 구분기준을 적용하더라도 노동조합의 유지 및 관리와 관련된 활동은 결국 단결권의 범주에 포함된다

조합활동에는 ① 조직 운영에 필요한 일상적 활동(회의 · 집회의 개최, 연락 등), ② 조합원 및 비조합원 근로자에 대한 정보제공 · 홍보활동(유인물 배포, 게시판 사용 등), ③ 단체교섭이나 단체행동을 위한 사전적 관련 행위(방송, 리본 · 머리띠 등 착용, 플래카드 설치) 등 다양한 행위유형이 있다. 일상적인 조합운영에 관한 활동은 법적으로 문제가 될 여지가 크지 않지만, ③과 같이 사용자와 대립 관계에서 노동조합의 주장을 홍보하기 위한 행위는 업무를 저해하는 쟁의행위는 아니지만, 사용자의 대항조치를 초래하거나 법적 분쟁을 야기하는 경우가 적지 않다.[7)]

조합활동은 통상적으로 취업 시간 중 사업장 내에서 이루어지므로 사용자의 권리와 충돌하는 상황이 발생할 수 있다. 상충되는 법익을 비교 형량하여 조합활동의 정당성이 인정되면 단결권 보장 취지에 따라 민 · 형사 면책 등의 법적 보호를 받을 수 있다.[8)]

노조법 제3조(손해배상 청구의 제한) 사용자는 **이 법에 의한 단체교섭 또는 쟁의행위**로 인하여 손해를 입은 경우에 노동조합 또는 근로자에 대하여 그 배상을 청구할 수 없다.

제4조(정당행위) 형법 제20조의 규정은 노동조합이 **단체교섭 · 쟁의행위 기타의 행위**로서 제1조의 목적을 달성하기 위하여 한 정당한 행위에 대하여 적용된다. 다만, **어떠한 경우에도 폭력이나 파괴행위는 정당한 행위로 해석되어서는 아니된다.**

제81조(부당노동행위) ① 사용자는 다음 각 호의 어느 하나에 해당하는 행위(이하 "不當勞動行爲"라 한다)를 할 수 없다.

1. 근로자가 노동조합에 가입 또는 가입하려고 하였거나 노동조합을 조직하려고 하였거나 기타 **노동조합의 업무를 위한 정당한 행위**를 한 것을 이유로 그 근로자를 해고하거나 그 근로자에게 불이익을 주는 행위

조합활동은 노동조합의 조직적 계획과 지시에 따라 행해지는 것이며, 단순한 근로자 개인의 행위는 아니다. 노조법 제81조 제1항 제1호에서 사용자의 부당노동행위로부터 보호되는 '노동조합의 업무를 위한 (정당한) 행위'는 조합활동을 가리키는 것으로 이해할 수 있다.[9)]

고 할 수 있으므로 결국 노동3권과 연결된다. 따라서 조합활동의 범위(넓은 의미의 조합활동과 좁은 의미의 조합활동)와 기준을 명확히 설정하는 것은 어렵다고 할 수 있다.

7) 김형배 · 박지순, 「노동법강의」, 신조사, 2023, 526-527면 참고. 예를 들어, 리본을 착용하고 업무를 수행하는 조합원에 대하여 사용자가 리본 제거 명령을 내렸으나 그에 따르지 않는 것을 이유로 해당 조합원을 징계처분하는 경우를 생각해볼 수 있다.

8) 이철수, 「노동법」, 현암사, 2023, 438면.

9) 김형배 · 박지순, 「노동법강의」, 신조사, 2023, 526-527면 참고.

2. 조합활동의 법적 근거와 정당성

조합활동의 법적 기초 및 근거는 「헌법」 제33조가 보장하는 단결권이다. 단결권의 보장에는 **단결체 결성에 관한 자유**뿐 아니라 결성된 단체가 활동하기 위한 **단결 활동의 자유**도 함께 보장되어 있다. 노동조합의 활동 권한은 단순히 노동조합의 존립을 유지·보존하기 위한 소극적 권리(자유권적 성질을 가진 권리)에 그치는 것이 아니라, 노동조합의 조직을 강화·확대할 수 있는 적극적 권리를 포함하는 것으로 이해된다.[10]

대법원판결(대법원 2020. 7. 29. 선고 2017도2478판결, 대법원 1992. 4. 10. 선고 91도3044판결)에 의하면, ① **주체** 측면에서 노동조합의 활동으로 볼 수 있거나, 노동조합의 묵시적인 수권 혹은 승인을 받았다고 볼 수 있어야 하고, ② **목적** 측면에서 근로조건의 유지·개선과 근로자의 경제적 지위의 향상을 도모하는 데 필요하고 근로자들의 단결 강화에 도움이 되는 행위여야 하며, ③ **시기** 측면에서 원칙적으로 근무시간 외에 행해져야 하고, ④ **수단·방법** 측면에서 사용자의 시설관리권에 바탕을 둔 합리적 규율이나 제약에 따라야 하며 폭력과 파괴행위 등의 방법에 의하지 않아야 한다. 첫 번째와 두 번째는 조합활동 해당성 여부를 판단하는 기준이라 볼 수 있고 세 번째와 네 번째가 조합활동의 정당성과 관련되는 기준이다. 조합활동의 정당성은 법익형량의 관점에서 근로자의 단결권과 사용자의 권리를 조화롭게 보장해야 한다는 관점에서 판단해야 한다.[11]

취업시간 중 조합활동이 반드시 노무지휘권과 충돌하는 것은 아니다. 취업규칙이나 단체협약의 정함이 있거나 사용자의 승낙·관행이 있는 경우, 노무지휘권이 정당하고 합리적인 범위를 넘어 행사된 경우는 조합활동의 정당성이 인정될 수 있다. 또한, 사용자의 거부가 노무 지휘권의 남용이거나 단결권의 보장 취지에 비추어 합리성을 결한 경우에는 예외적으로 조합활동의 정당성이 인정될 수 있다. 이 경우 조합활동의 목적과 배경, 조합활동의 필요성과 긴급성, 태양, 노무 지휘권의 침해 내용과 정도 또는 기간, 사용자의 노동조합에 대한 태도 기타 노사관계 실태 등 제반 사정을 고려해야 한다.[12]

기업별 노동조합의 조합활동이 **사업장 내에서 이루어지는 경우**, 사용자의 시설관리권과의 충돌 문제가 자주 발생한다. 취업규칙, 단체협약의 정함이나 관행이 있으면 이에 따라, 없는

10) 김형배 · 박지순, 「노동법강의」, 신조사, 2023, 527면.
11) 이철수, 「노동법」, 현암사, 2023, 440-441면 참고.
12) 이철수, 「노동법」, 현암사, 2023, 441-442면 참고.

경우 조합활동의 목적・태양・필요성・긴급성, 시설관리권에 대한 구체적 침해 정도, 원상회복 가능성 또는 난이도, 기타 노사관계에서 제반 사정을 종합적으로 고려하여 그 정당성을 판단해야 한다.[13] 사용자의 시설관리권에는 일정한 내재적 제한[14]이 따르므로 조합원의 시설이용을 정당한 이유 없이 거부하는 것은 권리남용에 해당할 수 있다. 노동조합 역시 사용자의 시설관리권에 바탕을 둔 합리적인 규율이나 제약에 따라야 하며, 폭력과 파괴행위 등의 방법을 사용하지 않아야 한다.[15]

3. 조합활동의 정당성 판단 사례

유인물 배포 행위가 사업장 내에서 행해질 경우, 직장 질서를 해치는 행위인지, 취업규칙 등에서 사전에 사용자의 허가를 받도록 정해져 있는 경우 이를 준수했는지가 문제가 된다. 내용과 관련해서 노동조합의 언론 활동과 사용자의 명예가 충돌하는 문제도 발생할 수 있다. 사전허가 또는 승인의 절차 규정 위반만으로 정당성이 상실되는 것은 아니며, 유인물의 내용, 매수, 배포 시기, 대상, 방법, 이로 인한 기업에의 영향 등을 기준으로 하여 종합적으로 판단해야 한다.[16] **사업장 내에 벽보 등을 부착**하는 행위는 사용자의 승낙이 없는 경우, 유인물 배포 행위에 비하여 사용자의 시설관리권과 충돌하는 정도가 상대적으로 중하다.[17] 이러한 행위는 원칙적으로 정당성이 없지만, 조합활동의 필요성이 있고, 벽보가 부착된 장소나 시설의 성질, 부착 범위, 벽보 등의 내용, 부착된 양, 부착 방법, 제3자에 대한 노출 정도 등을 종합하여 시설관리권에 실질적 지장을 초래할 정도가 아니라면 정당성을 인정할 수 있다.[18] 반면, 벽보의 내용이 사용자를 비난하거나 명예를 훼손하는 경우, 또는 부착물의 크기와 형상이 혐오감을 주거나, 작업장의 분위기를 어지럽히거나, 현수막의 크기와 설치가 업무 수행에 방해를 주는 등의 경우는 정당하지 않으므로 사용자가 철거를 청구할 수 있다(민법 제214조). 이에 불응하여

---

13) 이철수, 「노동법」, 현암사, 2023, 442-443면 참고.

14) 기업별 노동조합의 특성상 조합활동이 사용자의 이익과 완전히 분리되지 않으며, 조합원도 종업원인 이상 일정 범위에서 기업시설의 이용이 예정된 측면이 있다.

15) 김형배 · 박지순, 「노동법강의」, 신조사, 2023, 529면; 대법원 1992. 4. 10. 선고 91도3044판결 "전보된 노조원의 원직 복귀를 요구하였으나 거절당하고 그 과정에서 노조원이 폭행당하였음을 구실로 노조 간부 및 노조원 80여 명과 농성에 돌입한 후 병원 복도를 점거하여 철야농성하면서 노래와 구호를 부르고 병원 직원들의 업무 수행을 방해하고, 출입을 통제하거나 병원장을 방에서 나오지 못하게 한 행위는 다중의 위력을 앞세워 근무 중인 병원 직원들의 업무를 적극적으로 방해한 것으로서 노동조합 활동의 정당성의 범위를 벗어난 것이다"

16) 이철수, 「노동법」, 현암사, 2023, 446-447면 참고.

17) 벽보 등의 부착행위는 지속성이 있고 사업장 시설을 손상하거나 철거에 비용이 들 수도 있기 때문이다.

18) 이철수, 「노동법」, 현암사, 2023, 447면.

사용자가 이를 직접 철거하는 경우, 단결권을 침해하는 부당노동행위에 해당한다고 볼 수 없다.[19] 근무시간 외에 사업장 밖에서 사용자의 태도를 비판하는 유인물을 배포하거나 벽보 등을 부착하는 등의 언론 활동은 근로자의 근로계약상의 성실의무에 위반하지 않아야 정당성이 인정된다.[20]

근로자가 사용자의 승낙 없이 **리본이나 머리띠, 조끼 등을 착용**하고 근무했다고 하더라도 정신적·육체적 활동이나 사용자 업무에 지장을 주지 않는다면 성실 노동 의무를 위반했다고 보기는 어렵다. 다만, 병원에 근무하는 직원이 위생복 위에 셔츠를 착용하여 환자에게 불안감을 주거나 병원 내 정숙과 안정을 해치는 행위는 정당성이 인정되지 않는다.[21] 사용자의 승낙을 받지 않고 **총회 등의 집회**를 근무시간 중에 개최하거나 참가하는 것은 지휘명령권의 침해로 정당성이 인정되지 않는다. 다만, 근무시간 중 집회의 필요성, 단체협약상 허용규정의 유무나 지휘명령권 침해의 정도 등 제반 사정을 고려하여 정당성이 인정되는 경우도 있다.[22]

Ⅳ. 결론

대상판결은 노동조합의 사용자에 대한 선전방송이나 유인물 배포와 관련하여, 조합활동의 정당성 요건에 대한 구체적인 기준을 제시했다. 노동조합의 사업장 내 활동은 사용자의 경영에 관한 권리와 충돌될 가능성이 있다. 노동조합은 사용자의 권리를 존중해야 하며, 원칙적으로 합의된 범위나 이를 침해하지 않는 선에서 조합활동을 해야 한다. 사용자 역시 헌법상 보장되는 노동조합의 활동을 어느 정도 수인할 필요성이 있다.

대상판결은 이러한 전제에서 조합원의 선전방송이나 유인물 게시행위가 노동조합의 정당한 업무를 위한 행위라는 전제에서 이를 이유로 한 징계는 부당하다고 판단했다. 주의할 점은 조합활동이 무제한으로 허용되는 것이 아니라, 해당 활동의 주체, 목적, 시기, 수단 및 방법에 비추어 적정한 경우, 인정될 수 있다는 점이다.

---

19) 김형배·박지순, 「노동법강의」, 신조사, 2023, 533면.
20) 임종률·김홍영, 「노동법」, 박영사, 2024, 245면.
21) 임종률·김홍영, 「노동법」, 박영사, 2024, 241-242면 참고; 대법원 1996. 4. 23. 선고 95누6151판결.
22) 임종률·김홍영, 「노동법」, 박영사, 2024, 242면. 예를 들어, 외부에서 차량을 운행하는 기사들이 아침이나 업무 종료 후 시간을 활용하려는 경우, 교대근무여서 근무시간인 교대 시간에 소집이 불가피한 경우 등이 이에 해당할 수 있다고 한다.

[18] 조합활동(산별노조 간부의 사업장 출입)의 정당성

(대법원 2020. 7. 29. 선고 2017도2478 판결)

기 초 지 식

☑ 노동조합의 계층 · 계위는 **[총연합단체]-[연합단체]-[단위노조]-[지부]-[지회]**로 구분됨. 하나의 노동조합으로 평가되는 단위노조는 기업별 노조, 산업별 노조, 직종별 노조, 일반 노조 등임

☑ 총연합단체와 연합단체는 단위노조가 결성한 연합체로 현행 노조법은 연합단체를 '노동조합'의 개념에 포함하지만(제2조 4호), 노조의 개수 산정 등은 단위노조를 기준으로 함[1] 실무적으로 연합단체와 산별노조가 혼동하는 경우도 발생(대상판결의 하급심). 둘 다 규모가 크고 하부 조직이 있지만, 성격이 동일하지 않음.

☑ 지부 또는 지회, 분회는 노동조합의 하부 조직으로 규모가 크더라도 원칙적으로 노동조합으로서 지위가 인정되지 않음[2]

☑ 종래 노조법은 기업별 단위노조를 표준적인 노동조합으로 보아 근로계약이 유지되는 종사자를 조합원으로 보고, 그 외 비종사 조합원(상급단체나 산별노조의 간부 등)의 지위는 소극적으로 인정했으나 법 개정으로 이러한 체계가 개편됨

Ⅰ. 논의의 배경과 쟁점

노동조합은 기업별 노조, 산별노조, 직종별 노조, 일반 노조 등 다양한 형태가 있다. 우리나라의 경우, 한때 노동조합 형태를 기업별로 강제했던 시기가 있어 기업별 단위노동조합의 형태가 익숙하지만, 최근 산별노조나 직종별 노조도 증가하고 있다. 이와 관련하여 사용자와 직접적인 근로계약을 맺은 근로자는 아니지만, 노동조합의 조합원으로서 사업장 내에서 활동하고자 하는 경우가 있을 수 있다. 이들은 노동조합을 기준으로 하면 조합원이지만, 근로계약을 기준으로 하면 외부인일 수 있다. 이에 따라 이러한 비종사 조합원이 사업장 내에서 노동조합 활동을 하려는 경우, 허용 근거와 인정 범위가 문제가 된다.

---

1) 이런 점에서 총연합단체와 연합단체는 단위노조가 모여있는 집합체라고 평가할 수 있다. 고용노동부가 발표하는 연도별 노동조합 조직현황에서 노동조합의 개수는 단위노조가 기준이 된다.

2) 다만, 판례에 따르면, 예외적으로 지부 또는 지회가 독자적으로 단체교섭 및 단체협약 체결의 권한을 갖는 경우, 노동조합으로서의 실질이 인정될 수 있다.

Ⅱ. 대상판결 분석

1. 사실관계

피고인 A는 C노동조합 소속 노동안전보건실장, 피고인 B는 C노조 D지부 소속 미조직 비정규 부장이다. 피고인들은 2015. 3. 피해자 F주식회사 생산공장 앞에 이르러, 산업안전보건법 위반 사실의 증거수집, C노조 조합원 교육 등을 위하여 피해자 회사의 직원이 아님에도 피해자 회사의 승낙 없이 이 사건 공장 안으로 들어갔다. 이로써 피고인들은 공동하여 피해자 회사가 관리하는 건조물에 침입하였다. 한편, 이에 앞서 C노조는 피해자 회사와 E노조를 상대로 노동조합 설립 무효확인의 소를 제기하였다. 청구 내용은 주위적으로 E노조의 설립 무효를 확인하고 예비적으로 C노조가 교섭대표노조의 지위에 있음을 확인하는 것이었다. 이에 법원은 2016. 4. E노조의 설립 무효를 확인했다.[3] 위 판결에 대하여 E노조가 항소하여 대상판결의 1심 사건 제기 당시에 항소심 계속 중이었다.

2. 당사자의 주장

검사는 사건 외 E노조의 단체협약에서 조합의 적법한 쟁의행위 중 회사에 출입할 수 있는 조합원을 회사 사원으로 국한했는데도, 회사의 직원이 아닌 피고인들이 회사의 승낙 없이 공동으로 이 사건 공장에 들어왔으므로 「폭력행위 등 처벌에 관한 법률」 위반(공동주거침입)죄가 성립한다고 하였다.

피고인은 사건 외 E노조는 자주성 및 독립성이 없는 '어용노조'이므로 E노조와 회사가 맺은 단체협약은 효력이 없고, 오히려 C노조 D지부 지회와 회사가 맺은 단체협약에는 "회사가 조합의 쟁의행위 중 조합원과 상급 단체의 간부에 대한 자유를 제한하지 않는다"고 정하여 피고인은 적법하게 이 사건 공장에 들어온 것이므로 단체협약과 노동 관행에 근거한 정당한 노동조합 활동으로서 노조법 제4조가 정한 정당행위로 위법성이 없다고 주장했다.

3) "E 노조는 설립 자체가 피해자 회사가 계획하여 그 주도 아래 이루어졌고 설립 이후 조합원 확보나 조직의 홍보, 안정화 등 운영이 모두 피해자 회사의 계획에 따라 수동적으로 이루어졌다고 볼 수밖에 없어, 그 설립 및 운영에 있어 사용자인 피해자 회사에 대한 관계에서 자주성 및 독립성을 확보하고 있다고 보기 어렵다. 따라서 E 노조는 노동조합법 제2조 제4호의 요건을 갖추지 못하여, 그 설립은 무효이다."

3. 하급심 법원의 판단

1심 법원[4]은 피고인들이 C노조 지회의 상급단체 간부로서 산업안전보건법 위반 사실의 증거수집 등을 위하여 이 사건 공장에 들어간 행위는 행위의 동기나 목적, 수단이나 방법, 보호이익과 침해이익, 경위 등에 비추어 「형법」 제20조에서 정한 사회상규에 위배되지 않는 정당행위에 해당하여 위법성이 없다고 판단했다. 원심[5]은 C노조는 산업별 단위 노동조합이지 산업별 연합단체가 아니고, D지회는 단위 노동조합이 아니라 C노조의 하부기관에 불과하므로, 단체교섭 · 쟁의행위 등에 관한 권한은 노조법상 지회가 아닌 C노조가 갖는 권한이고 지회가 이를 위임받아 행사한다는 점을 지적하면서도 1심의 판단이 정당하다고 판단했다.

4. 대법원판결

노동조합의 조합활동은 근로자가 가지는 결사의 자유 내지 노동3권에 바탕을 둔 것으로서 노조법 제1조의 목적을 달성하기 위하여 정당한 행위에 대하여는 민형사상 면책이 된다(노조법 제4조, 형법 제20조). 노동조합의 활동이 정당하려면, 주체 측면에서 행위의 성질상 노동조합의 활동으로 볼 수 있거나 노동조합의 묵시적인 수권 혹은 승인을 받았다고 볼 수 있는 것이어야 하고, 목적 측면에서 근로조건의 유지 · 개선과 근로자의 경제적 지위의 향상을 도모하기 위하여 필요하고 근로자들의 단결 강화에 도움이 되는 행위이어야 하며, 시기 측면에서 취업규칙이나 단체협약에 별도의 허용규정이 있거나 관행이나 사용자의 승낙이 있는 경우 외에는 원칙적으로 근무시간 외에 행해져야 하고, 수단 · 방법의 측면에서 사업장 내 조합활동에서는 사용자의 시설관리권에 바탕을 둔 합리적인 규율이나 제약에 따라야 하며 폭력과 파괴행위 등의 방법에 의하지 않는 것이어야 한다(대법원 1992. 4. 10. 선고 91도3044 판결 등 참조).

이 중에서 **시기 · 수단 · 방법 등에 관한 요건은 조합활동과 사용자의 노무지휘권 · 시설관리권 등이 충돌할 경우에 그 정당성을 어떠한 기준으로 정할 것인지 하는 문제**이므로, 위 요건을 갖추었는지 여부를 판단할 때에는 조합활동의 필요성과 긴급성, 조합활동으로 행해진 개별 행위의 경위와 구체적 태양, 사용자의 노무 지휘권 · 시설관리권 등의 침해 여부와 정도, 그 밖에 근로관계의 여러 사정을 종합하여 충돌되는 가치를 객관적으로 비교 · 형량하여 실질적인 관점에서 판단하여야 한다(대법원 1994. 2. 22. 선고 93도613 판결, 대법원 1995. 2. 17. 선고

4) 청주지방법원 영동지원 2016. 8. 12. 선고 2015고단231 판결.
5) 청주지방법원 2017. 1. 26. 선고 2016노1005 판결.

94다44422 판결, 대법원 1995. 3. 14. 선고 94누5496 판결 등 참조).

원심이 피고인들의 조합활동으로 말미암아 기업 경영이나 업무 수행, 시설관리 등에 실질적으로 지장이 초래되었다고 볼 수 없다는 취지에서 피고인들에 대한 공소사실 기재 행위를 정당행위로 보아 무죄로 판단한 데에 상고이유 주장과 같이 산업별 노동조합 조합활동의 정당성, 형법 제20조의 정당행위에 관한 법리 등을 오해하여 판결에 영향을 미친 잘못이 없다.

Ⅲ. 판결의 주요 쟁점

1. 비종사 조합원의 개념

'근로자가 아닌 자의 가입을 허용하는 경우'에는 노동조합으로 인정되지 않는다. 이와 관련하여, 사업장에 종사하다가 퇴직한 자(해고자 포함)나 실업자(구직자)가 '근로자가 아닌 자'에 해당하여 노동조합 가입이 금지되는지가 문제가 된다. 종전에는 노동조합의 정의 규정(노조법 제2조 4호)에 "다만, 해고된 자가 노동위원회에 부당노동행위 구제신청을 한 경우에는 재심판정이 있을 때까지는 근로자가 아닌 자로 해석해서는 안 된다"라는 단서 규정이 있었다. 해당 규정은 오랫동안 근로자의 단결권 행사를 제약하는 요소로 작용해왔는데, 2021년 개정법은 이를 삭제해서 퇴직자도 단위노조에 가입할 수 있게 되었다.[6] 현행 노조법은 '사업 또는 사업장에 종사하는 근로자(종사근로자)가 아닌 조합원'에 관한 규정을 두고 있다. 이는 비종사 조합원의 조합원으로서 지위는 인정하되, 사업장 내 활동 등에 있어서 종사근로자인 조합원과 권리 행사의 내용 · 범위를 차등적으로 규율하기 위한 것이다.

> **노조법 제5조(노동조합의 조직 · 가입 · 활동)** ② **사업 또는 사업장에 종사하는 근로자**(이하 "종사근로자"라 한다)**가 아닌 노동조합의 조합원**은 사용자의 효율적인 사업 운영에 지장을 주지 아니하는 범위에서 사업 또는 사업장 내에서 노동조합 활동을 할 수 있다.
> ③ 종사근로자인 조합원이 해고되어 노동위원회에 부당노동행위의 구제신청을 한 경우에는 중앙노동위원회의 재심판정이 있을 때까지는 종사근로자로 본다.
>
> **제17조(대의원회)** ③ 하나의 사업 또는 사업장을 대상으로 조직된 노동조합의 대의원은 그 사업 또는 사업장에 **종사하는 조합원 중에서 선출**하여야 한다.

6) 임종률 · 김홍영, 「노동법」, 박영사, 2024, 59면.

제23조(임원의 자격 등) ① 노동조합의 임원 자격은 규약으로 정한다. 이 경우 하나의 사업 또는 사업장을 대상으로 조직된 노동조합의 임원은 그 사업 또는 사업장에 **종사하는 조합원 중에서 선출**하도록 정한다.

제24조(근로시간 면제 등) ② 제1항에 따라 사용자로부터 급여를 지급받는 근로자(이하 "근로시간 면제자"라 한다)는 사업 또는 사업장별로 **종사근로자인 조합원 수 등을 고려**하여 제24조의2에 따라 결정된 근로시간 면제 한도(이하 "근로시간 면제 한도"라 한다)를 초과하지 아니하는 범위에서 임금의 손실 없이 사용자와의 협의 · 교섭, 고충처리, 산업안전 활동 등 이 법 또는 다른 법률에서 정하는 업무와 건전한 노사관계 발전을 위한 노동조합의 유지 · 관리업무를 할 수 있다.

제29조의2(교섭창구 단일화 절차) ⑩ 제4항부터 제7항까지 및 제9항의 조합원 수 산정은 **종사근로자인 조합원을 기준**으로 한다.

제41조(쟁의행위의 제한과 금지) ① 노동조합의 쟁의행위는 그 조합원(제29조의2에 따라 교섭대표노동조합이 결정된 경우에는 그 절차에 참여한 노동조합의 전체 조합원)의 직접 · 비밀 · 무기명투표에 의한 조합원 과반수의 찬성으로 결정하지 아니하면 이를 행할 수 없다. 이 경우 조합원 수 산정은 **종사근로자인 조합원을 기준**으로 한다.

제81조(부당노동행위) ① 사용자는 다음 각 호의 어느 하나에 해당하는 행위(이하 "不當勞動行爲"라 한다)를 할 수 없다.

2. 근로자가 어느 노동조합에 가입하지 아니할 것 또는 탈퇴할 것을 고용조건으로 하거나 특정한 노동조합의 조합원이 될 것을 고용조건으로 하는 행위. 다만, 노동조합이 당해 사업장에 **종사하는 근로자의 3분의 2 이상**을 대표하고 있을 때에는 근로자가 그 노동조합의 조합원이 될 것을 고용조건으로 하는 단체협약의 체결은 예외로 하며, 이 경우 사용자는 근로자가 그 노동조합에서 제명된 것 또는 그 노동조합을 탈퇴하여 새로 노동조합을 조직하거나 다른 노동조합에 가입한 것을 이유로 근로자에게 신분상 불이익한 행위를 할 수 없다.

2. 비종사 조합원의 사업장 내 조합활동

최근 쟁점으로 부각하고 있는 것은 초기업별 노동조합 소속 비종사 조합원이 사용자의 시설에 출입할 권리에 관한 문제다. 종래 비종사 조합원이 조합가입 권유 등을 이유로 사업장에 출입할 수 있는지에 대해서 부정설과 긍정설이 대립했다. 판례는 초기업적 단위노조 또는 연합단체가 구성원의 사업장 운영에 지장을 초래하지 않으면 출입 가능하다는 태도였는데(대상판결), 2021년 노조법 개정을 통해 입법적으로 해결되었다(제5조 제2항). 다만, 단결권이 비종업원인 조합원의 사업장에 대한 무제한적인 접근권을 부여하고 사용자가 이를 수인할 의무를 부과한다고 해석하기는 어렵다. 노조법 제5조 제2항의 입법 취지는 초기업별 단위노조가 소속 사업장에서 일상적 조합활동을 할 수 있는 가능성을 열어둔 것이지 활동의 정당성이 곧바로 인정된다고 볼 수 없다. 따라서 **사용자의 법익 침해 등과 비교 · 형량을 바탕으로 그 정당성 여부가 판단**되어야 한다.[7]

비종사 조합원은 사용자와 구체적인 취업 관계에 있지 아니하므로 사용자의 시설관리권은 종사근로자보다 엄격하게 적용된다. 노조법은 이를 고려하여 사용자의 효율적인 사업 운영에 지장을 주지 아니하는 범위에서 조합활동이 가능하도록 제한하고 있다. 사용자와 노동조합이 미리 비종사 조합원의 조합활동의 범위와 절차에 관한 구체적인 규칙을 마련하는 것이 바람직하다.[8]

Ⅳ. 결론

노동조합은 노동3권의 행사와 관련하여 자신의 조합에 가입할 조합원의 범위를 자주적으로 정할 수 있다. 이에 따라 기업별 단위노조인 경우에는 통상 기업에 종사하고 있는 근로자를 대상으로 하되, 경우에 따라서는 은퇴자나 퇴직자도 포함할 수 있다. 또한, 초기업별 단위노조의 경우에는 노조 개념에 비종사 조합원이 포함될 수밖에 없다. 사업 또는 사업장을 단위로 하지 않기 때문이다. 이러한 상황에서 비종사 조합원이 사업 또는 사업장에서 노동조합 활동을 하려는 경우, 일정한 범위에서 이를 보장해줄 필요성이 있다. 보안이나 안전, 사용자의 시설관리권 등을 이유로 이를 모두 통제하면, 노동조합의 활동이 제한되고 노동3권 행사에 지장이 발생할 수 있기 때문이다. 대상판결은 조합활동의 필요성과 긴급성, 조합활동으로 행해진 개별 행위의 경위와 구체적 태양, 사용자의 노무 지휘권 · 시설관리권 등의 침해 여부와 정도, 그 밖에 근로관계의 여러 사정을 종합하여 충돌되는 가치를 객관적으로 비교 · 형량하여 실질적인 관점에 이를 판단해야 한다는 기준을 제시했다. 대상판결은 2021년 법 개정 전에 나온 것이나, 개정법하에서도 시사하는 바가 크다고 판단된다.

---

7) 이철수, 「노동법」, 현암사, 2023, 448-449면.
8) 김형배 · 박지순, 「노동법강의」, 신조사, 2023, 530면.

[19] 성실교섭의무*

(대법원 2006. 2. 24. 선고 2005도8606 판결)

기초지식

☑ 성실교섭의무는 사용자와 노동조합의 단체교섭에 관한 일반 원칙임. 실효성 있는 교섭을 위하여 사용자뿐 아니라 노동조합에게도 부과된 의무임

☑ 정당한 이유없는 단체교섭 거부 · 해태는 부당노동행위가 되는데 이에 관한 책임은 사용자만 지게 됨. 이에 따라 성실교섭의무는 단순히 의무의 성실한 이행 정도를 넘어 부당노동행위와 연계되어 판단 · 평가되는 특성이 있음

☑ 노동조합의 상급단체를 연합단체라고 하는데, 이를 연맹으로 표현하기도 함

Ⅰ. 논의의 배경과 쟁점

노동3권 중 단체교섭에 관한 권리는 구체적인 특정 의무를 설정하여 이행을 강제하기에 적합하지 않은 측면이 있다. 노동조합이 단체교섭을 요구하면 사용자는 이에 응해야 할 의무를 부담한다. 다만, 단체협약은 협약자치의 영역이므로 최저기준의 설정, 단체협약 체결 의무 등이 부과되어 있지 않다. 따라서 단체교섭의 기준과 원칙이 설정되지 않으면, 단체교섭권이 형해화될 우려가 있다.

노조법은 이를 고려하여 성실교섭의무와 부당노동행위로서 단체교섭의 해태 · 거부를 규정하고 있다. 하지만, 노조법이 성실교섭의무에 관한 구체적이고 상세한 내용을 정하고 있지 않아, 관련 내용은 판례 법리로 규율되고 있다. 대상판결은 성실교섭의무의 의의와 부당노동행위가 되는 정당한 이유 없는 단체교섭의 거부 · 해태에 대하여 판시했다.

Ⅱ. 대상판결 분석

1. 사실관계

피고인은 사단법인 B의 회장으로 사용자이며, 사단법인은 협회를 운영하고 있다. 2004. 2. 23.부터 협회 소속 노조원 9명 전원이 파업에 돌입하였다가 5. 24. 업무에 복귀했는데, 피고인

인 사용자는 파업기간 및 파업 종료 이후 노동조합으로부터 단체교섭권을 위임받은 C단체로부터 **1~4차에 걸친 단체교섭 요청을 받았음에도 이를 거부**하였다.

구체적인 교섭거부 일시와 내용을 살펴보면 다음과 같다. 노동조합은 단체교섭의 결렬에 따라 2. 23.경부터 파업에 들어갔고, 협회는 2. 28.경부터 직장폐쇄에 들어갔는데, 이러한 상태에서 3. 12. 단체교섭을 요구했으나 응하지 않았고(1차), 6. 2. 단체교섭 요구에도 불응했으며(2차), 6. 14. 단체교섭 요구에 대해 교섭 주체가 연맹인지 노동조합인지가 명확하지 않아 교섭 주체가 명확하지 않다며 거부했다(3차). 마지막으로 6. 19. 단체교섭 요구에 대하여 특별한 이유 없이 일시의 변경을 요구하다가 해당 일시에 노동조합 측에 아무런 의사표시도 하지 않은 채 교섭에 응하지 않았다(4차).

2. 당사자의 주장

노동조합은 사용자의 단체교섭 거부가 노조법 제81조 단체교섭 거부의 부당노동행위라고 주장했다.

사용자는 노동조합이 전과 같은 조건을 내세워 교섭이 어려울 것이라는 점, 파업 중이므로 단체교섭을 할 수 없는 점, 교섭의 주체가 누구인지 알 수 없어 확인이 필요한 점 등을 이유로 단체교섭 거부가 정당하다고 주장했다.

3. 하급심 법원의 판단

1심 법원[1)]은 성실한 단체교섭을 법에서 강제하는 것은 일단 마주 앉아 대화하라는 것이지, 마주 앉기 전에 각자의 요구 사안을 줄여서 나오라는 것은 아니므로, 전과 같은 조건을 내세워 교섭이 어려울 것이라는 이유는 교섭 거부의 정당한 이유가 되지 않는 점, 파업 중에도 단체교섭을 할 수 있는 점, 연맹의 교섭 요청 문건에 노조위원장이 교섭위원으로 포함된 점에서 노조위원장을 교섭 주체로 인정해달라는 것이 아니라 연맹의 교섭 요청에 대해 성실 교섭을 촉구한 것일 뿐인 점, 피고인이 아무런 이유없이 교섭을 거부한 점이 있는 점 등을 들어 유죄라고 판단했다. 원심[2)]도 동일한 취지로 피고의 항소를 기각했다.

---

* 2025. 8. 핵심판례에서 제외되었다.

1) 수원지방법원 2005. 8. 4. 선고 2005고정1213 판결.

2) 수원지방법원 2005. 10. 20. 선고 2005노3111 판결.

4. 대법원판결

노조법 제81조 제3호는 사용자가 노동조합의 대표자 또는 노동조합으로부터 위임을 받은 자와의 단체협약 체결 기타의 단체교섭을 정당한 이유 없이 거부하거나 해태할 수 없다고 규정하고 있는바, 단체교섭에 대한 사용자의 거부나 해태에 정당한 이유가 있는지 여부는 **노동조합 측의 교섭권자, 노동조합 측이 요구하는 교섭시간, 교섭장소, 교섭사항 및 그의 교섭태도 등을 종합하여 사회통념상 사용자에게 단체교섭의무의 이행을 기대하는 것이 어렵다고 인정되는지 여부**에 따라 판단하여야 한다(대법원 1998. 5. 22. 선고 97누8076 판결 참조).

쟁의행위는 단체교섭을 촉진하기 위한 수단으로서의 성질을 가지므로 쟁의기간 중이라는 사정이 사용자가 단체교섭을 거부할 만한 정당한 이유가 될 수 없고, 당사자가 성의 있는 교섭을 계속하였음에도 단체교섭이 교착상태에 빠져 교섭의 진전이 더 이상 기대될 수 없는 상황이라면 사용자가 단체교섭을 거부하더라도 그 거부에 정당한 이유가 있다고 할 것이지만, 노동조합 측으로부터 새로운 타협안이 제시되는 등 **교섭재개가 의미 있을 것으로 기대할 만한 사정변경**이 생긴 경우에는 사용자로서는 다시 단체교섭에 응하여야 하므로, 사정변경에도 불구하고 사용자가 단체교섭을 거부하는 경우에는 그 거부에 정당한 이유가 있다고 할 수 없다.

(1차) 노동조합은 단체교섭의 결렬에 따라 2. 23.경부터 파업에 들어갔고, 협회는 2. 28.경부터 직장폐쇄에 들어간 사실을 인정할 수 있는바, 이러한 상태에서 위 노동조합으로부터 단체교섭권을 위임받은 연맹이 3. 12.자로 단체교섭을 요구한 것은, 노사 간에 쟁의를 거치면서 상호 양보의 가능성이 고려되고 있는 상황에서의 교섭요구라고 할 것이어서 교섭재개가 의미 있을 것으로 기대할 만한 사정변경이 생겼다고 볼 수 있으므로, 3. 12.자 단체교섭 요구를 거부한 것은 정당한 이유가 있다고 할 수 없고, 또한 파업과 직장폐쇄가 진행되고 있다는 사정 역시 피고인이 위 단체교섭 요구를 거부할 만한 정당한 이유가 될 수 없다.

(2차) 피고인이 정당한 이유 없이 연맹의 6. 2.자 단체교섭 요구에 불응한 사실을 충분히 인정할 수 있고, 정당하게 연기협의를 요청한 것으로 보이지 않는다.

(3차) 연맹의 6. 14.자 단체교섭 요구에 앞서 위 노동조합 위원장 공소외인이 6. 13. 피고인에게 단체교섭을 촉구하는 서면을 보낸 사실을 인정할 수는 있으나, 피고인이 연맹의 6. 14.자 단체교섭 요구에 대하여 교섭 주체가 명확하지 아니하다는 이유를 들어 거부한 것은 정당한 이유가 있다고 할 수 없다.[3)]

(4차) 사용자가 합리적인 이유 없이 노조 제안 일시의 변경을 구하다가 노동조합 측이 이를

수용하지 아니하였음에도 노조 제안 일시에 단체교섭에 응하지 아니하였거나 사용자가 위 일시에 이르기까지 노조 제안 일시에 대하여 노동조합 측에 아무런 의사 표명도 하지 아니한 채 노조 제안 일시에 단체교섭에 응하지 아니한 경우에는 사용자가 신의에 따라 성실하게 교섭에 응한 것으로 볼 수 없으므로,[4] 사용자의 단체교섭 거부에 정당한 이유가 있다고 할 수 없다. 3회에 걸친 단체교섭 요구에 대해 피고인이 계속하여 단체교섭을 거부한 사실에 비추어 보면, 연맹이 다시 단체교섭을 요구한 시점에서는 피고인으로서는 이미 교섭사항 등의 검토와 준비를 위한 충분한 시간을 가지고 있었다고 할 것이므로, 피고인이 연맹에 위 교섭일시의 변경을 구할 만한 합리적 이유가 있었다고 보이지 아니할 뿐 아니라, 피고인은 위 교섭일시 전에 노동조합 측에 교섭일시의 변경을 구하는 등 교섭일시에 관한 어떠한 의사도 표명한 적이 없는 사실을 인정할 수 있으므로, 정당한 이유가 있다고 할 수 없다.

Ⅲ. 판결의 주요 쟁점

1. 성실교섭의무의 의의

노조법은 사용자와 노동조합의 성실교섭의무를 규정하고 있다. 다만, 부당노동행위로써 단체교섭거부 및 해태에 대한 책임은 사용자에게만 적용된다.

> **제30조(교섭등의 원칙)** ① **노동조합과 사용자 또는 사용자단체**는 신의에 따라 성실히 교섭하고 단체협약을 체결하여야 하며 그 권한을 남용하여서는 아니된다.
> ② 노동조합과 사용자 또는 사용자단체는 정당한 이유없이 교섭 또는 단체협약의 체결을 거부하거나 해태하여서는 아니된다.

---

3) "그 내용은 피고인의 단체교섭 회피에 대한 항의로서 연맹과의 성실한 단체교섭을 촉구하는 것일 뿐 자기를 교섭주체로 인정하여 달라는 것이 아니며 연맹에 위임한 단체교섭 권한과 관련하여서는 아무런 언급이 없는 점, 연맹의 단체교섭 요구 문건에 공소외인이 교섭위원으로 포함되어 있는 점 등에 비추어 보면, 교섭주체가 연맹인지 위 노동조합인지 여부가 명확하지 아니한 것으로 볼 수 없다."

4) "단체교섭의 일시를 정하는 데에 관하여 **노사 간에 합의된 절차나 관행**이 있는 경우에는 그에 따라 단체교섭 일시를 정하여야 할 것이나, 그와 같은 절차나 관행이 없는 경우, 노동조합 측이 어느 일시(이하 '노조 제안 일시'라 한다)를 특정하여 사용자에게 단체교섭을 요구하더라도 사용자가 교섭사항 등의 검토와 준비를 위하여 필요하다는 등 합리적 이유가 있는 때에는 노동조합 측에 교섭일시의 변경을 구할 수 있고, 이와 같은 경우에는 노동조합 측이 사용자의 교섭일시 변경 요구를 수용하였는지 여부에 관계없이 사용자가 노조 제안 일시에 단체교섭에 응하지 아니하였다 하더라도 사용자의 단체교섭 거부에 정당한 이유가 있다고 할 것이나..."

> **제81조(부당노동행위)** ① **사용자**는 다음 각 호의 어느 하나에 해당하는 행위(이하 "不當勞動行爲"라 한다)를 할 수 없다.
> 3. 노동조합의 대표자 또는 노동조합으로부터 위임을 받은 자와의 단체협약체결 기타의 단체교섭을 정당한 이유없이 거부하거나 해태하는 행위

노조법은 사용자뿐만 아니라 노동조합에게도 성실교섭의무를 부과함으로써 노사가 자율과 책임을 기초로 성실하게 교섭에 응하도록 하였다. 노동조합의 불성실한 교섭 태도로 단체교섭이 원만하게 진행될 가능성이 없는 경우에는 사용자가 이를 거부할 수 있다고 보아야 하며, 이 경우, 부당노동행위가 성립하지 않는다.[5)]

즉, 성실교섭의무는 당사자 쌍방에 부과된 것이며, 일방이 이를 위반하면 상대방이 교섭을 거부 · 해태할 수 있는 정당한 이유가 된다. 특히, 사용자 측의 위반은 부당노동행위가 된다. 노동조합의 성실교섭의무는 노조법이 창설한 것이지만, 사용자의 성실교섭의무는 단체교섭권 보장에 따른 헌법상 효과를 확인하는 성질을 가진다.[6)]

2. 단체교섭 거부의 정당성 판단

단체교섭을 시작하려면 최소한 교섭의 일시 · 기간 · 장소 · 인원수 등이 미리 결정되어야 한다. 흔히 노동조합에서 먼저 이들에 관한 내용을 담은 단체교섭 요구서를 제안하고, 사용자가 여기에 이의가 있으면 대화를 통해 합의하는데, 이러한 대화나 합의도 단체교섭의 일종이므로 성실교섭 의무의 대상이 된다.[7)]

성실교섭의무는 합의의 가능성을 모색하기 위해 **진지하게 노력할 의무**를 말하며, 상대방의 요구를 수용할 의무까지 지는 것은 아니다. 사용자의 불성실한 교섭은 정당한 이유 없는 교섭 거부 · 해태로서 부당노동행위에 해당하므로 실제 성실교섭의무 위반 여부는 주로 사용자의 부당노동행위 성립과 관련하여 문제가 된다. 성실교섭의무 위반 여부는 **교섭의 수제, 교섭의 목적과 대상 사항**, **교섭의 절차와 태양 등** 여러 사정을 종합적으로 고려하여 개별적 · 구체적으로 판단해야 한다.[8)]

---

5) 김형배 · 박지순, 「노동법강의」, 신조사, 2023, 574-575면 참고.
6) 임종률 · 김홍영, 「노동법」, 박영사, 2024, 136면
7) 임종률 · 김홍영, 「노동법」, 박영사, 2024, 138면.
8) 이철수, 「노동법」, 현암사, 2023, 497-499면 참고. 사용자는 노동조합의 요구사항을 수락할 의무는 없으나, 합의에 도달하기 위한 최선의 노력을 다할 의무가 있다. 노동조합이 필요한 정보의 제공이나 필요한 설명을 요구하면 사

단체교섭의 방법이나 태도에 관한 분쟁을 예방하기 위하여 사전에 교섭담당자 · 출석 인원 · 일시 · 장소 등을 미리 합의하거나 관행이 형성되어 있을 수 있다. 사용자는 교섭권한이 있는 담당자가 선임되어 교섭체제가 정비될 때까지 교섭을 거부할 수 있으며, 노동조합이 합의된 절차나 관행을 중대하게 위반하여 단체교섭을 요구하는 경우에도 이를 거부할 수 있다. 노동조합이 어느 일시를 특정하여 사용자에게 단체교섭을 요구한 경우, 사용자도 교섭 사항의 변경을 구할 수 있으므로 요구한 일시에 응하지 않더라도 단체교섭거부의 정당한 이유가 있다고 보아야 한다. 다만, 대상판결처럼 사용자가 합리적 이유 없이 또는 의사 표명 없이 노동조합이 요구한 일시에 응하지 않는 경우는 정당한 이유를 인정하기 어렵다.[9]

Ⅳ. 결론

대상판결은 단체교섭 거부 · 해태에 관하여 성실교섭의무 위반 및 부당노동행위라고 판시했다. 사용자는 쟁의행위로 인한 직장폐쇄 상태에 있었던 점, 단체교섭 요구에 상급단체인 연맹이 표기되어 있어 교섭 주체가 불명확하다는 점 등을 근거로 단체교섭을 거부하였고, 의사표시 없이 교섭일시의 변경을 요구하기도 하였다.

대법원은 이를 정당한 이유로 인정하지 않았고, 단체교섭 거부의 부당노동행위라고 판단했다. 사용자가 교섭을 거부하면서 특별한 사유를 제시하지 않은 적이 있었고, 단체교섭거부의 횟수가 4회에 이르는 점이 판단에 영향을 미친 것으로 추정된다.

용자는 원칙적으로 이에 응할 의무가 있다. 쟁의행위 중이라는 이유만으로 사용자의 성실교섭의무가 면제되거나 교섭거부가 정당화되지는 않는다. 노동조합과 합의에 도달하면 사용자는 단체협약을 체결할 의무가 있다.

9) 김형배 · 박지순, 「노동법강의」, 신조사, 2023, 576면.

[20] 공정대표의무*

(대법원 2018. 8. 30. 선고 2017다218642 판결)

기초지식

☑ 과거 노동조합의 조직 형태를 기업별 단위노조로 제한한 시기가 있었고, 이후에도 장기간 사업 또는 사업장 내 복수노조 설립이 제한되었음1)

☑ 이후, 복수노조의 설립이 허용되었으나, 사용자의 부담을 줄이기 위하여 교섭창구를 하나로 통일하는 '교섭창구 단일화 제도'가 함께 시행됨. 이에 따라 사용자가 특별히 원하는 경우를 제외하면 개별 교섭이 제한되고, 교섭창구 단일화를 의무적으로 거쳐야 함

☑ 문제는 소수노조의 교섭권 행사의 제한임. 노조법은 이를 고려하여, 공정대표의무를 규정하고 있으며 사용자와 교섭대표노조가 다른 노동조합을 차별하지 않도록 함

☑ 연합단체에 가입한 규모가 큰 노동조합은 통상 [**총연합단체 – 연합단체 – 단위노조 – 지부 – 지회 – 분회**]로 조직되어 있는데, 사안에서 조직 규모와 조합원 수가 큰 산별노조(A노조)는 개별 사업장의 조직 단위를 분회로 하였고, 이보다 규모가 작은 지역별 노조(B노조)는 개별 사업장의 조직 단위를 지부로 한 것으로 보임. 다만, 하부 조직에 관계없이 노동3권 행사의 주체는 원칙적으로 단위노조(산별노조 또는 지역별 노조)가 됨

Ⅰ. 논의의 배경과 쟁점

노동조합은 개별적으로 「헌법」상 노동3권을 행사할 수 있다. 다만, 복수노조 허용 단계에서 이를 제한없이 허용할 경우, 사업장 내에 설립된 다수의 노동조합으로부터 교섭 요구를 받아 교섭에 임해야 하는 사용자의 부담이 증가할 우려가 제기되었다.2) 현행 노조법은 이를 고려하여 교섭창구 단일화 제도와 공정대표의무를 규정하고 있다. 교섭창구 단일화 제도는 사업 또는 사업장에 복수의 노조가 설립되어 있더라도, 교섭요구 창구를 하나로 통일하도록 한 것으로, ① 사용자가 원하는 경우 개별 교섭 → ② 자율적 결정 → ③ 과반수 노조에 교섭대표노조 지위 인정 → ④ 공동교섭대표단 결성(노동위원회의 조합원 수를 고려한 결성)에 따라서 확정

---

* 2025. 8. 핵심판례에서 제외되었다.

1) 제한의 근거는 노조의 난립으로 인한 혼란을 방지하고, 교섭 등에 소요되는 비용을 줄이기 위함인데, 이는 주로 사용자 측 사정을 고려한 것으로 헌법상 기본권 보장 취지에 맞지 않는 측면이 있었다.

2) 실제로 개별 교섭을 인정하거나 시행해본 경험이 없으므로, 이러한 우려가 실제로도 성립될 수 있는지에 대해서는 견해가 대립하고 있다.

된다. 한편, 공정대표의무는 교섭대표노조와 사용자가 교섭창구 단일화 절차에 참여하였으나, 교섭대표노조가 되지 못한 노동조합을 차별하지 않을 의무를 의미한다.

Ⅱ. 대상판결 분석

1. 사실관계

피고들은 대전지역에서 시내버스 운수사업을 행하는 회사들이고 원고 A노조는 전국의 공공・운수・사회서비스 업무에 종사하는 근로자를 조직대상으로 하는 전국단위 산별노조(상급단체 민주노총)로서 피고들 사업장에 분회를 설립하였다. 한편 B노조는 대전지역 버스 근로자들을 조직대상으로 하여 설립된 노조(상급단체 한국노총)로 피고들 사업장에 지부를 설립했다. 피고들과 교섭대표 노조인 B노조 지부는 2014. 5. 원고 A노조 분회의 대표자들도 **근로시간 면제 대상**에 포함하는 내용의 새로운 합의서를 작성하였다.[3] 그런데 피고들과 B노조 지부가 A노조 분회의 대표자들도 근로시간 면제 대상에 포함시키는 합의서를 작성하면서도 적용 시점을 6. 1.부터로 정하자, A노조는 적용 시점을 소급하지 않은 것은 공정대표의무 위반이라고 주장하며 지노위에 시정을 신청하였다. 지노위는 공정대표의무 위반이 아니라고 판정했으나, 중노위는 지노위 결정을 취소하고 공정대표의무 위반이라고 판단했다.

한편, 피고들과 B노조 지부는 **노조 사무실 제공** 등과 관련하여 "회사는 경영상태, 시설 형편 등 제반 여건을 종합적으로 고려하여 회사는 노동조합에게 사무실 및 비품 그리고 필요한 통신 시설을 대여하도록 한다."라고 합의했다.[4] 이 사건 지노위 결정 당시 피고 C교통, D교통, E여객은 원고 분회에 사무실을 제공했고, F교통운수는 소 제기 이후 원고 분회에 노조 사무실 등을 제공함에 따라 노조 사무실 등을 제공하지 않고 있는 회사들은 피고 G버스, H운수, I교통이며, A노조 분회 조합원 수 비율은 각 9%, 2%, 6%였다.

---

3) A노조 분회의 대표자들은 근로시간 면제제도가 시행된 2010. 7. 1. 이래 단체협약에 규정이 없다는 등의 이유로 근로시간 면제한도를 적용받지 못한 반면, 교섭대표노조인 B노조 지부는 2011년도 단체협약 제40조의 효력연장 규정에 근거하여 교섭창구단일화 이후에도 2014. 5. 30.자 합의 체결 시까지 연 2,000시간씩 근로시간 면제한도를 적용받아 왔다.

4) 이에 앞서, 피고들과 이 사건 B노조 지부는 2013년도 단체협약 체결을 위한 교섭을 하면서 노조 사무실 등의 제공과 관련하여, "교섭대표노조에게만 사무실 및 비품 그리고 필요한 통신 시설을 대여한다"고 합의했는데, 지노위는 공정대표의무 위반이라고 판정했다. 판정 이후, 피고들과 이 사건 B노조 지부는 "회사의 경영상태, 시설 형편 등 제반 여건을 종합적으로 고려하여 회사는 교섭대표노조에게 사무실 및 비품 그리고 필요한 통신 시설을 대여하도록 한다"고 수정하여 합의하였지만, 지노위는 이 역시 공정대표의무 위반이라고 판정했다.

2. 당사자의 주장

원고는 G버스, H운수, I교통이 원고 A노조 분회를 위해 사업장 내 적당한 장소에 노조 사무실과 비품을 제공하고 필요한 통신 시설을 대여할 의무가 있으므로, 노조 사무실과 비품 및 필요한 통신 시설의 대여를 주장했다.

또한, 근로시간면제를 소급해서 적용하지 않은 것과 노조 사무실 미제공(과거 원고 노조 배제 부분)에 대하여 정신적 손해에 대한 손해배상청구를 하였다.

3. 하급심 법원의 판단

1심 법원[5]은 개정된 단체협약이 "회사는 경영상태, 시설 형편 등 제반여건을 종합적으로 고려하여 노동조합에 사무실 등을 대여하도록 한다"라고 규정하고 있을 뿐 회사가 노조에 제공할 사무실 등의 범위, 제공 방법 등에 관한 어떠한 구체적인 사항도 규정하고 있지 않으므로 위 문언에서 곧바로 특정한 노조 사무실 등을 제공할 구체적인 의무가 도출된다고는 볼 수 없는 점, 공정대표의무는 기계적인 평등을 의미하는 것은 아니므로 합리적인 이유가 있으면 차별적으로 취급할 수도 있는 점, 손실을 감수하고 새롭게 사무실 등을 마련해서 제공할지 아니면 기존 노조 사무실을 공동으로 사용하게 할지 결정권이 있는 점, 이에 대해서 B노조 지부와 협의가 필요한 점, 원고가 이에 관한 협의를 거절한 점 등을 근거로 노조 사무실 등의 청구가 이유 없다고 판단했다. 다만, 손해배상청구와 관련하여 **교섭대표노조에게만** 근로시간 면제를 제공하면서 대상조치를 취하지 않은 것과 **사무실 제공 여지를 원천적으로 배제**한 부분(이전에 체결된 단체협약의 내용)에 대하여 손해배상을 인정하였다. 원심[6]도 동일한 취지로 피고들의 항소를 모두 기각했다.

4. 대법원판결

교섭창구 단일화 제도하에서 교섭대표노조가 되지 못한 노동조합은 독자적으로 단체교섭권을 행사할 수 없으므로, 노조법은 교섭대표노조가 되지 못한 노동조합을 보호하기 위해 사용자와 교섭대표노조에게 교섭창구 단일화 절차에 참여한 노동조합 또는 그 조합원을 합리적

---

5) 대전지방법원 2016. 10. 19. 선고 2016가합100052 판결.
6) 대전고등법원 2017. 2. 16. 선고 2016나16038 판결.

이유 없이 차별하지 못하도록 공정대표의무를 부과하고 있다(제29조의4 제1항). 공정대표의무는 **헌법이 보장하는 단체교섭권의 본질적 내용이 침해되지 않도록 하기 위한 제도적 장치**로 기능하고, 교섭대표노조와 사용자가 체결한 **단체협약의 효력이 교섭창구 단일화 절차에 참여한 다른 노동조합에게도 미치는 것을 정당화**하는 근거가 된다.

이러한 공정대표의무의 취지와 기능 등에 비추어 보면, 공정대표의무는 단체교섭의 **과정**이나 그 **결과물인 단체협약의 내용**뿐만 아니라 **단체협약의 이행과정**에서도 준수되어야 한다고 봄이 타당하다. 또한 교섭대표노조나 사용자가 교섭창구 단일화 절차에 참여한 다른 노동조합 또는 그 조합원을 차별한 것으로 인정되는 경우, 그와 같은 차별에 합리적인 이유가 있다는 점은 교섭대표노조나 사용자에게 주장 · 증명책임이 있다.

노동조합의 존립과 발전에 필요한 일상적인 업무가 이루어지는 공간으로서 노동조합 사무실이 가지는 중요성을 고려하면, 사용자가 단체협약 등에 따라 교섭대표노조에 상시적으로 사용할 수 있는 노동조합 사무실을 제공한 이상, 특별한 사정이 없는 한 교섭창구 단일화 절차에 참여한 다른 노동조합에도 반드시 일률적이거나 비례적이지는 않더라도 상시적으로 사용할 수 있는 일정한 공간을 노동조합 사무실로 제공하여야 한다고 봄이 타당하다. 이와 달리 교섭대표노조에는 노동조합 사무실을 제공하면서 교섭창구 단일화 절차에 참여한 다른 노동조합에는 물리적 한계나 비용 부담 등을 이유로 노동조합 사무실을 전혀 제공하지 않거나 일시적으로 회사 시설을 사용할 수 있는 기회를 부여하였다고 하여 차별에 합리적인 이유가 있다고 볼 수 없다.

Ⅲ. 판결의 주요 쟁점

1. 교섭창구 단일화 절차

1997년 제정 노조법은 노동조합의 자유설립주의를 규정하였으나(제5조), 부칙에서 복수노조의 설립을 제한하였다. 이후 2010년 개정으로 사업 또는 사업장 단위에서도 복수노조를 자유롭게 설립할 수 있게 되면서, 교섭창구단일화 절차를 적용했다. 교섭창구단일화 제도는 기업 단위에서 복수노조의 단체교섭권 행사 방법과 절차를 제도적으로 조정하여 교섭대표노조가 교섭권을 행사하도록 하는 것을 내용으로 한다. 따라서 그 성격상 일부 노조의 교섭권이 제한되는 결과가 발생할 수밖에 없다. 헌법재판소[7]는 현행 교섭창구단일화 제도가 단체교섭권을 침해하지 않는다고 판시한바 있다.[8]

노조법 제29조의2(교섭창구 단일화 절차) ① 하나의 사업 또는 사업장에서 조직형태에 관계없이 근로자가 설립하거나 가입한 노동조합이 2개 이상인 경우 노동조합은 노동조합(2개 이상의 노동조합 조합원을 구성원으로 하는 교섭대표기구를 포함한다. 이하 같다)을 정하여 교섭을 요구하여야 한다. 다만, 제3항에 따라 교섭대표노동조합을 자율적으로 결정하는 기한 내에 **사용자가 이 조에서 정하는 교섭창구 단일화 절차를 거치지 아니하기로 동의한 경우**에는 그러하지 아니하다.

② 제1항 단서에 해당하는 경우 **사용자는 교섭을 요구한 모든 노동조합과 성실히 교섭하여야 하고, 차별적으로 대우해서는 아니 된다**.

③ 교섭대표노동조합 결정 절차(이하 "교섭창구 단일화 절차"라 한다)에 참여한 모든 노동조합은 대통령령으로 정하는 기한 내에 **자율적**으로 교섭대표노동조합을 정한다.

④ 제3항에 따른 기한까지 교섭대표노동조합을 정하지 못하고 제1항 단서에 따른 사용자의 동의를 얻지 못한 경우에는 교섭창구 단일화 절차에 **참여한 노동조합의 전체 조합원 과반수로 조직된 노동조합**(2개 이상의 노동조합이 위임 또는 연합 등의 방법으로 교섭창구 단일화 절차에 참여한 노동조합 전체 조합원의 과반수가 되는 경우를 포함한다)이 교섭대표노동조합이 된다.

⑤ 제3항 및 제4항에 따라 교섭대표노동조합을 결정하지 못한 경우에는 교섭창구 단일화 절차에 참여한 모든 노동조합은 **공동으로 교섭대표단**(이하 이 조에서 "공동교섭대표단"이라 한다)을 구성하여 사용자와 교섭하여야 한다. 이 때 공동교섭대표단에 참여할 수 있는 노동조합은 그 조합원 수가 교섭창구 단일화 절차에 참여한 노동조합의 전체 조합원 100분의 10 이상인 노동조합으로 한다.

⑥ 제5항에 따른 공동교섭대표단의 구성에 합의하지 못할 경우에 노동위원회는 해당 노동조합의 신청에 따라 **조합원 비율**을 고려하여 이를 결정할 수 있다.

제29조의3(교섭단위 결정) ① 제29조의2에 따라 교섭대표노동조합을 결정하여야 하는 단위(이하 "교섭단위"라 한다)는 하나의 사업 또는 사업장으로 한다.

② 제1항에도 불구하고 하나의 사업 또는 사업장에서 현격한 근로조건의 차이, 고용형태, 교섭 관행 등을 고려하여 **교섭단위를 분리하거나 분리된 교섭단위를 통합**할 필요가 있다고 인정되는 경우에 노동위원회는 노동관계 당사자의 양쪽 또는 어느 한쪽의 신청을 받아 교섭단위를 분리하거나 분리된 교섭단위를 통합하는 결정을 할 수 있다.

---

7) 헌법재판소 2012. 4. 24.자 2011헌마338 전원합의체 결정 "소수 노동조합도 교섭대표노조를 정하는 절차에 참여하게 하여 교섭대표노조가 사용자와 대등한 입장에 설 수 있는 기반이 되도록 하고 있으며, 그러한 **실질적 대등성의 토대 위에서 이뤄낸 결과를 함께 향유하는 주체**가 될 수 있도록 하고 있으므로 노사대등의 원리 하에 적정한 근로조건의 구현이라는 단체교섭권의 실질적인 보장을 위한 불가피한 제도라고 볼 수 있다. 더욱이, 사용자의 동의가 있는 경우에는 **자율교섭**도 가능하도록 하고 있고, 노동조합 사이에 현격한 근로조건 등의 차이로 교섭단위를 분리할 필요가 있는 경우에는 **교섭단위를 분리**할 수 있도록 하는 한편, 교섭대표노조가 되지 못한 소수 노동조합을 보호하기 위해 사용자와 교섭대표노조에게 **공정대표의무**를 부과하여 교섭창구단일화를 일률적으로 강제할 경우 발생하는 문제점을 보완하고 있다."

8) 이철수, 「노동법」, 현암사, 2023, 500-501면 참고.

한편, 하나의 사업 또는 사업장에서 노무를 제공하는 근로자들이 동종 업종에 종사함에도 별개의 노동조합 소속이라는 이유로 다른 단체협약의 적용을 받는 것은 불합리한 측면이 있다. 교섭창구를 단일화함으로써 근로조건을 통일하고 단체교섭을 효율화할 수 있을 뿐 아니라, 복수의 노동조합 사이의 마찰을 피하고 사용자와 노동조합들 사이의 복잡한 관계를 조화시키는 효과가 있다.[9]

2. 근로시간 면제(Time Off)

노조법은 사용자로부터 급여를 지급받으면서 근로를 제공하지 않고 노조 업무에 종사하는 자에 대하여, 소정의 근로시간 면제 한도를 초과하지 않는 범위에서 임금 손실 없이 사용자와의 협의·교섭 등의 업무를 할 수 있도록 허용하고 있다.

> **노조법 제24조(근로시간 면제 등)** ① 근로자는 단체협약으로 정하거나 사용자의 동의가 있는 경우에는 사용자 또는 노동조합으로부터 급여를 지급받으면서 근로계약 소정의 근로를 제공하지 아니하고 노동조합의 업무에 종사할 수 있다. 〈개정 2021. 1. 5.〉
> ② 제1항에 따라 사용자로부터 급여를 지급받는 근로자(이하 "근로시간면제자"라 한다)는 사업 또는 사업장별로 종사근로자인 조합원 수 등을 고려하여 제24조의2에 따라 결정된 근로시간 면제 한도(이하 "근로시간 면제 한도"라 한다)를 초과하지 아니하는 범위에서 임금의 손실 없이 **사용자와의 협의·교섭, 고충처리, 산업안전 활동 등 이 법 또는 다른 법률에서 정하는 업무와 건전한 노사관계 발전을 위한 노동조합의 유지·관리업무**를 할 수 있다.
> ③ 사용자는 제1항에 따라 노동조합의 업무에 종사하는 근로자의 정당한 노동조합 활동을 제한해서는 아니 된다.
> ④ 제2항을 위반하여 근로시간 면제 한도를 초과하는 내용을 정한 단체협약 또는 사용자의 동의는 그 부분에 한정하여 무효로 한다.

노동조합이 기업 내 조합업무를 수행하기 위해서는 취업 시간 활용이 불가피하고, 사용자는 노사관계의 원활한 유지 및 협력적 노사관계 구축을 위하여 일정한 시간 범위를 정하여 임금 상실 없는 조합업무 수행을 지원할 필요가 있다. 이는 기업별 노동조합을 중심으로 하는 우리 노사관계 현실에서 헌법상 노동3권 보장 취지에도 부합하는 것이다.[10] 또한, 근로시간 면제 제도는 회사가 책임져야 할 노무관리의 일부분을 노조가 분담하여 경영의 효율성 제고에

9) 김형배·박지순, 「노동법강의」, 신조사, 2023, 552면.
10) 박지순, "근로시간면제제도의 법적 쟁점", 노동법포럼 제5호, 2010, 10면.

기여하는 측면도 있다.[11] 이에 따라 근로시간면제 한도 내에서는 사용자가 근로시간 면제자의 임금을 지급하는 것을 허용하되, 사용 사유나 시간을 초과하는 경우 이를 무효로 한다. 근로시간면제 한도의 위반은 경우에 따라 사용자의 부당노동행위가 될 수 있다.[12]

3. 공정대표의무

교섭창구 단일화 제도하에서 교섭대표 노조만 독자적으로 단체교섭권을 행사할 수 있으므로 노조법은 교섭대표 노조가 되지 못한 노동조합과 조합원을 보호하기 위하여 공정대표의무를 규정하고 있다. 특기할 점은, 공정대표의무는 사용자뿐만 아니라 교섭대표 노조의 의무이기도 하다는 점이다.

> 第29조의4(공정대표의무 등) ① **교섭대표노동조합**과 **사용자**는 교섭창구 단일화 절차에 참여한 노동조합 또는 그 조합원 간에 합리적 이유 없이 차별을 하여서는 아니 된다.
> ② 노동조합은 교섭대표노동조합과 사용자가 제1항을 위반하여 차별한 경우에는 그 행위가 있은 날(단체협약의 내용의 일부 또는 전부가 제1항에 위반되는 경우에는 단체협약 체결일을 말한다)부터 3개월 이내에 대통령령으로 정하는 방법과 절차에 따라 노동위원회에 그 시정을 요청할 수 있다.
> ③ 노동위원회는 제2항에 따른 신청에 대하여 합리적 이유 없이 차별하였다고 인정한 때에는 그 시정에 필요한 명령을 하여야 한다.

공정대표의무는 헌법이 보장하는 단체교섭권의 본질적 내용이 침해되지 않게 하는 제도적 장치로 기능하고, 교섭대표노조와 사용자가 체결한 **단체협약의 효력이 교섭창구단일화 절차에 참여한 다른 노동조합에게 미치는 것을 정당화하는 근거**가 된다. 교섭대표노조나 사용자가 교섭창구단일화 절차에 참여한 다른 노동조합 또는 그 조합원을 차별한 것으로 인정되는 경우, 그와 같은 차별에 합리적인 이유가 있다는 점은 교섭대표노조나 사용자에게 그 주장·증명책임이 있다. 공정대표의무 위반에 대해서는 민사상 불법행위책임을 물을 수 있고,[13] 노동위원회나 행정소송에서 확정된 구제명령에 위반한 자에 대해서는 벌칙이 적용된다.[14] 교섭창

---

11) 문무기, "노조법상 근로시간면제제도 시행 이후의 법리적 쟁점", 법과 정책연구 제11집 제4호, 2011, 21면.
12) 노조법 제81조 제4호의 운영비 원조 행위.
13) 이철수, 「노동법」, 현암사, 2023, 508-509면 참고.
14) 第89조(벌칙) 다음 각 호의 어느 하나에 해당하는 자는 3년 이하의 징역 또는 3천만원 이하의 벌금에 처한다.
  2. 第85조第3항(제29조의4제4항에서 준용하는 경우를 포함한다)에 따라 확정되거나 행정소송을 제기하여 확정된 구제명령에 위반한 자

구를 단일화하는 기본목적은 하나의 사업 또는 사업장 내에 서로 다른 내용의 단체협약이 적용되는 불합리한 사태를 방지하려는데 있으므로 교섭대표 노조와 사용자가 공정대표의무를 부담하는 것은 당연한 것이다.[15] 공정대표의무 위반 사례로는 단체협약의 내용과 관련하여 근로시간 면제를 교섭대표노조에게만 인정한 경우(대법원 2018. 12. 27. 선고 2016두41224판결), 노동조합 사무실을 전혀 제공하지 않거나 일시적으로 회사 시설을 사용할 기회만 부여한 경우(대법원 2018. 8. 30. 선고 2017다218642판결), 복지기금을 다른 노동조합에 분배하지 않은 경우 등이 있다.[16]

Ⅳ. 결론

교섭창구 단일화 제도는 소수노조의 노동3권을 제한하는 측면이 있다. 노조법은 이러한 문제를 고려하여, 공정대표의무와 교섭단위 분리 제도를 두고 있다. 대상판결은 단체협약의 내용 중 노동조합 사무실의 부여와 근로시간면제 배분과 관련하여 일정한 기준을 제시하였다. 이에 따르면 교섭대표노조에게만 노동조합 사무실을 제공하기로 합의한 것은 합리적 이유 없이 교섭대표노조와 다른 노동조합을 차별한 것이다. 한편, 교섭대표노조에게만 근로시간 면제를 인정한 것 역시 합리적 이유없는 차별이라고 판단했다.

---

15) 김형배 · 박지순, 「노동법강의」, 신조사, 2023, 559면.
16) 이철수, 「노동법」, 현암사, 2023, 509-510면 참고.

[21] 절차적 공정대표의무

(대법원 2020. 10. 29. 선고 2017다263192 판결)

기초지식

☑ 통상 노동조합의 하부 구조는 **[지부-지회-분회]**로 구성되어 있는데, 규모가 큰 산별노조의 경우 지역별 지부, 기업별 지회/분회로 구성되는 경우가 많음. 하나의 사업 또는 사업장을 기준으로 하면, 산별노조의 지회 · 분회와 기업별 단위노조가 유사한 수준이나 법적 지위는 다름.

☑ 교섭안의 타결 시점에 조합원의 의견을 묻는 '인준투표제'나 총회를 통한 의사 확인이 필요한 경우 경우가 있음. 이는 통상 노동조합의 규약에 따라 내부 통제를 받는데, 노동조합을 달리하는 경우 어떻게 적용될 것인지에 대한 규정과 근거가 없어, 실무적으로 교섭대표 노조는 소속 조합원만을 대상으로 인준투표제 등을 실시하는 경우가 많음

Ⅰ. 논의의 배경과 쟁점

교섭창구 단일화 절차를 거쳐 교섭대표노조가 결정되면, 교섭대표노조가 교섭에 참여한 전체 노동조합 및 조합원을 대표하여 교섭을 진행하고, 교섭 결과물인 단체협약은 교섭창구 단일화 절차에 참여한 전체 노동조합 및 조합원에게 적용된다. 문제는 사용자와 교섭대표노조의 교섭 내용에 대하여, 다른 소수노조가 접근하거나 정보를 공유받을 뚜렷한 법적 근거가 없다는 점이다. 교섭 의제에 대하여 교섭대표노조와 소수노조의 의견이 다른 경우나 교섭대표노조와 소수노조의 경쟁이 심한 경우에는 이러한 정보 제한 문제가 심하게 발생할 수 있다.

대상판결은 이러한 상황에서 교섭대표노조가 교섭을 진행하는 과정에서 취득한 정보의 공유, 주요 교섭 의제 결정, 최종 교섭안의 확정과 관련하여 소수노조를 어떻게 대우해야 하는지를 절차적 공정대표의무 준수 관점에서 판시했다.

Ⅱ. 대상판결 분석

1. 사실관계

피고들은 각각 주식회사 C, M, F, S, V, X, Z 사업장에 설립된 기업별 노동조합이고, 원고는 금속 관련 산업에 종사하는 근로자를 조직대상으로 하여 설립된 전국 단위 산업별 노조다. 원고는 위 사업장에 각각 지회를 두고 있다.[1] 원고 지회와 피고들은 각각 사용자에게 단체협약 체결을 위한 단체교섭을 요구하였다. 노조법에 따라 교섭창구 단일화 절차를 거친 결과, 피고들이 교섭대표노조로 확정되었다. 피고들은 교섭대표노조로서 사용자와 2014년 단체협약을 체결하였고, 이는 소수노조인 원고 지회에도 효력을 미쳤다. 사업장별 구체적인 교섭 경과는 다음과 같다.

- 피고 **B노조**는 C와 단체협약을 체결하면서 원고 지회의 단체협약 요구안 중 일부만을 단체협약에 반영하였다. B노조는 단체교섭 과정에서 원고 지회의 의견을 수렴하지 않았고 단체교섭의 경과나 내용을 제대로 설명하지 않았다. B노조는 원고 지회 조합원을 배제한 채 피고 B노조 조합원만을 대상으로 잠정합의안에 관한 찬반투표를 시행한 다음 이를 기초로 단체협약을 체결하였다.

- 피고 **D노조**는 M과 잠정합의안을 마련하였고, 원고 지회 대표자와 D노조 대표자는 대표자 회의를 열어 이를 의논했다. 원고 지회는 잠정합의안에 관한 찬반투표를 함께 진행하자고 제안했지만, D노조는 이를 거부했다. D노조는 단체교섭 과정, 잠정합의안 마련 사실 등을 소식지에 게재한 다음 공개된 장소에 비치하였다.[2]

- 피고 **E노조**는 원고 지회의 요구를 반영한 요구안과 교섭 방향 등을 담은 공문을 원고 지회에 보냈다. 원고 지회는 E노조에 교섭회의록 제출 및 간담회 개최를 요구했지만, E노조는 교섭전략상 수용하기 어렵다며 거부했다. 다만, E노조는 F와 합의한 일부 내용을 원고 지회에 통보했고, 홍보물 등을 통하여 교섭 내용을 알렸다. E노조는 F와 잠정합의안을 마련한 다음 원고 지회에 의견을 요구했다. 다만, 찬반투표에 관한 원고 지회의 참여권 보장 요구에 대해서 거부하고 원고 지회의 찬반투표 결과를 알려달라 했다.[3] 3차 잠정합의안을 거쳐 E노조와 F는 단체협약을 체결했다.

1) 원래 위 사업장에는 원고 지회만이 노동조합 활동을 하였지만, 복수노조 허용 이후 원고 지회에서 탈퇴한 조합원 등이 피고 기업별 노동조합들을 설립하였다. 피고에 가입된 조합원 수가 원고 지회보다 많아지면서, 각 사업장에서 피고들이 이른바 '다수노조'의 지위를 확보하게 되었다.

- 피고 **G노조**는 조합원만을 대상으로 잠정합의안 투표를 실시하고, 원고 소속 조합원은 참여시키지 않았다. 원고가 피고 G노조에게 원고의 단체교섭요구안을 보냈음에도 어떠한 응답도 원고에게 해주지 않았고, 최종적으로 마련한 단체교섭요구안을 원고에게 알려주거나 설명해 주지도 않았으며, 원고의 요청에도 불구하고 2014년 단체교섭을 진행하는 과정도 전혀 알려주지 않았다.

- 원고는 피고 **H노조**에 단체협약 요구안을 전달하였다. H노조는 소식지 등을 통하여 교섭 과정을 알렸다.[4] H노조는 잠정합의안을 마련한 후, 별도로 찬반투표를 실시하기로 하고 원고 지회 조합원의 투표 결과는 별도로 판단하겠다고 했다. H노조 조합원수 과반수가 찬성했으나, 원고 지회 조합원의 찬반 의견은 별도로 취합하지 않았고 H노조는 S와 단체협약을 체결했다.

- 피고 **I노조**는 원고 지회에 I노조의 총회 개최 사실을 알리면서 참석을 요청했으나, 원고 지회는 총회에 참석하지 않았다. 교섭 중 I노조는 3회에 걸쳐 각각 교섭 진행 경과 보고회를 개최하였는데, 원고 지회에 개최 사실을 알렸는지는 명확하지 않다. I노조는 점심시간에 휴게실에서 설명회를 개최하였으나, 원고 지회 대표자 등은 참석하지 않았다. I노조는 잠정합의안을 마련한 다음, 확대간부회의에서 심의 · 의결하고 단체협약을 체결했다. 하지만, 원고 지회에 이러한 사실을 알리지 않았고, 원고 지회는 사용자인 V를 통하여 비로소 단체협약 체결 사실과 해당 내용을 확인하였다.

- 피고 **J노조**는 매 교섭 직후 '회의 일자와 장소, 단체협약 요구안', 회의록과 합의 내용을 공고했다. 또한, 원고 지회에 매 교섭 결과를 담은 회의록을 전달하였다. 원고 지회는 J노조에 협의를 요구했으나, J노조는 이에 응하지 않았다. J노조는 잠정합의안을 마련하여 공고하였고, J노조는 소속 조합원만 찬반투표에 참여하여 과반수 찬성을 확인하고 X와 임금협약을 체결하였다.

- 원고 지회는 피고 **K노조**에게 '단체교섭 중단을 요구하면서 단체협약 및 임금협약 요구안을 제공할 것, 요구안의 내용과 확정, 교섭 과정을 설명해 줄 것'을 요구했으나, K노조는 이를 거부하였다. K노조는 Z와 잠정합의안을 마련한 다음, K노조 조합원만을 상대로 찬반투표를 시행하였다. 피고 K노조는 원고 지회에 잠정합의안 마련 사실, 잠정합의안 내용, 찬반투표 시행 등을 알리지 않았다. K노조는 1심 이후 Z와 2014년 임금협약을 체결하였다.[5]

---

2) 특히 잠정합의안과 관련해서는 복수노조 사이에 논란이 되었던 정기상여금의 통상임금성에 관한 부분, 임금인상 부분, 단체협약 개정안의 내용을 자세히 설명하였다.

3) 노동조합 규약과 운영체제가 달라서 함께 진행할 수 없다는 점을 근거로 하였다. 원고 지회는 자체적으로 진행한 찬반투표 결과 3차 모두 조합원 모두 반대의견을 냈고, 원고 지회는 이를 E노동조합에게 통보했다.

4) 원고 지회의 소식지에도 피고 H노동조합에 의하여 진행된 교섭과정이나 내용이 소개되었다.

2. 당사자의 주장

원고 지회는 불법행위로 인한 정신적 고통에 따른 위자료 배상 청구를 하였고, 피고들이 사용자와 각 체결한 단체협약 및 임금협약이 무효라고 주장했다.[6)]

3. 하급심 법원의 판단

1심 법원[7)]은 B노조, D노조, H노조, J노조, K노조, 사용자C에 대한 청구를 인정하지 않았다. K노조의 경우, 1심 판결 시점에는 단체협약이 체결되지 않아 공정대표의무 위반으로 인정되지 않았다. 반면, E노조에 대해서는 단체협약 내용이 합리적 이유 없이 원고 지회를 차별했고,[8)] 교섭회의록 제출 및 간담회 개최 요구를 거절한 것이 절차적으로 합리적 이유 없이 원고 지회를 차별한 것이라고 판단했다. 다만, 잠정합의안 확정에 원고 소속 조합원을 참여시키지 않은 것은 공정대표의무 위반이 아니라고 보았다. G노조가 원고의 단체교섭요구안에 어떠한 응답도 해주지 않은 것, 진행 과정을 전혀 알려주지 않은 것은 합리적 이유없는 차별이라고 판단했다. I노조의 경우, 단체교섭요구안을 원고에게 전혀 알려준 바 없고, 단체교섭 일정 및 진행 과정도 전혀 알려주지 않다가 원고가 문제를 제기하자 협약 체결일 이틀 전에 답변한 점에서 원고를 합리적 이유 없이 차별했다고 보았다.[9)]

원심[10)]은 일부 결과를 달리했다. 세부적으로 E노조의 경우, 교섭회의록 제출 및 간담회 개최 요구 거부나, 그밖에 의견수렴 및 정보제공 의무를 이행하지 않은 점에 대한 판단을 달리하여 불법행위책임까지 물을 수 없다고 하였다. G노조는 1심 이후 소송 절차에서 제외된 것으로 파악된다. I노조에 대해서는 결과를 유지하면서 보다 상세하게 불법행위에 대하여 판시했다.[11)] K노조의 경우, 원고 지회의 의견수렴절차를 전혀 이행하지 않았고 단체교섭 과정을 설

---

5) 이후 진행된 2014년 단체협약 체결과 관련하여, K노조는 원고 지회와 공동교섭을 진행하기로 하였다. K노조와 원고 지회는 2015. 1. 16. '양 노조는 Z와 공동교섭을 진행하고, 일방이 진행한 노사 합의안은 효력이 없다'라는 내용의 공동교섭 확약을 체결하였다.

6) 다만, 개별 노조가 처한 상황에 따라 위자료 배상 청구와 무효 주장은 사업장마다 차이가 있는 것으로 파악된다. 예를 들어, B노조의 경우 사용자인 C에게도 함께 청구했으나, 다른 사업장은 이러한 사정이 확인되지 않는다.

7) 서울중앙지방법원 2016. 7. 21. 선고 2014가합60526 판결.

8) 단체협약상 심의 및 결정, 노사협의, 노사 합의의 주체를 교섭대표노조로 한정하였고, 노동조합 창립기념일을 교섭대표노조의 창립기념일로 제한했다.

9) I노동조합의 경우, 근로시간면제 배분 역시 공정대표의무 위반이라는 지노위 판정이 있어, 손해배상의 근거로 인정되었다(내용 생략).

10) 서울고등법원 2017. 8. 18. 선고 2016나2057671판결.

명하지 않았던 점, 잠정합의안 마련 사실과 해당 내용을 설명하지 않았던 점, 원고 지회 조합원을 배제한 채 피고 K노조 조합원만을 상대로 잠정합의안에 관한 찬반투표를 시행한 다음 이를 기초로 임금협약을 체결하였던 점 모두 공정대표의무를 위반했다고 판단했다.[12)]

4. 대법원판결[13)]

노동법이 복수노조에 대한 교섭창구 단일화 제도를 도입하여 단체교섭 절차를 일원화하도록 한 것은, 복수노조가 독자적인 단체교섭권을 행사할 경우 발생할 수도 있는 노동조합 간 혹은 노동조합과 사용자 간 반목·갈등, 단체교섭의 효율성 저하 및 비용 증가 등의 문제점을 효과적으로 해결함으로써, **효율적이고 안정적인 단체교섭 체계를 구축**하는 데에 그 주된 취지 내지 목적이 있다(대법원 2017. 10. 31. 선고 2016두36956 판결, 대법원 2018. 8. 30. 선고 2017다218642 판결 등 참조).

공정대표의무는 헌법이 보장하는 단체교섭권의 본질적 내용이 침해되지 않도록 하기 위한 제도적 장치로 기능하고, 교섭대표노조와 사용자가 체결한 단체협약의 효력이 교섭창구 단일화 절차에 참여한 다른 노동조합에 미치는 것을 정당화하는 근거가 된다. 이러한 공정대표의무의 취지와 기능 등에 비추어 보면, 공정대표의무는 **단체교섭의 결과물**인 단체협약의 내용뿐만 아니라 **단체교섭의 과정**에서도 준수되어야 하고(대법원 2018. 8. 30. 선고 2017다218642 판결 등 참조), 교섭대표 노조로서는 단체협약 체결에 이르기까지의 단체교섭 과정에서도 소수노조를 절차 면에서 합리적인 이유 없이 차별하지 않아야 할 공정대표의무를 부담한다.

이에 따라 교섭대표노조가 단체교섭 과정에서 소수노조를 동등하게 취급하고 공정대표의무를 절차적으로 적정하게 이행하기 위해서는 기본적으로 **단체교섭 및 단체협약 체결에 관한 정보**를 소수노조에 적절하게 **제공하고 그 의견을 수렴**하여야 한다. 다만 단체교섭 과정의 동적인 성격 및 실제 현실 속에서 구현되는 모습, 노동조합법에 따라 인정되는 대표권에 기초하여 교섭대표노조 대표자가 단체교섭 과정에서 어느 정도의 재량권 등을 가지는 점 등을 고려

11) "기본적이면서 핵심적인 절차를 준수하지 않았고, 그 과정에서 원고 지회 또는 원고 지회 조합원이 자신의 **의사를 반영할 기회를 원천적으로 봉쇄**당하는 등 **의사 형성에 참여할 수 있는 권리를 본질적으로 침해**당하였던 점, 단체협약이 원고 지회 또는 원고 지회 조합원에게 미치는 영향 등을 고려하면, 피고 I노조의 행위는 '객관적 정당성을 상실하였다'고 인정할 수 있을 정도로 산업 또는 근로현장에서 일반적으로 요구되는 객관적 주의의무를 다하지 않은 것으로 평가되므로, 이는 불법행위를 구성한다."

12) 1심 이후 단체협약을 체결했기 때문이다.

13) 원고는 B노조, D노조, H노조, J노조에 대하여 상고했고(상고인 겸 피상고인), 피고 E노조와 K노조가 상고했다(상고인). 나머지 노동조합은 모두 제외된 것으로 파악된다.

하면, 교섭대표노조의 소수노조에 대한 이러한 정보제공 및 의견수렴 의무는 일정한 한계가 있을 수밖에 없다. 그러므로 교섭대표노조가 단체교섭 과정의 모든 단계에 있어서 소수노조에 일체의 정보를 제공하거나 그 의견을 수렴하는 절차를 완벽하게 거치지 아니하였다고 하여 곧바로 공정대표의무를 위반하였다고 단정할 것은 아니고, 이때 절차적 공정대표의무를 위반한 것으로 보기 위해서는 단체교섭의 전 과정을 전체적 · 종합적으로 고찰하여 기본적이고 중요한 사항에 관한 정보제공 및 의견수렴 절차를 누락하거나 충분히 거치지 아니한 경우 등과 같이 **교섭대표노조가 가지는 재량권을 일탈 · 남용함으로써 소수노조를 합리적 이유 없이 차별**하였다고 평가할 수 있는 정도에 이르러야 한다.

한편, 교섭대표노조가 사용자와 단체교섭 과정에서 마련한 단체협약 잠정합의안에 대하여 자신의 조합원 총회 또는 총회에 갈음할 대의원회의 찬반투표 절차를 거치는 경우, 소수노조의 조합원들에게 동등하게 그 절차에 참여할 기회를 부여하지 않거나 잠정합의안에 대한 가결 여부를 정하는 과정에서 그들의 찬반 의사를 고려 또는 채택하지 않았더라도 그것만으로는 절차적 공정대표의무를 위반하였다고 단정할 수 없다.

교섭대표노조의 대표자는 교섭창구 단일화 절차에 참여한 노동조합 및 조합원 전체를 대표하여 독자적인 단체협약체결권을 가지므로, 단체협약 체결 여부에 대하여 원칙적으로 소수노조나 그 조합원의 의사에 기속된다고 볼 수 없다. 교섭대표노조의 규약에서 잠정합의안에 대하여 조합원의 찬반투표를 거치도록 규정하고 있더라도, 이는 해당 교섭대표노조 소속 조합원들의 의사결정을 위하여 마련된 내부적인 절차일 뿐이지, 법률상 요구되는 절차는 아니다.[14]

Ⅲ. 판결의 주요 쟁점

1. 단체협약의 체결과 인준투표제

노조법은 노동조합의 대표자는 사용자 측과 교섭하고 단체협약을 체결할 권한을 가진다고 하여, 단체교섭 권한 이외에 단체협약 체결 권한도 가진다고 명시하고 있다.

14) "노조법 제41조 제1항 후문은 교섭창구 단일화 절차에 참여한 노동조합의 전체 조합원의 찬반투표 절차를 거친 경우에만 쟁의행위를 할 수 있다고 정하고 있다. 그러나 잠정합의안에 대한 찬반투표와 관련해서는 이러한 찬반투표를 거칠 것인지 여부는 물론이고, 교섭창구 단일화 절차에 참여한 노동조합별로 찬반투표 실시 여부, 실시기관, 실시방법 및 정족수 등에 관하여 각기 다른 규약상 규정을 두고 있는 경우 이를 어떻게 조율할 것인지 등에 관하여 노동조합법 및 같은 법 시행령에서 아무런 규정을 두고 있지 않다."

> **노조법 제29조(교섭 및 체결권한)** ① 노동조합의 대표자는 그 노동조합 또는 조합원을 위하여 사용자나 사용자단체와 **교섭**하고 단체협약을 **체결할 권한**을 가진다.
> ② 제29조의2에 따라 결정된 교섭대표노동조합(이하 "교섭대표노동조합"이라 한다)의 대표자는 교섭을 요구한 모든 노동조합 또는 조합원을 위하여 사용자와 교섭하고 단체협약을 체결할 권한을 가진다.

노동조합은 규약 등으로 대표자의 협약체결 권한 행사에 절차상의 제한을 기하기도 한다. 특히, 노동조합 대표자가 사용자 측과 단체협약안에 합의(타결)한 후 다시 그 가부에 관하여 조합원 총회의 의결(투표)을 거쳐 단체협약을 체결(조인)하도록 하는 경우가 있다. 이러한 **인준투표제** 또는 **총회인준제**가 노동조합 대표자의 협약체결 권한을 명시적으로 규정한 노조법 규정의 취지에 어긋나 위법한 것인지가 문제 된다.[15]

대법원 판례에 의하면, 인준투표제가 노동조합 대표자의 협약체결 권한을 전면적 · 포괄적으로 제한함으로써 사실상 이 권한을 무의미한 것으로 만드는 것이면 노조법에 위반된다고 본다.[16] 또한, 노동조합 대표자가 사용자와 합의한 단체협약안에 교섭위원 전원의 연명 서명을 받아 단체협약을 체결하도록 한 것도 위법하다고 판단했다.[17] 인준투표제를 규정하고 있는 노동조합의 대표자가 인준 절차를 거치지 않고 바로 단체협약을 체결한 경우 무효가 아니다.[18]

---

15) 임종률 · 김홍영, 「노동법」, 박영사, 2024, 113-114면.

16) 대법원 2005. 3. 11. 선고 2003다27429 판결. "노동조합의 대표자가 단체교섭의 결과에 따라 사용자와 단체협약의 내용을 합의한 후 다시 협약안의 가부에 관하여 조합원 총회의 의결을 거쳐야만 한다는 것은 대표자의 단체협약체결권한을 전면적 · 포괄적으로 제한함으로써 사실상 단체협약 체결권한을 형해화하여 명목에 불과한 것으로 만드는 것이어서 노동조합및노동관계조정법 제29조 제1항에 반한다."

17) 대법원 2013. 9. 27. 선고 2011두15404 판결. 노동조합 규약에서 노동조합의 대표자가 사용자와 단체교섭 결과 합의에 이른 경우에도 **단체교섭위원들이 연명으로 서명하지 않는 한 단체협약을 체결할 수 없도록** 규정한 사안에서, 위 규약은 노동조합 대표자에게 단체협약체결권을 부여한 노동조합 및 노동관계조정법 제29조 제1항을 위반한 것이라고 본 원심 판단을 정당하다고 보았다. 한편, 규약은 '산별 협약 체결에 관한 사항'을 원고 총회의 의결 사항으로 규정하고, '조합이 협약을 체결하고자 할 때에는 **총회를 거쳐 위원장이 체결**하도록' 규정하고 있는데, ① 규약이 원고의 대표자인 위원장이 단체교섭의 결과에 따라 사용자와 단체협약의 내용을 합의한 후 다시 협약안의 가부에 관하여 조합원 총회의 의결을 거친 후에만 단체협약을 체결할 수 있는 것으로 한정한 것인지 불분명한 점, ② 원고의 대표자인 위원장은 총회의 의결을 거쳐 조합원들의 의견을 수렴한 후, 수렴한 의견을 반영하여 단체교섭을 할 수 있고, 단체교섭을 하는 과정에서도 사용자와 실질적인 합의에 이르기 전까지는 총회의 의결을 거칠 수도 있다고 보이는 점, ③ 기록상 원고의 대표자인 위원장이 사용자와 단체교섭을 하고 단체협약의 내용에 합의한 후 단체협약을 체결하기에 앞서 다시 협약안의 가부에 관하여 조합원의 의견을 수렴하는 절차로서 총회를 거친 경우가 있었다고 볼 만한 자료가 제출된 바도 없는 점 등에 비추어 보면, 노동조합 대표자의 단체협약 체결권한을 전면적 · 포괄적으로 제한하는 규정으로서 노조법 제29조 제1항에 위배된다고 보기는 어렵다.

18) 대법원 2002. 11. 26. 선고 2001다36504 판결. 노동조합 위원장이 단체교섭의 결과에 따라 파산회사와 사이에 단체협약인 위 보수제도 운용방안을 합의한 후 노동조합 총회나 대의원대회의 결의 또는 인준을 거치지 않았다 하더라도 위 단체협약을 무효로 볼 수 없다.

다만, 대법원(2018. 7. 26. 선고 2016다205908 판결)은 노동조합이 조합원들의 의사를 반영하고 대표자의 단체교섭 및 단체협약 체결 업무 수행에 대한 적절한 통제를 위하여 규약 등에서 내부 절차를 거치도록 하는 등 대표자의 단체협약 체결권한의 행사를 절차적으로 제한하는 것은, 그것이 **단체협약 체결 권한을 전면적 · 포괄적으로 제한하는 것이 아닌 이상 허용**된다는 입장이다.[19)]

정리하면, 노동조합의 대표자가 사용자와 교섭을 진행하여 잠정합의안을 도출하고 이를 확정하는 과정에서 조합원들의 인준 의사를 확인하는 인준투표제는 이것이 대표자의 의사를 전면적 · 포괄적으로 제한하는 경우는 효력이 없다. 달리 말하면, 전면적 · 포괄적 제한이 아닌 조합원의 의사를 확인하여 최종 결정에 참고하기 위한 목적이면 가능할 수 있다. 이러한 해석은 사용자가 노동조합의 대표자를 신뢰하고 교섭을 진행하도록 하는 한편, 원활한 단체협약 체결을 위한 것으로 해석할 수 있다.

실무적으로는 대상판결의 사실관계에서 확인되듯이 잠정합의안이 부결되는 경우에는 노동조합 측의 요구로 재협상을 진행하는 경우가 많은 것으로 파악된다.

2. 절차적 공정대표의무

공정대표의무는 단체협약의 내용이 소수노조 및 그 조합원을 차별하는 경우뿐만 아니라 단체교섭 과정에서 소수 노동조합에게 단체교섭 및 단체협약 체결과 관련하여 필요한 정보를 적절히 제공하고 그 의견을 수렴할 의무도 포함한다. 후자를 특별히 절차적 공정대표의무라고 부른다. 다만, 단체교섭 과정의 동적(動的)인 성격, 교섭대표노조 대표자가 단체교섭 과정에서 보유하는 일정한 재량권 등을 고려할 때 소수노조에 대한 정보제공 및 의견수렴 의무는 일정한 한계가 있을 수밖에 없다. 그러므로 교섭대표노조가 단체교섭 과정의 모든 단계에서 소수노조에 대하여 일체의 정보제공 및 의견수렴 절차를 거치지 않았다고 하여 절차적 공정대표의무를 위반하였다고 단정할 수는 없다.[20)]

---

19) 해당 노동조합의 규약은 "본 조합은 단체교섭의 당사자이며, 본 조합이 교섭대표노조가 되는 경우 위원장은 단체교섭 및 체결권은 있으나 **조합원 총회의 의결을 거친 후 체결**하여야 한다."라는 사항을 정하고 있었다. 대상판결은 단체협약은 노동조합의 개개 조합원의 근로조건 기타 근로자의 대우에 관한 기준을 직접 결정하는 규범적 효력을 가지는 것이므로 단체협약의 실질적인 귀속 주체는 근로자이고, 따라서 단체협약은 조합원들이 관여하여 형성한 노동조합의 의사에 기초하여 체결되어야 하는 것이 단체교섭의 기본적 요청인 점, 노조법 제16조 제1항 제3호는 단체협약에 관한 사항을 총회의 의결사항으로 정하여 노동조합 대표자가 단체교섭 개시 전에 총회를 통하여 교섭안을 마련하거나 단체교섭 과정에서 조합원의 총의를 계속 수렴할 수 있도록 규정하고 있는 점 등을 근거로 제시했다. 대법원은 이를 근거로 조합원의 단결권과 참여권을 침해한 불법행위에 따른 손해배상책임을 진다고 판단했다.

헌법상 단체교섭권 보장의 취지와 이를 제한하는 교섭창구 단일화 제도의 특성을 고려하면, 공정대표의무는 형식적인 평등이 아니라 **실질적이고 실효적인 평등**을 보장하는 방향으로 해석하는 것이 바람직하다. 이러한 점에서 절차적 공정대표의무가 인정될 수 있다. 대상판결은 절차적 공정대표의무와 관련하여, 기본적으로 단체교섭 및 단체협약 체결에 관한 정보를 소수노조에 적절히 제공하고 그 의견을 수렴해야 하는 것이나, 단체교섭 과정의 모든 단계에 있어서 소수노조에 일체의 정보를 제공하거나 그 의견을 수렴하는 절차를 완벽하게 거치지 아니하였다고 하여 곧바로 공정대표의무 위반으로 단정할 것은 아니라고 판시했다.

이는 결국, 정도의 차이로 볼 수 있는데, 소수노조의 노동3권 행사에 대한 **교섭대표노조의 존중과 배려, 신뢰**가 뒷받침될 필요가 있다.

Ⅳ. 결론

교섭창구 단일화 절차를 거쳐 교섭대표노조가 정해진 경우, 교섭대표노조는 교섭창구 단일화 절차에 참여한 전체 노동조합과 조합원을 대표하여 교섭에 임하는 지위와 권한, 그리고 책임을 가진다. 다만, 현행 노조법은 이에 관한 상세한 규정을 두고 있지 않아, 실무적으로 교섭대표노조가 자신의 지위를 이용하여 정보를 통제하는 등 소수노조를 배제하는 사례가 적지 않았다.

대상판결은 이와 관련하여, 절차적 공정대표의무 준수 관점에서 소수노조의 노동3권을 존중 및 배려가 필요하다는 취지로 판시했다. 이는 기본적으로 교섭대표노조와 소수노조의 신뢰가 바탕이 되어야 하는 것이나, 노조법의 관련 규정을 더욱 상세하고 구체적으로 규정할 필요성도 있어 보인다.

---

20) 김형배 · 박지순, 「노동법강의」, 신조사, 2023, 560면.

[22] 근로조건의 불이익 변경에 관한 협약자치의 한계

(대법원 2000.9.29. 선고 99다67536 판결)

기초지식

☑ 통상 협약자치는 좁게는 단체교섭을 통한 단체협약의 체결을 지칭하나, 넓게는 노동조합과 사용자가 근로조건 등을 자율적으로 결정해 나가는 전 과정을 의미함

☑ 노동조합과 조합원의 의사가 달라지거나 이해관계가 충돌하는 경우도 발생할 수 있음

Ⅰ. 논의의 배경과 쟁점

노동조합은 '근로조건의 향상'을 위하여 노동3권을 가지므로, 교섭 결과물의 대부분은 기존 근로조건을 상향 조정하는 경우가 많다. 하지만, 교섭 결과 기존의 근로조건이 하향되는 경우도 발생할 수 있다. 경제적 위기 등으로 기업에 큰 경영상 어려움이 발생한 경우, 노동조합이 기존 단체협약으로 확보된 권리를 포기하거나 양보하는 경우가 대표적이다. 이때 노동조합은 권리의 포기나 양보에 합의했지만, 개별 조합원이 반대하는 경우가 문제가 된다. 조합원은 기본적으로 노동조합의 의사결정에 따라야 할 의무가 있지만, 이는 근로조건의 향상을 전제한 것이기 때문이다. 대상판결은 이러한 상황에서 노동조합이 근로조건의 불이익 변경에 대한 합의를 할 수 있는지, 합의와 관련된 권한의 범위와 한계는 무엇인지에 대해서 판시했다.

Ⅱ. 대상판결 분석

1. 사실관계

피고 회사와 노동조합은 1996. 5. 단체협약(이하 96년 단체협약)을 체결했는데, 상여금의 총 지급률을 연 650%로 하고, 지급시기 및 지급률은 설 50%, 매 짝수월의 25일 100%로 정했다. 피고 회사와 노동조합은 1997. 12. '특별노사합의'라는 명칭으로 단체협약을 체결하였는데, 노사 양측은 경제위기로 인한 경영난 타개를 위하여 <u>상여금 지급을 유보</u>하며, 퇴직하는 경우 지

급 유보한 상여금 청구권은 자동 상실되고, 본 합의서의 효력은 현행 단체협약에 우선하며 본 합의서의 효력을 갈음할 수 있는 다른 협약이 있지 않으면 지속된다고 규정하였다. 피고 회사와 노동조합은 1998. 8. 98년도 임금단체협상 합의를 하였는데, 노사 양측은 IMF 관리체제 이후 지속적인 경기 불황으로 인한 극심한 경영난 타개를 위하여 98년도 임금협정은 현행으로 동결하고, 기존의 단체협약을 유지하며, 상여금에 관한 기존 단체협약의 이행에 대하여는 회사가 경영성과와 향후 경영 전망에 따라 상여금의 지급 여부를 결정하며, 노동조합은 회사의 결정에 동의하고, 퇴직금 지급을 위한 상여금의 평균임금 산입은 1998. 8. 31.까지의 근속기간은 650%의 상여금으로 하고 그 이후의 근속기간은 회사가 실제 지급한 상여금으로 하며, 특별노사합의의 효력 중 본 합의의 효력과 상충되는 부분은 본 합의에 따르되 그러하지 아니하는 부분의 효력은 지속된다고 규정하였다.

2. 당사자의 주장

원고인 근로자들은 피고 회사에서 1997. 12. 부터 미지급한 상여금의 지급을 청구하는 한편, 특별노사합의에서 정하고 있는 '지급의 유보'란 이 사건 상여금의 지급시기를 1998. 6. 말일까지 유예한다는 의미이므로 그 이후인 변론종결일 현재에는 지급을 구할 수 있으며, 98년도 임금단체협상 합의에서 지급에 관하여 경영성과 등에 따라 지급여부를 결정하도록 한 '상여금'은 위 합의일 이후의 지급분에 한정되므로 위 합의일 이전의 지급분인 이 사건 상여금에는 아무런 영향을 미치지 아니한다고 하였다. 나아가, 단체협약에는 근로조건의 유지 · 개선이라는 목적 범위 내의 한계 및 기득권 침해금지의 한계가 있으므로 원고들이 이미 취득하고 있던 상여금의 지급청구권을 원고들의 개별적인 동의 또는 조합원 총회에서의 특별수권 없이 특별노사합의나 98년도 임금단체협상 합의에 의하여 소멸시키거나 지급시기를 유예함으로써 사실상 포기하게 할 수 없다고 주장했다.[1)]

이에 대하여 피고는 피고 회사와 노동조합이 단체협약 체결 이후 특별 노사합의 및 98년 임단협 합의서를 체결하면서 원고들에게 지급되어야 할 이 사건 상여금의 지급을 유보한 바 있

1) 그 외에도 1998. 2. 개최된 노동조합 정기 대의원 대회에서 노동조합의 교섭위원들이 이 사건 상여금에 관하여 단체교섭을 할 때 대의원 대회에서 승인을 얻어 확정하기로 하는 결의를 하였는데, 대의원대회의 승인을 얻지 아니한 채 체결된 위 1998년도 임금단체협상 합의 중 이 사건 상여금 관련 부분은 효력이 없다는 취지로 주장했으나, 법원은 규약상("단체교섭은 분회별 의견을 종합하여 조합에서 선 식송 일괄 교섭하며, 단체교섭은 교섭 결과 교섭위원 전원 수락으로 합의하고, 교섭위원회는 위원장이 대표 교섭위원이 되며 위원은 부위원장과 각 분회장으로 구성") 교섭위원들에게 단체교섭 및 협약체결 권한을 포괄적이고 전면적으로 위임하고 있다고 보아 인정하지 않았다.

으므로, 피고 회사가 이를 지급하기로 하는 결정을 하거나 그 지급에 관한 별도의 노사 합의가 있지 않은 한 이 사건 상여금을 지급할 의무는 없다고 항변했다.

3. 하급심 법원의 판단

1심 법원[2)]은 ① 특별 노사합의 및 98년도 임금단체협상 합의는 유효하게 체결된 단체협약이고, 특별 노사합의에서 이 사건 상여금의 지급을 유보하고, 위 98년도 임금단체협상 합의에서 피고 회사가 향후 경영성과 등에 따라 이 사건 상여금의 지급 여부를 결정하도록 정하고 있는 이상 원고들이 상여금의 지급을 구할 수 없다고 판단했다. 또한, ② '지급 유보'의 의미는 이 사건 상여금의 지급에 관한 그 이후의 단체협약이 체결되는 때까지 지급기한을 늦춘다는 것으로 보아야 할 것이고, 98년도 임금단체협상 합의에서 피고 회사가 경영성과에 따라 지급 여부를 결정하도록 정하고 있는 상여금의 범위는 위 특별 노사합의에서 지급을 유보하였던 이 사건 상여금을 포함한다고 보았다. 마지막으로, ③ 합의는 어려워진 경영 사정을 감안하여 인건비 지출 부담을 줄임으로써 경영 위기를 극복하고 노사가 공존할 수 있는 길을 찾고자 하는 의도에서 체결된 것이며, 향후 지급 여지를 남겨놓은 점에서 단체협약의 본질적 목적의 한계를 넘어설 정도로 근로자들에게 불리한 것이라 보기는 어렵다고 하였다.

원심[3)]은 ①과 ②는 1심과 동일하게 판시했으나, ③에 대해서 특별 노사합의일인 1997. 12. 30. 당시 **이미 원고들에게 발생하여 있던 1997. 12. 25. 지급분 상여금 청구권**에 관하여서는 이유가 있고, 나머지 부분에 관하여는 이유가 없다고 보았다. 이에 따라 1997년 12월분 지급분 상여금에 대해서만 지급 의무를 인정했다.

4. 대법원판결

특별 노사합의상 이 사건 상여금에 대한 향후의 지급 시기가 정해져 있지 않은 점, 합의 당시 우리나라의 전반적인 경제 상황 및 피고 회사의 경영상태, 노동조합과 피고가 그와 같은 합의를 한 동기 및 경위에 비추어 보면, 그 합의 당시 노사 양측의 의사는 근로자가 이미 일정기간 동안 실제 근로를 제공함으로써 구체적으로 그 지급청구권이 발생한 상여금에 대하여는 그 지급청구권을 **포기**하고 향후에는 근로자가 일정기간 동안 실제로 근로를 제공하더라도 회

2) 서울중앙지방법원 1998. 10. 29. 선고 98가합59151 판결.
3) 서울고등법원 1999. 10. 29. 선고 98나65719 판결.

사로서는 그에 따른 상여금을 **지급하지 않기로 하는 것**이었다고 봄이 상당하다.

이미 **구체적으로 그 지급 청구권이 발생**한 임금(상여금 포함)이나 퇴직금은 근로자의 **사적 재산영역으로 옮겨져 근로자의 처분에 맡겨진 것**이기 때문에 노동조합이 근로자들로부터 **개별적인 동의나 수권**을 받지 않는 이상, 사용자와 사이의 단체협약만으로 이에 대한 포기나 지급유예와 같은 처분행위를 할 수는 없다. 한편, 협약자치의 원칙상 노동조합은 사용자와 사이에 근로조건을 유리하게 변경하는 내용의 단체협약뿐만 아니라 **근로조건을 불리하게 변경하는 내용의 단체협약을 체결**할 수 있으므로, 근로조건을 불리하게 변경하는 내용의 단체협약이 현저히 합리성을 결하여 노동조합의 목적을 벗어난 것으로 볼 수 있는 경우와 같은 특별한 사정이 없는 한 그러한 노사 간의 합의를 무효라고 볼 수는 없고, 노동조합으로서는 그러한 합의를 위하여 사전에 근로자들로부터 개별적인 동의나 수권을 받을 필요가 없으며, 단체협약이 현저히 합리성을 결하였는지 여부는 **단체협약의 내용과 그 체결 경위, 당시 사용자 측의 경영상태 등 여러 사정에 비추어 판단**해야 할 것이다(대법원 1999. 11. 23. 선고 99다7572 판결 참조).

이 사건 상여금 중 특별노사합의 당시 이미 구체적으로 그 지급청구권이 발생한 1997. 12. 25. 지급분 상여금에 관한 한 그 합의의 효력이 원고들에게 미치지 않고, 그 나머지 상여금에 관하여는 앞서 본 바와 같이 이를 지급하지 않기로 한 것으로 보더라도, 역시 위와 같은 법리에 비추어 그 합의 내용이 단체협약의 한계를 벗어났다고 볼 것은 아니어서 특별 노사합의가 원고들에게 효력이 미친다고 한 원심의 판단은 결국 정당하고, 거기에 단체협약의 효력에 관한 법리를 오해한 위법이 없다.

Ⅲ. 판결의 주요 쟁점

1. 협약자치의 한계

협약당사자는 단체협약의 내용을 자유롭게 교섭하고 결정할 수 있는데, 이를 협약자치라고 한다. 협약자치의 원칙상 노동조합과 사용자는 근로조건을 불리하게 변경하는 내용의 단체협약을 체결할 수 있다. 다만, **단체협약의 성질**상 협약자치에는 일정한 내재적 한계가 존재한다. 강행법규 또는 선량한 풍속 기타 사회질서에 반하는 협약조항은 무효다. 조합원 개인의 권리가 이미 발생한 때에는 수권이 없는 한 노동조합이 단체협약으로 기득권을 제한, 변경, 처분할 수 없다. **근로**

자 개인에게 귀속된 권리는 근로자만이 처분권을 가지는 개인의 재산권[4]이기 때문이다. 다만, 근로자들이 개별적으로 권리포기의 명백한 의사표시를 하면 소멸 또는 지급유예될 수 있다. 단체협약은 조합원의 근로계약 관계의 존립을 전제하므로 근로계약 관계의 성립이나 종료 자체를 정할 수는 없고, 전출, 연장근로 등 근로자에게 의무를 부과하는 사항도 원칙적으로 협약자치가 인정되기 어렵다.[5] 이와 관련하여, 연장근로의 실시는 개별 근로자의 동의가 필요하고, 단체협약 조항으로는 집단적으로 동의할 수 없다는 대법원 판결(2000. 6. 23. 선고 98다54960판결)이 있다.[6]

정리하면, 노동조합과 사용자가 근로자의 권리를 소멸시키거나 처분하는 약정(타인의 권리를 침해하는 약정)을 하는 것은 제3자에 불리한 계약을 체결하는 것으로서 무효다. 다만, 개인 근로자들이 개별적으로 권리포기의 명백한 의사표시를 한 때에는 그의 권리는 소멸 또는 지급유예될 수 있다.[7] 이러한 해석은 노동조합의 노동3권과 근로자의 개별적 권리를 조화롭게 해석한 것으로 평가할 수 있다.

2. 단체협약의 불리한 변경

「헌법」은 근로자들의 '근로조건 향상을 위하여' 근로3권을 보장하고 있으며, 노동조합에 의한 근로조건의 개선은 궁극적으로 단체협약 체결로 실현된다. 따라서 근로자들에게 불이익하게 단체협약을 변경하는 것은 예외적인 경우가 된다. 협약자치를 근로조건 개선이라는 좁은 의미로 해석하면, 노동조합이 근로조건의 불이익한 변경에 합의하는 것을 정당화하기 어렵지만, **공동의 이익을 위하여 경영 위기 극복을 위해 협력할 필요**도 있다. 고용 감축이나 직장 상실의 위험으로부터 조합원들을 보호할 수 있기 때문이다. 노동조합이 사용자와의 대등한 교섭력을 상실하지 않은 상태에서 자발적으로 회사의 위기 극복을 위하여 불이익 변경에 합의한 것이면 합의된 내용이 근로자들에게 불이익하더라도 이를 무효로 보기 어렵다.[8]

즉, 협약자치의 원칙상 노동조합은 사용자와 근로자 사이에 근로조건을 유리하게 변경하는 내용의 단체협약뿐만 아니라 종전의 근로조건보다 불리하게 변경하는 내용의 단체협약(이른바 양보교섭)을 체결할 수 있다.[9] 대상판결은 근로조건을 불리하게 변경하는 내용의 단체협

4) 이철수, 「노동법」, 2023, 524면 역시, 개별 근로자가 이미 취득한 권리는 단체협약 당사자의 규율 범위에 속하지 않으므로 단체협약만으로 그 기득권을 제한하거나 침해할 수 없다고 한다.
5) 김형배 · 박지순, 「노동법강의」, 신조사, 2023, 610-611면 참고.
6) 이철수, 「노동법」, 2023, 524면. 만약 노동조합의 동의로 연장근로가 가능하도록 한 협약조항이 있으면 개별 근로자의 동의 외에 노동조합의 동의를 연장근로의 추가 요건으로 설정한 것으로 해석해야 한다고 한다.
7) 김형배 · 박지순, 「노동법강의」, 신조사, 2023, 610면.
8) 김형배 · 박지순, 「노동법강의」, 신조사, 2023, 611-612면 참고.

약이 현저히 합리성을 결하여 노동조합의 목적을 벗어난 것으로 볼 수 있는 경우처럼 특별한 사정이 없는 한 이를 무효로 볼 수 없고, 사전에 근로자들로부터 개별적인 동의나 수권을 받을 필요가 없다고 판단했다. 이때 단체협약이 현저히 합리성을 결하였는지 여부는 단체협약의 내용과 그 체결 경위, 당시 사용자 측의 경영상태 등 여러 사정에 비추어 판단한다.

이에 따라, 노동조합이 워크아웃 기간 조합원의 임금과 상여금을 감액하기로 단체협약을 체결한 경우는 발생한 지급청구권의 포기가 아닌 장래 근로조건의 변경이므로 무효가 아니고(대법원 2014. 12. 24. 선고 2012다107334판결), 누진제 퇴직금의 지급률을 종전보다 불리하게 변경하는 단체협약도 유효하다(대법원 1997. 8. 22. 선고 96다6967판결)[10] 다만, 단체협약의 불이익 변경이 일부 근로자들에게만 차별적 불이익을 주는 형태로 이루어져서는 안 된다. 정년 단축을 내용으로 하는 근로조건의 불이익 변경이 모든 근로자를 대상으로 한 객관적 · 일반적 기준 설정이 아니라 일정 연령 이상의 근로자들을 조기 퇴직하는 방편으로 한시적으로 행해진 것이라면 현저히 합리성을 결한 것이다(대법원 2011. 7. 28. 선고 2009두7790판결).[11]

Ⅳ. 결론

노동조합은 근로조건의 유지 · 개선을 목적으로 해야 하는 점을 강조하면서 근로조건의 불이익 변경은 협약자치의 한계를 넘어 허용되지 않는다고 보는 견해가 있다. 그러나 단체협약은 상대방과의 거래 · 타협의 산물이고 노동조합은 안팎의 여러 사정을 고려하여 전체적 · 장기적으로 근로조건을 개선하므로 부분적 · 일시적으로 불리한 근로조건에 합의할 권한도 가진다고 볼 수 있다.[12] 대상판결은 이러한 관점에서 노동조합이 단체협약에 명시한 근로조건의 불이익 변경에 대하여 합의할 수 있는 권한을 가진다고 판단했다. 즉, 단체협약이 현저히 합리성을 결한 경우가 아닌 한 합의는 유효하므로 근로자들의 개별 동의나 수권은 불필요하다고 보았다. 다만, 이미 지급청구권이 발생한 임금이나 퇴직금에 대해서는 개별 동의나 수권이 없으면 합의의 효력이 미치지 않는다고 판시했다. 대상판결은 노사 간 협약자치를 존중하면서도 개별 근로자의 권리 보호와의 조화를 모색한 것으로 이해할 수 있다.

---

9) 이철수, 「노동법」, 2023, 525면. 대법원 2003. 9. 5. 선고 2001다14665 판결. 정리해고를 하지 않을 것을 조건으로 무급휴가를 실시하기로 한 노사 합의가 유효하다고 보았다.
10) 임종률 · 김홍영, 「노동법」, 박영사, 2024, 151면.
11) 김형배 · 박지순, 「노동법강의」, 신조사, 2023, 613면.
12) 임종률 · 김홍영, 「노동법」, 박영사, 2024, 150면.

[23] 단체협약의 효력 확장

(대법원 2003.12.26. 선고 2001두10264)

기초지식

☑ 단체협약의 효력확장은 사업 또는 사업장을 단위로 하는 일반적 구속력과 지역을 단위로 하는 지역적 구속력으로 구분할 수 있는데, 일정한 요건의 충족을 전제로 적용 범위를 확장하는 개념임

☑ 기업별 노동조합의 비율이 상대적으로 높은 우리나라에서 지역적 구속력 사례는 확인하기 어려움

☑ 효력확장은 개별 근로조건 등 규범적 효력에만 미치며, 사용자와 노동조합 간 채무적 효력에는 미치지 않음[1]

Ⅰ. 논의의 배경과 쟁점

단체협약은 협약체결의 당사자인 사용자와 노동조합에게만 미치는 것이 원칙이나, 일정한 경우 그 효력이 확장되는 규정을 두고 있다. 이른바, '단체협약의 효력확장'으로 불리는 집단적 노사관계 특유의 규정이라고 할 수 있다. 즉, 원칙적으로 단체협약의 적용대상이 아니나, 다른 노사관계 상대방에게 적용되는 단체협약이 적용될 수 있다. 이에 따라 적용 범위 내 근로자의 근로조건이 같아지는데, 해당 규정의 목적과 취지가 무엇인지에 대하여 다양한 학설이 존재한다.

일반적 구속력은 사업 또는 사업장을 단위로 적용되고, 지역적 구속력은 일정한 지역을 단위로 적용된다. 대상판결을 포함한 대부분 사례는 사업 또는 사업장을 단위로 한 일반적 구속력에 관한 것이고 지역적 구속력 사례는 거의 확인되지 않는다.

Ⅱ. 대상판결 분석

1. 사실관계

원고 A는 1985년, 원고 B는 1987년 소외 주식회사에 입사한 후 1993년 피고 보조참가인 회사로 자동 전입되어, 원고 A는 관리직 4급 사원으로, 원고 B는 관리직 3급 대리로 근무하면서

1) 규범적 효력에 관한 사항은 '단체협약 종료의 효과'에서 다룬다.

노동조합 간부로 활동해 왔다. 참가인 회사는, 원고 A가 1998. 4. 16. 및 같은 달 17. 회사의 사전 승인없이 외출한 후 귀사하지 아니하였고, 원고들이 같은 달 22.부터 같은 달 24.까지 무단 결근하였으며, 타 직원들에 대한 인사명령과 징계에 개입하여 같은 해 6. 15.부터 같은 달 29.까지 사이에 본사 사무실에서 소란을 피우고 본사 정문 앞에서 회사를 비방하는 유인물을 배포하는 농성을 벌였음을 이유로 근태불량(무단결근, 무단미귀사), 규율질서 문란, 회사의 대외적 명예훼손, 지시 불이행, 업무방해를 이유로 7. 31. 원고 B를, 같은 해 8. 19. 원고 A를 징계해고하였다. 원고들은 인천지노위에 부당해고 및 부당노동행위 구제신청을 하였다가 기각되자 이에 불복하여 피고(중노위)에게 재심 신청을 하였으나, 피고는 원고들의 재심 신청을 모두 기각하는 재심 판정을 하였다.

2. 당사자의 주장

원고들은 무단 결근 · 업무방해 등의 행위를 한 사실이 없고, 제반 정황에 비추어 보면 원고들에 대한 해고는 너무 가혹하여 위법하므로 이 사건 각 해고는 부당해고에 해당할 뿐만 아니라 노동조합의 활동을 문제 삼은 것이므로 부당노동행위라고 주장했다. 구체적인 근거는 다음과 같다.

첫째, 인사위원회의 출석요구에 대하여 사전에 서면으로 연기를 요청했으나, 회사는 이를 거부하고 인사위원회를 강행하여 정당한 사유없이 소명기회를 박탈하였다(B의 경우). 둘째, 원고들은 노조 임원인데, 단체협약 제30조는 노조 임원에 대한 징계 시 사전에 노조의 동의를 얻도록 규정함에도 회사는 이를 받은 바 없으며, 단체협약 제50조는 각호에 규정된 사유를 제외하고는 징계할 수 없다고 규정함에도 회사는 취업규칙을 근거로 단체협약에 규정되지 않은 비위 사실을 징계사유로 삼았다. 셋째, 원고들이 단체협약 제6조 제1호에 규정된 5급 이상 직급 사원에 해당하여 단체협약상 조합원 자격이 인정되지 아니한다고 하여도 노조 조합원의 자격은 단체협약에 의하여 정해지는 것이 아니라 노조 규약으로 정해지는 것이므로, 해당 단체협약 규정은 노조법 제5조에 반하는 것이다. 넷째, 회사의 인사 규정에는 재심의 경우 원심인사위원회 위원 중 1/2 이상을 교체함을 원칙으로 한다고 규정되어 있는데, 재심 인사위원회는 원심 위원 중 2명만을 교체하여 구성된 흠결이 있다.

3. 하급심 법원의 판단

1심 법원[2)]은 참가인 회사가 모든 노동조합의 공식 행사에 그 행사 기간의 장단 및 근태 처리 요청 인원수의 다과를 불문하고(이 사건의 경우, 행사 기간 3일, 근태 처리 요청 인원수 184

명), 연가 신청 등 적법절차 없이 노동조합의 단순 통보만으로 통보된 조합원들 전부에 대해 반드시 출장 또는 시간 할애 처리를 할 의무를 부담하지 않는다는 전제에서 무단결근에 해당하며, 본사 정문 앞에서 참가인 회사를 비방하는 내용의 유인물을 배포하고 피켓시위 등을 함으로써 참가인 회사의 명예와 위신을 추락시키면서 자신들의 입장만을 관철하려 한 것은 징계사유에 해당하는 명예훼손 및 규율 질서 위반, 업무방해 등이라고 보았다. 또한, 원고들이 계속하여 자신의 입장만을 내세우는 등 잘못을 전혀 뉘우치지 않고 있는 점, 그동안 원고들의 징계 전력 등을 고려하면 원고에게는 사회통념상 참가인 회사와 사이에 근로계약 관계를 계속할 수 없을 정도의 중대한 귀책사유가 있다고 판단했다. 원심[3]은 1심과 동일한 취지로 원고들의 항소를 모두 기각했다.

4. 대법원판결

노조법 제5조 및 제11조에 의하면, 근로자는 자유로이 노동조합을 조직하거나 가입할 수 있고, 조합원의 범위는 당해 노동조합의 규약이 정하는 바에 의하여 정해지며, 사용자와 노동조합 사이에 체결된 단체협약은 특약에 의하여 일정 범위의 근로자에게만 적용하기로 정하고 있는 등 특별한 사정이 없는 한 **협약당사자로 된 노동조합의 구성원으로 가입한 조합원 모두에게 현실적으로 적용되는 것이 원칙**이다. 회사와 노동조합 사이에 체결된 단체협약 제6조는 특별히 조합원의 범위에 관하여 규정함에 있어 회사의 근로자 중 조합원이 될 수 없는 자로서 5급(관리직, 기술직) 이상 직급사원 등을 열거하고 있었고, 원고들은 관리직 4급 사원 또는 3급 대리로서 조합원이 될 수 없는 자로 열거된 직급에 해당하는바, 단체협약 제6조는 노사 간 상호 협의에 의하여 규약상 노동조합의 조직대상이 되는 근로자의 범위와는 **별도로** 조합원이 될 수 없는 자를 특별히 규정함으로써 일정 범위의 근로자들에 대하여는 위 단체협약의 적용을 배제하고자 하는 취지의 규정으로 보인다.[4]

법 제35조의 규정에 따라 단체협약의 일반적 구속력으로서 그 적용을 받게 되는 **'동종의 근로자'**라 함은 **당해 단체협약의 규정에 의하여 그 협약의 적용이 예상되는 자**를 가리키며, 단체협약의 규정에 의하여 조합원의 자격이 없는 자는 단체협약의 적용이 예상된다고 할 수 없어

2) 서울행정법원 2000. 6. 9. 선고 99구19298 판결.

3) 서울고등법원 2001. 10. 24. 선고 2000누7423 판결.

4) 이러한 규정이 규약에 정해진 조합원의 범위에 관한 규정과 배치되거나 나중에 노동조합이 규약을 개정하고 이어서 원고들의 주도로 결성된 사무지부를 인준하였다고 하여도 단체협약 제6조가 법 제5조, 제11조에 반하여 무효라거나 그 효력을 상실한 것이라고 볼 수 없다고 판단했다.

단체협약의 적용을 받지 아니한다(대법원 1997. 10. 28. 선고 96다13415 판결, 대법원 1999. 12. 10. 선고 99두6927 판결, 대법원 2003. 6. 27. 선고 2002다23611 판결 참조). 이 사건 징계해고 당시 원고들은 위 단체협약 제6조에 규정된 조합원의 범위에 해당되지 아니하여 단체협약의 규정에 따른 조합원의 자격이 없는 자이므로 위 단체협약의 적용이 예상된다고 할 수 없어 원고들을 법 제35조에 따라 단체협약의 일반적 구속력을 받는 동종의 근로자라고 할 수도 없다고 한 원심 판단은 정당하고, 법리 오해의 위법이 없다.[5)]

인사위원회 규정상 재심에서 교체 대상인 '위원'에 위원장도 포함된다고 보기 어려우므로, 원심 위원 중 1/2만을 교체하여 구성된 재심 인사위원회가 규정을 위반했다고 볼 수 없고, 교체대상인 '위원'에 위원장이 포함되는 것으로 해석하여도 이는 1/2 이상의 교체를 원칙으로 하고 있을 뿐이므로, 이 사건 징계해고가 무효로 될 정도의 재심 절차상 중대한 하자가 있는 경우라고 볼 수 없다.

Ⅲ. 판결의 수요 쟁섬

1. 단체협약의 효력 확장 개관

단체협약의 효력은 원칙적으로 협약 당사자(노동조합)와 그 구성원인 조합원에게만 미친다. 이로써 발생하는 단체협약의 실효성 저하, 사용자 간 불공정 경쟁 등의 문제에 대처하기 위해 노조법은 예외적으로 단체협약이 당사자와 무관한 비조합원인 근로자와 사용자에게 적용되도록 하는 단체협약 효력확장제도를 두고 있다. 이에 따라 **단체협약의 규범적 부분**은 그 본래적 적용대상 외의 자에게도 적용된다. 사업장 단위 효력확장은 하나의 사업 또는 사업장에 소정 요건을 갖춘 단체협약이 존재하면 그 단체협약이 비조합원인 동종의 근로자에게도 자동 적용된다. 지역단위 효력확장은 하나의 지역에서 소정 요건을 갖춘 단체협약이 존재하고 그 단체협약의 효력을 확장하는 행정관청의 결정·공고가 있으면 비로소 그 단체협약이 비조합원인 동종의 근로자와 그 사용자에게 적용된다.[6)]

---

5) "뿐만 아니라 참가인 회사 노동조합의 조합원은 원고들이 징계해고될 당시 상시고용인원 중 반수에 미치지 못하였다."

6) 이철수, 「노동법」, 현암사, 2023, 533-534면에 의하면, 독일, 프랑스 등 산업별 단체협약 체계가 확립된 대륙법계 국가에서 단체협약 효력확장제도는 곧 지역단위의 효력확장제도를 의미하는 반면, 통상적으로 기업별 단체협약이 체결되는 우리나라에서는 초기업적 단체협약의 존재를 전제로 하는 지역 단위의 효력확장이 문제 되는 경우는 드물다고 한다.

> **노조법 제35조(일반적 구속력)** 하나의 **사업 또는 사업장**에 상시 사용되는 **동종의 근로자 반수 이상이 하나의 단체협약의 적용**을 받게 된 때에는 당해 사업 또는 사업장에 사용되는 다른 동종의 근로자에 대하여도 당해 단체협약이 적용된다.
>
> **제36조(지역적 구속력)** ① 하나의 **지역**에 있어서 종업하는 **동종의 근로자 3분의 2 이상이 하나의 단체협약의 적용**을 받게 된 때에는 **행정관청**은 당해 단체협약의 당사자의 쌍방 또는 일방의 신청에 의하거나 그 직권으로 **노동위원회의 의결**을 얻어 당해 지역에서 종업하는 다른 동종의 근로자와 그 사용자에 대하여도 당해 단체협약을 적용한다는 결정을 할 수 있다.

2. 사업장 단위 효력확장

사업장 단위 효력확장의 취지에 관한 해석은 다양하다. 단체협약으로 보호되는 조합원을 비조합원으로 대체하려는 사용자의 시도를 방지하여 노동조합을 보호하는 규정이라는 견해(노동조합 보호설), 비조합원의 근로조건을 조합원과 같은 수준에서 보호하려는 규정이라는 견해(비조합원 보호설), 조합원 여부를 불문하고 동종의 근로자에게 단체협약상의 근로조건을 통일적으로 적용하려는 규정이라는 견해(근로조건 통일설), 비조합원의 보호에 주된 취지가 있고, 부수적으로 노동조합도 보호하는 규정이라는 견해(절충설) 등이 있다.[7] 단체협약이 사업장별로 체결되는 우리나라의 현실을 고려한 규정이라고 설명되기도 한다.[8] 이와 관련된 대법원판결은 확인되지 않고, 하급심 법원이 다양한 견해를 취하고 있는 것으로 확인된다.[9]

대상판결은 **'동종의 근로자'**를 당해 단체협약의 규정에 의하여 그 협약의 적용이 예상되는 자라고 판시했다.[10] 대상판결의 태도에 따르면, 예를 들어, 정규직 근로자만을 조합원으로 하는 노동조합이 사업장 단위에서 체결한 단체협약은 그 효력이 확장되더라도 조합원 자격이 없는 비정규직 근로자가 정규직 근로자와 동종 또는 유사한 업무를 종사하는 경우에도 그 효력이 확장되지 않는다.[11] 반면, 이에 반대하는 견해도 확인된다.[12]

---

7) 이철수, 「노동법」, 현암사, 2023, 534-535면 참고.

8) 김형배 · 박지순, 「노동법강의」, 신조사, 2023, 604면

9) 노동법실무연구회(마은혁 집필 부분), 「노동조합 및 노동관계조정법 주해II」, 박영사, 2023, 518-539면 참고.

10) 반면, 과거에는 **업무 내용과 작업 형태의 동종성 여부**를 고려한 판결도 존재한다. 대법원 1995. 12. 22. 선고 95다39618 판결 "경비원은 감시적, 단속적 근로에 종사하는 자이어서 단체협약의 적용을 받는 생산직 근로자와 그 작업 내용이나 형태가 같다거나 비슷하다고 볼 수 없어, 회사의 단체협약이 적용되는 근로자와 동종의 근로자라고는 할 수 없다고 판단한 원심판결을 수긍..."

11) 이철수, 「노동법」, 현암사, 2023, 536-537면은 비정규직 근로자도 자신의 근로조건을 개선하고자 별도의 노동조합을 설립하거나 가입할 수 있는 점, 하나의 사업 또는 사업장 내에서 정규직과 비정규직 근로자 간 교섭 단위 분

노조법 제35조의 요건이 갖추어지면 **단체협약의 규범적 부분**은 그 효력이 법률의 규정에 의하여 확장 적용되므로 단체협약의 적용을 받는 근로자는 사용자에 대하여 법률상 당연히 그 단체협약에 정한 기준에 대한 청구권을 취득한다.[13] 즉, 효력확장의 요건이 충족되면 단체협약은 해당 사업 또는 사업장에 사용되는 다른 동종의 근로자에게 '자동적으로' 적용된다. 반면, 조합원의 탈퇴, 단체협약의 유효기간 만료 등으로 효력확장의 요건을 갖추지 못하게 될 때는 그때부터 효력확장의 효과는 자동으로 소멸한다.[14] 교섭창구 단일화 절차에서 사용자가 복수의 노동조합과 각각 개별교섭하는 것에 동의한 경우에는 다수노조가 체결한 단체협약이 소수노조의 조합원에게는 효력이 확장되지 않는다.[15]

3. 지역 단위 효력확장

지역단위 효력확장제도의 취지에 관하여 판례나 입법 과정 등에서 명시적으로 논의된 바는 명확하게 확인되지 않는다. 하나의 지역에 동종의 근로자 다수에게 지배적으로 적용되는 하나의 단체협약이 있는 경우에 이를 근로조건의 최저기준으로 확립하여 노동조합의 단결력을 보호하고, 근로조건을 저하하는 사용자들의 부당한 경쟁 방지에 취지가 있는 것으로 보인다. 우리나라의 경우, 지역 차원에서 집단교섭 관행이 존재하는 택시・버스운수업을 제외하고, 대부분 하나의 사업 또는 사업장 단위에서 단체협약을 체결하므로 지역 단위 효력확장제도는 거의 활용되지 않는다.[16]

하나의 지역은 근로조건, 노사관계, 기업경영환경 등 경제적 기초의 유사성이 있어 지역 단위 일반적 구속력을 적용할 가치가 인정되는 지역을 말하고, 그 범위의 결정은 행정관청의 합리적 재량에 맡기며, 반드시 행정구역과 일치할 필요는 없다. '동종의 근로자'는 하나의 지역에 있는 다수의 사업 및 노동조합에 걸치는 것과 3분의 2 기준이 적용되는 것을 제외하면 사업장

리가 가능한 점, 차별적 처우 문제에 대해서는 차별시정제도로 시정할 수 있는 점 등을 근거로 제시했다.

12) 김형배 · 박지순, 「노동법강의」, 신조사, 2023, 606면은 사업장 단위의 일반적 구속력 제도가 비조합원의 보호와 사업장의 근로조건을 통일하는데 그 중요한 취지가 있는 점, 임시직근로자도 노조법상 근로자의 지위를 가지고 있으므로 노조법 제35조의 규정의 보호 대상에서 제외하는 것은 옳지 않다는 입장이다.

13) 김형배 · 박지순, 「노동법강의」, 신조사, 2023, 607면.

14) 이 경우, 단체협약 실효 후 근로조건 문제가 발생한다.

15) 이철수, 「노동법」, 현암사, 2023, 538-539면 참고; 대법원 2011. 5. 6. 선고 2010마1193 판결. "기업별 단위노동조합이 독자적으로 단체교섭권을 행사하여 체결한 단체협약이 존재하고 그 단체협약이 노동조합 및 노동관계조정법 제35조에서 정한 일반적 구속력을 가지더라도 현행 노조법에서 동일한 사업 또는 사업장에 근로자가 설립하거나 가입한 산업별 · 직종별 · 지역별 단위노동조합이 가지는 고유한 단체교섭권이나 단체협약 체결권이 제한된다고 할 수는 없다."

16) 이철수, 「노동법」, 현암사, 2023, 539-540면 참고.

단위 일반적 구속력과 다름이 없다. 하나의 단체협약은 일반적으로 집단교섭 또는 산업별 통일교섭을 통해 체결된 단체협약이 될 것이나 기업별 교섭이나 대각선 교섭을 통한 여러 개의 단체협약이라도 내용이 같은 하나의 단체협약으로 볼 수 있다.[17] 이와 관련하여, 별도의 협약을 체결한 노동조합의 권리를 침해할 수 없다는 취지의 대법원판결이 확인된다.[18]

Ⅳ. 결론

사업장 단위 일반적 구속력에 관한 노조법 제35조는 주로 단체협약상의 기준으로 해당 사업장의 근로조건을 통일함으로써 비조합원을 보호하려는 규정이지만, 부수적으로는 비조합원의 우대를 저지하여 노동조합도 보호하려는 취지의 규정으로 볼 수 있다. 지역단위 구속력의 입법 취지는 일정한 지역에서 지배적인 의의를 가지는 단체협약상의 기준을 그 지역의 동종 근로자를 위한 최저기준으로 적용함으로써 사용자 상호 간에 근로조건을 저하하려는 경쟁을 방지하고 공정한 경쟁 조건을 마련하는 데 있다.[19]

대상판결은 일반적 구속력의 적용 요건인 동종의 근로자가 단체협약의 적용을 받는 근로자라고 밝혔다. 과반수 요건 설정 및 복수노조, 교섭창구 단일화 등으로 인하여 일반적 구속력의 적용 사례가 많아지지는 않으리라고 예상된다.[20] 한편, 지역적 구속력 적용 사례는 거의 없지만, 이를 개정하여 공공기관 등에 적용하자는 입법 논의가 확인된다.

---

17) 임종률 · 김홍영, 「노동법」, 박영사, 2024, 173면.

18) 대법원 1993. 12. 21. 선고 92도2247 판결. "지역적 구속력 제도의 목적을 어떠한 것으로 파악하건 적어도 교섭권한을 위임하거나 협약체결에 관여하지 아니한 협약 외의 노동조합이 독자적으로 단체교섭권을 행사하여 이미 별도의 단체협약을 체결한 경우에는 그 협약이 유효하게 존속하고 있는 한 지역적 구속력 결정의 효력은 그 노동조합이나 그 구성원인 근로자에게는 미치지 않는다고 해석되고, 협약 외의 노동조합이 위와 같이 별도로 체결하여 적용받고 있는 단체협약의 갱신체결이나 보다 나은 근로조건을 얻기 위한 단체교섭이나 단체행동을 하는 것 자체를 금지하거나 제한할 수는 없다고 보아야 한다."

19) 임종률 · 김홍영, 「노동법」, 박영사, 2024, 166, 172면.

20) 다만, 최근에는 산별 교섭의 활성화 등 단체협약의 적용 단위에 관한 조정 필요성에 관한 논의가 증가하고 있어 제도의 개편 가능성은 존재한다.

[24] 단체협약 종료의 효과

(대법원 2009. 2. 12. 선고 2008다70336 판결)

기초지식

☑ 단체협약은 노사 양측이 협약자치에 따른 합의 내용을 규정한 것이므로 일종의 계약으로 볼 수 있지만, 노조법이 단체협약의 효력을 별도로 규정하여 적용 · 해석과 관련된 법적 쟁점이 발생함

☑ 단체협약의 내용은 규범적 부분과 채무적 부분으로 구분됨. 이와 관련하여, 단체협약이 종료된 경우 개별 근로자의 근로조건을 규율하던 부분(규범적 부분)의 효력이 문제가 됨

☑ 주의할 점은 단체협약의 내용 구성(규범적 부분, 채무적 부분)과 그 효력(규범적 효력, 채무적 효력)이 다른 개념이라는 점임. 규범적 부분에는 규범적 효력과 채무적 효력이 모두 미치지만, 채무적 부분에는 규범적 효력 없이 채무적 효력만 미친다는 점에서 차이가 있음

Ⅰ. 논의의 배경과 쟁점

사용자와 노동조합이 체결한 단체협약은 유효기간의 상한이 설정되어 있다. 단체협약의 유효기간은 3년을 초과할 수 없으며, 통상 유효기간을 초과하기 전에 새로운 단체협약을 체결하게 되지만, 협약이 종료되는 경우도 발생할 수 있다. 즉, 단체협약이 만료되는 시점에 새로운 단체협약 체결을 위한 교섭이 이루어지지 않으면, 단체협약이 종료될 수 있다.

> **노조법 제32조(단체협약 유효기간의 상한)** ① 단체협약의 유효기간은 3년을 초과하지 않는 범위에서 노사가 합의하여 정할 수 있다.
>
> ② 단체협약에 그 유효기간을 정하지 아니한 경우 또는 제1항의 기간을 초과하는 유효기간을 정한 경우에 그 유효기간은 3년으로 한다. 〈개정 2021. 1. 5.〉
>
> ③ 단체협약의 유효기간이 만료되는 때를 전후하여 당사자 쌍방이 새로운 단체협약을 체결하고자 단체교섭을 계속하였음에도 불구하고 새로운 단체협약이 체결되지 아니한 경우에는 별도의 약정이 있는 경우를 제외하고는 종전의 단체협약은 그 효력만료일부터 3월까지 계속 효력을 갖는다. 다만, 단체협약에 그 유효기간이 경과한 후에도 새로운 단체협약이 체결되지 아니한 때에는 새로운 단체협약이 체결될 때까지 종전 단체협약의 효력을 존속시킨다는 취지의 별도의 약정이 있는 경우에는 그에 따르되, 당사자 일방은 해지하고자 하는 날의 6월전까지 상대방에게 통고함으로써 종전의 단체협약을 해지할 수 있다.

사용자가 단체협약에 따라 노동조합의 조합원들에게 임금, 근로시간, 휴가 등 근로조건을 적용하여 오다가, 단체협약이 만료되는 경우 이러한 조건을 유지해야 하는지가 문제가 된다. 협약 종료 시 해당 근로조건 등이 초기화된다면, 사용자가 단체교섭 체결을 지연하거나 거부하여 근로조건을 하향 조정하려는 유인이 될 수 있다. 현행 노조법은 이러한 상황에 대한 명시적인 규정을 두고 있지 않지만, 판례는 단체협약 종료 이후의 효과에 대해서 판시하고 있다.

Ⅱ. 대상판결 분석

1. 사실관계

피고는 상시근로자 300여 명을 고용하여 H대학교, I고등학교 등을 운영하는 학교법인이고, 원고들은 K노동조합 H대학교 지부의 간부들로서 2006년 4월부터 2007년 1월까지 계속된 H대학교 지부의 파업을 주도하였다.

2004년 단체협약의 유효기간이 2006년 2월 만료되자, 2006년 단체협약 체결을 위한 교섭을 시작하였고, H대학교 지부는 임금 11.9% 인상을 요구하는 임금협약안과 직제개편 및 행정제도 개선, 행정 책임성 및 전문성 확보, 적정인력 확보와 정원 유지, 해고의 제한, 비정규직 채용제한, 비정규직의 정규직화, 정기승급, 호봉 · 휴가 · 명예퇴직제도 개선, 민주적 총장선출제도 마련 등을 요구하는 단체협약안을 제시하였다.

H대학교 측은 H대학교 지부의 일부 조합원들이 총무, 인사, 급여, 후생, 노무관리, 회계 등 업무를 담당하고 있어 근로자에 관한 사항에 대하여 사업주를 위하여 행동하는 자들로서 노동조합에 가입할 수 없는 사용자 지위에 있고, 특히 H대학교 측 단체교섭 위원이나 간사 중에도 조합원이 있음을 지적하며 단체교섭에 앞서 이들에 대한 시정조치를 요구했고, 2006. 3. 14.에는 유효기간 만료를 이유로 기존 2004년 단체협약의 해지를 통보했는데, 3차 교섭에서 교섭이 결렬된 후, 본 교섭에 착수하지 못한 채 선결문제[1)]를 둘러싼 공방을 거듭하다가 서울지노위의 조정, 조합원 찬반투표를 거쳐 파업에 돌입하였다.

2006. 4. 6.부터 시작된 이 사건 파업은 2007. 1. 22.에 이르러 새로운 단체협약이 체결될 때

1) H대학교 측에 성실교섭 및 단체교섭 위원이나 간사를 비조합원으로 교체할 것을 수 차례 요구하였고, H대학교측 역시 수차례에 걸쳐 H대학교 지부에 대하여 문제가 된 조합원들에 관한 시정조치를 요구하고 위 문제가 선결될 때까지 단체교섭을 잠정 유보한다고 통보하였다.

까지 계속되었다.[2] 파업과 관련하여, 법원은 H대학교 지부와 원고 A 등에게 피고의 승낙 없이 총장실, 총무처장실, 회의실에 다중의 위력으로써 출입하는 행위 등의 금지를 명하는 가처분 결정을 내렸고, 업무방해 · 상해로 벌금형을 선고유예했다.

H대학교 측은 파업가담자에 대한 징계 절차에 착수했는데, 원고 A, B, C에 대하여 2006년 9월, 두 차례 징계위원회를 소집하였으나 2004년 단체협약 및 직원 징계규정에 정한 바에 따라 징계위원회를 구성하는 H대학교 지부측 징계위원 4인이 불참하여 성원 미달로 연기되었으며 2006년 10월 소집된 제3차 징계위원회에서 H대학교 측 징계위원 5인만이 참여한 가운데 파면이 결의되었다. 원고 D도 동일한 과정을 거쳐 2006년 12월 파면이 결정되었다. 이후 징계처분은 해임으로 경감되어 2007. 2. 28. 재심에서 확정되었다.[3]

피고와 H대학교 지부는 2007. 1. 22. 그 부속서 형식의 기타 합의사항 제4항으로, "학교는 파업사태와 관련하여 추가 징계하지 않는다."라는 취지의 면책 합의를 포함하여 2007년도 단체협약을 체결하였고, 이로써 이 사건 파업은 실질적으로 종료되었다.

2. 당사지의 주장

원고들은 다음과 같은 사유로 이 사건 각 징계해고가 무효라고 주장했다. 징계위원회는 2004년 단체협약 및 직원 징계규정에 의하면, 9인의 위원으로 징계위원회를 구성하여 재적위원 2/3 이상의 출석과 재적위원 과반수의 찬성으로 의결하도록 정하고 있으므로, 의사정족수를 갖추지 못한 절차상 하자가 있다고 주장했다. 이해관계 있는 당사자를 징계위원 내지 징계 재심위원으로 포함시키는 등 징계 절차에 중대한 하자가 있으며, 2004년 단체협약 제22조의 조합 간부에 대한 징계 및 해고 시 노동조합의 사전동의 절차를 위반했다. 징계해고는 쟁의 기간 중 징계를 금지하는 이 사건 2004년 단체협약 제111조, 2007년 단체협약의 부속서 형식으로 체결된 피고와 H대학교 지부 사이의 면책 합의를 위반했다. 징계해고의 사유로서 열거하고 있는 행위들은 원고들이 정당한 쟁의행위에 참가한 행위이거나 피고의 부당한 행위에 대응하기 위한 정당한 행위로서 불법행위에 해당하지 않으므로 징계사유가 존재하지 않는다. 징계사유가 존재하더라도 징계사유가 발생한 동기나 경위에 비춰보면, 이 사건 각 징계해고는 지나치게 가혹하고 다른

2) 2006. 11. 6.까지는 조합원 전체가 참여하는 전면파업의 형태로 진행되다가 2006. 11. 7.부터는 원고들을 비롯한 20명의 쟁의 대책 위원들만이 파업에 참여하고 나머지 조합원들은 현업에 복귀하는 부분파업으로 전환하였다.

3) 피고 이사장은 2007. 2. 1. 원고들에게 징계처분 결과를 해임으로 한 단계 경감한 징계처분 통지를 하였고, 원고들의 요구에 따라 2007. 2. 28. 징계 재심위원회가 개최되었으나 여전히 H대학교지부측 징계위원들은 불참한 가운데 H대학교 측 징계위원 5인만이 참여하여 징계해고가 그대로 확정되었다.

조합 간부와 비교하여 현저히 형평성을 잃은 것이므로, 징계 재량을 일탈 · 남용한 것이다.

피고는 원고들에 대한 징계 재심위원회 당시 유효한 2007년 단체협약은 재심위원회는 총장이 임명하는 대학 측 5인과 조합 측 4인으로 구성하고 과반수 출석과 출석위원 과반수의 찬성으로 의결한다고 규정하였으므로, 초심징계위원회 의결에 의사정족수를 충족하지 아니하여 절차상 위법한 하자는 재심에서 치유되었다고 주장했다.

3. 하급심 법원의 판단

1심 법원[4]은 징계해고는 H대학교 측 위원 5인만이 참석한 가운데 의결되어 의사정족수를 결한 근본적인 절차상 하자로 인하여 무효라고 판단했다.

원심[5]은 최초 징계위원회가 2004년 단체협약 제111조의 규정에 위반하여 개최되었고, 그 의사정족수도 갖추지 못한 중대한 하자가 있었으며, 징계 재심위원회에서도 노동조합 측 징계 재심 위원을 참여하도록 하였음에도 이러한 참여 없이 단 1회의 재심절차에서 징계해고가 확정되었으므로 징계 재심위원회의 의결만으로는 당초의 징계위원회의 절차상 중대한 하자가 치유되지 않는다고 판단했다. 또한, 재심의 징계해고 확정을 새로운 징계로 본다고 하더라도, 이러한 징계해고는 2007년 단체협약이 체결되면서 이루어진 파업사태와 관련된 추가 징계를 하지 않는다는 합의를 위반하여 무효라고 판단했다.

4. 대법원판결

원심은 2004년도 단체협약 제111조의 "쟁의기간 중에는 조합원에 대하여 어떠한 사유에 의해서도 징계, 부서 이동 등 제반 인사조치를 할 수 없다"라는 규정은 쟁의기간 중에 쟁의행위에 참가한 조합원에 대한 징계 등 인사조치 등에 의하여 노동조합의 활동이 위축되는 것을 방지함으로써 노동조합의 단체행동권을 실질적으로 보장하기 위한 것이라 할 것이므로, 쟁의행위가 그 목적에 있어 정당하고, 절차적으로 노조법의 제반 규정을 준수함으로써 정당하게 개시된 경우라면, 비록 그 쟁의 과정에서 징계사유가 발생하였다고 하더라도 쟁의가 계속되고 있는 한 그러한 사유를 들어 쟁의기간 중에 징계위원회의 개최 등 조합원에 대한 징계 절차의 진행을 포함한 일체의 징계 등 인사조치를 할 수 없음을 선언한 것이라고 본 다음, 원고들에

4) 서울북부지방법원 2007. 11. 9. 선고 2007가합3807 판결.
5) 서울고등법원 2008. 8. 22. 선고 2007나116763 판결.

대하여 파업기간 중의 행위를 이유로 파면을 결의한 것은 구 단체협약 제111조에 위반한 것으로서 징계 절차상 중대한 하자가 있으므로 무효이고, 이는 위 결의에 따른 징계처분의 효력발생 시기를 쟁의기간 이후로 정하였다고 하여도 마찬가지라고 판단하고 있다. 원심의 위와 같은 판단은 정당하다고 수긍이 되고, 거기에 채증법칙을 위배하거나 단체협약의 해석에 관한 법리를 오해한 위법이 있다고 할 수 없다.

단체협약이 실효되었다고 하더라도 **임금, 퇴직금이나 노동시간, 그 밖에 개별적인 노동조건에 관한 부분**은 그 단체협약의 적용을 받고 있던 근로자의 근로계약의 내용이 되어 그것을 변경하는 새로운 단체협약, 취업규칙이 체결·작성되거나 또는 개별적인 근로자의 동의를 얻지 아니하는 한 개별적인 근로자의 근로계약의 내용으로서 여전히 남아 있어 사용자와 근로자를 규율하게 되고, 단체협약 중 **해고사유 및 해고의 절차에 관한 부분에 대하여도 이와 같은 법리가 그대로 적용**되는 것인바(대법원 2000. 6. 9. 선고 98다13747 판결, 대법원 2007. 12. 27. 선고 2007다51758 판결 등 참조), 구 단체협약 제111조는 개별적인 노동조건에 관한 부분이므로 구 단체협약이 대학교 측의 단체협약 해지통보 및 소정 기간의 경과로 실효되었다 하더라도 2007년도 단체협약이 체결되기까지는 여전히 원고들과 피고 사이의 근로계약의 내용으로서 유효하게 존속하였다고 본 원심의 판단은 정당하고, 거기에 단체협약의 실효와 관련된 법리를 오해한 위법이 있다고 할 수 없다.

원심은, 비록 H대학교 지부가 지부장이 추천하기로 되어 있는 징계위원의 선정을 거부하고, 노동조합 측 징계위원들이 징계위원회에 참석하지도 않았으나, 이는 쟁의기간 중에 징계위원회를 개최하는 것이 구 단체협약 제111조에 위반된다는 정당한 주장을 하면서 이루어진 것이므로, 피고가 징계에 있어서 성실하고 진지한 노력을 다하였음에도 H대학교 지부 측이 징계위원회 구성 권한을 남용하였거나 포기한 것으로는 보기 어렵다고 판단하고 있는바, 이러한 판단은 정당하고, 법리를 오해한 위법이 있다고 할 수 없다.

원심은, 징계 재심위원회에서도 노동조합 측 징계 재심 위원의 참여 없이 단 1회의 재심절차에서 징계해고가 확정되었으므로, 위 징계 재심위원회의 의결만으로는 당초 징계위원회의 하자가 치유되었다고 볼 수 없다고 판단하고 있다. 그러나 징계처분에 대한 재심절차는 원래의 징계절차와 함께 전부가 하나의 징계처분 절차를 이루는 것으로서 그 절차의 정당성도 징계 과정 전부에 관하여 판단되어야 할 것이므로, **원래의 징계 과정에 절차 위반의 하자가 있더라도 재심 과정에서 보완되었다면 그 절차 위반의 하자는 치유**된다고 할 것인데(대법원 1993. 10. 26. 선고 93다29358 판결, 대법원 2005. 11. 25. 선고 2003두8210 판결 등 참조), **징계 재심위원회가 개최될 당시에는 쟁의행위가 실질적으로 종료**된 상태였다는 것이므로 징계 재심위원회의 개최에 구 단체협약 제111조 위반과 같은 하자가 있다고 볼 수는 없고, 한편 위 징계 재심위원회가 노동조합 측 위원의 불참으로 대학 측 위원 5인만이 참석한 상태에서 진행되었기는 하나, 2007년 신 단체협약에 의하면 징계 재심위원회는 총장이 임명하는 대학 측 5인과 노동조합 측 4인의 위원으로 구성하며 재적위원 과반수의 출석에 출석위원 과반수의 찬성으로 결의하게 되어 있었기에 노동조합 측 재심 위원이 불참하였다고 하여 위 징계 재심위원회의 개최나 진행에 어떠한 하자가 있다고 할 수 없다.

하지만 원심은, 피고와 H대학교 지부 사이에 2007년 체결된 단체협약 중 부속서 형식의 기타 합의사항에 학교는 **파업사태와 관련하여 추가로 징계하지 않는다는 취지의 면책 합의가 포함되어 있는 사실**을 인정한 다음, 징계 재심위원회에서의 징계해고 확정을 원고들에 대한 새로운 징계로 본다고 하더라도 이는 신 단체협약상의 면책 합의에 반하는 것으로서 무효라고 판단하고 있는바, 그 취지는, 표현에 있어 다소 미흡한 점이 없지 아니하나, 결국 위 면책 합의 이후 원고들에 대하여는 파업사태와 관련하여 더 이상 징계할 수 없고 이는 징계 재심위원회의 재심 결의 형식으로 이루어진 경우라 하더라도 마찬가지이므로 이에 반하여 이루어진 원고들에 대한 징계 재심위원회의 재심 결의는 무효라는 취지임이 명백한데, 원심의 위와 같은 판단은 정당하다고 수긍이 되고, 위법이 있다고 할 수 없다.

Ⅲ. 판결의 주요 쟁점

1. 단체협약의 규범적 부분과 채무적 부분

단체협약 중 **근로조건 기타 근로자의 대우에 관한 기준**을 설정한 부분에는 규범적 효력이 인정되므로 이를 규범적 부분이라 한다. 규범적 부분에는 협약당사자가 아니라 제3자인 근로자와 사용자 사이의 개별적 근로관계를 강행적 · 직접적으로 규율하는 **규범적 효력**이 인정된다. 다만, 규범적 부분 또한 단체협약의 한 부분이므로 여전히 협약당사자 사이에 계약으로서의 효력인 채무적 효력이 인정된다. 단체협약 중 규범적 부분 이외의 부분을 채무적 부분이라 하는데, 여기에는 협약당사자인 노동조합과 사용자 또는 사용자단체 사이의 집단적 노동관계에서의 권리 · 의무관계를 규율하는 채무적 효력만이 인정된다.[6)]

6) 노동법실무연구회(마은혁 집필 부분), 「노동조합법주해II」, 박영사, 2023, 364면.

	규범적 효력	채무적 효력
규범적 부분	○	○
채무적 부분	×	○

즉, 단체협약의 효력은 근로조건 기타 근로자의 대우에 관한 기준을 정한 규범적 부분에 대하여 인정되는 '규범적 효력' 그리고 규범적 부분을 포함한 협약내용 전체와 관련하여 협약당사자 간에 인정되는 '채무적 효력'으로 구분된다.[7)]

규범적 부분은 근로계약 관계의 내용을 구성하는 근로조건과 근로자의 처우에 관한 구체적이고 객관적인 준칙을 의미한다. 구체적인 예로서 임금액, 임금지급 방법, 근로시간, 유급휴일, 유급휴가, 상여금 지급, 경조금 지급 및 기타 후생 복지, 안전보건, 직장환경, 교육훈련, 재해보상의 종류 및 그 산정, 퇴직금 산정, 정년 등을 들 수 있다.[8)] 현행 노조법은 채무적 조항에 대한 규정을 두고 있지 않으나, 조합원의 범위, 조합활동을 위한 편의 제공(조합비 일괄공제, 조합사무실의 제공 등), 단체교섭의 절차 및 기타 규칙, 유니온 샵 조항, 쟁의행위에 관한 사항(사전 통지, 범위, 장소, 조업 계속 부서 등), 평화조항 등이 여기에 속한다. 규범적 부분이 없는 단체협약은 본래적인 의미의 단체협약이라고 할 수 없다.[9)]

2. 단체협약의 효력

단체협약의 규범적 효력은 **강행적 효력**과 **보충적 효력**으로 나뉘는데, 이에 대해서는 노조법 제33조가 규정하고 있다.

> **노조법 제33조(기준의 효력)** ① 단체협약에 정한 근로조건 기타 근로자의 대우에 관한 기준에 위반하는 취업규칙 또는 근로계약의 부분은 무효로 한다.
> ② 근로계약에 규정되지 아니한 사항 또는 제1항의 규정에 의하여 무효로 된 부분은 **단체협약에 정한 기준**에 의한다.

7) 이철수, 「노동법」, 현암사, 2023, 517-518면 참고. 협의의 채무적 효력은 규범적 부분 이외의 협약내용에 관하여 협약당사자 간에 인정되는 계약적 효력이다. 협의의 채무적 효력은 협약당사자인 사용자와 노동조합에 대해서만 인정되고 개별 조합원에 대해서는 인정되지 않는다. 이에 비하여 광의의 채무적 효력은 규범적 효력을 가지는 사항에 대해서도 인정된다. 따라서 규범적 효력은 광의의 채무적 효력을 토대로 하여 법에 따라 특별히 강화된 효력이라고 볼 수 있다.

8) 이 외에 근로조건과 직접적 관련이 있는 복무규율, 인사조항, 징계, 휴직, 해고 이유나 절차에 관한 규정 등도 규범적 부분에 속한다.

9) 김형배 · 박지순, 「노동법강의」, 신조사, 2023, 585-586면 참고.

채무적 효력은 **이행의무**와 **평화의무**로 나누어 설명할 수 있다. 이행의무는 단체협약당사자가 단체협약에서 정한 사항을 준수하고 성실하게 이행할 의무를 의미한다. 단체협약은 계약의 성격을 갖지만, 규범적 부분을 위반하면 민사적 제재를 받을 뿐 아니라 실효성 확보 차원에서 형사적 처벌이 규정되어 있다.[10] 평화의무란, 특별한 사정이 없는 한, 단체협약당사자가 협약의 유효기간 중에 단체행동 즉, 쟁의행위를 하지 않을 의무이다.[11]

> **노조법 제92조(벌칙)** 다음 각호의 1에 해당하는 자는 1천만원 이하의 벌금에 처한다.
>
> 1. 삭제 〈2021. 1. 5.〉
> 2. 제31조제1항의 규정에 의하여 **체결된 단체협약의 내용중 다음 각목의 1에 해당하는 사항**을 위반한 자
>
> **가. 임금 · 복리후생비, 퇴직금에 관한 사항**
> **나. 근로 및 휴게시간, 휴일, 휴가에 관한 사항**
> **다. 징계 및 해고의 사유와 중요한 절차에 관한 사항**
> **라. 안전보건 및 재해부조에 관한 사항**
> **마. 시설 · 편의제공 및 근무시간중 회의참석에 관한 사항**
> **바. 쟁의행위에 관한 사항**

3. 단체교섭 대상사항의 구분

헌법상 근로자에게 단체교섭권이 보장된다고 하여, 근로자 측이 사용자 측과 어떤 문제에 대해서든 교섭할 수 있는 것은 아니다. 헌법은 '근로조건의 향상'을 위하여 단체교섭권을 보장하고 있으므로 교섭 대상에는 **내재적 한계**가 존재한다. 근로자 측이 단체교섭권에 근거하여 사용자 측에 교섭을 요구하고 교섭할 수 있는 사항을 '단체교섭의 대상 사항'이라고 한다.[12]

단체교섭의 대상은 규범적 부분에 관한 의무적 교섭사항, 채무적 부분에 관한 임의적 교섭사항, 교섭금지 사항으로 구분할 수 있다.[13] **의무적 교섭사항(규범적 부분)**은 사용자가 노동조합의 단체교섭 요청에 응할 의무가 있는 사항으로, 정당한 이유없는 교섭거부 · 해태 시 부당노동행위가 되며, 단체교섭이 결렬되는 경우 노동쟁의 조정신청 및 쟁의행위의 대상이 되

---

10) 하갑래, 「집단적 노동관계법」, ㈜중앙경제, 2020, 368면.
11) 하갑래, 「집단적 노동관계법」, ㈜중앙경제, 2020, 371면.
12) 임종률 · 김홍영, 「노동법」, 박영사, 2024, 125면.
13) 이하의 내용은 고용노동부, 「집단적 노사관계매뉴얼」, 2022, 164-165면 참고.

는 사항으로 임금, 근로시간, 휴일 · 휴가, 재해보상, 안전보건 등 근로조건의 결정에 관한 사항, 해고사유 및 해고의 절차에 관한 부분이 이에 해당한다. **임의적 교섭사항(채무적 부분)**은 사용자에게 교섭 의무가 없으나 임의로 교섭에 응하여 단체협약의 내용으로 할 수 있는 사항이며, 교섭을 거부하거나 해태하더라도 부당노동 행위가 되지 아니하며, 단체교섭이 결렬되더라도 노동쟁의 조정신청 및 쟁의행위를 할 수 없다. 노동조합 활동에 관한 사항, 조합비 공제 및 근로시간면제자에 관한 사항 등 주로 집단적 노사관계에 관한 사항이 이에 해당한다. **교섭금지 사항**은 사용자가 처리할 수 없는 사항, 강행법규나 공서양속에 위반하는 사항 등은 교섭사항이 될 수 없으며, 그 사항에 대하여 단체협약을 체결하였다 하더라도 그 부분은 무효가 된다. 고용세습(우선 · 특별채용조항), 유일교섭단체, 일반적 구속력의 적용배제, 구속자 석방, 퇴직금 제도 폐지, 특정 종교 강제, 근로시간면제한도 초과 지급 등이 이에 해당한다.

다만, 이러한 구분이 항상 명확하게 작동하는 것은 아니고, 경우에 따라 중첩되는 부분이 존재할 수 있다.

4. 단체협약 실효 후 근로조건

단체협약이 유효기간 만료 등으로 효력을 상실하여 아무런 협약도 존재하지 않는 상태가 되면, 종전 단체협약의 채무적 부분은 당연히 소멸한다. 문제는 종전 단체협약의 규범적 부분에 따라 규율되던 근로조건이 단체협약의 실효에도 불구하고 여전히 개별 근로자와 사용자에게 적용되는가 하는 점이다. 노조법에는 단체협약 실효 후 근로조건에 관한 명문의 규정이 없다. 하지만, 판례는 단체협약이 실효되더라도 근로조건에 관한 부분은 그 단체협약의 적용을 받던 근로자의 근로계약의 내용으로 되어 사용자와 근로자를 규율하고, 다만 그것을 변경하는 새로운 단체협약, 취업규칙이 체결 · 작성되거나 개별적 근로자의 동의를 얻은 경우에는 그렇지 않다는 태도를 취하고 있다.[14] 다만, 일정한 조건이 성취되거나 기한이 도래할 때까지 특정 단체협약 조항에 따른 합의의 효력이 유지되도록 노사가 명시하여 단체협약을 체결한 경우에는 그 단체협약 조항에 따른 합의는 해제조건의 성취로 효력을 잃는다.[15]

14) 이철수, 「노동법」, 현암사, 2023, 545-546면 참고. 근로자가 노동조합을 탈퇴하거나 노동조합으로부터 제명된 경우 또는 비조합원에 대한 단체협약 효력확장의 효과가 소멸한 경우에도 단체협약의 실효에 따른 근로조건 규율의 문제가 마찬가지로 발생하므로 이러한 법리가 그대로 적용된다고 한다.

15) 김형배 · 박지순, 「노동법강의」, 신조사, 2023, 621면; 대법원 2018. 11. 29. 선고 2018두41532 판결.

Ⅳ. 결론

사안에서 새로운 단체협약의 체결이 지연되는 바람에 일시적인 협약의 공백 상태가 발생하게 되었다. 이때 구 단체협약에 규정되어 있던 해고 등 제한에 관한 사항의 효력이 문제가 되었는데, 대상판결은 단체협약의 근로조건 등에 관한 규범적 부분은 협약의 효력이 상실하더라도 그대로 유지된다는 전제에서 쟁의기간 중 해고제한에 관한 규정이 유효하게 적용된다고 판단했다.

한편, 사업장 내부의 징계가 초심과 재심으로 구성된 경우, 초심에서의 절차적 하자는 재심에서 치유될 수 있다고 판단했다. 이에 따라 사업장에서 징계 재심절차는 근로자에게 소명의 기회를 추가로 부여하는 의미에 더해서 사용자가 초심 절차에서의 하자와 문제점을 스스로 진단하고 개선할 수 있는 기회가 될 수 있다.

마지막으로 쟁의행위 종료 이후 체결된 단체협약 부속서에서 파업사태와 관련하여 추가로 징계하지 않는다는 면책 합의가 있는 경우, 사용자는 이에 반하여 추가 징계를 할 수 없다고 판단하였다.

[25] 찬반투표 절차를 거치지 않은 쟁의행위의 정당성

(대법원 2001. 10. 25. 선고 99도4837 전원합의체 판결)

기초지식

☑ 헌법과 노조법에 의하면, 노동3권 행사에 관한 규정은 유기적으로 연결됨. 근로자들이 주체가 되어 결성한 단체가 노동조합이고, 노동조합과 사용자 간 근로조건 결정에 관한 주장의 불일치 상태를 노동쟁의라 하며, 노사관계 당사자의 주장을 관철하기 위한 행위를 쟁의행위라고 함

☑ 판례는 정당한 쟁의행위에 관하여 주체, 목적, 절차, 수단 및 방법의 적정성을 요구하는데, 특히 절차와 관련해서는 조정과 조합원의 찬반투표를 거쳐야 함

☑ 한편, 노동쟁의는 '근로조건 결정의 불일치'라고 하여, 소위 이익분쟁을 대상으로 하고 있어 근로조건에 관한 권리분쟁을 쟁의행위의 대상으로 할 수 있는지가 문제가 됨

Ⅰ. 논의의 배경과 쟁점

판례는 쟁의행위의 정당성 요건으로 주체, 목적, 절차, 수단 및 방법의 적정성을 요건으로 제시하고 있다. 노조법은 절차적 요건의 준수와 관련하여, 노동위원회의 조정을 거쳐야 하고(조정전치주의), 조합원 투표를 통해 과반수의 동의를 얻도록 하고 있다(조합원 찬반투표). 쟁의행위가 정당성을 상실하게 되는 경우, 노조법이 정하고 있는 민·형사 면책을 받을 수 없게 된다. 이 경우, 민사상 손해배상과 형사상 처벌(업무방해 등)이 이루어질 수 있다.

> **노조법 제3조(손해배상 청구의 제한)** 사용자는 이 법에 의한 단체교섭 또는 쟁의행위로 인하여 손해를 입은 경우에 노동조합 또는 근로자에 대하여 그 배상을 청구할 수 없다.
>
> **제4조(정당행위)** 형법 제20조의 규정은 노동조합이 단체교섭·쟁의행위 기타의 행위로서 제1조의 목적을 달성하기 위하여 한 정당한 행위에 대하여 적용된다. 다만, 어떠한 경우에도 폭력이나 파괴행위는 정당한 행위로 해석되어서는 아니된다.

절차적 정당성에 관한 요건을 어느 정도 수준으로 해석해야 할지가 문제가 되는데, 대상판결은 쟁의행위에 관한 조합원 찬반투표의 요건에 대한 기준을 제시하였다.

Ⅱ. 대상판결 분석

1. 사실관계

피고인 A, B, C, D는 F주식회사의 E노동조합 간부로 선출되어 활동하던 자이며, F주식회사는 자동차 부품 등 제조업체이다. 피고인 A, B, D는 회사에서 자구안으로 제시한 정리해고를 무산시키기 위하여 E노동조합 각 지부와 함께 불법파업 및 집회를 개최하는 등으로 위력을 행사하기로 공모한 후, 노조 지부장인 공소외 I, 산업안전보건부장인 공소외 J와 공동으로 **정상적인 작업 시간**에 조합원 200명을 선동하여 사내 식당에 모이게 하는 방법으로 **생산활동을 전면 중단**케 함으로써, 위력으로 피해자 F 주식회사의 업무를 방해했다.[1)]

E 노동조합은 1998. 3. 사용자에게 교섭권 위임사실과 1998년 임금인상 요구안 등을 통보하여 연맹이 3. 31.부터 4. 21.까지 4차에 걸쳐 중앙교섭안에 의한 교섭을 요구하였으나, 사용자가 이에 응하지 아니하여 4. 23. E 노동조합이 중노위에 조정신청을 한 사실, 중노위는 5. 1. 노동조합의 중앙교섭요구는 **노동쟁의라고 보기 어려워** 조정안을 제시하지 아니하고 관계법에 의하여 당사자 간 자주적 교섭을 충분히 가질 것을 권고하면서 조정을 종료하였고, 또한 같은 달 8. 위 연맹이 위 노동조합으로부터 위임받은 협상 교섭권에 기하여 신청한 조정 역시 같은 이유로 조정을 종료한 사실, 이에 위 노동조합은 5. 6. **'체불임금정산 및 고용안정 쟁취를 위한 조합원 결의대회'를 소집한 후 파업하기로 결의**하여 5. 7.부터 같은 달 11.까지 조업을 중단한 사실, 파업기간 중 선봉대 및 규찰대를 조직하여 사업장 출입 차량에 대한 검문, 현장순회, 공장 외곽순찰 등을 실시하고 파업 지지를 위한 대자보를 부착하였고, 공장 내 주차장을 집회장으로 사용한 사실, 파업 중에 사용자와는 5. 7. 임시 노사협의회를 통하여 4월분 체불임금을 같은 해 5. 12.까지 지급하기로 협의하였고, 5. 11. 임시 노사협의회에서는 **체불된 상여금 50% 및 김장보조비 150,000원을 지급**하기로 협의한 사실, 위와 같이 노사협의회를 거쳐 임금안이 타결되자, 위 노동조합은 파업을 철회하기로 하고 5. 12. 08:30경부터 10:00경까지 조합원 공청회를 통하여 파업 철회 경위 등을 설명하였다. 이후 5~8월 사이에 상기 내용과 유사한 생산활동 중단이 있었고, 9. 1에는 경찰의 체포영장 및 압수수색영장 저지 등 공무집행을 방해하였다.

---

1) 1998. 5. 6. 약 2시간 동안 투쟁사를 낭독하고, "체불임금 지급하라"는 등 구호를 외치고, 5. 7. 약 7시간 30분 동안 투쟁파업을 강행하고 조합원들로 하여금 대전지방노동청으로 가서 무공탁의뢰 협조요청서를 작성케 하였으며, 5. 8. 파업을 강행하였다. 또한, 5. 9.부터 11. 사이 텔레비전 시청 및 장기자랑 대회를 개최하였고, 5. 12. "5. 11. 본사 노사협의회 결과 설명회"를 개최하였다.

2. 당사자의 주장

피고인들은 공소사실의 쟁의행위가 정당한 노동3권의 행사로서 정당행위라고 주장했다. 업무방해에 관하여, E노동조합은 1997. 12.경 F 주식회사의 부도 이후 회사와 협상을 통하여 임금과 고용안정에 관한 협의를 도출하고자 계속 노력하였으나 회사가 단체교섭에는 응하지 않고 **정리해고**만 강행하려 하는 바람에 이를 저지하고 **체불된 임금**을 받기 위하여 적법한 절차를 거쳐 쟁의행위를 하였으므로 정당행위에 해당되어 죄가 되지 않는다고 주장했다. 특수공무집행방해에 관하여, 노동조합은 적법한 쟁의행위가 평화적으로 이루어지도록 관리 통제에 만전을 기하였으나 경찰이 불법하게 정당한 쟁의행위에 대하여 물리력을 동원하여 강경하게 진압한 것으로서, 이러한 경찰력의 투입은 정당한 공무라 볼 수 없을 뿐만 아니라, 위 피고인들은 특수공무집행방해행위에 가담하지 아니하였다고 주장했다.

3. 하급심 법원의 판단

1심 법원[2]은 쟁의행위를 불법으로 판단한 근거로, 근로조건의 유지 및 개선과 직접 관련이 없는 대정부 노동정책에 대한 지침에 의한 파업인 점, 생산활동 등을 전면 중단하게 한 점 특수공무집행방해와 업무방해를 유죄로 인정하되, 고소 취하 및 경영정상화를 위한 노력 등을 고려하여 징역형의 집행유예를 선고했다. 원심[3]은 피고인의 업무방해의 점에 대하여 5. 12.까지는 근로조건의 유지 · 개선 기타 근로자의 정당한 이익을 주장하기 위한 상당한 수단으로서 헌법이 보장한 근로자의 단체행동권에 속하는 것으로 사회상규에 반하지 아니하는 정당행위로서 위법성이 조각된다고 보아 일부 무죄로 선고하되,[4] 5. 12. 이후의 파업에 대해서는 단체교섭이나 쟁의행위의 대상이 아닌 경영상 이유에 의한 해고의 실시 자체를 반대하여, 회사가 해고를 피하기 위하여 실시한 '퇴직희망제'의 시행을 거부하면서 해고의 범위, 규모, 실시방법, 대상자 선정기준 등에 관한 협의를 거부하고, 해고의 실시 자체를 저지할 목적으로 한 것이었다고 한 것이므로, 목적이 위법하여 정당행위에 해당하지 않는다고 판단했다.

4. 대법원판결

근로자의 쟁의행위가 형법상 정당행위가 되기 위해서는 첫째, 그 **주체가 단체교섭의 주체**

---

2) 대전지방법원 1999. 1. 14. 선고 98고단4014 판결.
3) 대전지방법원 1999. 8. 13. 선고 99노224 판결.
4) 98. 5. 6~9, 11에 사내식당에서 구호를 외치거나 투쟁을 한 행위에 대한 것이었다.

로 될 수 있는 자이어야 하고, 둘째, 그 목적이 근로조건의 향상을 위한 노사 간의 자치적 교섭을 조성하는 데에 있어야 하며, 셋째, 사용자가 근로자의 근로조건 개선에 관한 구체적인 요구에 대하여 단체교섭을 거부하였을 때 개시하되 특별한 사정이 없는 한 조합원의 찬성결정 등 법령이 규정한 절차를 거쳐야 하고, 넷째, 그 수단과 방법이 사용자의 재산권과 조화를 이루어야 함은 물론 폭력의 행사에 해당되지 아니하여야 한다는 여러 조건을 모두 구비해야 하는바, 특히 그 절차에 관하여 쟁의행위를 함에 있어 조합원의 직접·비밀·무기명투표에 의한 찬성결정이라는 절차를 거쳐야 한다는 노조법 제41조 제1항의 규정은 노동조합의 자주적이고 민주적인 운영을 도모함과 아울러 쟁의행위에 참가한 근로자들이 사후에 그 쟁의행위의 정당성 유무와 관련하여 어떠한 불이익을 당하지 않도록 그 개시에 관한 조합 의사의 결정에 보다 신중을 기하기 위하여 마련된 규정이므로 위의 절차를 위반한 쟁의행위는 그 절차를 따를 수 없는 객관적인 사정이 인정되지 아니하는 한 정당성이 상실된다.[5)]

원심이 공소외 노동조합이 노조법에 의한 조합원의 직접·비밀·무기명 투표에 의한 조합원 과반수의 찬성 결정 절차를 거치지 아니하고 파업에 나아간 사실을 인정하고서도, 파업 개시에 앞서 조합원 총회를 거친 이상 위와 같이 조합원에 의한 투표절차를 거치지 아니한 것은 단지 노동조합 내부의 의사 형성 과정상의 결함에 지나지 아니하며 조합원 총회 이후 파업에 참여한 인원 등에 비추어 조합원 대다수가 파업에 찬성한 것으로 보이므로 조합원 총회에서 투표를 실시하지 아니하였더라도 파업의 절차가 위법하다고 할 수 없어 그 파업은 위법성이 조각된다는 이유로 상고심판 대상이 된 공소사실 부분에 대하여 무죄를 선고한 데에는, 필요한 심리를 다하지 아니하였거나 쟁의행위의 정당성과 노조법의 해석에 관한 위에서 본 법리와 대법원 판례들의 취지를 오해한 나머지 판결의 결과에 영향을 끼친 위법이 있다.

Ⅲ. 판결의 주요 쟁점

1. 권리분쟁과 이익분쟁

1997년 제정 노조법 제2조 5호는 노동쟁의의 개념을 구성하는 요소인 '근로조건에 관한'이라는 표현을 '근로조건 결정에 관한'으로 바꾸었는데, 권리분쟁을 노동쟁의의 개념에서 제외

5) "노조법 제41조 제1항을 위반하여 조합원의 직접 · 비밀 · 무기명 투표에 의한 과반수의 찬성결정을 거치지 아니하고 쟁의행위에 나아간 경우에도 조합원의 민주적 의사결정이 실질적으로 확보된 경우에는 위와 같은 투표절차를 거치지 아니하였다는 사정만으로 쟁의행위가 정당성을 상실한다고 볼 수 없다는 취지의 대법원 2000. 5. 26. 선고 99도4836 판결은 이와 어긋나는 부분에 한하여 변경하기로 한다."

한 것이라고 보는 견해가 유력하다.[6] '권리분쟁'이란 기존의 법령, 단체협약, 취업규칙 등 규범의 해석·적용·이행에 관한 당사자 사이의 분쟁으로 단체협약의 체결·갱신을 둘러싸고 발생하는 '이익분쟁'과 구별된다. 노동조합이 부당노동행위의 철회나 단체협약의 이행 또는 체불임금의 청산 등을 요구하는 분쟁이 권리분쟁에 해당한다. 권리분쟁의 특징은 민사소송 또는 행정적 구제·시청 절차의 대상이 된다는 점이다.[7]

쟁의행위는 주체, 목적, 방법 및 절차에 있어서 법령 기타 사회질서에 위반되지 않아야 하는데, 권리분쟁은 이 중 목적의 정당성과 관련 있다.[8] 현행 노조법이 노동쟁의를 '근로조건의 결정에 관한 주장의 불일치로 발생한 분쟁상태'라고 정의하고 있고(제2조 5호), 이러한 노동쟁의가 조정의 대상이 되며(제5장), 쟁의행위는 조정절차를 거치지 않으면 행할 수 없으므로(제45조 제2항), 결국 노동쟁의의 범위는 정당한 쟁의행위와 연결된다.

> **노조법 제2조(정의)** 이 법에서 사용하는 용어의 정의는 다음과 같다.
>
> 5. **"노동쟁의"**라 함은 노동조합과 사용자 또는 사용자단체(이하 "勞動關係 當事者"라 한다)간에 임금·근로시간·복지·해고 기타 대우등 근로조건의 결정에 관한 주장의 불일치로 인하여 발생한 분쟁상태를 말한다. 이 경우 주장의 불일치라 함은 당사자간에 합의를 위한 노력을 계속하여도 더이상 자주적 교섭에 의한 합의의 여지가 없는 경우를 말한다.
>
> **제45조(조정의 전치)** ② 쟁의행위는 제5장제2절 내지 제4절의 규정에 의한 조정절차(제61조의2의 규정에 따른 조정종료 결정 후의 조정절차를 제외한다)를 거치지 아니하면 이를 행할 수 없다(단서 생략).
>
> **제53조(조정의 개시)** ① 노동위원회는 관계 당사자의 일방이 **노동쟁의의 조정**을 신청한 때에는 지체없이 조정을 개시하여야 하며 관계 당사자 쌍방은 이에 성실히 임하여야 한다.

이에 대해서 법 개정으로 권리분쟁을 노동쟁의 개념에서 제외하고 권리분쟁을 목적으로 쟁의행위의 정당성을 법원이 부인하고 면책 효과를 부여하지 않는 것은 헌법상 단체행동권 보장 취지를 몰각시키는 해석론이라는 비판[9]이 존재한다.

방송의 공정성 보장이 쟁의행위의 목적이 될 수 있는지에 관한 하급심 법원(서울고등법원) 판결은 '방송의 공정성'은 상대적인 개념으로서 주관적 가치에 따라 판단을 달리할 수 있다는 전제에서, 방송의 제작, 편성, 보도 등 구체적인 업무수행 과정에 있어서 방송의 공정성을 실현하

---

6) 하갑래, "권리분쟁과 쟁의행위 정당성", 「노동법논총」(제38집), 2016, 219-220면 참고.
7) 임종률·김홍영, 「노동법」, 박영사, 2024, 131면.
8) 하갑래, "권리분쟁과 쟁의행위 정당성", 「노동법논총」(제38집), 2016, 233면.
9) 김소영, "쟁의행위의 정당성 판단과 권리분쟁", 「법학연구」(제27권 제2호), 2016, 253면.

기 위하여 마련된 제도적 장치가 제대로 기능을 하지 못해 실제로 근로환경 내지 근로조건 등에 영향을 미치게 되었다면, 이에 대한 시정을 요구하고 쟁의행위에 나아가는 것은 노조법이 규정하는 근로조건에 관한 분쟁이라고 판단하였다.[10] 이에 따르면 권리분쟁의 범위는 **근로환경 내지 근로조건 등에 영향을 미치는 요인으로 확대**될 수 있다.

2. 쟁의행위 찬반투표

노조법 제41조 제1항은 쟁의행위를 조합원의 직접 · 비밀 · 무기명 투표에 의한 찬성 결정을 거쳐 진행하도록 규정하고 있다.

> **노조법 제41조(쟁의행위의 제한과 금지)** ① 노동조합의 쟁의행위는 그 조합원(제29조의2에 따라 교섭대표노동조합이 결정된 경우에는 그 절차에 참여한 노동조합의 전체 조합원)의 **직접 · 비밀 · 무기명투표에 의한 조합원 과반수의 찬성**으로 결정하지 아니하면 이를 행할 수 없다. 이 경우 조합원 수 산정은 종사근로자인 조합원을 기준으로 한다. 〈개정 2021. 1. 5.〉[11]

이는 쟁의행위 국면에서도 노동조합이 그 의사를 자주적이고 민주적으로 결정하도록 요구하는 취지로 볼 수 있다. 과거 판례는 조합원의 직접 · 비밀 · 무기명 투표에서 일부 흠결이 있더라도 자주적 · 민주적 기본 원리를 훼손하지 않으면 쟁의행위 자체의 정당성을 부정하지 않았다. 그러나 대상판결은 종전 법리를 변경하여 노조법이 요구하는 찬반투표 절차에 흠결이 있다면 원칙적으로 쟁의행위 정당성이 부정된다고 판시했다. 대상판결은 찬반투표 없는 쟁의행위의 정당성을 부인하지 않으면 위임에 의한 대리투표, 공개결의나 사후 결의, 사실상의 찬성 간주 등의 방법을 용인하는 결과가 된다는 논지를 펴고 있다. 한편, 쟁의행위 찬반투표의 시기와 관련하여, 판례[12]는 쟁의행위에 대한 조합원 찬반투표가 노조법 제45조가 정한 노동위원회의 조정절차를 거치지 않고 실시되었다는 사정만으로는 쟁의행위의 정당성이 상실된다고 보기 어렵다고 한다.[13] 대상판결에 의하여 노동조합 존립의 실질적 요건 중의 하나인 노동조합의 민주성, 즉 민주적 의사결정 절차가 근로자들의 집단적 행위(쟁의행위)의 정당성 요

---

10) 서울고등법원 2015. 4. 29. 선고 2014나11910 판결(대법원 상고 취하 종결). 단순히 추상적으로 방송의 공정성이 의심된다는 사정이나 공정한 방송 실현이 필요하다는 이유만으로 쟁의행위에 나가는 것은 사용자가 처분할 수 없는 사항에 대한 것으로 목적의 정당성을 인정할 수 없다고 하여 '사용자의 처분 가능성'을 강조했다.

11) 제41조 제1항 위반에 대해서는 1년 이하의 징역 또는 1천만원 이하의 벌금이 적용된다(제91조).

12) 대법원 2020. 10. 15. 선고 2019두40345 판결. "쟁의행위에 대한 조합원 찬반투표가 노동조합법 제45조가 정한 노동위원회의 조정절차를 거치지 않고 실시되었다는 사정만으로는 그 쟁의행위의 정당성이 상실된다고 보기 어렵다."

13) 이철수, 「노동법」, 현암사, 2023, 594면.

건으로서 승격 · 강화되었다고 볼 수 있다.[14)]

반면, 현행법이 이러한 결과를 방지하기 위한 처벌 조항(제91조)을 두고 있으므로 조합원의 찬반투표가 민 · 형사 면책을 위한 쟁의행위의 정당성 판단에 직접 영향을 주어서는 안 되고, 쟁의행위의 정당성은 상황의 긴급성, 사용자에게 미치는 영향의 정도, 목적과 수단의 상당성 등을 종합적으로 고려해야 한다는 비판도 존재한다.[15)] 즉, 쟁의행위 찬반투표 규정은 쟁의행위를 할 것인지 여부를 자주적 · 민주적으로 또 임금 등의 불이익 감수도 신중하게 결정하게 하려는 정책적 고려에서 노조법이 특별히 설정한 것이므로, 이를 거치지 않았다고 해서 쟁의행위의 정당성 자체를 부인해서는 안 된다는 것이다.[16)]

Ⅳ. 결론

대상판결은 쟁의행위의 절차적 정당성에 관한 조합원 찬반투표 요건을 엄격하게 해석하여, 이를 거치지 않은 쟁의행위의 정당성을 부정했다. 정당성 요건이 부정되면, 민 · 형사 면책이 적용되지 않아 손해배상과 업무방해죄 등의 책임을 질 수 있다. 이에 따라, 쟁의행위 찬반투표 규정의 해석을 엄격하게 해서는 안 되고, 다른 요소를 고려해야 한다는 비판도 제기된다. 대상판결의 반대의견도 이를 지적하였다.[17)] 다만, 노조법이 명시적으로 쟁의행위에 대하여 직접 · 비밀 · 무기명 투표를 거치도록 규정한 점, 조합원 투표는 노동조합의 자주성뿐 아니라 민주성도 고려하는 것인 점, 쟁의행위에 대한 부담은 노동조합뿐 아니라 조합원도 함께 진다는 점에서 절차적 정당성은 엄격하게 해석될 필요성이 있다고 판단된다.

---

14) 김형배 · 박지순, 「노동법강의」, 신조사, 2023, 641면.

15) 이철수, 「노동법」, 현암사, 2023, 59면.

16) 임종률 · 김홍영, 「노동법」, 박영사, 2024, 166, 217면.

17) 반대의견은, 다수의견이 손해배상이나 징계와 관련된 민사사건이나 행정사건에서의 법리로는 타당하나, 업무방해죄라는 형사책임을 묻는 형사사건에서는 적절하지 않다는 전제에서, 찬반 투표를 거치지 않고 쟁의행위를 할 것인가에 대한 결정에 관여하지 않고 집행부의 지시에 따라 쟁의행위에 가담하였을 뿐인 일반 조합원들을 형사처벌함에 있어서까지 절차 위반의 사유만으로 쟁의행위 참가 자체를 위법한 것으로 평가하고, 노동조합 내에서의 지위나 가담 정도 등을 불문하고 참가 조합원 전원에 대하여 업무방해죄의 성립을 인정하는 것은, 쟁의행위의 위법성을 지나치게 넓게 인정하고 업무방해죄의 성립요건을 지나치게 완화하는 것이라는 점을 지적했다.

[26] 직장점거의 정당성 범위

(대법원 2007. 12. 28. 선고 2007도5204 판결)

기초지식

☑ 쟁의행위는 노동관계 당사자가 주장을 관철할 목적으로 행하는 행위와 이에 대항하는 행위로 노동조합뿐 아니라 사용자의 쟁의행위도 포함

☑ 직장은 사용자의 재산권(소유권 또는 점유권)이 미치는 공간이나 기업별 노동조합 활동의 특수성을 고려하면, 쟁의행위 기간에도 직장 내에서의 활동을 어느 정도 보장할 필요성이 있음

☑ 쟁의행위가 발생한 경우 노동조합은 이를 행정관청에 신고해야 하며, 사용자는 직장폐쇄에 대한 신고 의무가 있음

☑ 쟁의행위가 정당하면 노조법상 민 · 형사 면책 규정이 적용되나, 정당하지 않으면 민 · 형사 책임을 질 수 있음

Ⅰ. 논의의 배경과 쟁점

노동쟁의는 노동조합과 사용자 간에 근로조건 결정에 관한 주장의 불일치로 발생한 분쟁상태를 의미하며, 쟁의행위는 파업, 태업, 직장폐쇄, 주장 관철 목적의 행위 및 대항행위 등 업무의 정상적인 운영을 저해하는 행위를 의미한다. 노동쟁의는 교섭이 결렬상태에 빠졌음을 의미하며, 쟁의행위는 이 상태에서 주장을 관철하기 위한 특정 행위라고 평가할 수 있다. 쟁의행위가 정당한 경우 민 · 형사 면책 규정이 적용되지만, 정당성이 부정되면 법적 책임 문제가 발생할 수 있으므로 쟁의행위의 정당성 문제는 노동조합의 활동과 관련하여 매우 중요하고 민감한 문제가 된다.

쟁의행위가 개시되면, 조합원의 노무 제공 의무가 중단되므로 사업장에서 퇴거해야 하는 것이 원칙이지만 쟁의행위의 목적이 교섭 재개를 통한 협약 체결에 있음을 생각하면, 노동조합의 사업장 내 활동을 일정 부분 허용하고, 사용자와 소통하면서 협약이 체결되도록 하는 것이 바람직하다. 대법원은 이를 고려하여 노동조합의 직장점거를 쟁의행위의 한 유형으로 허용하되, 그 요건에 대해서 판시하고 있다.

Ⅱ. 대상판결 분석

1. 사실관계

A협회 소속 근로자인 피고인2는 산별노조인 B노동조합에 가입하여 A협회 지부를 설립하고, 협회 측에 임금협약 및 단체협약의 체결을 요구하였다. 피고인1은 노동조합의 위원장이고, 피고인 2는 지부장이다. 협회는 2005. 8. 22. 경영이 악화되어 신문발간사업을 유지하기 어렵다는 사유로 신문사업국을 폐쇄 조치하였고, 9. 7. 신문사업국 소속 근로자이자 조합원에게 직위해제 및 대기발령 조치를 한 다음, 지부와 고용조정에 관한 내용을 포함한 단체교섭을 계속 진행했다. 단체교섭이 합의에 이르지 못하자, 9. 13. 서울지노위에 노동쟁의 조정신청을 하였으나 결렬되었고, 9. 24. 쟁의행위 찬반투표 및 전원 일치 찬성을 얻어, 10. 5.부터 7.까지 부분파업, 10. 26.부터는 전면파업에 돌입하여 노무 제공을 거부하였다.

협회는 지부가 전면파업에 돌입한 날인 10. 26. **파업 개시 후 4시간 가량 경과한 시점**에서 직장폐쇄 조치를 취하였다. 파업 등에도 불구하고 협회와 노동조합 및 지부는 단체교섭을 계속하여 진행하였고, 11. 29. 회의실에서 단체교섭이 진행되었는데 협회장은 도중에 별다른 교섭 장소를 이탈하여 단체교섭이 결렬되었다. 이에 피고인들과 조합원 20여 명은 12. 22.경까지, 상주하는 방법으로 회의실을 점거하였고 복도 벽면에 벽보를 붙였다. 회의실은 전체 약 40평의 협회 사무실 내부에 칸막이로 구분된 15평의 공간으로서, 협회장이 업무를 처리하고, 임원들의 사물함을 보관했으며, 임원 회의를 하는 공간이었다. 비조합원들 및 협회가 고용한 대체 근로자들이 사무실에서 통상의 업무를 처리하는 데에는 별다른 지장이 없었으나, 협회장과 임원들은 회의실을 사용할 수 없어 음식점 등에서 임원 회의를 진행하기도 하였다.

협회 측은 11. 30과 12. 3, 13, 19. 협회 회의실을 무단 점거하여 업무를 방해하고 있으니 퇴거하라는 취지의 공문을 보냈고, 이에 대해 노동조합은 교섭 장소에서 대기하고 있으므로 무단 점거가 아니라는 취지의 공문을 보냈다.

2. 당사자의 주장

피고인들은, 단체교섭 중이던 협회장이 회의실을 몰래 빠져나가 단체교섭을 계속 진행하기 위하여 회의실에서 협회장을 기다리고 있었던 것에 불과할 뿐, 무단 점거하지 않았으며, 피고인들이 협회 직원이나 회원들의 출입을 제지하지 않아 협회의 업무가 전혀 방해되지도 않았으므로 업무방해죄가 성립되지 않는다고 주장했다. 또한, 협회로부터 퇴거하라는 요구를 받은 사실이 없어, 이를 전제로 한 폭력행위 등 처벌에 관한 법률 위반(공동주거침입)죄 역시 성립하지 않는다고 주장했다.

한편, 피고인들의 행위가 쟁의행위에 해당한다 하더라도 피고인들이 노동조합 지부를 설립하여 협회에 단체협약의 체결 등을 요구해 왔던 점, 지부는 조정절차를 거친 다음 쟁의행위 찬반투표 전원의 찬성으로 쟁의행위 돌입을 의결한 점, 협회 측은 지부가 전면파업에 돌입한 직후 직장폐쇄 조치를 단행하였는데 이는 공격적인 직장폐쇄로서 허용되지 않는 점, 점거행위는 부분적 · 병존적인 직장점거로서 정당한 쟁의행위의 범위 내에 있었던 점 등에 비추어 노동조합의 정당한 쟁의행위에 해당하여 위법성이 인정되지 않는다고 주장했다.

3. 하급심 법원의 판단

1심 법원[1]은 업무방해와 폭력행위 등 처벌에 관한 법률 위반(공동주거침입)을 인정하여 벌금을 선고하였다. 원심[2]은 회의실을 실질적으로 점거하였고 해당 기간 회의실을 이용하지 못해 업무가 실제로 방해되었거나 업무방해의 결과를 초래할 위험성이 발생했다고 판단했다. 또한, 피고인들이 협회 측의 퇴서 요구를 알고 있었음에도 회의실에 관한 사용자 측의 출입이나 관리지배를 배제한 채 이를 전면적, 배타적으로 점거한 점, 이를 행정관청과 관할 노동위원회에서 미리 서면으로 신고하지 않은 점, 직장폐쇄의 위법성이 범행의 성립 여부에 영향을 미치지 않음을 근거로 쟁의행위의 정당성을 벗어났다고 보아 피고인들의 항소를 모두 기각했다.

4. 대법원판결

직장 또는 사업장 시설의 점거는 적극적인 쟁의행위의 한 형태로서 그 점거의 범위가 직장 또는 사업장 시설의 일부분이고 사용자 측의 출입이나 관리지배를 배제하지 않는 병존적인 점거에 지나지 않을 때에는 정당한 쟁의행위로 볼 수 있으나, 이와 달리 직장 또는 사업장 시설을 전면적, 배타적으로 점거하여 조합원 이외의 자의 출입을 저지하거나 사용자 측의 관리지배를 배제하여 업무의 중단 또는 혼란을 야기케 하는 것과 같은 행위는 이미 정당성의 한계를 벗어난 것이라고 볼 수밖에 없다.

1) 서울중앙지방법원 2006. 10. 12. 선고 2006고정3030 판결.
2) 서울중앙지방법원 2007. 6. 20. 선고 2006노2979 판결.

노동조합의 조합원들이 쟁의행위로 사무실 일부를 점거한 사안에서, 점거한 곳의 범위와 평소의 사용 형태, 사용자 측에서 이를 사용하지 못하게 됨으로써 입은 피해의 내용과 정도 등에 비추어 이는 폭력의 행사에 해당하지 않는 사업장 시설의 부분적 · 병존적인 점거로서 사용자의 재산권과 조화를 이루고 있고, 사용자의 업무가 실제로 방해되었거나 업무방해의 결과를 초래할 위험성이 발생했다고 보기 어려우므로, 위 점거행위는 노동관계 법령에 따른 정당한 행위로서 위법성이 조각되어 업무방해죄의 책임을 물을 수 없다.

노조법 시행령 제17조에서 규정하고 있는 쟁의행위의 일시 · 장소 · 참가인원 및 그 방법에 관한 서면 신고 의무는 쟁의행위를 함에 있어 그 세부적 · 형식적 절차를 규정한 것으로서 쟁의행위에 적법성을 부여하기 위하여 필요한 본질적인 요소는 아니므로, 신고 절차의 미준수만을 이유로 쟁의행위의 정당성을 부정할 수는 없다.

사용자의 직장폐쇄는 노사 간의 교섭 태도, 경과, 근로자 측 쟁의행위의 태양, 그로 인하여 사용자 측이 받는 타격의 정도 등에 관한 구체적 사정에 비추어 형평상 근로자 측의 쟁의행위에 대한 대항 · 방위 수단으로서 상당성이 인정되는 경우에 한하여 정당한 쟁의행위로 평가받을 수 있는 것이고, 사용자의 직장폐쇄가 정당한 쟁의행위로 인정되지 아니하는 때에는 적법한 쟁의행위로서 사업장을 점거 중인 근로자들이 직장폐쇄를 단행한 사용자로부터 퇴거 요구를 받고 이에 불응한 채 직장점거를 계속하더라도 퇴거불응죄가 성립하지 아니한다.

사용자 측의 노사 간 교섭에 소극적인 태도, 노동조합의 파업이 노사 간 교섭력의 균형과 사용자 측 업무 수행에 미치는 영향 등에 비추어 노동조합이 파업을 시작한 지 불과 4시간 만에 사용자가 바로 직장폐쇄 조치를 취한 것은 정당한 쟁의행위로 인정되지 아니하므로, 사용자 측 시설을 정당하게 점거한 조합원들이 사용자로부터 퇴거요구를 받고 이에 불응하였더라도 퇴거불응죄가 성립하지 아니한다.

Ⅲ. 판결의 주요 쟁점

1. 직장점거에 관한 노조법 개정

'직장점거'란 노동조합이 그 주장 관철을 위한 압력 수단으로 사업장 시설을 점거하는 방법의 쟁의행위를 의미한다.[3] 노조법은 노동조합은 사용자의 점유를 배제하여 조업을 방해하는 형태로 쟁의행위를 해서는 아니 된다고 규정하고 있다(제37조 제3항). 이 규정은 직장점거 형태의 쟁의행위에 대한 판결의 태도를 2021년 개정으로 입법화한 것이다. 노조법은 이와 함께 생산 기타 주요 업무에 관련되는 시설과 이에 준하는 시설로서 대통령령이 정하는 시설을 점거하는 형태로 이를 행할 수 없다고 규정하여(제42조) 시설들에 대한 직장점거를 금지하고 있다.[4)]

> **노조법 제37조(쟁의행위의 기본원칙)** ① 쟁의행위는 그 목적 · 방법 및 절차에 있어서 법령 기타 사회질서에 위반되어서는 아니된다.
> ② 조합원은 노동조합에 의하여 주도되지 아니한 쟁의행위를 하여서는 아니된다.
> ③ 노동조합은 사용자의 **점유를 배제**하여 조업을 방해하는 형태로 쟁의행위를 해서는 아니된다.
>
> **제42조(폭력행위등의 금지)** ① 쟁의행위는 폭력이나 파괴행위 또는 생산 기타 주요업무에 관련되는 시설과 이에 준하는 시설로서 대통령령이 정하는 시설을 **점거하는 형태**로 이를 행할 수 없다.
> ② 사업장의 안전보호시설에 대하여 정상적인 유지 · 운영을 정지 · 폐지 또는 방해하는 행위는 쟁의행위로서 이를 행할 수 없다.
> ③ 행정관청은 쟁의행위가 제2항의 행위에 해당한다고 인정하는 경우에는 노동위원회의 의결을 얻어 그 행위를 중지할 것을 통보하여야 한다. 다만, 사태가 급박하여 노동위원회의 의결을 얻을 시간적 여유가 없을 때에는 그 의결을 얻지 아니하고 즉시 그 행위를 중지할 것을 통보할 수 있다.
> ④ 제3항 단서의 경우에 행정관청은 지체없이 노동위원회의 사후승인을 얻어야 하며 그 승인을 얻지 못한 때에는 그 통보는 그때부터 효력을 상실한다.
>
> **제46조(직장폐쇄의 요건)** ① 사용자는 노동조합이 쟁의행위를 개시한 이후에만 직장폐쇄를 할 수 있다.
> ② 사용자는 제1항의 규정에 의한 직장폐쇄를 할 경우에는 미리 행정관청 및 노동위원회에 각각 신고하여야 한다.

개정 전에는 '생산 기타 주요 업무에 관련되는 시설'과 '이에 준하는 시설로서 시행령으로 정하는 시설'의 경우 점거가 금지된다는 규정의 반대 해석상 주요 업무시설 이외의 장소에 대해서는 점거가 허용되는 것으로 해석하여 왔다. 개정 노조법[5)]은 제37조 제3항을 신설하여, 쟁의행위의 기본원칙에 사용자의 점유를 배제하여 조업을 방해하는 형태의 쟁의행위를 금지하였

---

3) 임종률 · 김홍영, 「노동법」, 박영사, 2024, 166, 219면.
4) 이철수, 「노동법」, 현암사, 2023, 597-598면 참고.
5) 법률 제17864호(2021. 1. 5. 일부개정 및 2021. 7. 6. 시행)

다. 고용노동부는 이에 대하여 "① 단체행동권과 ② 비파업 근로자의 근로권, ③ 사용자의 조업권은 모두 존중받아야 할 기본권"이라는 취지를 반영한 것[6]이라고 밝혔다. 이는 노조법상 단체행동권을 해석 · 적용하는 과정에서 근로자 또는 노동조합의 쟁의권 보장만을 염두에 둘 것이 아니라, 비파업 근로자와 사용자 조업권의 조화를 충분히 고려해야 한다는 점을 시사한다.

제37조 제3항 위반에 대해서, 사용자는 점유권에 기하여 민법 제204조 및 제205조에 의한 점유물반환 및 방해제거청구권 그리고 손해배상청구권을 가진다. 또한, 민법 제213조 이하의 소유권에 기한 반환청구권 행사, 민법 제750조 불법행위에 기한 손해배상청구권을 가진다.[7] 한편, 사용자의 점유를 배제하여 조업을 방해하는 형태의 쟁의행위는 사용자의 시설관리권과 주거의 자유를 침해하게 되는데, 이는 형법 제319조 제1항 건조물침입죄에 해당할 수 있고, 사용자의 퇴거 요구에 불응하면 동조 제2항의 퇴거불응죄를 구성할 수 있다. 한편, 점유를 배제하여 조업을 방해한 것이 위력의 전격성과 손해의 막대성 요건을 충족하면 형법 제314조의 위력에 의한 업무방해죄에 해당할 수 있다.[8]

점유배제 및 조업 방해를 금시하는 개정법을 어떻게 해석 · 적용할 것인지에 대하여 논쟁이 존재한다. **개정법이 기존 판례 입장을 따른 것이라는 견해**는, 새롭게 신설된 제37조 제3항은 종래 판례에서 형성되어 온 부분적 · 병존적 직장점거 형태를 정당한 태양으로 명문화한 것으로 본다.[9] 즉, 개정 노조법을 해석론상 정당행위로 보았던 부분적 · 병존적 직장점거를 법률적 차원에서 정당한 쟁의행위로 승인한 것으로 평가한다.[10] **개정법이 기존의 판례 입장과 다르다는 견해**는, 개정법은 단체행동권이 보장하는 쟁의행위의 본질을 넘어선 조업 방해 행위는 허용하지 않겠다는 입법자의 의사가 표현된 것이며, 기존 직장점거 금지의 법 해석보다 금지의 외연이 확장된 것으로 본다.[11] 제37조가 '쟁의행위의 기본원칙'을 밝히고 제42조는 '구체적인 금지행위'를 정하고 있어 조문 성격의 차이가 존재하는 점, 제37조는 벌칙 규정이 적용되지 않으나 제42조 제1항의 위반행위에 대해서는 벌칙이 적용되는 점, 개정법은 점유배

---

6) 고용노동부 2020. 12. 9. 보도참고자료, "노동조합법, 근로기준법, 고용보험법, 산재보험법 등 10개 개정 법률안 국회 본회의 통과", 4면.
7) 김희성, "개정 노동조합 및 노동관계조정법 제37조 제3항과 제42조 제1항의 체계적 · 유기적 해석에 관한 연구 -직장점거 금지범위의 외연(外延)확장과 관련하여-". 「노동법논총」(제52집), 2021, 262-263면 참고.
8) 김희성, "개정 노동조합 및 노동관계조정법 제37조 제3항과 제42조 제1항의 체계적 · 유기적 해석에 관한 연구 -직장점거 금지범위의 외연(外延)확장과 관련하여-". 「노동법논총」(제52집), 2021, 263면.
9) 박종희, "개정 노조법의 주요 내용과 쟁점", 「노동법학」(제78호), 2021, 138, 163면.
10) 조용만, "2021년 개정 노동조합 및 노동관계조정법의 쟁점과 과제", 「법학논총」(제34권 제2호), 2021, 318면.
11) 김희성, "개정 노동조합 및 노동관계조정법 제37조 제3항과 제42조 제1항의 체계적 · 유기적 해석에 관한 연구 -직장점거 금지범위의 외연(外延)확장과 관련하여-". 「노동법논총」(제52집), 2021, 261면.

제와 조업 방해의 정도를 구분하고 있지 않아 문언의 해석상 점유 배제와 조업 방해 행위 전면적으로 금지되는 것으로 해석되는 점도 직장점거의 범위가 확장된 것으로 해석될 수 있는 근거가 될 수 있다.

2. 직장점거의 정당성 판단

직장점거도 쟁의행위의 부수적 수단이다. 판례는 직장점거의 유형에 따라 달리 정당성 여부를 달리 판단하는데, 점거의 범위가 직장 시설의 일부분이고 사용자 측의 출입이나 관리지배를 배제하지 않는 **부분적・병존적 점거**와 조합원 이외의 자의 출입을 저지하거나 사용자 측의 관리지배를 배제하여 업무의 중단 또는 혼란을 야기하는 **전면적・배타적 점거**로 나누어, 전자는 정당하고, 후자는 정당하지 않다고 본다.[12)]

파업은 근로자들이 소극적으로 자신의 노동력을 제공하지 않는 것이므로 직장점거는 사용자의 영업 자유와 기업시설에 대한 권리를 침해하는 행위로 볼 수도 있다. 하지만 우리나라에서는 노동조합이 기업 내에 사무소를 가지고 있는 경우가 많고, 기업 내에서 조합활동이 행하여지는 것이 일반적이므로 쟁의행위 기간 중 일부 근로자들이 사업장 내에 체류한다고 하여 곧바로 사용자의 기업시설에 대한 권리(점유권 및 소유권)가 침해되거나 주거침입죄가 성립한다고 단정할 수 없다.[13)]

최근, 대법원(2020. 9. 3. 선고 2015도1927판결)[14)]은 수급인 소속 근로자들이 원청(도급인)

---

12) 이철수, 「노동법」, 현암사, 2023, 598면.

13) 김형배・박지순, 「노동법강의」, 신조사, 2023, 649면.

14) 단체행동권은 헌법 제33조 제1항에서 보장하는 기본권으로서 최대한 보장되어야 하지만 **헌법 제37조 제2항에 의하여 국가안전보장・질서유지 또는 공공복리 등의 공익상의 이유로 제한될 수 있고 그 권리의 행사가 정당한 것이어야 한다는 내재적인 한계**가 있다. 쟁의행위가 정당행위로 위법성이 조각되는 것은 사용자에 대한 관계에서 인정되는 것이므로, 제3자의 법익을 침해한 경우에는 원칙적으로 정당성이 인정되지 않는다. 그런데 도급인은 원칙적으로 수급인 소속 근로자의 사용자가 아니므로, 수급인 소속 근로자의 쟁의행위가 도급인의 사업장에서 일어나 도급인의 형법상 보호되는 법익을 침해한 경우에는 사용자인 수급인에 대한 관계에서 쟁의행위의 정당성을 갖추었다는 사정만으로 사용자가 아닌 도급인에 대한 관계에서까지 법령에 의한 정당한 행위로서 법익 침해의 위법성이 조각된다고 볼 수는 없다. 그러나 수급인 소속 근로자들이 집결하여 함께 근로를 제공하는 장소로서 **도급인의 사업장**은 수급인 소속 근로자들의 삶의 터전이 되는 곳이고, 쟁의행위의 주요 수단 중 하나인 파업이나 태업은 **도급인의 사업장**에서 이루어질 수밖에 없다. 또한 도급인은 비록 수급인 소속 근로자와 직접적인 근로계약관계를 맺고 있지는 않지만, 수급인 소속 근로자가 제공하는 근로에 의하여 일정한 이익을 누리고, 그러한 이익을 향수하기 위하여 수급인 소속 근로자에게 **사업장을 근로의 장소로 제공**하였으므로 그 사업장에서 발생하는 쟁의행위로 인하여 일정 부분 법익이 침해되더라도 사회통념상 이를 용인하여야 하는 경우가 있을 수 있다. 따라서 사용자인 수급인에 대한 정당성을 갖춘 쟁의행위가 도급인의 사업장에서 이루어져 형법상 보호되는 도급인의 법익을 침해한 경우, 그것이 항상 위법하다고 볼 것은 아니고, 법질서 전체의 정신이나 그 배후에 놓여있는 사회윤리 내지 사회통념에 비추어 용인될 수 있는 행위에 해당하는 경우에는 형법 제20조의 '사회상규에 위배되지 아니하는 행위'로서

의 사업장 일부를 점거하는 형태로 쟁의행위를 단행한 경우, 사용자인 수급인에 대한 관계에서 쟁의행위의 정당성이 인정된다 하더라도 그것만으로 원청 사업주에 대한 관계에서 해당 쟁의행위의 정당성이 당연히 인정될 수 없지만, 예외적으로 형법 제20조의 사회상규에 위배되지 아니하는 행위로서 위법성이 조각될 수 있다고 판시한 바 있다.[15)]

3. 쟁의행위의 신고

시행령은 노동조합이 쟁의행위를 하고자 할 경우, 이를 행정관청과 관할 노동위원회에 서면으로 신고하도록 규정하고 있다.

> **노조법 시행령 제17조(쟁의행위의 신고)** 노동조합은 쟁의행위를 하고자 할 경우에는 고용노동부령이 정하는 바에 따라 행정관청과 관할노동위원회에 쟁의행위의 일시 · 장소 · 참가인원 및 그 방법을 미리 서면으로 신고하여야 한다.
>
> **노조법 시행규칙 제11조의2(쟁의행위의 신고)** 특별시장 · 광역시장 · 도지사 · 특별자치도지사(이하 "시 · 도지사"라 한다) 또는 시장 · 군수 · 구청장(자치구의 구청장을 말한다. 이하 같다)은 영 제17조에 따라 쟁의행위의 신고를 받은 경우에는 그 사본 1부를 지체 없이 해당 노동조합의 주된 사무소의 소재지를 관할하는 지방고용노동관서의 장에게 송부해야 한다.

이는 행정관청이 공공에 미치는 쟁의행위의 영향을 파악 · 대처하고 쟁의행위의 적법 수행을 감시 · 지도할 준비를 하도록 하며, 노동위원회가 사후 조정을 하는 경우에 대비하는 정책적 고려에서 특별히 설정한 규정이다. 또 사용자의 직장폐쇄 신고 의무와 균형을 고려한 측면도 있다.[16)] 대상판결은 쟁의행위의 일시 · 장소 · 참가인원 및 그 방법에 관한 서면신고 의무는 쟁의행위를 함에 있어 그 세부적 · 형식적 절차를 규정한 것으로서, 쟁의행위에 적법성을 부여하기 위하여 필요한 본질적인 요소라고 할 것은 아니므로, 노동쟁의 조정신청이나 조합원들에 대한 쟁의행위 찬반투표 등의 절차를 거친 후 이루어진 이 사건 쟁의행위에 대하여 위와 같은 신고 절차의 미준수만을 이유로 그 정당성을 부정할 수 없다고 판단했다.

위법성이 조각된다.

15) 김형배 · 박지순, 「노동법강의」, 신조사, 2023, 649면.

16) 임종률 · 김홍영, 「노동법」, 박영사, 2024, 166, 219면.

Ⅳ. 결론

쟁의행위로서 파업은 노무 제공을 소극적으로 중단하는 것이나, 직장점거는 사용자의 시설에 대한 권리를 제한하는 것으로 기본권 충돌 문제가 발생할 수 있다. 이에 대하여 대상판결은 점거의 범위가 직장 시설의 일부분이고 사용자 측의 출입이나 관리지배를 배제하지 않는 부분적·병존적 점거인 경우는 가능하다고 판시했다. 이는 쟁의행위에 돌입하더라도 노동조합이 활동할 수 있는 기본적인 공간이 필요하다는 점을 배경으로 한다. 즉, 근로자들이 직장점거에 나아가기는 했지만, 이것이 부분적 병존적 점거에 그쳤음을 이유로 정당한 쟁의행위라고 판단했다. 이와 관련하여 최근 노조법의 개정으로 사용자의 점유를 배제하여 조업을 방해하는 형태의 쟁의행위가 금지되었는데, 대상판결의 태도가 유지된다는 견해와 유지될 수 없다는 견해가 대립 중이다.

한편, 대상판결은 쟁의행위를 신고하지 않았다는 이유만으로 위법한 쟁의행위가 되는 것은 아니라고 보았고, 노동조합이 파업을 시작한 지 불과 4시간 만에 사용자가 바로 직장폐쇄 조치를 취한 것은 사용자 측의 정당한 쟁의행위로 인정되지 않는다고 판단했다.

[27] 직장폐쇄의 정당성

(대법원 2016. 5. 24. 선고 2012다85335 판결)

기초지식

☑ 노조법은 사용자 측의 쟁의행위로 직장폐쇄를 규정하고 있는데, 노동3권은 노동조합의 권리이므로 사용자에게 직장폐쇄를 인정하는 근거가 무엇인지 문제가 됨. 이에 대해서 헌법상 재산권이나 경제상 자유에 관한 권리, 협약자치의 원리라는 견해가 있음

☑ 직장폐쇄는 노동조합의 쟁의행위에 대한 대항 수단이므로 적극적으로 행사할 수 있는 권리는 아님

☑ 직장폐쇄가 정당한 경우, 사용자는 직장폐쇄 범위에 속해있는 모든 근로자에 대한 임금 지급 의무를 면제받고 노동조합은 원칙적으로 직장 점거를 풀어야 함

Ⅰ. 논의의 배경과 쟁점

근로자의 쟁의행위로 인하여 기업의 생산 또는 경영활동이 크게 저해되었을 때, 이러한 상태를 사용자가 일방적으로 감수하게 하는 것은 공평의 관점에 부합하지 않는 측면이 있다. 노동조합은 조합원의 전면적인 파업 외에도 태업이나 준법투쟁, 일부 조합원의 파업 등 다양한 전술을 통해 사용자에게 압박을 가할 수 있는데, 경우에 따라서는 쟁의행위에 참가하는 조합원 수는 최소로 하면서 실질적으로 모든 조합원이 파업에 참여하는 것 또는 전체 근로자가 파업에 참여한 것과 같은 효과가 발생할 수 있다.[1] 이 경우, 사용자가 파업 미참가자에 대한 임금까지 모두 부담하면, 임금 지급과 경영상 손실의 이중 부담을 안게 되므로 협상력이 크게 낮아질 수 있다.

이에 따라 노조법은 사용자 측의 쟁의행위로 '직장폐쇄'를 인정하는데, 상기와 같은 상황에서 근로자의 노무 수령을 거부하여 파업불참자와 비조합원에 대한 임금 지급 책임을 면함으로써 노동조합에게 큰 부담을 줄 수 있다. 다만, 직장폐쇄는 사용자가 노동조합을 공격하기 위한 수단으로 인정되는 것이 아니라, 어디까지나 노동조합의 쟁의행위에 대한 대항 수단으로 인정되는 것이므로 엄격한 요건이 적용된다. 대상판결은 직장폐쇄가 정당하기 위한 요건을 제시했다.

1) 예를 들어, 연속적인 생산방식에서 한 개 공정이 중단되면 다른 조업이 불가능해질 수 있다.

Ⅱ. 대상판결 분석

1. 사실관계

피고는 자동차 산업용 부품 회사이고 원고들은 피고에 고용된 근로자들로서 전국금속노동조합 경주지부 A지회의 조합원이다. A지회는 경비업무 외주화[2)]는 단체협약 위반으로 철회되어야 한다고 주장하면서, 2. 4. 통상적으로 이루어지던 연장근로와 야간근로를 거부했다. 이어 2. 5. 조합원 총회에서 쟁의행위 찬반투표를 실시하여 92%의 찬성으로 쟁의행위를 결정하고 같은 날 8시간의 정상 근무만 하고, 2010. 2. 9.부터 12.까지 생산량을 70%로 줄이는 태업을 하였다.

피고는 쟁의행위의 중단과 노사협의를 요청하였으나 A지회는 경비업무의 외주화 철회를 주장하면서 쟁의행위를 계속하여 정상적인 근무 편성이 곤란하였다. 피고는 설 연휴 기간에 비조합원인 사무직 근로자 등을 생산라인에 투입하여 주문받은 부품을 생산하려고 하였으나, 조합원들은 이를 위력으로 방해하고 새벽에는 조립 라인의 전원 공급선을 절단하는 등 생산업무를 방해하였다.

피고는 이에 대항하여 2. 16. 06:30부터 피고의 승용공장, 상용공장 전체에 대하여 A지회 조합원의 출입을 전면 금지한다는 내용의 부분적인 직장폐쇄를 하였다. 그 후 피고는 조합원들이 공장을 점거하거나 사무직 근로자들을 위해할 것이 우려된다는 이유로 조합원들의 공장 출입을 통제하면서, 사무직 근로자와 비조합원 근로자 250여명을 생산 현장에 투입하여 생산활동을 계속하였다.

A지회는 경비업무 외주화는 단체협약을 위반한 것이고 직장폐쇄 역시 선제적 · 공격적인 것이어서 위법하다고 주장하며 업무에 복귀할테니 직장폐쇄를 철회하라고 요구하였다. 피고는 경비업무 외주화에 대한 반대 입장의 철회가 없는 업무 복귀 의사표시는 진정으로 쟁의행위를 종료하고 조업을 정상화하려는 것으로 보기 어려울 뿐만 아니라, 직장폐쇄를 철회하면 공장에 진입하여 생산 라인을 점거하는 등의 쟁의행위를 할 우려가 있다며 직장폐쇄 철회 요구를 거절하였다.

이후 A지회는 집회 및 시위, 경비원 폭행, 정문 파손, 납품차량의 출입 방해, 시내 도로 점거, 전국금속노조 경주지부의 연대파업, 대시민 선전 등을 진행하였고, 4. 22.에는 '피고가 직장폐쇄를 철회하면 지도부의 사퇴를 포함한 모든 것을 협의할 수 있다'며 직장폐쇄의 철회를 요구

2) 피고는 경비직 근로자 중 일부를 생산직으로 배치하고, 나머지는 제2공장 경비업무를 전담하게 한 다음, 제1공장의 경비업무를 용역회사에 맡기는 조치를 단행했다.

하였다. 피고는 업무 복귀 의사의 진정성이 의심되고 직장폐쇄를 풀면 업무방해 행위가 재연될 가능성이 높다며 요구를 거절했다.[3]

2. 당사자의 주장

원고들은 피고가 2010. 2. 16.부터 5. 24.까지 한 이 사건 직장폐쇄는 부적법하므로 피고는 그 근로자인 원고들에게 위 기간 동안 계속 근로하였을 경우에 받을 수 있는 청구취지 기재와 같은 임금을 지급할 의무가 있다고 주장했다.

3. 하급심 법원의 판단

1심 법원[4]은 이 사건 직장폐쇄의 개시가 A지회의 쟁의행위가 개시된 이후에 이에 대항하기 위한 상당한 방어 수단으로서 정당한 것이라고 인정하였다. 또한, A지회가 피고에게 업무 복귀 및 피고의 직장폐쇄의 철회를 요청하였지만, 노사 간의 교섭 태도, 경과, 근로자 측의 쟁의행위의 태양, 그로 인하여 사용자 측이 받는 타격의 정도 등에 비추어 보면, 이를 진정한 업무복귀 의사로 보기 어려울 뿐만 아니라 피고로서도 쟁의행위가 확정적으로 종료되었다고 신뢰하고 곧바로 직장폐쇄를 해제할 수 없었으므로 직장폐쇄의 유지가 무의미하게 되어 노동조합의 쟁의행위에 대한 대항적 성격을 상실하고 근로자의 단결권 자체를 위협하는 성격으로 전환되었다고 볼 수 없다고 판단하였다.

원심[5] 역시 1심과 동일하게 판단하여 원고의 항소를 기각했다.

4. 대법원판결

노조법 제46조에서 규정하는 사용자의 직장폐쇄는 사용자와 근로자의 교섭태도와 교섭 과정, 근로자의 쟁의행위의 목적과 방법 및 그로 인하여 사용자가 받는 타격의 정도 등 구체적인 사정에 비추어 근로자의 쟁의행위에 대한 방어 수단으로서 상당성이 있어야만 사용자의 정당

3) A지회가 경비업무 외주화에 반대하여 쟁의행위를 하기로 한 결의를 취소하지 않고 있는 점, A지회가 피고의 대표이사와 사무직 직원들을 비방하고 모욕하는 등의 행위를 계속하고 있으며 생산활동에 개별적으로 복귀한 조합원들을 배신자로 매도하고 이들을 협박하는 행태를 계속하고 있는 점 등을 근거로 제시했다.

4) 대구지방법원 경주지원 2012. 1. 27. 선고 2010가합804 판결.

5) 대구고등법원 2012. 9. 5. 선고 2012나1390 판결.

한 쟁의행위로 인정될 수 있는데, 노동조합의 쟁의행위에 대한 방어적인 목적을 벗어나 적극적으로 노동조합의 조직력을 약화시키기 위한 목적 등을 갖는 **선제적, 공격적 직장폐쇄**에 해당하는 경우에는 그 정당성이 인정될 수 없다 할 것이고, 그 직장폐쇄가 정당한 쟁의행위로 평가받지 못하는 경우에는 사용자는 직장폐쇄 기간 동안의 대상 근로자에 대한 임금지불 의무를 면할 수 없다(대법원 2000. 5. 26. 선고 98다34331 판결, 대법원 2003. 6. 13. 선고 2003두1097 판결 등 참조).

한편 근로자의 쟁의행위 등 구체적인 사정에 비추어 직장폐쇄의 개시 자체는 정당하다고 볼 수 있지만, 어느 시점 이후에 근로자가 쟁의행위를 중단하고 진정으로 업무에 복귀할 의사를 표시하였음에도 사용자가 직장폐쇄를 계속 유지하면서 근로자의 쟁의행위에 대한 방어적인 목적에서 벗어나 적극적으로 노동조합의 조직력을 약화시키기 위한 목적 등을 갖는 공격적 직장폐쇄의 성격으로 변질되었다고 볼 수 있는 경우에는 그 이후의 직장폐쇄는 정당성을 상실한 것으로 보아야 하고, 이에 따라 사용자는 그 기간 동안의 임금지불의무를 면할 수 없다고 할 것이다.

대상판결은 사건 **직장폐쇄의 개시**는 A지회의 쟁의행위에 대항하기 위한 상당한 방어수단으로서 정당한 것으로 인정된다고 판단한 원심이 정당하다고 보았다. 반면, 2010. 2. 16.부터 5. 24.까지 **장기간 지속**된 이 사건 직장폐쇄는 **조합원 상당수가 복귀한 2010. 3.경 이후의 어느 시점**부터는 피고가 A지회와의 교섭력의 균형을 도모하기 위한 목적, 방어적인 목적을 벗어나 적극적으로 A지회의 조직력을 약화시키기 위한 목적 등을 갖는 선제적, 공격적 직장폐쇄에 해당하여 정당성을 상실한 것이라고 판단했다. 해당 기간 A지회가 여러 차례에 걸쳐 명시적 · 묵시적으로 쟁의행위를 중단하고 업무에 복귀할 것과 피고가 우려하는 폭력적 행위나 생산활동에 대한 방해행위 등을 하지 않고 피고의 요구사항을 조건 없이 수용할 것을 약속하면서 직장폐쇄의 철회 및 대화에 의하여 문제를 해결할 것을 요청해온 것을 그 근거로 들었다.

파기환송심[6]은 이에 따라 위법행위 또는 적대적 행위가 뚜렷하게 잦아든 2010. 4. 16부터 5. 24. 까지 39일간의 임금을 지급할 의무가 있다고 판단했다.

---

6) 대구고등법원 2017. 4. 20. 선고 2016나1190 판결. A지회는 이 사건 직장폐쇄 직후부터 2010. 4. 초순경까지 직장폐쇄를 저지하기 위하여 피고 공장 정문 등에서 집회 · 시위를 하고 피고 회사의 업무를 방해하거나 피고를 비방하는 유인물을 배포하는 등 위법행위를 하였지만, 2010. 4. 중순 이후에는 위법행위 또는 적대적 행위가 뚜렷하게 잦아들었다고 평가했다. 또한, 피고가 의도적으로 A지회의 조직력, 투쟁력을 약화시키는 것을 목표로 삼아 위와 같이 B업체와 컨설팅 계약을 체결한 후 B의 자문 아래, 위와 같이 조합원들의 선별적 업무 복귀를 계획적으로 추진하거나 조직형태 변경을 위한 총회 개최 등에 개입한 것으로 볼 수 있다고 판단했다.

Ⅲ. 판결의 주요 쟁점

1. 직장폐쇄의 의의 및 인정 근거

직장폐쇄는 노동조합의 쟁의행위에 대항하여 사용자가 근로자들의 노무 수령을 거부하는 행위다. 직장폐쇄는 쟁의행위로 인해 불완전한 근로 제공이 있는 경우, 파업에 참가하지 않은 근로자들만으로는 조업 계속이 불가능하거나 오히려 손해가 발생하여 현저히 불리한 압력이 발생하는 경우 이에 대항하는 행위로 사용된다. 노동조합이 임금 상실을 최소화하려는 쟁의행위(부분파업, 지명파업, 태업)를 하는 경우, 사용자는 직장폐쇄를 통해 임금지급 의무를 면함으로써 재정적 부담을 줄일 수 있다.[7] 직장폐쇄는 노조법 제2조 제6호에 쟁의행위의 한 유형으로 규정되어 있다.

> **노조법 제2조(정의)** 이 법에서 사용하는 용어의 정의는 다음과 같다.
>
> 6. **"쟁의행위"**라 함은 파업 · 태업 · **직장폐쇄** 기타 노동관계 당사자가 그 주장을 관철할 목적으로 행하는 행위와 이에 대항하는 행위로서 업무의 정상적인 운영을 저해하는 행위를 말한다.
>
> **제46조(직장폐쇄의 요건)** ① 사용자는 노동조합이 **쟁의행위를 개시한 이후**에만 직장폐쇄를 할 수 있다.
>
> ② 사용자는 제1항의 규정에 의한 직장폐쇄를 할 경우에는 미리 행정관청 및 노동위원회에 각각 신고하여야 한다.

직장폐쇄는 근로자의 쟁의행위와 달리 헌법상 보장을 받지 못하므로 무엇이 근거인지에 대해 견해의 대립이 있었는데, 다수설과 판례는 **형평의 관념**에서 직장폐쇄의 법적 근거를 찾고 있다. 노사대등을 촉진 · 확보하기 위해 근로자에게만 단체행동권을 인정하지만, 노사 간에 힘의 균형이 깨지고 오히려 사용자 측이 현저히 불리한 압력을 받는 경우에는 힘의 균형을 회복하기 위한 대항 · 방위 수단으로 직장폐쇄를 인정할 필요성이 있다. 직장폐쇄는 형평의 관점에서 인정되므로 헌법상 보장을 받는 노동조합의 쟁의행위와는 성격이 다르고 목적 · 수단의 상당성과 비례의 원칙이 중시되는 등 좀 더 엄격한 규범 통제를 받는다.[8] 반면, 직장폐쇄의 헌법상 근거를 **재산권**(헌법 제23조 제1항)과 **기업의 경제상의 자유**(헌법 제119조 제1항)로 보는 견해도 있다.[9]

---

7) 이철수, 「노동법」, 현암사, 2023, 605면.
8) 이철수, 「노동법」, 현암사, 2023, 607면.

2. 직장폐쇄의 정당성 요건

직장폐쇄가 정당한 쟁의행위로 평가받기 위해서는 노사 간의 교섭태도, 경과, 근로자 측 쟁의행위의 태양, 그로 인하여 사용자 측이 받는 타격의 정도 등에 관한 구체적 사정에 비추어 형평의 견지에서 근로자 측의 쟁의행위에 대한 대항·방위 수단으로서 상당성이 인정되어야 한다.[10] 직장폐쇄는 노동조합의 쟁의행위에 대항하는 수단으로서 인정되므로 노동조합이 쟁의행위에 들어간 이후에 시작해야 그 정당성이 인정될 수 있다. 이를 **대항성** 요건이라고 한다(노조법 제46조 제1항). 노동조합이 쟁의행위를 개시하지도 않았는데 사용자가 먼저 시작하는 이른바 선제적 직장폐쇄는 정당하지 않다. 직장폐쇄는 교섭력의 균형이 현저하게 파괴된 경우에 이를 회복하기 위하여 예외적으로 인정되므로 경제적 손실을 최소화하기 위해 **방어적**으로 행사되어야 한다. 따라서 노동조합의 조직력을 약화하거나 자신의 주장을 관철하려는 적극적 목적을 가지고 행하는 공격적 직장폐쇄는 정당성이 인정되지 않는다. 한편, 직장폐쇄는 쟁의행위 참가 조합원뿐 아니라 비참가 조합원, 비조합원 등을 대상으로 사용되는 경우가 있는데, 조합원 또는 특정 집단만을 대상으로 하는 '차별적' 직장폐쇄는 방어성을 상실하여 정당하지 않다.[11] 대상판결과 같이 노동조합의 쟁의행위에 대하여 응급조치를 강구하여 업무 수행에 대한 중대한 장애가 발생할 우려가 없는데도 직장폐쇄를 단행한 경우에는 과잉의 방어로서 정당성이 인정되지 않는다.[12]

3. 직장폐쇄의 효과

직장폐쇄가 정당하다면 사용자는 그동안의 **임금**을 지급할 의무가 없다(임금지급 의무의 면제). 이 경우, 직장폐쇄의 대상에 포함된 근로자 전체에 대하여 임금지급 의무가 면제되는 것이고, 쟁의행위에 실제 참가한 근로자에 대하여만 임금지급 의무가 면제되는 것은 아니다.[13] 반대로 직장폐쇄가 정당하지 않다면 사용자는 근로자들이 그 기간에 근로하였다면 받을 수 있었던 임금 전액을 지급해야 한다. 판례는 적법하게 직장폐쇄를 하면, 사용자의 사업장에 대한 물권적 지배권

---

9) 임종률 · 김홍영, 「노동법」, 박영사, 2024, 166, 248면.

10) 임종률 · 김홍영, 「노동법」, 박영사, 2024, 166, 248면; 대법원 2003. 6. 13. 선고 2003두1097 판결 외.

11) 이철수, 「노동법」, 현암사, 2023, 608면.

12) 임종률 · 김홍영, 「노동법」, 박영사, 2024, 166, 250면.

13) 임종률 · 김홍영, 「노동법」, 박영사, 2024, 252면. 직장폐쇄가 노동조합의 쟁의행위로 야기된 현저한 손해를 완화하기 위하여 인정되는 대항 방어적 수단이므로 그 손해와 관련되는 범위에서는 비조합원이라 하더라도 직장폐쇄의 대상으로 할 수 있고, 임금지급 의무 면제의 효과가 미친다. 다만, 노동조합의 쟁의행위에 전혀 영향을 받지 않고 정상조업이 가능한 부문의 근로자에 대해서는 정상 임금을 지급해야 한다.

이 '전면적으로' 회복되므로 직장을 점거한 근로자들에게 퇴거를 요구할 수 있고, 요구받은 이후 직장점거는 위법하므로 그 요구에 불응하고 직장점거를 계속하면 퇴거불응죄가 성립한다고 본다(직장점거의 배제). 반면, 직장폐쇄가 정당하지 않은 경우 퇴거 요구에 불응한 채 적법한 직장점거를 계속하더라도 퇴거불응죄가 성립하지 않는다. 판례처럼 물권적 지배권이 회복된다고 하더라도 노동조합의 일상적인 조합활동권과 사용자의 시설관리권 사이에는 규범조화적 해석이 필요하다. 따라서 직장폐쇄가 정당하더라도 사업장 내 노조 사무실 등 정상적인 노조활동에 필요한 시설에 대한 출입은 허용해야 한다. 기숙사 등 기본적인 생활근거지에 대해서도 마찬가지다.[14] 판례의 태도에 의하면 직장점거는 파업의 일부분을 구성하는 행위로 이해되며, 사용자의 사업장에 대한 물권적 지배권도 직장폐쇄의 정당성 유무에 의하여 영향을 받는다.[15]

최근 판례(대법원 2011. 2. 24. 선고 2010다75754판결)는 사용자가 기업시설에 대한 방해배제 내지 방해예방 청구권을 피보전권리로 하여 노동조합과 소속 조합원을 상대로 임시의 지위를 정하는 가처분을 구하거나 같은 내용의 본안소송을 제기할 수 있다고 한다. 다만, 헌법이 근로3권을 보장한 취지와 노동쟁의의 다양성에 비추어 보전의 필요성이나 방해배제 내지 방해예방청구의 필요성을 판단할 때는 고도의 신중을 요한다고 한다.[16]

Ⅳ. 결론

직장폐쇄는 사용자가 노동조합의 쟁의행위에 대항하기 위한 수단으로 인정되는 것이므로, 선제적 · 공격적으로 할 수 없고, 대항적 · 방어적으로 행해져야 한다. 대상판결은 이러한 기준과 원칙을 제시하면서, 사안에서 최초 개시 시점의 직장폐쇄가 정당한 경우라고 하더라도 특정 시점에 대항적 · 방어적 성격이 약화되는 경우에는 직장폐쇄가 정당하지 않다고 판단했다. 즉, 선제적 · 공격적 직장폐쇄에 해당하여 정당성을 상실한 것이라고 판단했다. 이러한 대상판결의 태도는 직장폐쇄의 기능과 역할을 고려할 때 타당하다고 평가할 수 있다.

다만, 사용자가 쟁의행위 기간 중에 이러한 판단을 객관적이고 합리적으로 할 것으로 기대할 수 있는지, 이를 사후적인 판단에 맡기는 것이 또 다른 분쟁을 야기할 수 있는 것은 아닌지, 교섭력의 균형 회복이나 조직력 약화 목적 등의 판단기준이 주관적이거나 추상적인 것은 아닌지에 대한 문제가 제기될 수 있다.

14) 이철수, 「노동법」, 현암사, 2023, 610면. 다만, 노조 사무실이 일상적 조합활동 장소가 아니라 직장점거를 계속하는 수단으로 활용되거나, 노조 사무실과 생산시설이 구조적으로 분리되지 않은 경우 등 특별한 사정이 있다면 제한할 수 있다고 본다.

15) 김형배 · 박지순, 「노동법강의」, 신조사, 2023, 650-651면 참고.

16) 김형배 · 박지순, 「노동법강의」, 신조사, 2023, 651면.

[28] 인사고과 불이익 취급의 부당노동행위*

(대법원 2018. 12. 27. 선고 2017두37031 판결)

기초지식

☑ 부당노동행위 유형으로 불이익취급, 반조합계약, 지배개입 및 운영비 원조, 단체교섭거부가 있음

☑ 불이익 취급은 노동조합 활동 등을 이유로 한 차별금지로 노조법 제81조 1호는 노동조합의 가입 · 활동에 관한 것이고 5호는 단체행위 참가나 노동위원회 · 행정관청에 대한 활동에 관한 것임

☑ 실무적으로 불이익 취급의 판단과 입증에 있어 상당한 어려움이 존재하며, 대상판결은 이에 관한 기준과 원칙을 제시함

Ⅰ. 논의의 배경과 쟁점

노조법은 사용자의 부당노동행위에 대한 금지(제81조), 구제신청(제82조), 구제명령(제84조), 벌칙(제90조) 등에 관하여 규정하고 있다. 부당노동행위 제도는 노조법이 설정한 금지규범과 위반에 대한 행정적 구제 및 처벌제도를 총칭한다.[1] 대법원은 부당노동행위 제도를 집단적 노사관계의 질서를 파괴하는 사용자의 행위를 예방 · 제거함으로써 노동3권을 확보하여 노사관계 질서를 신속하게 정상화하기 위하여 노조법이 특별히 설정한 것으로 본다.[2]

이 중 노조법 제81조 1호와 5호에 해당하는 불이익 취급은 노동조합의 활동 등을 이유로 합리적 이유 없이 차별을 금지하는 차별금지 유형으로 평가할 수 있다. 다만, 사용자가 기업 내에서 처분하거나 인사권 · 경영권을 행사하는 근거는 다양할 수 있어서, 명확한 판단기준 정립이 필요하다. 대상판결은 특히 사용자의 재량권이 강하게 형성될 수 있는 인사고과와 관련된 불이익 취급에 관한 판단기준 등을 제시하였다.

* 2025. 8, 핵심판례로 추가된 **"부당노동행위 구제신청의 제척기간**(2023두41864·2023두41871)"은 참고판례로 반영하였다.

1) 임종률 · 김홍영, 「노동법」, 박영사, 2024, 166, 271면.

2) 대법원 1998. 5. 8. 선고 97누7448 판결.

Ⅱ. 대상판결 분석

1. 사실관계

원고는 자동차 산업용 부품의 설계, 제조 및 판매 등을 영위하는 회사이고, 참가인들은 원고 회사의 생산직 사원으로서 B노동조합 경주지부 C지회의 조합원이다. 원고가 상여금을 차등 지급한 2014. 8. 경 원고 사업장에는 C지회, D노동조합, E노동조합 및 F노동조합이 조직되어 활동하고 있었다. E노동조합은 2014. 4. 9. 교섭대표노조가 되었고, 6. 3. 원고와 사이에 2014. 7. 1.부터 2016. 6. 30.까지를 유효기간으로 하는 단체협약을 체결하면서 종전 단체협약의 상여금에 관한 조항을 일률적으로 기준금액의 연 700%를 분할하여 지급하던 것에서 연 200%를 설날과 추석에 나누어 지급하고 연 500%를 기준으로 근로자에 대한 **성과평가의 결과에 따라 그 지급률을 가감**하여 지급하는 것으로 변경하였다. 원고는 7. 1. 2014년 단체협약의 변경된 상여금 조항에 상응하여 상여금 지급규칙을 개정하였다.

원고는 6. 25.부터 7. 18.까지 사이에 위 각 노동조합 소속 근로자들을 포함한 생산직 사원 526명에 대하여 2014년 상반기 성과 평가를 실시하여 8. 19. 성과평가 결과를 개별적으로 통지하였고, 8월, 10월, 12월에 위 성과평가의 결과에 따라 근로자들에게 상여금을 차등 지급하였다.[3] C지회 조합원인 참가인들 외 20명의 근로자들은 10. 7. 경북지노위에 원고가 자신들에게 낮은 성과등급을 부여하여 이 사건 상여금을 다른 근로자들보다 적게 지급한 것은 불이익 취급 부당노동행위에 해당한다며 부당노동행위 구제신청을 하였고, 경북지노위는 12. 4. 위 구제신청을 일부 인용하고, 나머지는 각하하는 판정을 하였다. 원고 등은 이에 불복하여 2015. 1. 9. 중노위에 재심을 신청하였는데, 중노위는 5. 4. 초심판정 중 각하 부분을 취소하고, 결과적으로 참가인들 외 10명의 근로자들의 구제신청을 모두 인용하는 판정을 하였다.

2. 당사자의 주장

원고는 2014년 상반기 성과평가에서 이 사건 근로자들이 전반적으로 낮은 평가를 받은 것은 정당한 인사고과에 따른 것이지 부당노동행위 의사에 기한 것이 아니고 불이익 취급이 있다고 볼 수도 없으므로 부당노동행위가 아니라고 주장했다. 한편, 구제명령은 사실상 · 법률상으로 실현 가능하고 처분의 상대방이 규율 내용을 인식할 수 있을 정도로 명확해야 하는데,

3) S등급 3개월 합계 350%, A등급 300%, B+등급 275%, B등급 250%, B-등급 225%. C등급 125%

이 사건 재심 판정의 주문 중 '이 사건 근로자들에게 2014년 상반기 성과평가를 정상적으로 재실시하여 성과상여금 차액분을 지급하라'는 부분은 불명확하고 사실상 실현이 불가능하다고 주장했다.

3. 하급심 법원의 판단

1심 법원[4)]은 이 사건 지회의 조합원 집단과 교섭대표 노조 소속 조합원 등 그 밖의 근로자 집단은 전체적으로 보아 생산직 직원으로서 서로 동질의 균등한 근로자 집단임에도 성과평가에서 두 집단 사이에 통계적으로 현격한 격차가 있고, 그러한 격차가 이 사건 지회의 조합원임을 이유로 하여 그 밖의 근로자들에 비하여 불이익 취급을 하려는 원고의 반조합적 의사에 기인한 것으로서 부당노동행위 의사의 존재가 추정되며, 이러한 차별이 없었다면 이 사건 근로자들이 더 높은 등급을 부여받았을 것이므로 부당노동행위에 해당한다고 판단했다.[5)] 또한, 이 사건 재심판정의 구제명령은 반조합적 의사를 배제한 채 2014년 상반기 성과평가를 정당하게 재실시하여 평가 결과에 따라 기존에 지급한 상여금을 제한 나머지 금액을 지급하라는 의미로 충분히 해석되고, 중노위가 원고를 대신하여 성과평가를 직접 시행한 후 상여금의 지급을 명하는 것은 원고의 광범위한 인사고과에 관한 재량을 침해하는 것으로서 부당하며, 부당노동행위의 결과를 제거하지 아니하고 미래를 향하여 일정한 의무를 부과하는 것만으로는 실효성 있는 구제명령이 되기 어렵고, 달리 더 구체적인 원상회복의 방법을 생각하기도 어려우므로 재심판정의 구제명령이 불명확하고 사실상 실현이 불가능하다고 보이지 아니한다고 판단했다. 원심[6)]은 원고의 항소를 모두 기각했다.

4. 대법원판결

노조법 제81조 제1호는 '근로자가 노동조합에 가입 또는 가입하려고 하였거나 노동조합을 조직하려고 하였거나 기타 노동조합의 업무를 위한 정당한 행위를 한 것을 이유로 그 근로자를 해고하거나 그 근로자에게 불이익을 주는 행위'를 사용자의 부당노동행위의 한 유형으로

4) 서울행정법원 2016. 7. 22. 선고 2015구합65575 판결.
5) 지회 소속 조합원 중 S, A, B+ 등급을 받은 사람은 전혀 없고, 80.62%가 B-, C, D등급을 부여받았다. 반면, 교섭대표 노조 및 다른 노조 소속은 S, A, B+ 등급을 받은 사람이 65.88%이고, B등급보다 낮은 등급을 받은 사람이 전혀 없었다.
6) 서울고등법원 2017. 1. 19. 선고 2016누62216 판결.

규정하고 있다. 부당노동행위가 성립하기 위해서는 근로자가 '노동조합의 업무를 위한 정당한 행위'를 하고 사용자가 이를 이유로 근로자에 대하여 해고 등의 불이익을 주는 차별적 취급행위를 한 경우라야 하며, 그 사실의 주장 및 증명책임은 부당노동행위임을 주장하는 측에 있다.

한편 근로자에 대한 인사고과가 상여금의 지급기준이 되는 사업장에서 사용자가 **특정 노동조합의 조합원이라는 이유로 다른 노동조합의 조합원 또는 비조합원보다 불리하게 인사고과**를 하여 상여금을 적게 지급하는 불이익을 주었다면 그러한 사용자의 행위도 부당노동행위에 해당할 수 있다. 이 경우 사용자의 행위가 부당노동행위에 해당하는지 여부는, 특정 노동조합의 조합원 집단과 다른 노동조합의 조합원 또는 비조합원 집단을 전체적으로 비교하여 양 집단이 서로 동질의 균등한 근로자 집단임에도 불구하고 인사고과에 양 집단 사이에 통계적으로 유의미한 격차가 있었는지, 인사고과의 그러한 격차가 특정 노동조합의 조합원임을 이유로 불이익 취급을 하려는 사용자의 반조합적 의사에 기인한다고 볼 수 있는 객관적인 사정이 있었는지, 인사고과에서의 그러한 차별이 없었더라도 동등한 수준의 상여금이 지급되었을 것은 아닌지 등을 심리하여 판단하여야 한다(대법원 2009. 3. 26. 선고 2007두25695 판결의 취지 참조).

현실적으로 발생하는 부당노동행위의 유형은 다양하고, 노사관계의 변화에 따라 그 영향도 다각적이어서 그에 대응하는 부당노동행위 구제의 방법과 내용도 **유연하고 탄력적**일 필요가 있다. 노조법 제84조 또한 노동위원회가 전문적 · 합목적적 판단에 따라 개개 사건에 적절한 구제조치를 할 수 있도록 하기 위해, 부당노동행위가 성립한다고 판정한 때에는 사용자에게 구제명령을 발하여야 한다고 규정하고 있을 뿐 구제명령의 유형 및 내용에 관하여는 특별히 정하고 있지 아니하다(대법원 2010. 3. 25. 선고 2007두8881 판결 등 참조).

Ⅲ. 판결의 주요 쟁점

1. 인사고과

근로자에 대한 인사고과는 원칙적으로 인사권자인 사용자의 권한에 속하므로 **업무상 필요한 범위 안에서는 상당한 재량**을 가진다 할 것이나, 사용자는 근로자의 근무실적이나 업무능력 등을 중심으로 객관적이고 공정한 평정의 기준에 따라 이루어지도록 노력하여야 하고 그것이 해고에 관한 법적 규제를 회피하고 퇴직을 종용하는 수단으로 악용되는 등의 불순한 동기로 남용되어서는 아니 된다고 할 것이다. 사용자의 인사고과가 헌법, 근기법 등에 위반되거나 객관적이고 공정한 평정의 기준을 현저하게 위반하여 정당한 인사권의 범위를 벗어난 때에는 인사고과의 평가 결과는 사법심사의 대상이 되어 그 효력을 부인할 수 있다.[7]

2. 불이익 취급

불이익 취급은 노조법이 정하고 있는 부당노동행위의 한 유형이다. 이는 노동조합의 가입이나 활동 등을 이유로 한 차별적 처우라고 평가할 수 있다.

> **노조법 제81조(부당노동행위)** ① 사용자는 다음 각 호의 어느 하나에 해당하는 행위(이하 "不當勞動行爲"라 한다)를 할 수 없다.
> 1. 근로자가 노동조합에 가입 또는 가입하려고 하였거나 노동조합을 조직하려고 하였거나 기타 노동조합의 업무를 위한 정당한 행위를 한 것을 이유로 그 근로자를 해고하거나 그 근로자에게 **불이익**을 주는 행위
> 5. 근로자가 정당한 단체행위에 참가한 것을 이유로 하거나 또는 노동위원회에 대하여 사용자가 이 조의 규정에 위반한 것을 신고하거나 그에 관한 증언을 하거나 기타 행정관청에 증거를 제출한 것을 이유로 그 근로자를 해고하거나 그 근로자에게 **불이익**을 주는 행위

불이익 취급은 해고 또는 위장폐업에 의한 해고 · 배치전환 · 승진탈락 · 권고퇴직 등 인사상 불이익 조치와 임금 · 수당 지급상의 차별이나 연장근로 거부 등 경제적 처우에 관한 불이익 조치 그리고 회사의 행사, 교육, 수련 등으로부터의 배제 등과 같은 무형적 처우도 포함한다. 불이익은 상대적인 개념으로서, 종래의 관행이나 다른 근로자에 비해 사용자의 불이익처우가 과도한 경우 또는 다른 근로자에게 부여한 이익을 주지 않는 부작위도 모두 여기에 해당한다. 또한, 불이익 취급이라는 개념은 근로3권에 의하여 보장된 활동과의 상관관계에서 평가되어야 하므로 조합 간부가 조합원 자격이 상실되는 직위로 영전하는 경우와 같이 사용자의 행위 자체는 불이익을 주는 것이 아니더라도 조합활동에 대해서는 불이익을 주는 때가 있을 수 있다.[8] 반면, 해당 근로자에 대한 승진조치가 회사의 정기 인사이동의 일환으로서 승진대

---

7) 대법원 2015. 6. 24. 선고 2013다22195 판결(원심 - 수원지방법원 2013. 1. 29. 선고 2012나6377 판결).

8) 사용자가 근로자의 조합활동을 혐오하거나 조합활동을 방해하려는 목적으로 노동조합의 간부 또는 열성 있는 조합원을 승진시켜 조합원 자격을 잃게 한 경우에는 승진의 시기와 조합활동의 관련성, 업무상의 필요성, 근로자의 능력의 적격성과 인선의 합리성 등의 유무와 당해 근로자의 승진이 조합활동에 미치는 영향 등 제반사정을 고려하여 부

상자에 대한 합리적인 사정(査定)을 거쳐 행하여진 것이라면, 근로자가 승진 거부 의사를 밝혔더라도 사용자가 인사 질서의 문란을 감수하면서 그 근로자의 의사를 존중하여야 할 의무를 부담하지는 않으므로 해당 근로자의 불응에 대한 사용자의 징계행위는 불이익취 급으로 볼 수 없다(대법원 1992. 10. 27. 선고 92누9418판결).[9] 불이익 취급이 성립하려면, 노동조합 가입 · 조직 등 근로자의 정당한 단결 활동 등의 행위가 있어야 하고, 근로자의 정당한 단결 활동 등을 이유로 한 사용자의 불이익처분이 있어야 한다.[10]

3. 인사평가와 불이익 취급

인사상의 불이익처분으로서 근로자에게 불리한 교육훈련, 전직, 전출, 전적, 휴직, 인사 평정 등이 이에 해당한다. 불이익 여부는 지위, 직종, 임금이나 그 밖의 대우, 통근 사정, 가정의 사정 등에 비추어 판단해야 한다. 강등 또는 승진의 탈락, 징계처분도 같은 종류에 속한다. 한편, **경제상의 불이익처분**으로서 각종의 임금, 퇴직금, 복리후생적 급여 등에 관하여 불리하게 처리하는 것이 있다. 임금 산정 · 삭감 기준의 차별적 적용이 대표적인 유형이다.[11]

인사평가 결과[12]가 단순히 인사 · 노무 업무의 참고자료로 활용될 때는 인사평가의 불이익 취급 여부가 다퉈질 여지가 없지만, 이것이 해고 등 인사처분 또는 급여 결정에서 주요 기준으로 적용되어 근로자의 법률적 · 경제적 불이익과 직접 연결될 경우, 사용자가 조합원에 대해 불리한 인사평가를 한 것이 불이익 취급에 해당하는지가 문제가 될 수 있다. 판례는 조합원들이 불리한 인사평가 결과로 정리해고 대상자로 선정되거나 낮은 상여금을 받은 사안에서 그것이 부당노동행위에 해당하는지는 조합원 집단과 비조합원 집단을 전체적으로 비교하여 양 집단이 서로 동질의 균등한 근로자 집단인데도 인사고과에서 양 집단 사이에 통계적으로 유의미한 격차가 있었는지, 그 격차가 노동조합의 조합원임을 이유로 하여 비조합원에 비하여 불이익 취급을 하려는 사용자의 반조합적 의사에 기인했는지를 따져 판단해야 한다고 본다.[13]

당노동행위로서 불이익취급의 여부를 판단해야 한다는 입장이다.

9) 김형배 · 박지순, 「노동법강의」, 신조사, 2023, 703-704면 참고.

10) 임종률 · 김홍영, 「노동법」, 박영사, 2024, 166, 280면.

11) 임종률 · 김홍영, 「노동법」, 박영사, 2024, 166, 283면.

12) 사업 또는 사업장에서 정기적으로 실시되는 인사평가 결과는 일반적으로 사용자가 인사 · 노무 업무의 기초자료로 활용하고, 나아가 경영상 해고 대상자, 성과급이나 연봉액을 결정하는 기준으로도 활용된다.

13) 이철수, 「노동법」, 현암사, 2023, 623면.

Ⅳ. 결론

노동조합의 활동 등을 이유로 한 불이익 취급은 노동조합의 활동을 위축시키거나 복수노조 하에서 다른 노조와 경쟁 관계에 있는 노동조합의 조직률을 감소시킬 수 있다. 실제 대상판결의 사실관계에서는 특정 노동조합의 조합원이라는 이유로 낮은 평가등급을 받고 이로 인하여 낮은 상여금을 받는 불이익이 있었다. 이는 인사상, 경제상 불이익 취급으로 볼 수 있다.

대상판결은 특정 집단과 비교 대상 집단이 서로 동질의 균등한 근로자 집단임에도 인사고과에 통계적으로 유의미한 격차가 있는지, 반조합적 의사를 추단할 만한 객관적 사정이 있는지, 차별이 없었을 경우 동등한 수준의 결과가 지급되었을 것인지 등을 판단기준으로 제시하였다. 또한, 불이익 취급 부당노동행위에 대한 시정명령과 관련하여 현실적으로 발생하는 부당노동행위의 유형이 다양한 점, 노사관계 변화에 따라 영향이 다각적인 점에 따라 구제의 방법과 내용도 유연하고 탄력적일 필요가 있다고 판시했다.

대상판결은 불이익 취급 판단에 관한 기준을 구체적으로 제시하면서 법원이 적극적으로 개입할 수 있음을 명시한 데 그 의의가 있다.

※ 참고판례 - 대법원 2025. 4. 3. 선고 2023두41864, 2023두41871 판결

1. 사실관계

원고 G노동조합은 금속 및 금속 관련 산업에 종사하는 근로자들을 대상으로 조직된 전국 단위의 산업별 노동조합이다. H그룹은 2014. 11.경 I 주식회사를 J그룹에 매각한다고 발표했다. 이후, I에 2014. 12. 10.경 G노동조합 경남지부 K지회가 설립되었고, 2014. 12. 16. 기업별 노동조합인 L노동조합이 설립되었다. 이후 회사 매각, 분할 설립 등을 거친 참가인 회사(A, B, C, E, E 회사)[14]는 2015.경부터 2019년까지 원고 노동조합원들을 포함한 소속 근로자들에 대하여 인사고과를 통보하고 승격조치를 하였다.

---

14) I는 J그룹에 매각되어 2015. 6. 상호가 E 주식회사로 변경되었다. E 주식회사는 2017. 7. 경 회사의 일부를 분할하여 M 주식회사, A 주식회사, D 주식회사를 설립하였다. 1차 분할 후 E 주식회사는 2018. 3. 상호를 C 주식회사로 변경했다. C 주식회사는 2018. 4. 회사의 일부를 분할하여 E 주식회사를 설립했다. 한편 M 주식회사는 2019. 1. B 주식회사를 흡수합병한 후 상호를 B 주식회사로 변경하였다.

원고들은 2019. 8. 경남지노위에 '참가인들이 2015년부터 2019년 상반기까지 원고 노동조합원들에게 **하위 인사고과를 부여**하고 2016년부터 2019년까지 **승격을 누락**시킨 것은 불이익취급 및 노동조합 운영 지배 · 개입의 부당노동행위에 해당한다는 등'의 주장을 하면서 부당노동행위 구제신청을 하였으나, 경남지노위는 2020. 3. '원고 노동조합원들은 **인사고과 통보일과 승격일로부터 3개월이 도과한 후에 부당노동행위구제를 신청**하였으므로 노조법 제82조 제2항[15]이 정하는 부당노동행위 구제신청 제척기간을 도과하였다'는 이유로 이 사건 구제신청을 각하하는 결정을 하였다.[16] 중노위는 2020. 7. 참가인들의 인사고과 부여와 승격은 계속하는 행위로 보기 어려워 이 사건 구제신청이 제척기간(인사고과 통보일인 2019. 1. 말과 승격일 2019. 3. 1.로부터 3개월)을 도과하였다는 이유로 원고들의 재심신청을 기각하는 결정을 하였다.

2. 당사자 주장 및 하급심 판결

원고는, 참가인들이 2015년부터 이 사건 구제신청 당시까지는 물론 현재까지 계속하여 사업장 내 기업노조의 교섭대표 노조 지위를 유지하고 원고 노동조합을 소수화하여 단체교섭권을 박탈한다는 단일한 의사에 기하여 원고 노동조합원들에 대하여 잔업 · 특근 배제로 인한 실질임금의 하락을 유도하고, 노조 탈퇴를 강요하며, 하위 인사고과를 부여하고 승격을 누락시켜 그에 따른 저임금을 지급하여 노조 탈퇴를 유도하는 한편 기업노조 조합원에게만 수당을 지급하는 등의 행위를 하여 왔으므로, **단일한 의사**에 기하여 실행된 하위 인사고과 부여와 승격 누락 및 그에 따른 저임금 지급이나 정당한 평가에 따른 임금과의 차액을 지급하지 않는 부작위는 노동조합법 제81조 제1항 제4호의 노동조합 조직 · 운영에 대한 지배 · 개입행위임과 동시에 제1호의 불이익취급 행위로서 이 사건 구제신청 당시까지 계속하는 **하나의 행위**이므로, 이 사건 구제신청은 참가인들의 부당노동행위가 종료된 후 3개월이 경과하여 제기되었다고 할 수 없고, 이 사건 구제신청을 제척기간 도과를 이유로 각하한 재심판정은 위법하여 취소되어야 한다고 주장했다.

1심[17]은 반노동조합 의사의 단일성이 존재할 개연성이 있는 이상, 이러한 의사에 기하여

---

15) **제82조(구제신청)** ②제1항의 규정에 의한 구제의 신청은 **부당노동행위가 있은 날**(계속하는 행위는 그 終了日)부터 3월 이내에 이를 행하여야 한다.

16) 한편, 원고들의 2019년 상반기 업적평가 부분에 대한 구제신청은 2020. 3. 취하되었다.

17) 대전지방법원 2022. 2. 15. 선고 2020구합104971, 2020구합104933 판결.

이루어지는 것이라고 보아야 하는 하위 인사고과 부여 · 승격 누락 및 차별적 임금지급 행위 또는 정당한 평가에 따른 임금과의 차액을 지급하지 아니한 행위 사이에는 동일성 · 동종성 및 시간적 연속성이 있다는 전제에서 재심 판정이 위법하다고 판단했다. 반면, 원심[18]은 원고들이 '2015년부터 2019. 3. 1.까지의 하위 인사고과 부여 및 승격 누락' 행위만을 참가인들의 부당노동행위로 특정하면서 원고 노동조합원들이 승급, 임금 등 여러 면에서 불이익을 입고 있다고 주장하였고, 구제신청 사건의 심리 과정에서 구제신청 기간의 도과 여부가 핵심 쟁점으로 부각되었음에도 신청 취지를 추가 · 변경하지 아니한 채 여전히 그러한 주장을 반복하였다는 전제에서, 구제신청 기간의 진행 및 도과 여부는 원고들이 부당노동행위로 특정하여 주장한 사실을 기준으로 판단하면 족하므로, 원고들이 시정을 구한 부분까지 고려하여 구제신청 기간의 진행 및 도과 여부를 판단할 것은 아니라면서 제1심 판결을 취소하였다.[19]

3. 대법원판결의 요지

참가인들이 2018년에 인사고과 부여 등을 실시하고 이를 기초로 2019년 3월부터 2020년 2월까지 임금을 지급한 행위는 **같은 단위 기간에 관하여 이루어진 것이므로 하나의 '계속하는 행위'**에 해당한다고 볼 수 있다. 이 사건 구제신청은 2018년의 인사고과 부여 등에 따라 임금이 지급되던 중인 2019. 8. 30. 제기되었다. 따라서 이 사건 구제신청 중 2018년의 인사고과 부여 등과 2019년의 임금상 불이익에 관한 부분은, 원고들이 이를 노동위원회 구제 절차에서 부당노동행위로 주장하였다면, 그 전부가 구제신청기간을 준수한 것이 된다.

별지 2 기재 원고들은[20] 이 사건 구제신청서의 '신청취지' 란과 '별지 1'을 통하여 2018년의

18) 대전고등법원 2023. 5. 2. 선고 2022누10724, 2022누10731 판결.

19) "사용자가 차별적 심사를 통해 조합원에게 하위의 인사고과를 부여한 후 승격을 누락시키고 그에 따라 임금을 차별 지급한 경우 각 행위 사이에 동일성 · 동종성, 시간적 연속성이 인정된다면 그 행위 전체를 부당노동행위로 평가할 수 있고 그러한 경우 차별적 임금 지급이 계속되는 한 구제신청 기간이 진행되지 않는다고 보아야 한다는 견해도 유력하고, 원고들도 같은 취지의 주장을 하고 있다. 그러나 부당노동행위에 대한 구제신청 기간의 진행 및 도과 여부는 **근로자가 부당노동행위라고 주장하는 구체적 사실**을 기준으로 판단하여야 하는 점, 원고들은 '2015년부터 2019. 3. 1.까지의 하위 인사고과 부여 및 승격 누락' 행위만을 참가인들의 부당노동행위로 특정하면서 그에 따라 원고 노동조합원들이 승급, 임금 등 여러 면에서 불이익을 입고 있다고 주장하였을 뿐, **'임금의 차별적 지급 행위' 자체를 부당노동행위로 특정하지는 아니한 점** 등을 고려해 보면, 위와 같은 견해에 따르더라도 이 사건에서 구제신청 기간이 진행되지 않는다고 볼 것은 아니다."

20) "원고들은 이 사건 구제신청서의 신청취지 란에 "참가인들이 원고들에 대하여 별지 1 신청취지 내용 표의 '① 2015년 ~ 2019년 하위 고과자' 란 기재와 같이 하위 인사고과를 부여한 것과 '③ 승격 누락' 란 기재와 같이 승격 탈락을 시킨 것을 부당노동행위로 인정하고, '② 임금(급여) 불이익' 란에 표시된 원고들에 대해 부당한 평가로 지

하위 인사고과 부여, 2018년의 승격 탈락과 그 승격 탈락에 따른 **임금상 불이익**을 부당노동행위로 인정해 줄 것을 명시하였고, 2018년 하위 인사고과 부여에 따른 **임금상 불이익**에 관해서는 그 시정을 구함을 명확히 밝혔다. 그 후 노동위에 제출한 '신청이유 2' 등 서면을 통해서도 인사고과 부여 등으로 인하여 **임금상 불이익**이 지속되고 있다는 주장을 충분히 개진하였다. 그렇다면 위 원고들은 이 사건 구제신청 절차에서 **2018년의 인사고과 부여 등과 2019년의 임금 지급을 모두 부당노동행위를 구성**하는 구체적인 사실로 주장하였다고 보아야 하고, 2018년의 인사고과 부여 등과 2019년의 임금 지급은 하나의 '계속하는 행위'에 해당하므로 이에 관한 위 원고들의 구제신청 부분은 구제신청기간을 도과하였다고 볼 수 없다.

원심으로서는 별지 2 기재 원고들이 임금상 불이익을 부당노동행위로 주장하지 않았다고 보아 구제신청기간을 도과했다고 판단해서는 아니 되고, 위 원고들의 구제신청 중 2018년의 인사고과 부여 등과 2019년의 임금 지급에 관한 부분이 구제신청기간을 준수하였다는 전제에서, 2017년 이전의 인사고과 부여 등과 2018년의 인사고과 부여 등을 '계속하는 행위'에 해당한다고 볼 만한 특별한 사정이 있는지에 관하여 심리・판단한 다음, 이에 따라 이 사건 재심판정 중 '계속하는 행위'로 인정되는 일련의 행위들에 관한 부분을 취소하였어야 한다. 그런데도 원심은 그 판시와 같은 사정만으로 위 원고들의 구제신청이 전부 구제신청 기간을 도과하였다고 보아 위 원고들의 청구를 모두 기각하고 말았다. 이러한 원심의 판단에는 부당노동행위 구제신청 기간 및 '계속하는 행위'에 관한 법리 등을 오해하여 필요한 심리를 다하지 않음으로써 판결에 영향을 미친 잘못이 있다.

이 사건 구제신청서의 내용과 전체적인 취지, 원고들이 구제신청 절차에서 한 주장 등에 비추어 볼 때, 별지 2 기재 원고들을 제외한 나머지 원고들은 2019년 3월 이후에는 임금상 불이익을 받지 않았거나 이를 부당노동행위의 구체적 사실로 주장하였다고 보기 어렵다. 위 원고들이 부당노동행위로 주장한 구체적 사실은 늦어도 **2018년 인사고과가 마쳐진** 2019. 1. 31.**에 모두 종료**되었으므로 위 원고들의 구제신청은 구제신청 기간을 도과하였다. 원심의 이유 설시에 일부 부적절한 부분이 있지만, 위 원고들이 구제신청 기간을 준수하지 못하였다는 이유로 위 원고들의 청구를 기각한 원심의 결론은 정당하고, 거기에 부당노동행위 구제신청 기간

급받지 못한 임금 상당액을 지급하고, 위 ③ 란에 표시된 원고들에 대해 승격 탈락으로 지급받지 못한 임금 상당액을 지급하여야 한다"라고 기재하였다. 그중 별지 2 기재 원고들은, (1) 위 ① 란에 **2018년 인사고과 부여 등을 기재**함과 동시에 위 ② 란에 **임금상 불이익의 내용(정기승급 누락 또는 연봉 삭감)**을 기재하거나 (2) 위 ③ 란에 **'승격 누락'**이라고 기재하고 이후 구제절차 진행 과정에서 여기에 **2018년 승격 탈락이 포함된다고 특정**한 근로자들 및 이들이 가입한 노동조합이다."

및 '계속하는 행위'에 관한 법리 등을 오해하여 필요한 심리를 다하지 않음으로써 판결에 영향을 미친 잘못이 없다.

그러므로 원심판결 중 별지 2 기재 원고들에 대한 부분을 파기하고, 이 부분 사건을 다시 심리 · 판단하도록 원심법원에 환송하며, 별지 2 기재 원고들을 제외한 나머지 원고들의 상고를 모두 기각한다.

4. 의의 및 시사점

대상판결은 평가(인사고과)에 의한 집단차별(승진 탈락, 승급 누락 및 연봉 삭감의 임금차별)에 대한 부당노동행위 구제신청 기간의 산정 기준과 방법을 제시한 최초의 판단으로서 큰 의의를 지닌다. 인사고과로 인한 임금차별의 경우, 임금이 비교 주체와 비교집단 간에 차별적으로 지급됨으로써 반조합적 의도가 구체화되어 실현되므로 인사고과와 그에 따른 임금 지급은 하나의 부당노동행위로 볼 수 있다. 즉, 일정한 단위의 인사고과와 그로 인한 승격 탈락, 승급 누락과 연봉 삭감의 임금차별은 **'계속하는 행위'**에 해당한다.[21]

대상판결은 신청취지란에 기재된 내용뿐만 아니라 '별지 1'을 통해 임금상 불이익을 부당노동행위로 인정해 줄 것을 명시한 점과 '신청이유서'를 통해서도 임금상 불이익이 지속되고 있다는 주장을 충분히 개진하였다는 점 등을 근거로 "원고들은 이 사건 구제신청 절차에서 2018년의 인사고과 부여 등과 2019년의 임금 지급을 모두 부당노동행위를 구성하는 구체적인 사실로 주장하였다"고 판단하였다. 대상판결은 판단대상이 되는 '구체적 사실'에 대해서도 신청취지란에 기재된 내용뿐만 아니라 이유서 등의 내용까지 모두 고려하여 판단해야 한다는 입장이다. 이에 대해서는 법률 전문가가 아닌 근로자나 노동조합이 구제신청서에 신청취지를 정확하게 기재하지 못하더라도, 노동위원회가 신청의 전 취지를 고려하여 판단대상을 제대로 특정하라는 것으로, 근로자 권리 구제를 위한 노동위원회 제도의 취지에 부합하는 것이라는 평가가 있다.[22]

다만, 임금상 불이익을 받지 않았거나, 이를 구체적인 사실로 주장하기 어려운 원고(별지1 기재 원고들)은 구제의 대상에서 제외되었다.

---

21) 강선희, "차별적 인사고과로 인한 승격 탈락, 승급 누락 및 연봉 삭감에 대한 부당노동행위 구제신청기간의 산정기준과 방법('계속되는 행위')", 「월간 노동리뷰」, 2025년 6월, 75~76면 참고.

22) 방강수, "부당노동행위 구제절차에서 신청취지의 해석", 「노동법학」(제94호), 2025, 157면.

[29] 지배개입의 부당노동행위

(대법원 2019. 4. 25. 선고 2017두33510 판결)

기초지식

☑ 복수노조 하에서 교섭창구 단일화 절차를 거쳐 교섭대표 노조와 교섭을 하는 것이 일반적이지만, 사용자가 개별 교섭을 선택할 수도 있음. 이 경우, 노조별로 교섭 시기와 방법, 교섭의 결과물인 단체협약의 내용 등이 달라질 수 있음

☑ 다만, 사용자가 개별 교섭을 선택하면서 특정 노동조합을 우대 또는 차별하게 되면, 결과적으로 노동조합의 운영에 영향을 미칠 개연성이 있어 제한이 필요함

Ⅰ. 논의의 배경과 쟁점

노조법은 사용자의 지배·개입 부당노동행위에 대하여 규정하고 있다. 사용자가 특정 노동조합을 우대하거나 차별하는 처분을 지속적으로 할 경우, 노동조합 조직률 등에 영향을 미칠 수 있다. 특히, 복수노조 하에서 사용자가 자신에게 우호적인 노동조합을 선택(또는 육성)하는 결과를 초래할 수 있어, 노동조합의 자주성에 침해가 될 수 있다. 이에 우리 노조법은 사용자의 지배·개입을 부당노동행위로 금지하고 있다.

한편, 복수노조 하에서 단체교섭은 교섭창구단일화 방식으로 이루어지는 것이 일반적이다. 다만, 사용자가 스스로 교섭창구 단일화의 이점을 포기하고 개별 교섭방식을 선택하는 것이 가능하지만, 경우에 따라서는 특정 노조에 대한 지배·개입 문제와 연결될 수 있다.

> **노조법 제29조의2(교섭창구 단일화 절차)** ① 하나의 사업 또는 사업장에서 조직형태에 관계없이 근로자가 설립하거나 가입한 노동조합이 2개 이상인 경우 노동조합은 교섭대표노동조합(2개 이상의 노동조합 조합원을 구성원으로 하는 교섭대표기구를 포함한다. 이하 같다)을 정하여 교섭을 요구하여야 한다. 다만, 제3항에 따라 교섭대표노동조합을 자율적으로 결정하는 기한 내에 사용자가 이 조에서 정하는 **교섭창구 단일화 절차를 거치지 아니하기로 동의**한 경우에는 그러하지 아니하다.

대상판결은 단체교섭 과정에서 사용자가 개별교섭 방식에 동의하여 선택하고, 이를 통해 특정 노동조합에게 유리한 결과를 초래한 경우 이것이 지배・개입 부당노동행위에 해당할 수 있는지에 대하여 판시했다.

Ⅱ. 대상판결 분석

1. 사실관계

원고 회사는 금융투자업을 주요 사업으로 하는 법인이다. 참가인 노조는 금융직 및 사무직 종사 근로자를 조직대상으로 하여 설립된 산업별 노동조합으로 원고 회사의 근로자 51명은 2014. 1. 25. 참가인 노조에 가입하였고, 참가인 노조는 같은 달 27. 원고 회사에게 지부 설립을 통보하며 단체교섭을 요청했다. 한편, 원고 회사의 다른 근로자 46명은 1. 29. 기업별 B노조를 설립하고 2. 2. 원고 회사에게 단체교섭을 요구하였다.

원고 회사는 2. 5. 참가인 노조와 B노조를 교섭요구 노동조합으로 확정하여 공고하였다. 참가인 노조와 B노조는 교섭창구 단일화를 위한 합의에 이르지 못하였고, B노조는 2. 21. 원고 회사에게 개별 교섭을 요구하였다. 이에 원고 회사는 2. 23. B노조의 개별교섭 요구를 받아들여 참가인 노조와 B노조에게 개별교섭 진행을 통보했다.

참가인 노조는 원고 회사에 대표이사가 참여하는 대표교섭을 요구하였으나, 원고 회사는 기존에 작성된 합의서의 내용대로 단체교섭을 진행할 것임을 통보하였다. 이에 참가인 노조는 원고 회사에게 교섭결렬을 통보하여 중노위의 조정절차를 거쳤으나 이 사건 변론 종결일 단체협약을 체결하지 못하였다. 한편, B노조는 단체협약에 잠정 합의하면서 단체협약 체결일을 기준으로 조합원에게 '무쟁의 타결 격려금' 150만 원 및 '경영목표 달성 및 성과향상을 위한 격려금' 150만 원을 지급하기로 하는 내용의 '(잠정)합의서'를 작성했다.

B노조는 단체협약을 체결하는 날 근무개시 이전 원고 회사 직원들의 책상 위에 노동조합 가입을 독려하는 유인물과 노동조합 가입신청서를 배부하였다. 참가인 노조 조합원 8명은 원고 회사와 B노조가 단체협약을 체결하기 전날 및 당일에 참가인 노조를 탈퇴했다. 원고 회사는 B노조의 조합원을 242명으로 확정하여 2014. 12.말경 약 7억 원의 격려금을 지급하였다.

참가인 노조는 3. 9. 서울지노위에 원고 회사의 격려금 지급 행위는 지배・개입의 부당노동행위에 해당하고, 원고 회사가 개별교섭을 진행하며 B노조와 체결한 단체협약 이상의 수준으로 단체협약을 체결할 수 없다고 협약 체결을 거부하는 행위는 단체교섭 거부 · 해태의 부당노동행위에 해당한다고 주장하며 구제신청을 하였고, 서울지노위는 5. 8. 원고 회사의 격려금 지급 행위는 단체교섭이 진행 중인 참가인 노조의 단결권과 협상력을 약화시키는 행위에 해당한다는 등의 이유로 지배 · 개입의 부당노동행위에 해당함을 인정하였으나 나머지 구제신청은 기각하는 내용의 결정을 하였다. 원고 회사는 6. 15. 중노위에 초심판정 중 부당노동행위가 인정된 부분에 대하여 재심을 신청하였으나 중노위는 초심판정과 같은 이유로 원고 회사의 재심신청을 기각하는 결정을 하였다.

2. 당사자의 주장

사용자는 노조법은 복수노조 사업장에서 사용자가 동의한 경우 사용자와 복수 노조들 사이에 개별 교섭을 허용하고 있으므로 개별교섭의 결과 복수노조 사이의 단체협약 시점이나 내용에 있어서 차이가 발생할 수밖에 없고, 원고 회사가 B노조의 조합원들에게 격려금을 지급한 것은 개별 교섭의 결과 노동조합이 요구한 복리후생 제도를 양보받는 대가로 일시적인 격려금을 지급한 것에 불과하다고 주장했다. 또한, 원고 회사와 참가인 노조는 아직 단체협약을 체결하지 않은 상태여서 참가인 노조의 조합원들에게 격려금을 지급하지 못한 것일 뿐, 단체협약을 체결할 경우 B노조와 마찬가지로 격려금을 지급할 예정이므로 원고 회사가 B노조와 먼저 단체협약을 체결하여 단체협약에 따른 의무를 이행한 것이 합리적 이유 없이 참가인 노조를 차별한 경우에 해당한다고 볼 수도 없다고 하였다. 이에 따라, 원고 회사가 B노조에 격려금을 지급한 행위는 노조법이 금지하는 부당노동행위에 해당하지 않으므로 이 사건 재심 판정은 위법하여 취소되어야 한다고 주장했다.

3. 하급심 법원의 판단

1심 법원[1]은 원고 회사가 B노조의 조합원들에게만 격려금을 지급한 이 사건 행위는 참가인 노조의 단체교섭을 방해하기 위한 의도로 행하여진 것으로서 노조법 제81조 제4호에서 정한 노동조합의 조직 · 운영에 관한 지배 · 개입의 부당노동행위에 해당한다고 판단했다. 원고 회사가 개별교섭 과정에서 단체협약의 내용과는 별도로 B노동조합의 조합원들에게만 '무쟁의

1) 서울행정법원 2016. 8. 18. 선고 2015구합78311 판결.

타결 격려금'을 지급하기로 한 행위는 특별한 사정이 없는 한 참가인 노조의 어떠한 의사결정이나 이를 행동으로 옮기는 과정에 간접적으로 영향을 미쳐 그 의사결정이나 행동을 원고 회사가 의도한 대로 변경시키려 한 행위에 해당할 여지가 크다는 점을 근거로 제시했다.[2] 또한, '경영목표달성 및 성과향상 격려금'은 그 명칭 및 지급 목적에 비추어 볼 때 특정 노동조합과의 단체협약에 반드시 수반되어야 하는 사항이라고 볼 수 없고, 모든 근로자들을 대상으로 지급하는 것이 오히려 더욱 공평하다는 측면에서 B노조의 조합원들에게만 지급한 것 역시 동일하게 보았다. 한편, 원고 회사는 잠정합의일과 격려금 지급대상이 되는 조합원 지위 확정일 사이에 14일의 격차를 둠으로써 B노조가 격려금 지급을 조합원 가입 유치의 수단으로 이용할 가능성 및 그로 인하여 원고 회사가 지급해야 할 격려금이 증가될 가능성을 열어 이를 조합원 가입 유치 수단으로 홍보하게 함으로써 참가인 노조의 단체교섭에 간접적으로 영향을 미칠 의도가 있다고 보았다. 원심[3]은 원고의 항소를 모두 기각했다.

4. 대법원판결

사용자는 노조법 제29조의2 제1항이 정하는 바에 따라 교섭창구를 단일화하지 않고 복수의 노동조합과 개별적으로 교섭을 진행하여 체결 시기와 내용 등을 달리하는 복수의 단체협약을 체결할 수 있다. 한편, 노조법 제81조 제4호는 근로자가 노동조합을 조직 또는 운영하는 것을 지배하거나 이에 개입하는 행위 등을 사용자의 부당노동행위의 한 유형으로 규정하고 있다. 이는 단결권을 침해하는 행위를 배제·시정함으로써 정상적인 노사관계를 회복하려는 데에 그 취지가 있다(대법원 2013. 2. 15. 선고 2010도11281 판결 등 참조).

부당노동행위 금지 규정과 취지를 고려하면, **개별 교섭 절차가 진행되던 중에 사용자가 특정 노동조합과 체결한 단체협약의 내용에 따라 해당 노동조합의 조합원에게만 금품을 지급**한 경우, 사용자의 이러한 금품 지급 행위가 다른 노동조합의 조직이나 운영을 지배하거나 이에 개입하는 의사에 따른 것이라면 부당노동행위에 해당할 수 있다. 이 경우 사용자의 행위가 부당노동행위에 해당하는지 여부는, 금품을 지급하게 된 배경과 명목, 금품 지급에 부가된 조건,

2) 복수 노조와 사용자 사이의 다자간 관계에서 사용자가 무분규를 조건으로 금원을 지급하는 경우, 사용자가 개별교섭에 임하는 복수의 노조들을 상대로 무쟁의·무분규 등을 조건으로 하여 금원 지급을 약속한다면, 사용자와의 관계뿐만 아니라 타 노조와의 관계까지 고려하여 교섭에 임하여야 하는 복수 노조들로서는 오로지 자유로운 의사에 기초하여 쟁의행위 여부를 결정하기보다는, 다른 노조가 쟁의행위를 하지 아니하여 사용자로부터 금전적 보상을 받을 경우에 자기 조합에 미칠 불이익(예컨대, 소속 조합원들이 금전적 보상을 받기 위해 노조를 탈퇴하여 다른 노조에 가입하는 경우)을 고려하여 의사를 결정할 수밖에 없게 된다고 보았다.

3) 서울고등법원 2017. 1. 19. 선고 2016누62377 판결.

지급된 금품의 액수, 금품 지급의 시기나 방법, 다른 노동조합과의 교섭 경위와 내용, 다른 노동조합의 조직이나 운영에 미치거나 미칠 수 있는 영향 등을 종합적으로 고려하여 판단하여야 한다. 다만 그 지배 · 개입으로서의 부당노동행위의 성립에 반드시 근로자의 단결권 침해라는 결과의 발생까지 요하는 것은 아니다(대법원 2006. 9. 8. 선고 2006도388 판결 등 참조).

원고 회사가 참가인 노동조합 및 B노조와의 개별 교섭 과정에서 B노조의 조합원들에게만 '무쟁의 타결 격려금'을 지급하기로 한 행위는 여전히 개별 교섭 중인 참가인 노동조합의 자유로운 의사에 기초한 쟁의행위 여부 결정 등에 간접적으로 영향을 미쳐 그 의사결정을 원고 회사가 의도한 대로 변경시키려 한 행위로 볼 여지가 크다. 원고 회사는 단체협약을 잠정적으로 합의하면서 14일의 기간 동안 B노조가 격려금 지급을 조합원 가입 유치의 수단으로 이용할 가능성 및 그로 인하여 원고 회사가 지급해야 할 격려금이 증가될 가능성을 열어두었고, 실제로 B노조는 잠정합의 내용을 조합원 가입 유치의 수단으로 적극 활용하였다. 이러한 사정에 비추어 보면, 원고 회사는 B노조로부터 복리후생에 대한 사항을 양보받는 것에 대한 대가로 격려금을 지급하는 것을 넘어 개별 교섭 중인 참가인 노동조합의 단체교섭에 간접적으로나마 영향을 미칠 의도가 있었던 것으로 보인다.

Ⅲ. 판결의 주요 쟁점

1. 지배 · 개입 부당노동행위

지배개입의 부당노동행위는 사용자가 근로자의 노동조합을 조직 · 운영하는 것을 지배하거나 개입하는 행위를 함으로써 성립한다. 지배개입을 부당노동행위로 규정한 것은 노동조합이 사용자와 대등한 교섭 주체가 되기 위하여 필요한 자주성(독립성)과 조직력(단결력)을 보호하기 위한 것이다.[4] 노동조합의 조직 · 운영을 지배하거나 개입하는 것은 사용자가 행할 수 있는 노동3권 침해행위 중 가장 대표적이고 일반적인 반조합적 행위다.[5]

4) 임종률 · 김홍영, 「노동법」, 박영사, 2024, 166, 291면.
5) 이철수, 「노동법」, 현암사, 2023, 632면.

제81조(부당노동행위) ① 사용자는 다음 각 호의 어느 하나에 해당하는 행위(이하 "不當勞動行爲"라 한다)를 할 수 없다.

4. 근로자가 노동조합을 조직 또는 운영하는 것을 지배하거나 이에 개입하는 행위와 근로시간 면제한도를 초과하여 급여를 지급하거나 노동조합의 운영비를 원조하는 행위.

노동조합의 조직 활동은 헌법상 단결권 행사와 관련된 특정 활동 외에 준비행위까지 포함하며, 조합 내부의 운영행위에 외에 조합의 유지·존속·확대를 위한 일체의 행위를 포함한다. 사용자가 주도적 영향력을 행사하여 노동조합의 의사결정을 좌우하는 행위, 이에 미치지 못하더라도 조합의 자율적 운영에 간섭하는 행위, 조합활동에 대한 방해행위와 조합탈퇴 및 분열 조장 행위 등도 지배·개입에 해당한다. 사용자의 개입행위만으로도 부당노동행위 성립이 인정되며, 반드시 단결권 침해라는 결과(조직 실패, 해산 또는 조직률 감소)를 초래할 것을 요건으로 하지 않는다. 판례에 의하면, 근로자의 기본적인 노동조건에 관하여 그 근로자를 고용한 사업주로서의 권한과 책임을 일정 부분 담당하고 있다고 볼 정도로 **실질적이고 구체적인 지배·영향력을 행사하는 지위에 있는 자**는 지배개입 부당노동행위의 주체가 될 수 있다(대법원 2010. 3. 25. 선고 2007두8881 판결).[6]

2. 개별 교섭에서의 차별

사용자가 복수의 노동조합과 개별교섭에 동의하여 각 노동조합을 독자의 단체교섭 주체로 인정한 경우, 이들을 합리적 이유 없이 차별하면 지배·개입의 부당노동행위가 성립될 수 있다. 예를 들어, 특정노조에 대해 교섭 시기나 타결 시점을 늦춘다든가 하여 특정노조의 약화를 도모하는 경우다. 그러나 교섭의 결과 단체협약의 내용이 다르더라도 지배·개입의 의사가 추정되지 않으면 이를 부당노동행위라고 할 수 없다.[7]

사용자가 교섭대표노조를 자율적으로 결정하는 기한 내에 단체교섭을 요구하는 복수의 노동조합과 개별교섭을 하는 데 동의한 경우 사용자는 각 노동조합을 독자의 단체교섭 주체

6) 김형배·박지순, 「노동법강의」, 신조사, 2023, 713-714면 참고; 원청회사가 개별도급계약을 통하여 사내 하청업체 근로자들의 기본적인 노동조건 등에 관하여 고용사업주인 사내 하청업체의 권한과 책임을 일정 부분 담당하고 있다고 볼 정도로 실질적이면서 구체적으로 지배·결정할 수 있는 지위에 있고 사내 하청업체의 사업폐지를 유도하는 행위와 그로 인하여 사내 하청업체 노동조합의 활동을 위축시키거나 침해하는 지배·개입 행위를 하였다면, 원청회사는 노동조합 및 노동관계조정법 제81조 제4호에서 정한 부당노동행위의 시정을 명하는 구제명령을 이행할 주체로서의 사용자에 해당한다고 판단했다.

7) 이철수, 「노동법」, 현암사, 2023, 636면.

로 인정하고, 노동조합의 성격이나 운동방침의 차이에 따라 합리적 이유 없이 차별하거나 특정 노동조합의 약체화를 의도해서는 안 된다.[8] 다만, 사용자가 사업장의 통일적 근로조건 형성을 위해서 노사관계를 다수노조 중심으로 운영하면서 사용자가 각 노동조합에 대체로 같은 시기에 동일한 노동조건을 제안하여 개별교섭을 진행한 결과 다수노조와 합의에 도달하고 소수노조와 타결이 지연되는 경우, 소수노조에 다수노조와의 합의 내용을 받아들일 것을 주장하는 것은 교섭에서 충분한 설명과 합의가 진행된 이상 이를 부당노동행위로 볼 수 없다.[9]

Ⅳ. 결론

대상판결은 개별교섭에서 특정 노동조합에게 유리한 교섭을 체결하고, 다른 노동조합과의 교섭을 성실하게 하지 않은 상태에서 이러한 근로조건의 격차를 통해 조직률 변동을 의도한 것으로 볼 수 있는 경우, 이를 지배·개입 부당노동행위라고 판단했다. 즉, 개별교섭 과정에서 단체협약의 내용에 차이가 발생하는 것 자체는 자연스러운 것이지만, 이것이 합리성을 결여한 차별에 해당하면서 노동조합의 노동3권을 침해할 의도가 추단되는 경우에는 지배·개입의 부당노동행위로 인정될 수 있다. 나아가, 지배·개입의 부당노동행위 성립에 반드시 근로자의 단결권 침해 결과 발생까지 요하는 것은 아니라고 판단했다.

개별교섭의 선택이 전적으로 사용자의 동의에 따르는 점, 실무적으로 사용자가 개별교섭을 선택하는 경우가 많지 않은 점(노동조합이 개별 교섭을 원하는 경우에는 교섭단위 분리 제도가 존재함), 교섭 과정 및 결과물에서의 차별적 처우는 조합원에게 상당히 큰 영향을 미치는 점 등을 종합적으로 고려하면, 개별교섭에서의 노동조합 간 차별에 대하여 지배·개입의 부당노동행위로 규율할 필요성이 인정된다고 할 것이다. 다만, 복수노조 하에서 단체교섭 및 교섭의 결과물인 단체협약의 차이가 발생하는 것은 제도의 특성상 자연스러운 측면이 있으므로 합리적인 격차인 경우에도 부당노동행위로 단정하는 것은 바람직하지 않다.

---

8) 사용자가 이미 다른 노조에 부여한 일정한 근로조건이나 편의 제공을 합리적인 이유 없이 특정 노조에게는 부여하지 않으려고 교섭 타결을 지연하는 것은 부당노동행위가 될 수 있다고 한다.

9) 임종률 · 김홍영, 「노동법」, 박영사, 2024, 166, 297-298면 참고.

제3장

2024년 이전 핵심 판례

제3장 2024년 이전 핵심 판례

번호	대법원판결	핵심 쟁점
30	**포괄임금제의 성립요건과 효력** (2016도1060)	▪ 포괄임금제 ▪ 포괄임금제의 유형
31	**연차휴가제도** (2014다232296 · 232302)	▪ 연차유급휴가 ▪ 출근 간주 규정 ▪ 법 기준을 초과하는 근로조건의 설정
32	**불법체류 외국인의 노동3권** (2007두4995)	▪ 노동조합 설립 신고 ▪ 행정관청의 설립심사 ▪ 외국인의 체류자격과 노조 활동
33	**조직형태변경의 주체** (2012다96120)	▪ 노동조합 조직변경 ▪ 산별노조 지부 · 지회의 단위노조 변경
34	**고용안정협약과 경영해고** (2011두20406)	▪ 고용안정협약 ▪ 경영상 이유에 의한 해고
35	**사용자의 언론활동과 지배 · 개입** (2011도15497)	▪ 지배 · 개입 부당노동행위 ▪ 사용자의 언론 활동과 지배 · 개입
36	**취업규칙 불이익 변경에서 동의 주체인 집단의 범위** (2009두2238)	▪ 동의 주체인 근로자 집단 ▪ 사회통념상 합리성
37	**긴박한 경영상 필요 판단 단위** (2012두25873)	▪ 긴박한 경영상의 필요 ▪ 위장도급 및 불법파견
38	**동의를 얻지 않은 취업규칙 불이익 변경의 효력** (91다45165)	▪ 취업규칙의 불이익 변경 동의 ▪ 동의 없이 변경된 취업규칙 효력
39	**부당노동행위에 있어서 원청회사의 사용자성** (2007두8881)	▪ 원청 사용자의 부당노동행위 주체성 ▪ 실질적 지배력
40	**유니온 샵 협정의 효력 제한** (2019두47377)	▪ 조직강제와 유니온 샵 협정 ▪ 복수노조 하 신규 가입 근로자에 대한 유니온 샵 적용 문제
41	**근무성적 불량 해고의 정당성** (2018다253680)	▪ 저성과자 관리 ▪ 저성과를 이유로 한 해고
42	**노동조합 대표자의 협약체결 권한** (2016다205908)	▪ 조합원 총회 ▪ 노동조합 대표자의 단체협약 체결 권한 ▪ 내부 절차를 거치지 않은 단체협약의 효력
43	**교섭단위분리** (2015두39361)	▪ 교섭단위 ▪ 교섭단위 분리제도

[30] 포괄임금제의 성립요건과 효력

(대법원 2016. 10. 13. 선고 2016도1060 판결)

기초지식

☑ 포괄임금제는 통상 근로자에게 불리한 계약 형태로 알려져 있으나, 어떤 유형의 계약이 포괄임금제에 해당하는지에 대한 개념이 명확하게 정립되지 않아, 개념 규명이 선행될 필요 있음

☑ 대법원은 포괄임금제에 관한 기준과 원칙을 여러 번 제시한 바 있는데, 이러한 계약 형태는 현행 근기법상 규정으로도 허용되기 어렵다는 특성이 있는 것이 사실임

Ⅰ. 논의의 배경과 쟁점

포괄임금제의 문제에 관한 지적은 끊임없이 제기되어 왔다. 주장의 주된 내용은 근로자의 연장, 야간, 휴일 근로를 정확하게 반영하지 않은 임금을 계약 내용으로 하여 근로자가 이를 초과하는 근로를 제공하더라도 시간에 비례한 정확한 보상을 받지 못한다는 것이다.[1)] 포괄임금제에 관한 약정 성립의 기준은 무엇인지, 포괄임금제 약정으로 정한 시간을 초과하는 근로 발생 시 이를 어떻게 처리할 것인지가 문제가 된다.

Ⅱ. 대상판결 분석

1. 사실관계

A는 건설 일용근로자로서 피고인이 대표이사로 있는 B주식회사와 1일 근로시간을 9시간으로, 계약기간을 단기간으로 정하고 반복적으로 근로계약서를 작성하여 2012. 11. 부터 2014. 7. 까지 1년이 넘는 기간 계속해서 건설 현장에서 일해왔다. 근로계약서에는 근로시간과 일당만이 기재되어 있고 수당 등을 포함한다는 취지의 기재는 전혀 없으며, '본 계약서에 명시되지 않

1) 정부는 포괄임금제의 오남용을 지적하며 이에 대한 제한 또는 규제 정책을 추진 중이나, 구체적인 방안이 제시되지는 않은 상황이며, 관련 입법도 확인된다(의안번호 2211689 천하람 의원 대표발의 근로기준법 개정안).

은 사항은 근로기준법 등 관계법규에 따른다'라고 기재되어 있었다. 피고인은 A에게 퇴직금, 임금, 연차유급휴가 미사용 수당 등을 지급하지 않았다.

2. 당사자의 주장

피고인은 A와 사이에 이 사건 근로계약 체결 당시부터 시간외근로, 야간근로, 휴일근로 등이 예정되어 있음을 알고 포괄임금제에 의한 임금을 지급하기로 약정하여 일 급여를 높게 측정하였으므로 A에게 미지급한 임금 및 퇴직금이 없고, 설령 그러한 미지급 금액이 있다고 하더라도 피고인은 포괄임금 약정이 체결된 것으로 알고 있었기에 임금 체불의 고의가 없다고 주장했다.

3. 하급심 법원의 판단

1심 법원[2]은 퇴직금, 임금, 연차유급휴가 미사용수당에 관한 금품청산의무 위반으로 벌금 300만원을 선고했다. 원심[3]은 근로 형태와 업무의 성질상 근로관계가 근로시간이 불규칙하거나 감시·단속적이거나 또는 교대제·격일제 등의 형태여서 실제 근로시간의 산출이 어렵거나 당연히 연장·야간·휴일근로가 예상되는 경우라고는 보이지 아니하는 점 등을 근거로 피고인과 A사이에 포괄임금계약이 체결되었다고 보기 어렵고, A의 일당이 다른 사람이나 다른 건설 현장보다 많다는 이유만으로는 당연히 묵시적으로 포괄임금계약이 체결되었다고 볼 수 없으므로, 임금 및 퇴직금을 계산하면 피고인이 공소사실 기재 임금 및 퇴직금을 지급하지 않았음이 인정되며, 포괄임금계약의 존재를 인정할 만한 사정이 없는 이상 피고인에게 임금 체불의 고의도 있었다고 할 것이어서, 결국 피고인의 이 부분 주장은 이유 없다고 판단했다.

4. 대법원판결

기본임금을 미리 산정하지 아니한 채 제 수당을 합한 금액을 월급여액이나 일당 임금으로 정하거나 매월 일정액을 제 수당으로 지급하는 내용의 포괄임금제에 관한 약정이 성립하였

2) 창원지방법원 2015. 7. 8. 선고 2015고정504 판결.
3) 창원지방법원 2015. 12. 24. 선고 2015노1581 판결.

는지는 **근로시간, 근로 형태와 업무의 성질, 임금 산정의 단위, 단체협약과 취업규칙의 내용, 동종 사업장의 실태** 등 여러 사정을 전체적 · 종합적으로 고려하여 구체적으로 판단하여야 한다.

이때 단체협약이나 취업규칙 및 근로계약서에 **포괄임금이라는 취지를 명시하지 않았음에도 묵시적 합의에 의한 포괄임금약정이 성립**하였다고 인정하기 위해서는, 근로형태의 특수성으로 인하여 실제 근로시간을 정확하게 산정하는 것이 곤란하거나 일정한 연장 · 야간 · 휴일 근로가 예상되는 경우 등 실질적인 필요성이 인정될 뿐 아니라, 근로시간, 정하여진 임금의 형태나 수준 등 제반 사정에 비추어 사용자와 근로자 사이에 정액의 월급여액이나 일당임금 외에 추가로 어떠한 수당도 지급하지 않기로 하거나 특정한 수당을 지급하지 않기로 하는 합의가 있었다고 객관적으로 인정되는 경우여야 한다.

Ⅲ. 판결의 주요 쟁점

1. 포괄임금제

사용자가 근로계약을 체결함에 있어서 기본임금을 먼저 정하고 이를 기초로 연장 · 야간 · 휴일 근로수당 등 각종 수당을 합산 지급하는 것이 원칙이나(대법원 2012. 3. 29. 선고 2010다91046판결 외), **업종**(운수업 및 판매업)이나 **업태**(신문기자, 영업사업 등) 또는 **감시 · 단속적 근로** 등 근무 형태나 업무의 성질 또는 근무환경의 특성을 고려할 때 **근로시간의 산정이 어렵거나 근로기준법상 근로시간에 관한 규정을 그대로 적용할 수 없다고 볼 만한 특별한 사정**이 있는 경우에는 사용자와 근로자 사이에 기본임금을 미리 산정하지 아니한 채 각종 수당을 합한 금액을 월 급여액이나 일당 임금으로 정하거나, 기본임금을 정하고 매월 일정액을 법정 제수당으로 정하여 이를 근로시간 수에 상관없이 지급하는 내용의 임금 지급체계를 정할 수 있는데 이를 포괄임금제 또는 정액수당제라고 한다.[4]

다만, 근로시간의 산정이 어려운 경우가 아니라면 특별한 사정이 없는 한 근기법상 근로시간에 따른 임금지급의 원칙이 적용되어야 하므로, 이러한 경우에 포괄임금제 방식의 임금 지급계약을 체결한 때에는 그것이 근기법이 정한 근로시간에 관한 규제를 위반하는지를 따져,

4) 김형배 · 박지순, 「노동법강의」, 신조사, 2023, 338-339면 참고.

포괄임금에 포함된 법정수당이 근기법이 정한 기준에 따라 산정된 법정수당에 미달한다면 그에 해당하는 포괄임금제에 의한 임금 지급계약 부분은 근로자에게 불이익하여 무효라 할 것이고, 사용자는 **근로기준법의 강행성과 보충성 원칙에 의하여 근로자에게 그 미달되는 법정수당을 지급할 의무가** 있다(대법원 2014. 6. 26. 선고 2011도12114판결).

2. 포괄임금제의 유형[5)]

포괄임금제는 기본근로시간을 정하고, 이를 바탕으로 추가수당을 산정하여 지급하는 근로기준법의 근로시간 · 임금계산 방식을 뒤집어 총액을 정하고 해당 금액 안에 각종 수당이 포함되어 있다고 보는 개념이다. 이는 가산임금 설정의 명확성과 실 근로시간 반영 측면에서 다음과 3가지 유형으로 구분할 수 있다.

①유형: 가산수당의 구분 없이 제 수당을 합한 금액을 월 급여액으로 지급하는 방식 ②유형: 실제 연장 · 야간 · 휴일 근로에 관계없이 총액 월급을 임의로 구분하여 기본수당과 가산수당 등을 설정해둔 방식 ③유형: 실제 발생 예정인 연장 · 야간 · 휴일 근로시간을 계산하여 해당 시간만큼 총액 임금을 구분 · 계산한 방식

③유형은 포괄임금제라기보다 매월 고정적으로 발생하는 가산임금 수당을 임금에 포함하여 지급하는 형태로, 약정 근로시간 초과 시 추가수당을 지급해야 하므로 포괄임금제라고 평가하기 어려울 것[6)]이다. ①유형과, ①유형이 변형된 ②유형 두 가지가 포괄임금제에서 주로 논의되는 유형이다. 종래 사업장에서는 근기법 제17조 제2항에 따라 임금의 구성항목 · 계산방법 · 지급 방법을 명시해야 함에도 총액 임금만을 표기하여 지급하는 경우가 많았다.[7)] 근로자가 근로계약서에 가산임금 등이 명시(포함)되지 않음을 이유로 월 고정 임금 외에 추가수당 지급을 청구하는 형태의 분쟁이 늘어나면서 임금을 구분하여 가산임금과 시간을 표기하고 있다. 이에 따라, 현재는 ①유형을 찾아보기 어려우며, ②유형이 많을 것으로 추정된다. ②유형 중에는 기본급 비중을 줄여서 통상임금을 낮추려는 경우도 포함될 수 있다.[8)]

---

5) 이하의 내용은 이재현, 「최저임금제도의 법 이론적 기초에 관한 연구」, 부산대학교 박사학위논문, 2020, 130-131면을 요약한 것이다.

6) 다만, 이러한 유형까지 포괄임금제로 분류되어 논의되는 경우도 있다. 이에 따르면, 기본급 외에 가산임금을 미리 지급하면 안된다는 결론에 이를 수 있다.

7) 참고로 최근 개정된 근기법은 임금명세서를 매월 교부하도록 규정하고 있다(제48조 제2항).

대법원판결[9]은 임금협정에서 격일제 근무형태 하 1일 5회 정해진 노선 운행을 전제로 평균 1회 운행 시간을 1일 총 17시간 또는 19시간으로 사전에 정하고 연장 · 야간근로시간 수도 함께 정하여 이를 기준으로 기존 시급과 가산 수당을 월 임금액에 포함한 사안에서, "임금협정상 임금 체계는 법정 기준근로시간을 초과하는 약정 근로시간에 대한 사전 합의를 전제로 월별 근무일수에 따른 기본급과 위 약정근로시간 등에 대한 제 수당 금액을 합산하여 월별 보수를 지급하는 형태에 불과할 뿐, 포괄임금제에 관한 합의를 포함하고 있다고 할 수 없다."고 판시한 바 있다. 사실관계를 살펴보면, 상기 유형 중에서 ②유형에 가깝다고 평가할 수 있는데, 이는 연장 등 가산수당이 고정임금에 반영되었다고 하여 그 자체로 금지 또는 위반되는 포괄임금제가 아니라는 점을 시사한다. 최근, 포괄임금제 제한에 관한 논의가 증가하고 있어 향후 입법으로 이를 규제할 수 있을지 주목된다.

Ⅳ. 결론

대상판결은 포괄임금제에 관한 별도의 약정이 없는 상태에서 포괄임금제 약정 성립 여부를 판단하기 위해서 근로시간, 근로 형태와 업무의 성질, 임금 산정의 단위, 단체협약과 취업규칙의 내용, 동종 사업장의 실태 등 여러 사정을 전체적 · 종합적으로 고려해야 한다는 기준을 제시했다. 또한, 묵시적 합의에 의한 포괄임금약정 성립을 인정하기 위해서는 실제 근로시간을 정확하게 산정하는 것이 곤란한 사정 또는 연장 · 야간 · 휴일 근로의 예상 등 필요성 인정, 특정한 수당을 지급하지 않기로 하는 합의 등이 필요하다고 하였다.

대상판결이 제시한 묵시적 합의로 인정될 수 있는 사정과 관련하여, 근기법이 규정하고 있는 사업장 밖 간주근로시간제, 재량간주근로시간제, 감시 · 단속적 근로자, 관리 · 감독자 등의 특례와의 관계가 문제가 된다.[10] 대상판결이 언급한 업종, 업태, 근무 형태나 업무의 성질,

---

8) 실제 근로하지 않은 가산 수당까지 미리 구분 지급함으로써 근로자의 통상시급이 감소하여 근로 가치가 떨어지는 문제가 있다.

9) 대법원 2020.2.6. 선고 2015다233579 · 233586 판결.

10) **근기법 제58조(근로시간 계산의 특례)** ① 근로자가 출장이나 그 밖의 사유로 근로시간의 전부 또는 일부를 사업장 밖에서 근로하여 근로시간을 산정하기 어려운 경우에는 소정근로시간을 근로한 것으로 본다. 다만, 그 업무를 수행하기 위하여 통상적으로 소정근로시간을 초과하여 근로할 필요가 있는 경우에는 그 업무의 수행에 통상 필요한 시간을 근로한 것으로 본다.

③ 업무의 성질에 비추어 업무 수행 방법을 근로자의 재량에 위임할 필요가 있는 업무로서 대통령령으로 정하는 업무는 사용자가 근로자대표와 서면 합의로 정한 시간을 근로한 것으로 본다. 이 경우 그 서면 합의에는 다음 각 호의 사항을 명시하여야 한다.

근무환경의 특성을 고려할 때 근로시간 산정이 어렵거나 근기법상 근로시간에 관한 규정을 그대로 적용할 수 없는 특별한 사정에 대비하여 해당 규정을 마련해둔 것으로 볼 여지가 있기 때문이다.

현재 관행적으로 폭넓게 인정되고 있는 연장 · 야간 · 휴일 근로를 사전에 약정해서 포함하는 계약 형태를 포괄임금제로 보아 규율해야 한다는 인식과 공감대가 광범위하게 형성된 것으로 보인다. 다만, 산정된 근로시간 및 임금과 실제 근로와의 차이 정도에 따라서 규율의 필요성 등은 달라질 수 있다. 이러한 형태가 법상 금지되는 것은 아니라는 점, 근로시간이나 수당 지급에 대한 확인과 감독으로도 개선할 수 있는 문제인 점, 근기법이 새롭게 임금명세서 제도를 도입하여 임금 산정과 관련된 오류를 예방할 수 있는 수단이 확보되어 관련 문제가 감소할 여지도 있다. 포괄임금제에 관한 별도의 규율체계 형성에 관한 고민이 필요해 보인다.

---

1. 대상 업무
2. 사용자가 업무의 수행 수단 및 시간 배분 등에 관하여 근로자에게 구체적인 지시를 하지 아니한다는 내용
3. 근로시간의 산정은 그 서면 합의로 정하는 바에 따른다는 내용

제63조(적용의 제외) 이 장과 제5장에서 정한 근로시간, 휴게와 휴일에 관한 규정은 다음 각 호의 어느 하나에 해당하는 근로자에 대하여는 적용하지 아니한다.

3. 감시(監視) 또는 단속적(斷續的)으로 근로에 종사하는 사람으로서 사용자가 고용노동부장관의 승인을 받은 사람
4. 대통령령으로 정하는 업무에 종사하는 근로자

근기법 시행령 제34조(근로시간 등의 적용제외 근로자) 법 제63조제4호에서 "대통령령으로 정한 업무"란 사업의 종류에 관계없이 관리 · 감독 업무 또는 기밀을 취급하는 업무를 말한다.

[31] 연차휴가제도*

(대법원 2017. 5. 17. 선고 2014다232296 · 232302 판결)

기초지식

☑ 근로자가 업무상 재해를 당한 경우, 산재법에 따라 보험급여가 지급됨. 보험급여는 크게 요양급여(치료비)와 휴업급여(임금 상당액)로 구분되며, 경우에 따라서 장해급여(장해보상), 유족급여 및 장의비(사망) 등이 지급됨

☑ 휴업급여는 평균임금의 70%이며, 이를 초과하는 부분에 대한 사용자의 산재법 또는 노동법상 지급 의무는 없지만, 사업장 규정 등에 따라 별도로 보상하는 경우도 존재

☑ 해당 부분은 재해보상 이후 민사상 손해배상의 영역인데, 이를 선제적으로 보상하여 재해 발생과 관련된 사용자의 법적 책임을 인정하고, 재해근로자를 두텁게 보호할 수 있음[1)]

☑ 연차유급휴가는 1년 동안의 근로를 전제로 다음 해에 휴가를 사용할 수 있게 하는 제도이나, 휴업 등으로 근로를 제공하지 않는 경우 연차휴가를 어떻게 적용할 것인지가 문제됨

Ⅰ. 논의의 배경과 쟁점

연차유급휴가는 1년 동안의 근로를 평가(80% 이상 출근)하여 기준을 충족하면 다음 1년 동안 휴가를 사용하도록 하고, 사용하지 못한 경우 수당으로 보상하는 제도다. 다만, 결근이 근로자의 귀책이 아니거나 정책적 필요 등에 따라 출근 인정이 필요한 경우가 있다. 이와 관련하여 근기법은 출근 간주 규정을 두고 있는데, 업무상 재해와 출산전후휴가, 육아휴직, 임신기 및 육아기 근로시간 단축 등이 이에 해당한다.[2)] 업무상 재해로 인한 휴업이 연차 발생과 관련된 평가 기간 또는 연차 사용기간 전체에 미치는 경우, 이를 어떻게 반영할지가 문제가 된다. 이전 고용노동부 행정해석은 연간 총일수 전체를 휴업한 경우에는 연차휴가를 부여할 의무가 없지만, 일부만 휴업한 경우 연차휴가를 부여해야 한다는 입장이었다.[3)]

---

1) 사용자가 이를 미리 지급하지 않는 경우, 근로자는 사용자를 상대로 청구 또는 소송을 제기해야 하는데 시간과 비용이 많이 소요될 수 있다.

2) 종래 업무상 재해, 출산전후휴가, 육아휴직에 대한 출근간주 규정을 두고 있다가, 2024. 10. 22. 개정으로 육아기 및 임신기 근로시간 단축이 추가되었다.

3) 2005. 7. 14. 근로기준과-3733. 장기요양자에 대한 연차유급휴가 적용여부

대상판결은 이와 관련하여, 1년을 단위기간으로 하는 연차유급휴가 평가 기간과 사용기간을 모두 휴업한 경우, 연차에 관한 권리가 어떻게 처리되는지에 관한 기준을 제시했다.

II. 대상판결 분석

1. 사실관계

피고는 항공기 제조업 등을 영위하는 회사고, 원고는 피고에 입사하여 근무하던 중, 2000. 12. 1. 업무상 스트레스로 인한 불안장애 진단을 받고, 같은 달 13.부터 2012. 7. 31.까지 장기요양을 한 자이다. 원고는 장기요양기간 중에 휴업급여로 근로복지공단으로부터 직접 평균임금의 70%와 피고로부터 단체협약에서 정한 통상임금의 30%를 각 수령하였다.

2. 당사자의 주장

원고는 업무상 질병으로 인한 요양 기간 동안 피고로부터 이 사건 임금 규정에서 정한 기준에 따라 평균임금의 70%와 통상임금의 30%에 해당하는 급여를 매월 지급받아 왔는데,[4] 피고는 근로자들에게 기본급 외에 연 700%의 상여금, 귀성비, 하기휴가비, 선물대, 격려금, 연금보험료, 성과급, 격려금, 노사화합 특별장려금 등을 고정적, 일률적으로 지급하였는바, 근기법에 따라 위 상여금 등을 모두 포함한 금액을 기준으로 통상임금을 산정하여 휴업급여를 지급하였어야 함에도 통상임금에 이를 포함시키지 않았으므로, 피고는 원고에게 위 상여금 등을 모두 포함한 통상임금을 기준으로 산정한 휴업급여 중 소멸시효가 완성되지 않은 2009. 9.분부터 2012. 7.분까지의 미지급 휴업급여 합계 104,284,390원 및 이에 대한 지연손해금을 지급할 의무가 있다고 주장했다.

또한, 업무상 질병으로 인한 요양기간 동안 이 사건 임금규정에서 정한 기준에 따라 연차휴가수당이 발생하였는데, 피고가 이를 지급하지 않고 있으므로, 피고는 원고에게 소멸시효가 완성되지 않은 2008년도분부터 2010년도분까지의 미지급 연차휴가수당 39,962,360원 및 이에 대한 지연손해금을 지급할 의무가 있다고 주장했다.

---

4) 이 중 평균임금의 70%는 산재보험법에 따른 휴업급여로 지급받은 것으로 보이고, 실제 사용자와의 관계에서는 이를 초과하는 통상임금의 30%에 해당하는 급여가 문제가 되었다.

3. 하급심 법원의 판단

1심 법원[5])은 법상 휴업급여의 범위를 초과하여 지급한 통상임금 30%는 근기법상 기준을 정한 바 없는 수당이므로 임금규정에서 통상임금에 산입되는 수당을 제한한 것은 유효하고, 임금규정에서 해당년도 전 기간을 휴업한 경우에 한하여 연차유급휴가를 인정하지 아니하여 연차휴가수당이 발생하지 않게 하는 것을 무효라고 할 수 없다고 판단했다. 원심[6])은 원고의 항소를 기각했다.

4. 대법원판결

근기법 제60조 제1항이 규정한 유급 연차휴가는 1년간 80% 이상 출근한 근로자에게 부여된다. 이 경우 근로자가 1년간 80% 이상 출근하였는지는, 1년간의 총 역일(역일)에서 법령 · 단체협약 · 취업규칙 등에 의하여 근로의무가 없는 것으로 정해진 날을 뺀 일수(이하 '소정근로일수'라고 한다) 중 근로자가 현실적으로 근로를 제공한 출근일수의 비율, 즉 출근율을 기준으로 판단하여야 한다.

한편, 근기법 제60조 제6항 제1호는 위와 같이 출근율을 계산할 때 근로자가 업무상의 부상 또는 질병(이하 '업무상 재해'라고 한다)으로 휴업한 기간은 출근한 것으로 간주하도록 규정하고 있다. 이는 근로자가 업무상 재해 때문에 근로를 제공할 수 없었음에도 업무상 재해가 없었을 경우보다 적은 연차휴가를 부여받는 불이익을 방지하려는 데에 취지가 있다. 그러므로 근로자가 업무상 재해로 휴업한 기간은 장단을 불문하고 소정근로일수와 출근일수에 모두 포함시켜 출근율을 계산하여야 한다. 설령 **그 기간이 1년 전체에 걸치거나 소정근로일수 전부를 차지한다고 하더라도, 이와 달리 볼 아무런 근거나 이유가 없다**.

근로자가 연차휴가에 관한 권리를 취득한 후 1년 이내에 연차휴가를 사용하지 아니하거나 1년이 지나기 전에 퇴직하는 등의 사유로 인하여 더이상 연차휴가를 사용하지 못하게 될 경우에는 사용자에게 연차휴가일수에 상응하는 임금인 연차휴가수당을 청구할 수 있다. 한편 연차휴가를 사용할 권리 혹은 연차휴가수당 청구권은 근로자가 전년도에 출근율을 충족하면서 근로를 제공하면 당연히 발생하는 것으로서, 연차휴가를 사용할 해당 연도가 아니라 그 전년도 1년간의 근로에 대한 대가에 해당한다. 따라서 근로자가 업무상 재해 등의 사정으로 말미

5) 창원지방법원 2013. 11. 7. 선고 2012가합6820, 2013가합30158 판결.
6) 부산고등법원 2014. 10. 30. 선고 2013나21461, 2014나20274 판결.

암아 연차휴가를 사용할 해당 연도에 전혀 출근하지 못한 경우라 하더라도, 이미 부여받은 연차휴가를 사용하지 않은 데 따른 연차휴가수당은 청구할 수 있다. 이러한 연차휴가수당의 청구를 제한하는 내용의 단체협약이나 취업규칙은 근로기준법에서 정하는 기준에 미치지 못하는 근로조건을 정한 것으로서 효력이 없다.

노사 간의 합의에 따라 근기법에 규정되지 않은 급여를 추가 지급하기로 한 경우 산정 기준은 노사 합의에서 정한 바에 의하면 되고, 반드시 근기법에 규정된 법정수당 등의 산정기준인 통상임금을 기준으로 하여야 하는 것은 아니다. 따라서 근기법상의 통상임금에 포함되는 임금 항목 중 일부만을 위 추가 지급하기로 한 급여의 산정기준으로 정하였다고 하더라도 그러한 합의는 유효하다.

Ⅲ. 판결의 주요 쟁점

1. 연차유급휴가

연차유급휴가는 장기간 근로한 근로자에 부여하는 유급휴가를 말하며, 근로자의 육체적·정신적 휴양, 노동의 재생산 유지와 문화적인 생활의 확보를 위하여 마련된 것이다.[7)]

> **제60조(연차 유급휴가)** ① 사용자는 1년간 80퍼센트 이상 출근한 근로자에게 15일의 유급휴가를 주어야 한다.
> ② 사용자는 계속하여 근로한 기간이 1년 미만인 근로자 또는 1년간 80퍼센트 미만 출근한 근로자에게 1개월 개근 시 1일의 유급휴가를 주어야 한다.
> ④ 사용자는 3년 이상 계속하여 근로한 근로자에게는 제1항에 따른 휴가에 최초 1년을 초과하는 계속 근로 연수 매 2년에 대하여 1일을 가산한 유급휴가를 주어야 한다. 이 경우 가산휴가를 포함한 총 휴가 일수는 25일을 한도로 한다.
> ⑤ 사용자는 제1항부터 제4항까지의 규정에 따른 휴가를 근로자가 청구한 시기에 주어야 하고, 그 기간에 대하여는 취업규칙 등에서 정하는 통상임금 또는 평균임금을 지급하여야 한다. 다만, 근로자가 청구한 시기에 휴가를 주는 것이 사업 운영에 막대한 지장이 있는 경우에는 그 시기를 변경할 수 있다.

7) 김형배 · 박지순, 「노동법강의」, 신조사, 2023, 359면.

⑥ 제1항 및 제2항을 적용하는 경우 다음 각 호의 어느 하나에 해당하는 기간은 출근한 것으로 본다.

1. 근로자가 업무상의 부상 또는 질병으로 휴업한 기간

2-5. (생략)

⑦ 제1항 · 제2항 및 제4항에 따른 휴가는 1년간(계속하여 근로한 기간이 1년 미만인 근로자의 제2항에 따른 유급휴가는 최초 1년의 근로가 끝날 때까지의 기간을 말한다) 행사하지 아니하면 소멸된다. 다만, 사용자의 귀책사유로 사용하지 못한 경우에는 그러하지 아니하다.

제61조(연차 유급휴가의 사용 촉진) ① 사용자가 제60조제1항 · 제2항 및 제4항에 따른 유급휴가(계속하여 근로한 기간이 1년 미만인 근로자의 제60조제2항에 따른 유급휴가는 제외한다)의 사용을 촉진하기 위하여 다음 각 호의 조치를 하였음에도 불구하고 근로자가 휴가를 사용하지 아니하여 제60조제7항 본문에 따라 소멸된 경우에는 사용자는 그 사용하지 아니한 휴가에 대하여 보상할 의무가 없고, 제60조제7항 단서에 따른 사용자의 귀책사유에 해당하지 아니하는 것으로 본다. (이하 생략)

연차유급휴가는 연 단위로 부여되는 휴가로, 일 단위로 부여되는 휴게시간 및 주 단위로 부여되는 주휴일과 함께 근로자의 휴식권을 보장하기 위한 제도다. 연차유급휴가는 1년간 80퍼센트 이상 출근이라는 요건을 충족하면 15일의 연차가 발생하며, 근속년수에 따른 가산휴가(제60조 제4항)와 계속근로시간 1년 미만자에 대한 1년 미만자 연차 규정(제2항)을 두고 있다. 연차유급휴가의 사용기간은 1년으로 해당 기간 내 사용하지 못한 경우, 수당으로 전환된다. 연차유급휴가는 유급 휴식이라는 권리 외에도 사용 시기를 원칙적으로 근로자가 정할 수 있는데 의의가 있다(제5항). 이는 취업규칙 등에 따라 일률적으로 정해지는 휴게시간이나 주휴일과 가장 큰 차이가 있는 부분이다. 다만, 근기법은 사용자의 연차시기변경(제5항 단서), 연차대체(제62조) 등의 제도를 통하여 이러한 권리를 일부 제한하고 있다.

2. 출근 간주 규정

연차는 1년 단위로 산정되며, 해당 기간 내 80퍼센트 출근이라는 요건이 적용된다. 다만, 이를 일률적으로 적용하면, 근로자에게 불리한 경우가 있어 근기법은 일정한 경우 출근을 간주하는 규정을 두고 있다. 종래 구기법은 제60조 1호 내지 3호에 출근으로 간주되는 경우를 정하였고, 최근 개정으로 4호와 5호를 추가하였다.

> **제60조(연차 유급휴가)** ⑥ 제1항 및 제2항을 적용하는 경우 다음 각 호의 어느 하나에 해당하는 기간은 출근한 것으로 본다.
> 1. 근로자가 업무상의 부상 또는 질병으로 휴업한 기간
> 2. 임신 중의 여성이 제74조제1항부터 제3항까지의 규정에 따른 휴가로 휴업한 기간
> 3. 「남녀고용평등과 일 · 가정 양립 지원에 관한 법률」 제19조제1항에 따른 육아휴직으로 휴업한 기간
> 4. 「남녀고용평등과 일 · 가정 양립 지원에 관한 법률」 제19조의2제1항에 따른 육아기 근로시간 단축을 사용하여 단축된 근로시간
> 5. 제74조제7항에 따른 임신기 근로시간 단축을 사용하여 단축된 근로시간

대상판결은 1호에 해당하는 업무상 재해였으며, 출산전후휴가, 육아휴직, 육아기 근로시간 단축, 임신기 근로시간 단축도 출근으로 간주한다. 2호 내지 5호의 규정은 기간의 종기가 정해져 있는 반면, 업무상 재해는 대상판결처럼 장기간 요양이 이루어지는 경우가 있어 연차유급휴가 산정 기간(1년) 전체를 휴업하는 경우도 있을 수 있다. 대상판결은 이러한 상황에서 근기법의 규정에 따라 전 기간을 출근한 것으로 보아야 하고, 해당 연도에 전혀 출근하지 못한 경우에도 이미 부여받은 연차휴가 사용에 따른 연차수당을 청구할 수 있다고 판시했다. 이는 법조문의 문언을 충실하게 따른 것으로 평가할 수 있다.

3. 법 기준을 초과하는 근로조건의 설정

근기법 등 노동관계법령의 규정은 최소 기준이므로 사업장에서 이를 초과하는 근로조건을 별도로 설정할 수 있다. 이 경우, 사업장에서 법상 요건과 다른 별도의 기준을 설정할 수 있을지가 문제가 된다. 한편, 현행법과 대법원판결은 통상임금에 산입되는 금품의 범위를 정하고 있고 이는 강행규정으로 해석된다.

대상판결의 사실관계에서 사용자는 평균임금으로 산정되는 산재보험의 휴업급여 외에 법상 의무 없는 금품을 추가로 지급했다. 문제는 해당 기준을 ① 통상임금으로 정하면서도, ② 통상임금 산입에 관한 법상 기준을 준수하지 않고 임의로 산입 금품을 정해두고 있었다는 점이다. 이에 따라 근로자는 통상임금에 관한 기준 위반을 근거로 추가 산입이 필요하다고 주장했지만, 대상판결은 휴업수당을 초과하는 금품에 대한 사용자의 지급 의무가 법상 명시되어 있지 않음을 근거로 노사합의로 이를 별도로 정할 수 있다고 판시하였다.

대법원판결의 태도에 의하면, 예를 들어 연장 · 야간 · 휴일 근로에 대한 가산율을 정하면서

50%는 통상임금에 관한 기준에 따라야 하지만, 이를 초과하는 추가 지급률 구간의 설정에 있어서는 통상임금 기준이 아닌 다른 방식을 선택(예를 들어, 기본급만 산입)하는 것도 가능할 수 있다.

Ⅳ. 결론

대상판결은 근로자가 연차유급휴가 발생을 위한 평가기간과 사용기간을 모두 휴업하였고, 이것이 출근간주 기간인 경우 연차에 관한 권리를 어떻게 적용할 것인지 판단했다. 먼저, 근로자가 업무상 재해로 휴업한 기간은 장단을 불문하고 소정근로일수와 출근일수에 모두 포함해 출근율을 계산하여야 하고, 근로자가 업무상 재해 등의 사정으로 말미암아 연차휴가를 사용할 해당 연도에 전혀 출근하지 못한 경우라 하더라도, 이미 부여받은 연차휴가를 사용하지 않은 데 따른 연차휴가수당을 청구할 수 있다고 하였다. 이는 근기법의 문언을 충실히 따른 것으로 평가할 수 있다.

연차유급휴가가 근로자의 수당을 보전해주기 위한 것이 아니라 휴식을 보장하기 위한 제도라는 점을 고려하면, 실질적으로 근로하지 않고 휴가를 사용할 수 없는 휴업상태임에도 불구하고 연차휴가수당까지 모두 지급하도록 하는 것이 사용자에게 부담으로 느껴지는 측면도 있다. 다만, 근기법이 출근한 것으로 간주하는 산업재해 발생에 관한 책임 역시 원칙적으로 사용자에게 있는 점[8)]에서 합리성의 정도를 크게 벗어난 것으로 보기는 어렵다고 평가할 수 있다.

---

8) 산업재해는 업무와의 인과관계를 전제하기 때문이다.

[32] 불법체류 외국인의 노동3권

(대법원 2015. 6. 25. 선고 2007두4995 전원합의체 판결)

기초지식

☑ '불법체류 외국인 근로자'란 외국인고용법과 출입국관리법에 따른 정당한 체류 허가 및 고용 자격을 얻지 않고 체류하여 근로하고 있는 외국인을 의미함

☑ 노동조합을 설립하고자 하는 자는 노조법에 따라 이를 행정청에 신고해야 함

☑ 노동조합 설립신고는 '신고'형식을 취하나, 실제 노조법상 요건에 대한 심사가 이루어진다는 점에서 설립신고의 성격, 심사의 내용과 방법 등이 문제가 됨

Ⅰ. 논의의 배경과 쟁점

'불법체류 외국인 근로자'는 외국인고용법과 출입국관리법이 정한 정당한 체류 허가와 고용 자격을 갖추지 못한 외국인을 의미한다. 법률은 체류자격별로 종사 가능한 업무를 제한하고 있어, 체류자격이 있더라도 허용되지 않는 업종이나 업무에 종사하는 것은 위법이다. 비전문 외국인 근로자의 취업은 산업연수생 제도를 거쳐 현행 고용허가제에 이르고 있고, 고용허가제 외에도 「출입국관리법」이 정한 사증 또는 자격 등에 따라 다수의 외국인이 우리나라에 체류하면서 일하고 있다.

「헌법」과 근기법은 국적을 이유로 한 차별을 금지하고 있고, 외국인 근로자 역시 기본권의 주체로서 노동3권을 행사할 수 있는 것으로 받아들여지고 있다. 이 경우, 체류자격이 없거나 허용되지 않는 업종에 종사하는 등 불법체류 외국인 근로자도 노동조합을 설립하거나 조합원이 되어 활동할 수 있는지가 문제가 된다. 대상판결은 외국인 노동자를 중심으로 설립된 노동조합의 설립 신고에 대하여 판시했다.

Ⅱ. 대상판결 분석

1. 사실관계

서울, 경기, 인천지역에 거주하는 외국인 노동자 91명은 2005. 4. 24. 원고 노동조합 창립총

회를 개최하여 규약을 제정하고 위원장 및 회계감사 등 임원을 선출한 다음, 같은 해 5. 3. 노동부 장관에게 규약 1부와 위원장 1명의 성명 및 주소, 회계감사 2명의 각 성명 등을 첨부한 원고 노조의 설립신고서를 제출하였다. 피고 서울지방노동청장은 2005. 5. 9. 원고 노조에게 다음 내용에 대한 보완을 요구하였다.

> (1) 원고 노조 규약에 임원은 6명으로 정하고 있으나, 설립신고서 제출시 임원 3명에 대한 성명 및 주소 내역만을 첨부하였으므로 나머지 임원 3명에 대한 각 성명과 **주소** 제출, 나아가 위 설립신고서 제출시 기재한 회계감사 2명의 **주소** 제출
> (2) ① 조합원이 소속된 **사업 또는 사업장별 명칭**과 조합원수 및 대표자의 성명 제출, ② 소속 조합원들의 **취업자격 유무 확인**을 위한 조합원명부(임원 포함) 제출(성명, 생년월일, 국적, 외국인등록번호 또는 여권번호 기재)
> (3) 임원선거, 규약제정 절차의 적법성 여부를 확인할 수 있도록 총회회의록 등 관계 서류 제출

원고 노조는 5. 31. 위와 같은 피고의 보완요구 중 (1)항에 대하여는 미선출된 원고 노조 부위원장을 제외한 나머지 5명의 임원에 대한 성명과 주소를 제출하고, (3)항에 대하여는 원고 노조의 창립총회 회의록을 제출하였으나, (2)항에 대하여는 그 보완요구 사항이 노조법에서 필요적으로 요구하는 설립신고 요건에 해당하지 않는다는 이유로 보완하지 않았다. 이에 피고는 6. 3. 원고 노조가 (2)항의 보완사항에 대하여 보완하지 아니하였을 뿐만 아니라, 노조가입 자격이 없는 불법체류 외국인을 주된 구성원으로 하여 노조법에서 정한 노동조합으로 볼 수 없다는 이유로 설립신고서를 반려하는 이 사건 처분을 하였다.

2. 당사자의 주장

원고는, 피고가 노조법 시행규칙 제2조 제4호에 근거하여 위 자료의 제출을 요구하고 있으나, 이는 노조법령의 위임 없이 규정된 것으로 효력이 없으므로, 원고 노조가 이에 응하지 아니하였다 하여 이를 반려 처분 사유로 삼을 수 없다고 주장했다. 또한, 노조법령 어디에도 조합원명부를 노동조합 설립 신고 시 제출해야 할 요건으로 규정하고 있지 않으므로, 피고의 보완요구를 원고가 이행하지 않았다 하여 반려 처분의 사유로 삼을 수 없다고 하였다. 한편, 외국인 근로자라 하더라도 헌법상 근로3권의 주체가 되고, 노조법령 어디에도 외국인 근로자의 **체류자격 유무**를 노동조합 설립신고 요건으로 규정하고 있지 아니하므로, 법령의 근거 없는 보완요구에 응하지 아니하였다 하여 이를 반려처분의 사유로 삼을 수 없다고 주장했다.

3. 하급심 법원의 판단

1심 법원[1)]은 노조법령의 직접 위임을 받은 것은 아니지만 시행에 관하여 필요한 사항을 규정한 시행규칙 제2조 제4호가 부칙이 금지하는 복수 노동조합 설립 여부를 판단하기 위해 '사업 또는 사업장별 명칭, 조합원수, 대표자의 성명'을 제출하도록 한 것이 무효가 아니라고 했다. 또한, 행정관청은 복수노조 금지조항 위배를 확인하기 위하여 설립신고서에 대한 보완을 요구할 수 있고, 노동조합이 이를 이행하지 않으면 반려 사유로 삼을 수 있다고 하였다. 한편, 체류자격이 없는 불법체류 외국인은 출입국관리법상 취업이 엄격히 금지되어 있으므로 장차 적법한 근로관계의 계속을 전제로 근로조선의 유지 · 개선과 지위 향상을 도모할 법률상 지위에 있지 않아 노조법상 노동조합 가입이 허용되는 근로자가 아니라고 판단했다.

반면, 원심[2)]은 법령에서 위임되지 아니한 조항인 시행규칙 제2조 제4호에서 정한 서류를 보완하지 않았음을 이유로 설립신고서를 반려한 처분은 법률의 근거 없이 근로자의 단결권을 제한하여 위법하고,[3)] 불법체류 외국인도 노동조합 결성, 가입이 허용되는 근로자에 해당하며, 지방노동청장은 노동조합의 조합원이 적법한 체류자격이 있는 자인지 심사할 권한이 없으므로 이를 근거로 한 설립신고서 반려는 위법하다고 판단했다.

4. 대법원판결

노조법 제10조 제1항, 제12조 제2항, 제3항 제2호, 구 노조법 시행규칙 제2조의 내용이나 체계, 취지 등을 종합하면, 구 노조법 시행규칙이 제2조 제4호(2010. 8. 9. 고용노동부령 제2호로 삭제)에서 설립 신고의 대상이 되는 노동조합이 '2 이상의 사업 또는 사업장의 근로자로 구성된 단위노동조합인 경우 사업 또는 사업장별 명칭, 조합원 수, 대표자의 성명'에 관한 서류를 설립신고서에 첨부하여 제출하도록 규정한 것은 상위 법령의 위임 없이 규정한 것이어서, 일반 국민에 대하여 구속력을 가지는 법규명령으로서 효력이 없다. 따라서 행정관청은 구 노조법 시행규칙 제2조 제4호가 정한 사항에 관한 보완이 이루어지지 아니하였다는 사유를 들어 설립신고서를 반려할 수 없다.

---

1) 서울행정법원 2006. 2. 7. 선고 2005구합18266 판결.
2) 서울고등법원 2007. 2. 1. 선고 2006누6774 판결.
3) 기업별 단위노조가 조직되어 있는 사업장에서 일부 근로자가 산업별 · 지역별 노조에 가입하는 것은 조직대상을 같이하는 복수노조의 설립을 금지하는 노조법 부칙에 위배되지 않는다고 전제했다.

또한, 노조법 제2조 제1호, 제5조, 제9조, 구 출입국관리법의 내용이나 체계, 취지 등을 종합하면, 노조법상 근로자란 **타인과의 사용종속관계하에서 근로를 제공하고 그 대가로 임금 등을 받아 생활하는 사람**을 의미하며, 특정한 사용자에게 고용되어 현실적으로 취업하고 있는 사람뿐만 아니라 일시적으로 실업 상태에 있는 사람이나 구직 중인 사람을 포함하여 노동3권을 보장할 필요성이 있는 사람도 여기에 포함되는 것으로 보아야 한다. 그리고 출입국관리 법령에서 외국인 고용 제한 규정을 두고 있는 것은 취업 활동을 할 수 있는 체류자격 없는 외국인의 고용이라는 사실적 행위 자체를 금지하고자 하는 것뿐이지, 나아가 취업 자격 없는 외국인이 사실상 제공한 근로에 따른 권리나 이미 형성된 근로관계에서 근로자로서의 신분에 따른 노동관계법상의 제반 권리 등의 법률효과까지 금지하려는 것으로 보기는 어렵다. 따라서 타인과의 사용종속관계하에서 근로를 제공하고 그 대가로 임금 등을 받아 생활하는 사람은 노조법상 근로자에 해당하고, 노조법상의 근로자성이 인정되는 한, 그러한 근로자가 **외국인인지 여부**나 **취업 자격의 유무**에 따라 노동조합법상 근로자의 범위에 포함되지 아니한다고 볼 수는 없다.[4)]

Ⅲ. 판결의 주요 쟁점

1. 노동조합 설립 신고

노동조합으로서 보호를 향유하려면, 노동조합의 실질적 요건 외에 형식적 요건인 행정관청에 대한 노동조합 설립신고 절차를 거쳐 설립신고증을 교부하도록 규정하고 있다.[5)] 즉, 노동조합을 설립하고자 하는 자는 설립신고서에 규약을 첨부하여 행정관청에 설립 신고를 하고 신고증을 교부받도록 하여 노동조합 설립에 대해 **신고주의**를 채택하고 있다. 이는 노동조합의 절차적(형식적) 요건으로 이해할 수 있는데, 노조법이 노동조합의 설립에 대하여 **자유설립주의를 원칙으로 하고 신고제도를 가미한 것**이라고 평가할 수 있다. 다만, 노동조합의 자격은 노동조합이 현실적으로 자주성과 민주성을 갖추고 있는 한 부여되는 것이며, 행정관청의 심사

4) [반대의견] "(임금, 재해 보상 등) 되돌릴 수 없는 기왕의 근로 제공이라는 측면에서 취업자격 없는 외국인을 보호하는 것은 별론으로 하더라도, 취업자격 없는 외국인은 애당초 '정상적으로 취업하려는 근로자'에 해당할 수 없고 이미 취업한 사람조차도 근로계약의 존속을 보상받지 못할 뿐만 아니라, 노동조합법상의 근로자 개념에 포함된다 하여 취업자격을 자동으로 취득하거나 그의 국내 체류가 합법화되는 것도 아니다. 이런 마당에 **장차 근로관계가 성립 혹은 계속될 것을 전제**로 사용자와의 **단체교섭이나 단체협약의 체결을 통하여 근로조건을 유지 · 개선하려 하는 것 자체가 가능한 일인지 의문**이다."

5) 이철수, 「노동법」, 현암사, 2023, 413면.

행위에 의하여 창설적으로 인정되는 것은 아니다. 왜냐하면 근로3권 행사의 적격성 여부가 행정관청의 심사 행위에 의하여 좌우될 수는 없기 때문이다.[6]

> **제10조(설립의 신고)** ① 노동조합을 설립하고자 하는 자는 다음 각호의 사항[7]을 기재한 신고서에 제11조의 규정에 의한 규약을 첨부하여 연합단체인 노동조합과 2 이상의 특별시 · 광역시 · 특별자치시 · 도 · 특별자치도에 걸치는 단위노동조합은 고용노동부장관에게, 2 이상의 시 · 군 · 구(자치구를 말한다)에 걸치는 단위노동조합은 특별시장 · 광역시장 · 도지사에게, 그 외의 노동조합은 특별자치시장 · 특별자치도지사 · 시장 · 군수 · 구청장(자치구의 구청장을 말한다. 이하 제12조제1항에서 같다)에게 제출하여야 한다.

설립 신고를 노동조합이 노조법상 보호를 받기 위하여 일정한 자격을 갖추었음을 심사하여 달라는 청구라고 평가하는 견해가 있다(준칙주의).[8] 이와 관련하여, 설립 신고 절차를 요구하는 현행 제도는 노동조합 설립에 행정관청이 제도적으로 개입하므로 노동조합의 자주성과 민주성에 대한 지도 · 감독을 넘어 노동조합 자유설립주의에 상당한 제약을 부과한다는 비판이 있다.[9]

2. 행정관청의 설립심사

설립신고서를 접수한 행정관청은 심사를 거쳐 신고증을 교부하거나 보완요구를 하거나 설립신고서를 반려해야 한다. 그런데 제출받은 서류만으로는 알 수 없는 사항이 적지 않게 심사대상에 포함되어 있다. 이 때문에 심사를 소홀히 하거나 자의적으로 할 가능성이 있다.[10]

> **제12조(신고증의 교부)** ① 고용노동부장관, 특별시장 · 광역시장 · 특별자치시장 · 도지사 · 특별자치도지사 또는 시장 · 군수 · 구청장(이하 "행정관청"이라 한다)은 제10조제1항의 규정에 의한 설립신고서를 접수한 때에는 제2항 전단 및 제3항의 경우를 제외하고는 3일 이내에 신고증을 교부하여야 한다.

---

6) 김형배 · 박지순, 「노동법강의」, 신조사, 2023, 487-489면 참고.

7) 명칭, 주된 사무소의 소재지, 조합원수, 임원의 성명과 주소, 소속된 연합단체가 있는 경우에는 그 명칭, 연합단체인 노동조합에 있어서는 그 구성노동단체의 명칭, 조합원수, 주된 사무소의 소재지 및 임원의 성명 · 주소

8) 이상윤, 「노동법」, 법문사, 2024, 613-614면 참고. 이는 노조법이 설립요건을 규정하고, 설립요건을 갖춘 경우에만 노동조합으로 인정받게 되는 점, 신고주의에 의하면 노동조합이 설립 신고를 하는 경우 행정관청이 반사적 · 무조건적으로 이를 접수하고 신고증을 교부해야 한다는 점을 근거로 한다.

9) 이철수, 「노동법」, 현암사, 2023, 414면.

10) 임종률 · 김홍영, 「노동법」, 박영사, 2024, 166, 65면. 행정관청의 심사 권한은 자의성이 배제되고 설립신고제도의 취지에 맞는 방법으로 행사되어야 한다고 지적한다.

② 행정관청은 **설립신고서 또는 규약이 기재사항의 누락등으로 보완이 필요한 경우**에는 대통령령이 정하는 바에 따라 20일 이내의 기간을 정하여 보완을 요구하여야 한다. 이 경우 보완된 설립신고서 또는 규약을 접수한 때에는 3일 이내에 신고증을 교부하여야 한다.

③행정관청은 설립하고자 하는 노동조합이 **다음 각호의 1에 해당하는 경우에는 설립신고서를 반려**하여야 한다.

1. 제2조제4호 각목의 1에 해당하는 경우
2. 제2항의 규정에 의하여 보완을 요구하였음에도 불구하고 그 기간내에 보완을 하지 아니하는 경우

④ 노동조합이 신고증을 교부받은 경우에는 설립신고서가 접수된 때에 설립된 것으로 본다.

노동조합의 소극적 요건에 해당하는지(자주성)와 관련하여 실질적 심사가 문제가 된다. 신고제도를 채택함에도 행정관청이 실질적 심사를 할 수 있는지가 문제가 되는데, 실무에서는 제한적 범위에서 실질적 심사를 긍정하고 있다.[11] 이에 대해서 노동조합 설립에 대한 행정관청의 심사로 노동조합의 자주성과 민주성을 확보하고자 하는 현행 제도가 노동조합의 지위에 대한 행정관청의 사전적 심사를 제도화했다는 지적이 확인된다.[12]

3. 외국인의 체류자격과 노조 활동

외국인고용법에 의하면, 외국인 근로자란 대한민국의 국적을 가지지 않은 자로서 대한민국에 소재하고 있는 사업 또는 사업장에서 임금을 목적으로 근로를 제공하거나 제공하려는 자를 의미한다(제2조). 외국인이 우리나라에서 취업하려면 「출입국관리법」에 따른 자격을 얻어야 하며, 취업 활동은 체류자격이 정한 범위에 한정된다.[13] 정당한 체류자격 없는 외국인이 취업하거나, 이러한 외국인을 고용 또는 고용을 업으로 알선·권유하면 3년 이하의 징역 또는 3천만 원 이하의 벌금에 처해진다(제94조). 외국인 근로자의 임금 지급기준과 체류자격 및 사증은 밀접한 관련이 있다.[14]

---

11) 김형배 · 박지순, 「노동법강의」, 신조사, 2023, 490면. 첨부해야 할 규약과 신고서의 기재사항 중 누락된 것 또는 허위사실 유무를 확인하고, 임원선거 또는 규약 제정이 민주적 절차에 따라 이루어졌는지에 대한 행정관청의 심사는 형식적 심사에 그칠 수밖에 없다고 한다.

12) 이철수, 「노동법」, 현암사, 2023, 417-418면 참고. 이런 구조하에서 심사 대상이나 방법 등 행정관청의 심사 권한을 엄격하게 제약하려는 해석론만으로는 설립심사제도의 본질적 문제를 극복하기 어렵고, 행정관청의 판단에 따라 노동3권의 바탕에 있는 단결권이 제약되는 결과를 초래할 위험이 있다고 한다.

13) 출입국관리법 제7조(외국인의 입국), 제8조(사증), 제10조(체류자격), 제17조(외국인의 체류 및 활동범위), 제18조(외국인 고용의 제한).

노조법상 근로자 개념은 근기법과 차이가 있다. 사용자에게 '현재' 사용되고 있을 것을 요구하지 않고, 보수를 임금에 국한하지 않아 '준하는 수입'에 의하여 생활자는 자도 포함된다.[15] 최근 대법원은 노조법상 근로자 해당 여부는 노무 제공 관계의 실질에 비추어 노동3권을 보장할 필요성이 있는지의 관점에서 판단해야 하고, 반드시 근기법상 근로자에 한정된다고 할 것은 아니라는 전제에서, **경제적 · 조직적 종속관계**에서 경제적 약자의 지위에 있는 자들도 포함될 수 있다고 판단했다(대법원 2018. 6. 15. 선고 2014두12598 · 2014두12604 판결). 이러한 대법원판결의 태도를 고려하면, 외국인 근로자에게 노동3권을 인정하는 이상,[16] 체류자격이 없는 외국인을 출입국관리법상 규율하는 것과 별개로 노동3권을 배제할 당위성은 충분하지 않다고 판단된다.

Ⅳ. 결론

대상판결은 상위 법령의 위임 없이 사업 또는 사업장별 명칭, 조합원 수, 대표자 성명 등에 관한 서류를 노동조합 설립신고서에 포함하도록 하는 것은 법규명령으로서 효력이 없다고 판단했다. 한편, 불법체류 외국인 근로자라 하더라도 타인과의 사용종속관계하에서 근로를 제공하고 그 대가로 임금 등을 받아 생활하는 사람에게는 노동3권의 보장 필요성이 있으므로 이들에 대한 노동관계법상의 제반 권리를 제한하기 어렵다는 전제에서 노조법상의 근로자 지위를 인정할 수 있고, 이를 바탕으로 노동3권을 행사할 수 있다고 보았다.

노동조합의 설립 신고와 관련해서는 형식적으로 '신고' 제도로 규정되어 있어 이에 대한 실질적 심사는 법 규정에 부합하지 않는 측면이 있다. 따라서 설립심사는 소극적 · 형식적으로 행해지는 것이 바람직하다고 판단된다. 한편, 불법체류 외국인 근로자에 대해서는 출입국관리법 등에 따른 별도의 규율체계가 있으므로 노동조합 설립 신고에서 이를 임의로 고려하는 것은 부당한 결부가 될 수 있다.

---

14) 권 혁 · 이재현, "외국인 근로자에 관한 노동법적 쟁점과 대안 – 조선업 외국인 근로자의 체류자격과 최저임금 등을 중심으로 –", 「사회법연구」(제52호), 2024, 178면.

15) 김형배 · 박지순, 「노동법강의」, 신조사, 2023, 35면.

16) 외국인도 기본권의 성질에 따라 일정한 범위 내에서 기본권의 주체가 될 수 있다. 이와 관련하여 한수웅, 「헌법학」, 법문사, 2020, 399-401면 참고.

[33] 조직형태변경의 주체

(대법원 2016. 2. 19. 선고 2012다96120 전원합의체 판결)

기초지식

☑ 단위노동조합의 유형으로는 기업별, 산업별, 직종별, 지역별 단위노동조합 등이 대표적이며, 그 외 일반 노동조합이나 플랫폼을 단위로 한 단위노동조합도 있음

☑ 지부, 지회, 분회는 단위노동조합의 하부 조직으로 그 자체로 노동조합은 아님. 다만, 규모가 크거나 여러 지역에 걸쳐 있는 산업별 · 지역별 단위노동조합의 경우, 회사가 지부나 지회의 단위가 되는 경우가 있고 해당 단위에서 단체교섭을 진행하여 단체협약이 체결되는 경우도 있음

☑ 노동조합은 총회의 의결을 통해 조직형태를 변경할 수 있지만, 지부, 지회, 분회가 원 소속인 산업별 노동조합을 탈퇴하여 기업별 단위노동조합이 되려고 하는 경우가 문제가 됨

Ⅰ. 논의의 배경과 쟁점

단위노동조합의 지부, 지회, 분회는 노동조합이 관리 및 활동을 위하여 구성된 하부 조직이며, 법정 개념은 아니다. 통상 산업별 노동조합에서 지역별 조직을 지부, 지역 내에 큰 규모의 기업을 지회, 작은 규모의 기업을 분회로 관리하는 경우가 많다.[1] 하지만, 규모가 크고 조합원 수가 많더라도 지부, 지회, 분회가 노조법상 노동조합이 되는 것은 아니므로, 노동조합이 할 수 있는 의사결정이나 활동에 제약이 따를 수밖에 없다.

사안에서는 원래 산업별 단위노조의 기업별 지회였으나 쟁의행위를 거치는 과정에서 절대적인 다수 조합원이 기업별 단위노조 형태를 원하여 조직 형태 변경을 의결하게 되었다. 개별적으로 지회를 탈퇴하여 새로운 노동조합을 조직하는 방법도 있지만, 이 경우 기존에 형성된 단체협약의 효력과 노동조합의 지위를 보장받지 못하는 문제가 있어 조직형태 변경을 원한 것으로 보인다. 이에 따라 노동조합의 총회의 의결을 거치도록 한 조직 형태 변경에 관한 사항이 지부, 지회, 분회에도 적용할 수 있을지가 문제가 되었다.

1) 기업 지회 내에 분회를 두는 경우도 있고, 큰 규모의 기업은 바로 지부의 지위가 인정되기도 한다.

Ⅱ. 대상판결 분석

1. 사실관계

K주식회사는 경비업무를 용역회사에 맡기는 조치를 단행했다. 이에 피고 J지회는 쟁의행위에 돌입하였고, K는 회사의 승용공장, 상용공장 전체에 대하여 피고 J지회 조합원의 출입을 전면금지하는 내용의 부분적인 직장폐쇄를 단행했다.[2] 직장폐쇄가 장기화되자 피고 J지회의 조합원들은 2010. 4. '조합원을 위한 조합원들의 모임'을 조직하고 피고 G와 소외 L을 공동대표로 선임했다. 피고 G와 조합원 440명은 5. 6. 및 5. 10. 피고 J지회의 지회장 직무대행자에게는 총회소집을 요청하고, 피고 I노조의 경주지부장 직무대행자에게는 지회장 직무대행자가 총회를 소집하지 않으면 L을 총회 소집권자로 지명해 달라'고 요청하는 한편 고용노동부 포항지청장에게도 동일한 요청을 하였다.[3] 피고 G를 비롯한 조합원 471명은 재차 총회 개최 요구를 했으나, 원고 C가 피고 J지회의 조직형태 변경은 총회 안건이 될 수 없다는 등의 이유로 총회 소집 요구를, 원고 B가 총회 소집권자 지명요청을 수용하지 않았다.

이에 피고 G는 5. 18. 피고 J지회의 조직형태 변경을 안건으로 하는 총회를 5. 19. 개최한다는 공고를 하였다. 피고 J지회는 5. 19. 조합원 601명 중 544명이 참석한 조합원 총회(제1차 총회)를 개최하여 ① 피고 J지회를 기업별 노동조합인 피고 K노동조합으로 조직형태를 변경하고, ② 피고 K노동조합의 규약을 제정하며, ③ 피고 G를 위원장, 피고 H를 사무국장으로 선출하는 내용의 결의를 하였다.[4] 피고 J지회의 임원들이 제1차 총회의 소집절차상 하자를 이유로 이의를 하는 한편, 피고 J지회가 산업별 노동조합인 I노조에서 탈퇴하는 것은 가능하지만 기업별 노동조합으로 조직형태변경을 할 수는 없다는 주장을 계속하자, 원고 G를 비롯한 조합원 471명은 5. 24. 포항노동지청장에게 다시 총회 소집권자 지명요구를 하였고, 포항노동지청장은 원고 C, B에게 조직형태 변경을 안건으로 하는 총회의 개최를 권고하는 한편 5. 25. 경북지

---

2) 피고 I노조는 금속산업에 종사하는 근로자들을 중심으로 구성된 산업별 노동조합이고, 피고 I노조 경주지부 J지회는 K주식회사의 근로자들로 구성된 I노조 경주지부의 지회다. 원고 A는 피고 I노조의 위원장, 원고 B는 I노조 경주지부의 지부장이고, 원고 C는 피고 J지회의 지회장, 원고 D는 그 사무장이며, 원고 E, F은 피고 J지회의 조합원으로서 피고 I노조 또는 피고 I노조 경주지부의 대의원이다.

3) 피고 J지회는 쟁의행위 관련 업무방해죄 등으로 구속된 원고 C가 석방되면 총회가 소집되도록 노력하겠다고 하였고, 피고 I노조의 경주지부도 동일하게 답변했다. 이후 원고 C, B가 5. 13. 집행유예 판결로 석방되자, 포항노동지청장은 이들에게 총회 개최를 권고했다.

4) 피고 K노동조합이 경주시장에게 설립신고서를 제출하였으나, J지회의 지회장이 반려를 요청하여 수리 절차가 지연되었다.

노위에 총회 소집권자 지명의결 요청을 하였다. 경북지노위는 6. 4. 피고 G를 총회 소집권자로 지명하는 의결을 하였고, 포항노동지청장은 피고 G를 피고 J지회의 총회 소집권자로 지명하였다. 피고 G는 6. 4. 총회소집을 공고하였고, 그에 따라 피고 J지회는 6. 7. 조합원 601명 중 550명이 참석한 조합원 총회(이하 '제2차 총회'라 한다)를 개최한 다음 ① **산업별 노동조합의 지회인 피고 J지회를 기업별 노동조합인 K노동조합으로 조직형태를 변경**하고, ② **피고 K노동조합의 규약을 제정하며,** ③ **피고 G를 위원장, 피고 H를 사무국장으로 선출**하는 내용의 제1차 총회와 같은 결의를 하였다. 이에 피고 K노동조합은 6. 7. 경주시장에게 노동조합 설립신고를 하였고 경주시장은 같은 날 이를 수리하였다.

2. 당사자의 주장

원고는 J지회가 산업별 노동조합인 I노조에서 탈퇴하는 것은 가능하지만 기업별 노동조합으로 조직형태 변경을 할 수는 없다고 주장하며, 주위적 청구로 피고 I노조가 2010. 5. 19. 및 6. 7. 경주지부 J지회 조합원총회에서 한 지회를 기업별 노동조합으로 조직형태를 변경하는 결의는 원고들과 피고 I노조 사이에서 무효임을, 예비적 청구로 피고 I노조 경주지부 J지회가 5. 19. 및 6. 7. I노조 경주지부 J지회 조합원 총회에서 한 상기 결의는 원고들과 피고 J지회 사이에서 무효임을 확인해달라고 하였다(제1청구). 한편, 피고 K노조에 대해서도 결의의 무효를 구하는 청구를 하였다(제2청구).

3. 하급심 법원의 판단

1심 법원[5]은 노동조합이 아닌 개인(G, H)에 대한 확인판결은 노동조합에 효력이 미치지 않는다는 이유로 각하했다. I노조, I노조 경주지부 J지회, K노동조합의 결의에 대해서는 초기업적인 산업별·직종별·지역별 단위노동조합의 지부 또는 지회는 독자적인 규약 및 집행기관을 가지고 독립한 단체로서 활동을 하면서 그 소식이나 조합원에 고유한 사항에 대하여는 독자적인 단체교섭 및 단체협약체결 능력을 가지고 있어 **독립된 노동조합으로 볼 수 있는 경우**에만 조직변경의 주체가 될 수 있으므로 무효라고 판단했다.

5) 서울중앙지방법원 2011. 7. 26. 선고 2010가합124798 판결.

원심[6]은 피고 J지회의 조직변경 결의에 따라 피고 K노조가 설립된 이상 J지회의 직접적 구성원인 원고들이 피고 K노조를 상대로 이 사건 조직변경 결의가 무효임을 확인받아야만 그 결의로 인한 그 원고들의 권리 또는 법률상 지위에 대한 위험이나 불안을 유효적절하게 제거할 수 있는 것이므로, 피고 K노조와는 무관한 피고 I노조 및 K노조의 종전 단체인 J지회를 상대로 한 예비적 청구는 모두 즉시확정의 이익이 없어 부적법하다고 판단했다. 이어 피고 J지회가 독자적인 규약 및 집행기관을 가지고 독립한 단체로서 활동을 하면서 그 조직이나 조합원에 고유한 사항에 대하여는 독자적인 단체교섭 및 단체협약체결 능력을 가지고 있는 독립된 노동조합이라고 할 수 없으므로, 결국 J지회는 조직변경의 주체가 될 수 없다고 판단했다. 또한, 이를 전제로 한 규약 세성과 임원선출 역시 무효라고 판단했다.

4. 대법원판결

노조법 제16조 제1항 제8호 및 제2항은 노조법에 의하여 설립된 노동조합을 대상으로 삼고 있어 노동조합의 단순한 내부적인 조직이나 기구에 대하여는 적용되지 아니하지만, 산업별 노동조합의 지회 등이더라도, **실질적으로 하나의 기업 소속 근로자를 조직대상으로 하여 구성되어 독자적인 규약과 집행기관을 가지고 독립한 단체로서 활동하면서 조직이나 조합원에 고유한 사항에 관하여 독자적인 단체교섭 및 단체협약체결 능력이 있어 기업별로 구성된 노동조합에 준하는 실질**을 가지고 있는 경우에는, 산업별 연합단체에 속한 기업별 노동조합의 경우와 실질적인 차이가 없으므로, 노조법 제16조 제1항 제8호 및 제2항에서 정한 결의 요건을 갖춘 소속 조합원의 의사 결정을 통하여 산업별 노동조합에 속한 지회 등의 지위에서 벗어나 독립한 기업별 노동조합으로 전환함으로써 조직형태를 변경할 수 있다.

또한 **산업별 노동조합의 지회 등이 독자적으로 단체교섭을 진행하고 단체협약을 체결하지는 못하더라도, 법인 아닌 사단의 실질을 가지고 있어 기업별 노동조합과 유사한 근로자단체로서 독립성이 인정**되는 경우에, 지회 등은 스스로 고유한 사항에 관하여 산업별 노동조합과 독립하여 의사를 결정할 수 있는 능력을 가지고 있다. 의사 결정 능력을 갖춘 이상, 지회 등은 소속 근로자로 구성된 총회에 의한 자주적・민주적인 결의를 거쳐 지회 등의 목적 및 조직을 선택하고 변경할 수 있으며, 나아가 단결권의 행사 차원에서 정관이나 규약 개정 등을 통하여

6) 서울고등법원 2012. 9. 21. 선고 2011나79540 판결.

단체의 목적에 근로조건의 유지 · 개선 기타 근로자의 경제적 · 사회적 지위의 향상을 추가함으로써 노동조합의 실체를 갖추고 활동할 수 있다. 그리고 **지회 등이 기업별 노동조합과 유사한 독립한 근로자단체로서의 실체를 유지하면서 산업별 노동조합에 소속된 지회 등의 지위에서 이탈하여 기업별 노동조합으로 전환할 필요성이 있다는 측면에서는, 단체교섭 및 단체협약 체결 능력을 갖추고 있어 기업별 노동조합에 준하는 실질을 가지고 있는 산업별 노동조합의 지회 등의 경우와 차이가 없다**. 이와 같은 법리와 사정들에 비추어 보면, **기업별 노동조합과 유사한 근로자단체로서 법인 아닌 사단의 실질을 가지고 있는 지회** 등의 경우에도 기업별 노동조합에 준하는 실질을 가지고 있는 경우와 마찬가지로 노조법 제16조 제1항 제8호 및 제2항에서 정한 결의 요건을 갖춘 소속 근로자의 의사 결정을 통하여 종전의 산업별 노동조합의 지회 등이라는 외형에서 벗어나 독립한 기업별 노동조합으로 전환할 수 있다.

결론적으로 **산업별 노동조합의 지회 등이더라도, 외형과 달리 독자적인 노동조합 또는 노동조합 유사의 독립한 근로자단체로서 법인 아닌 사단에 해당하는 경우**에는, 자주적 · 민주적인 총회의 결의를 통하여 소속을 변경하고 독립한 기업별 노동조합으로 전환할 수 있고, 노동조합 또는 법인 아닌 사단으로서의 실질을 반영한 노조법 제16조 제1항 제8호 및 제2항에 관한 해석이 근로자들에게 결사의 자유 및 노동조합 설립의 자유를 보장한 헌법 및 노동조합법의 정신에 부합한다.[7]

---

7) [반대의견] "산업별 노동조합에서 조직형태의 변경을 결의할 수 있는 주체는 단위노동조합인 산업별 노동조합일 뿐이고, 하부소직에 불과한 산업별 노동조합의 지회 등이 산업별 노동조합의 통제를 무시한 채 독자적으로 조직형태의 변경을 결의하는 것은 원칙적으로 불가능하다. 그러한 결의는 개별 조합원들의 산업별 노동조합 탈퇴의 의사표시에 불과하거나 새로운 노동조합의 설립 결의일 뿐이어서, 여기에 노동조합의 조직형태의 변경이나 그에 준하는 법적 효과를 부여할 수는 없다. 다만 산업별 노동조합의 지회 등이 산업별 노동조합과는 별도로 근로자와 조합원관계를 형성하고 산업별 노동조합이나 다른 하부조직과 구별되는 독자적인 규약 및 의사결정기관과 집행기관을 갖춘 독립된 조직체로 활동하면서 지회 등이나 조합원의 고유한 사항에 관하여 독자적으로 단체교섭을 진행하고 단체협약을 체결할 능력을 보유하여 **노동조합으로서의 실질이 있는 경우**에는, 산업별 노동조합은 외형과 달리 개별 노동조합과 다름없는 지회 등의 연합단체로서의 성격이 혼합되어 있다고 할 수 있는 만큼, 산업별 노동조합의 지회 등은 자체 결의를 통하여 연합단체에서 탈퇴할 수 있고, 그것이 조직형태의 변경 결의 형식으로 이루어졌더라도 탈퇴의 효과가 발생한다고 해석할 여지는 있다. (생략). 요컨대 **근로자와 조합원관계를 형성하고 지회 등이나 조합원의 고유한 사항에 관하여 독자적으로 단체교섭을 진행하여 단체협약을 체결할 능력이 있다는 점이 증명되지 아니하는 산업별 노동조합의 지회 등은 조직 형태의 변경 주체가 될 수 없다.**"

Ⅲ. 판결의 주요 쟁점

1. 노동조합 조직변경

일반적으로 노동조합의 조직변경이란 조합원 범위의 변경, 연합단체에 대한 가입과 탈퇴 그리고 좁은 의미의 조직 형태의 변경을 포함한다. 좁은 의미의 조직형태의 변경이란 산업별 연합단체가 산업별 단위노조로 전환하는 경우나 단위노조를 연합단체로 변경하는 경우, 기업별 단위노조가 다른 산별노조의 하부조직으로 편입하거나 산별노조의 하부조직에서 기업별 단위노조로 분리하는 경우 등 조직형태 및 내부조직체계의 근본적인 변화를 의미한다.[8] 조직변경은 노동조합이 존속 중에 실질적 동일성을 유지하면서 조직형태를 변경하는 것을 의미하는데, 기존 노동조합을 해산하고 새로운 노동조합을 설립하는 절차를 밟을 필요가 없으므로 용이한 측면이 있다. **실질적 동일성**을 요구하는 이유는 변경 후 노동조합이 변경 전 노동조합의 재산관계 및 단체협약 주체로서 지위를 승계하기 때문이다.[9] 현행 노조법은 총회의 의결사항으로 연합단체의 설립 · 가입 또는 탈퇴에 관한 사항과 조직 형태의 변경에 관한 사항을 규정하고 있다.

> **노조법 제16조(총회의 의결사항)** ① 다음 각호의 사항은 총회의 의결을 거쳐야 한다.
> 1~5. (생략)
> 6. 연합단체의 **설립 · 가입** 또는 **탈퇴**에 관한 사항
> 7. 합병 · 분할 또는 해산에 관한 사항
> 8. **조직형태의 변경**에 관한 사항
> 9. 기타 중요한 사항
> ② 총회는 재적조합원 과반수의 출석과 출석조합원 과반수의 찬성으로 의결한다. 다만, 규약의 제정 · 변경, 임원의 해임, 합병 · 분할 · 해산 및 조직형태의 변경에 관한 사항은 재적조합원 과반수의 출석과 출석조합원 3분의 2 이상의 찬성이 있어야 한다.

8) 김형배 · 박지순, 「노동법강의」, 신조사, 2023, 538-539면 참고.
9) 이철수, 「노동법」, 현암사, 2023, 472면; 대법원 2002. 7. 26. 선고 2001두5361 판결 참고.

2. 산별노조 지부 · 지회의 단위노조 변경

좁은 의미의 조직형태 변경은 다른 조직변경 유형과 달리 원천적으로 조직의 근본적 변경을 수반하게 되므로 기존 노조를 해산하고 새로운 노동조합을 설립해야 하지만, 이 절차를 총회의 의결로써 갈음할 수 있게 한 것이다.[10] 대상판결은 산별노조의 하부 조직인 지회 등이 기업별 노동조합으로 조직형태를 변경하기 위해서 독자적인 규약과 집행기관을 가지고 독립한 단체로서 활동하면서 독자적으로 단체교섭 및 단체협약 체결권을 보유한 경우는 물론, **독자적인 협약능력을 보유하고 있지 않더라도 법인 아닌 사단의 실질**을 갖고 있어 기업별 노동조합과 유사한 근로자단체로서 스스로 고유한 사항에 관하여 산별노조로부터 독립하여 의사를 결정할 수 있는 능력을 갖추었다면 총회에서 자주적 · 민주적 의결을 거쳐 조직형태를 변경할 수 있다고 판시하였다.

Ⅳ. 결론

대상판결에 대해서 하부 조직이라도 독자적인 규약이나 집행기구를 마련해서 노동조합으로 인정되는 이상 단체협약 체결 능력, 쟁의행위 능력이 인정된다고 보는 대법원 태도에 비추어 볼 때 정당하다는 평가가 있다.[11] 대상판결은 노동조합으로서 완전한 실질을 갖추지 못한 경우라 하더라도 조직체로서의 고유성을 보유한 경우, 조직형태의 변경을 인정한 것으로 이해할 수 있다.

산업별 노동조합의 지부 · 지회는 법상 단체교섭 및 단체협약 체결의 주체가 아니므로 단위노동조합의 위임이 없는 한 이러한 권리를 실제로 행사하지 못한다. 대상판결은 이러한 점을 고려하여, 독자적으로 단체교섭 및 단체협약 체결권을 보유한 경우는 물론, 독자적인 협약능력을 보유하고 있지 않더라도 법인 아닌 사단의 실실을 갖는 경우도 조직형태를 변경할 수 있도록 그 기준을 다소 완화한 것으로 해석할 수 있다. 지부, 지회, 분회 소속 조합원들이 스스로 원하는 형태의 조직을 선택하여 노동3권을 보장하는 것이 기본권 보장에 적합하다는 점에서 타당한 해석이라고 판단된다.

10) 김형배 · 박지순, 「노동법강의」, 신조사, 2023, 540면.
11) 이철수, 「노동법」, 현암사, 2023, 473면.

[34] 고용안정협약과 경영해고

(대법원 2014. 3. 27. 선고 2011두20406 판결)

기초지식

☑ 단체협약에 기업의 구조조정과 관련된 사항을 규정해 두는 경우가 있는데, 고용안정협약이나 정리해고제한 협정 등을 정한 경우가 문제가 됨

☑ 사용자의 경영권 또는 인사권의 본질적인 내용을 제한하는 것은 한계가 있지만, 이러한 사항을 규정하여 일정 부분 제한할 필요성도 있기 때문임

Ⅰ. 논의의 배경과 쟁점

단체협약은 주로 근로조건 등의 향상에 관한 사항을 규정하지만, 근로조건 유지를 위하여 근로자의 해고를 제한하는 내용을 정하는 경우도 있다. 예를 들어, 징계해고의 요건과 절차를 엄격하게 정하거나, 노동조합과 협의를 거치도록 하거나, 인사·징계위원회에 노동조합의 참여를 보장하는 것 등이 이에 해당한다. 이러한 내용은 근로자의 대우에 관한 기준으로 인정될 수 있다.[1] 경영상 해고에 대비하여 고용보장 또는 해고제한 규정을 단체협약에 둔 경우, 이를 인정할 수 있을지가 문제가 된다. 경영상 해고는 기업 경영에 관련된 사용자의 판단이나, 대규모 근로자의 고용상 지위에 영향을 주고 결과적으로 노동조합의 존립 기반에도 영향을 미칠 가능성이 크기 때문이다. 대상판결은 고용안정협약이 인정될 수 있는지, 고용안정협약에도 불구하고 경영상 해고가 단행될 수 있는 요건은 무엇인지 등에 대하여 판시했다.

Ⅱ. 대상판결 분석

1. 사실관계

A주식회사는 2003. 3. 프랑스의 B그룹 소속의 C사가 지분을 출자하여 설립되어 상시 근로

1) 노조법 제33조(기준의 효력) ① 단체협약에 정한 근로조건 기타 근로자의 대우에 관한 기준에 위반하는 취업규칙 또는 근로계약의 부분은 무효로 한다.

자 150여 명을 사용하여 자동차 부품을 개발, 제조 및 판매하는 회사다. A주식회사는 2010. 3. 피고 보조참가인에게 흡수합병되었다(이하에서는 피고 보조참가인에게 흡수합병되기 이전의 법인을 '이 사건 회사'라고 한다). 원고들은 이 사건 회사에 입사하여 근무하던 중 2009. 5. 경영상 이유에 의하여 해고된 사람들이다. 전국금속노조는 이 사건 회사에 D지회를 두고 있는데, 원고1은 지회장, 원고2는 사무장으로 활동하였고, 나머지 원고들은 모두 이 사건 지회의 조합원이다.

회사는 경영상 해고에 앞서 2008. 7. 시화공단에서 장안산업단지로 이전하면서 지회와 "시화공장 재직인원에 대한 고용보장을 확약한다."라는 내용의 **합의서**를 작성하였다. 합의서는 근로관계에 관한 사항에 관하여 노사 합의의 내용을 양 대표자가 서명 · 날인한 것으로 단체협약과 동일한 효력이 있고, 그 취지는 이 사건 회사 스스로 인위적인 구조조정으로 근로관계를 종료하지 않겠다는 것으로 해석되었다. 또한, 2009. 1. 지회가 경영 위기 타개를 위한 휴업 실시 등에 협조하자 지회에 '이 사건 회사는 향후 인위적인 구조 조정을 실시하지 않고 고용을 보장하기 위해 최선의 노력을 다할 것을 확약한다.'는 취지의 **고용보장확약서**를 작성하여 주었다. 이후 이 사건 해사가 정리해고를 단행하자, 원고들은 이 사건 정리해고가 부당하다고 주장하면서 2009. 5. 경기지노위에 부당해고 구제신청을 제기했으나 기각되었고, 중노위 역시 이를 기각하였다.

2. 당사자의 주장

원고는 이 사건 해고가 고용보장을 확약한 단체협약 내지 노사 합의에 위배되어 무효라고 주장했다. 지회는 이 사건 확약서를 신뢰하여 조합원들을 설득하면서 경영 위기를 해결하기 위하여 적극 동참하였는바, 회사가 확약서를 위반하면서 정리해고를 단행한 것은 건전한 노사관계를 위한 신뢰관계를 훼손함은 물론 신의칙에도 반하는 것이므로 이 사건 정리해고는 단체협약의 효력이 있는 합의서 및 노사 합의에 해당하는 확약서를 위반한 것이므로 무효라고 하였다. 나아가, 이 사건 해고는 정리해고로서의 요건도 갖추지 못했다고 주장했다.

3. 하급심 법원의 판단

1심 법원[2]은 합의서가 공장 이전과 관련된 고용감축 조치를 취하지 않는 내용이므로 향후 어떠한 이유로든 고용인원을 감축하지 않겠다는 취지가 아닌 점, 확약서의 문구에 고용보장을 위한 최선의 노력을 다하겠다고 기재되어 있는 점, 단체협약의 규정은 근로기준법의 요건을 갖춘 경우 정리해고를 할 수 있음을 전제한 것인 점, 정리해고의 요건을 충족한 점 등을 들어 원고의 청구를 모두 기각했다. 원심[3]은 합의서가 공장 이전에만 적용할 사항이 아니라 공장 이전 이후 이 사건 회사와 근로자들의 제반 근로조건과 노동조합의 활동 보장에 관한 사항으로 보아야 하므로 고용보장 확약에 반하는 행위라고 보았다. 또한 합의서 체결 당시 예상하지 못했던 심각한 재정적 위기에 처하여 이 사건 합의서의 효력을 유지하는 것이 객관적으로 보아서 부당한 상황에 이르렀다고 보기 어렵다고 보았다. 이에 따라 합의서 및 확약서에 반하는 이 사건 정리해고는 부당하다고 판단했다.

4. 대법원판결

정리해고나 사업조직의 통폐합 등 **기업의 구조조정 실시 여부**는 경영주체에 의한 고도의 경영상 결단에 속하는 사항으로서 이는 원칙적으로 단체교섭의 대상이 될 수 없으나(대법원 2002. 2. 26. 선고 99도5380 판결 등 참조), 사용자의 경영권에 속하는 사항이라 하더라도 그에 관하여 노사는 **임의**로 단체교섭을 진행하여 단체협약을 체결할 수 있고, 그 내용이 강행법규나 사회질서에 위배되지 아니하는 이상 단체협약으로서의 효력이 인정된다.[4] 다만 이처럼 정리해고의 실시를 제한하는 단체협약을 두고 있더라도, 그 **단체협약을 체결할 당시의 사정이 현저하게 변경**되어 사용자에게 그와 같은 단체협약의 이행을 강요한다면 객관적으로 명백하게 부당한 결과에 이르는 경우에는 사용자가 단체협약에 의한 제한에서 벗어나 정리해고를 할 수 있을 것이다.

원심은 이 사건 특별교섭 합의서에서 정한 고용보장에 관한 확약은 A주식회사가 공장 이전을 계기로 근로자의 고용불안과 근로조건의 변화에 대처하기 위하여 이루어진 것으로서 이 사건 **회사 스스로 인위적인 구조조정으로 근로관계를 종료하지 아니하겠다는 내용의 고용보장을 확약한 것**으로 보아야 하고, 내용상 단순히 공장 이전에만 국한하여 적용할 사항이 아니라 **이후의 제반 근로조건에 관한 사항을 정한 것**으로 보아야 하며, 이러한 고용보장에 관한 확약은 **단체협약의 규범적 부분**에 해당한다고 판단했다. 또한, 이 사건 회사가 이 사건 특별교섭

2) 서울행정법원 2010. 5. 27. 선고 2009구합52264 판결.
3) 서울고등법원 2011. 7. 21. 선고 2010누19647 판결.
4) "사용자가 노동조합과의 협상에 따라 정리해고를 제한하기로 하는 내용의 단체협약을 체결하였다면 특별한 사정이 없는 한 그 단체협약이 강행법규나 사회질서에 위배된다고 볼 수 없고, 나아가 이는 근로조건 기타 근로자에 대한 대우에 관하여 정한 것으로서 그에 반하여 이루어지는 정리해고는 원칙적으로 정당한 해고라고 볼 수 없다."

합의서 체결 당시 예상하지 못하였던 심각한 재정적 위기에 처하여 고용보장에 관한 확약의 효력을 유지하는 것이 객관적으로 부당한 상황에 이르렀다고 보기는 어렵다고 보아, 고용보장에 관한 확약에 반하여 단행된 이 사건 정리해고는 부당하다고 판단했다. 원심의 위와 같은 판단은 정당하고, 거기에 정리해고를 제한하는 노사합의의 효력에 관한 법리 오해, 특별교섭 합의서의 해석 및 적용에 관한 법리 오해, 정리해고 요건의 판단 기준에 관한 법리 오해 내지 그 판단 과정에서의 채증법칙 위반 등으로 판결에 영향을 미친 위법이 없다.

Ⅲ. 판결의 주요 쟁점

1. 고용안정협약

고용안정협약이란 사용자의 경영상 해고를 제한하는 내용의 단체협약 또는 단체협약 조항을 말하며, 일정 기간 사용자의 경영상 해고 자체를 금지하는 경우와 경영상 해고는 인정하되 노동조합의 동의 등을 요건으로 하는 경우로 나타난다. 문제는 이러한 고용안정협약이 단체교섭의 대상이 될 수 있는지, 포함된다면 이를 위반한 경영상 해고가 정당한지 여부다. 회사의 매각 또는 사업 구조조정은 경영주체에 의한 고도의 경영상 결정에 속하는 사항이지만 고용안정 등의 요구사항은 단체교섭의 대상이 될 수 있다는 견해도 있다. 다만, 매각이나 구조조정 등에 대한 노동조합의 동의권은 원칙적으로 허용되지 않는다. 사용자가 **스스로 경영결단에 의하여 소속 근로자들에게 경영상 해고를 제한하기로 한 고용안정협약**은 근로조건 기타 근로자의 대우에 관하여 정한 부분으로서 규범적 효력을 가진다.[5] 즉, 정리해고의 실시 여부는 단체교섭의 대상이 아니라 하더라도 당사자 사이에 임의로 단체교섭을 하여 정리해고를 제한하기로 합의하면 해당 협정은 단체협약으로서 효력을 가진다.[6] 대상판결은 이에 더하여 단체협약을 체결할 당시의 사정이 현저하게 변경되어 사용자에게 그와 같은 단체협약의 이행을 강요한다면 객관적으로 명백하게 부당한 결과에 이르는 경우에는 사용자가 단체협약에 의한 제한에서 벗어나 정리해고를 할 수 있다고 판시했다.

---

5) 김형배 · 박지순, 「노동법강의」, 신조사, 2023, 598면.
6) 임종률 · 김홍영, 「노동법」, 박영사, 2024, 166, 161면.

2. 경영상 이유에 의한 해고

경영상 이유에 의한 해고는 보통의 해고와 달리 근로자에게 책임 있는 사유가 아닌, 사용자 측 사정으로 행해진다. 이는 사업의 외적 요인인 경제적·기술적 변화로 발생하는 경우가 많다. 경영상 해고는 대규모로 진행되는 경우가 많으므로 집단적 노동분쟁으로 이어지기도 하고, 나아가 근로자의 가족과 지역사회에 큰 영향을 미치기도 한다. 이러한 특성으로 경영상 해고에 대해서는 특별한 규율이 이루어질 필요가 있다. 즉, 경영상 해고와 관련하여 해고 근로자 보호뿐 아니라 고용보장 측면도 고려해야 한다. 이에 따라 근기법 제24조는 제23조 제1항의 정당한 이유를 구체화하는 특칙을 마련하여 네 가지 요건(① 긴박한 경영상의 필요, ② 해고회피노력, ③ 해고대상자 선정의 합리성, ④ 근로자대표와의 성실한 협의)을 법정화하고 있다.[7)]

> **근기법 제24조(경영상 이유에 의한 해고의 제한)** ① 사용자가 경영상 이유에 의하여 근로자를 해고하려면 **긴박한 경영상의 필요**가 있어야 한다. 이 경우 경영 악화를 방지하기 위한 사업의 양도·인수·합병은 긴박한 경영상의 필요가 있는 것으로 본다.
>
> ② 제1항의 경우에 사용자는 **해고를 피하기 위한 노력**을 다하여야 하며, **합리적이고 공정한 해고의 기준을 정하고 이에 따라 그 대상자를 선정**하여야 한다. 이 경우 남녀의 성을 이유로 차별하여서는 아니 된다.
>
> ③ 사용자는 제2항에 따른 해고를 피하기 위한 방법과 해고의 기준 등에 관하여 그 사업 또는 사업장에 근로자의 과반수로 조직된 노동조합이 있는 경우에는 그 노동조합(근로자의 과반수로 조직된 노동조합이 없는 경우에는 근로자의 과반수를 대표하는 자를 말한다. 이하 **"근로자대표"**라 한다)에 해고를 하려는 날의 50일 전까지 통보하고 **성실하게 협의**하여야 한다.
>
> ④ 사용자는 제1항에 따라 대통령령으로 정하는 일정한 규모 이상의 인원을 해고하려면 대통령령으로 정하는 바에 따라 고용노동부장관에게 신고하여야 한다.
>
> ⑤ 사용자가 제1항부터 제3항까지의 규정에 따른 요건을 갖추어 근로자를 해고한 경우에는 제23조제1항에 따른 정당한 이유가 있는 해고를 한 것으로 본다.

법상 네 가지 요건을 갖추어 해고한 경우에는 정당한 이유가 있는 해고를 한 것으로 보지만, 이들 네 가지 요건을 갖추지 못하면 정당한 이유가 없는 해고가 된다. 판례는 이들 요건의 구비 여부를 전체적·종합적으로 고려하여 해고가 객관적 합리성과 사회적 상당성을 지닌 것으로 인정되어야 정당하다는 입장이다.[8)]

---

7) 이철수, 「노동법」, 현암사, 2023, 347-448면 참고.

Ⅳ. 결론

대상판결은 경영상 해고에 앞서 체결된 사용자와 노동조합 간 고용안정협약의 유효성 여부와 예외를 인정할 수 있는 요건 등에 대해서 판단했다. 이에 따르면, 정리해고나 기업의 구조조정 자체는 원칙적으로 단체교섭의 대상은 아니지만, 임의로 단체협약을 체결한 경우 규범적 효력이 인정된다.[9)]

다만, 정리해고의 실시를 제한하는 단체협약을 두고 있더라도, 사정이 현저하게 변경된 경우에는 사용자가 단체협약에 의한 제한에서 벗어나 정리해고를 할 수 있다고 판단했다.

---

8) 임종률 · 김홍영, 「노동법」, 박영사, 2024, 562면. 대법원 1999. 5. 11. 선고 99두1809판결은 긴박한 경영상의 필요라 함은 **반드시 기업의 도산을 회피하기 위한 경우에 한정되지 아니하고, 인원삭감이 객관적으로 보아 합리성이 있다고 인정될 경우도 포함되는 것**으로 보아야 하며, 이러한 전제에서 건물관리 회사가 경영상의 필요에 의하여 건물의 시설관리업무를 전문용역업체에 위탁함에 따라 직제가 폐지되는 근로자들을 수탁업체가 현 급여를 보장하면서 전원 인수하기로 합의한 경우, 이에 불응한 근로자에 대한 정리해고가 정당하다고 판단했다.

9) 이러한 점에서 노동쟁의 또는 단체교섭 대상사항은 반드시 규범적 부분과 일치하지 않는다는 것을 알 수 있다. 사안에서 경영상 해고에 관한 사항은 원칙적으로 의무적 교섭사항은 아니었지만, 이를 단체협약에 정하면 규범적 효력이 인정되기 때문이다.

[35] 사용자의 언론 활동과 지배 · 개입

(대법원 2013. 1. 10. 선고 2011도15497 판결)

기초지식

☑ 지배 · 개입은 노동조합의 자주성을 저해하는 대표적인 부당노동행위 유형임

☑ 노동조합이 파업에 돌입하면, 조합원은 노동조합의 통제에 따를 의무가 있으나 자신의 판단 · 선택에 따라 이탈하는 경우도 있음.1)

☑ 사용자가 파업에 대한 의견을 표명해 파업 참가를 억제하거나 이탈을 유도한 경우, 이것이 사용자의 언론 활동으로 용인될 수 있는지 또는 노조법상 금지되는 부당노동행위인지가 문제가 됨

Ⅰ. 논의의 배경과 쟁점

노조법은 사용자가 노동조합의 조직 운영에 개입하는 행위를 부당노동행위로 금지하고 있는데, 이는 노동조합의 자주성을 보호하기 위한 것이다. 한편, 사용자 역시 기본권의 주체로서 언론 활동의 자유를 가지는데, 사용자의 의견표명이나 언론 활동이 노동조합의 조직 운영과 관계된 경우 이들의 관계를 어떻게 규명할 것인지가 문제가 된다.

파업에 돌입한 경우, 해당 기간 임금이 발생하지 않으므로 파업 기간이나 의제 등에 따라서 참가자 수의 변동이 발생할 수 있다. 이때 사용자가 파업에 부정적인 의견을 표명하거나 사업장의 사정 등을 알리는 활동을 하는 경우, 이것이 정당한 언론 활동의 자유로 인정될 수 있을지, 아니면 부당노동행위로서 금지되는 지배 · 개입인지가 문제가 된다. 대상판결은 이와 관련하여, 사용자의 언론 활동의 자유와 지배 · 개입 부당노동행위의 관계를 규명하면서 허용되는 범위에 대하여 판시했다.

1) 파업 참여 시 임금이 발생하지 않으므로 파업이 장기화되면 이탈자가 증가할 수 있다.

Ⅱ. 대상판결 분석

1. 사실관계

피고인1은 M노동조합 조직1국장, 피고인2는 조사국장으로 O공사로부터 해고되었고, 피고인3은 조직2국장, 피고인4는 부지부장, 피고인5는 노동안전부장, 피고인6은 교육선전부장, 피고인7은 P지부장, 피고인8은 조직국장, 피고인9는 차량국장으로 해고자다. 피고인10은 기관사로 재직하며 부지부장이고, 피고인11은 해고된 자로 교육1국장이다. 피고인들은 2010. 5. 12. 자로 예정된 파업을 진행하기로 마음먹고 공모 공동하여, 5. 11. 공사 기술본부장이 사업소의 현업직원을 대상으로 5. 12. 예정된 파업과 관련하여 노조의 부당성에 대해 설명하기 위해 현장에 도착하자, 욕설을 하며 청사 안으로 들어가지 못하게 몸으로 가로막는 등 위력으로 위 공사 소속 기술본부장의 정당한 업무를 방해하였다.

2. 당사자의 주장

피고인 중 전국철도노동조합 본부 또는 서울지방본부의 간부들은 사용자 측의 부당노동행위 확인 및 채증을 위하여 사업소 현장을 순회하였을 뿐이므로, 다른 피고인들과의 업무방해행위에 대한 공모가 없었다고 주장했다. 또한, 한국철도공사 본부장이 파업을 하루 앞두고 조합원들을 상대로 파업에 참여하지 말 것을 내용으로 하는 교육을 하려고 했는데, 이는 노조법 제81조 제4호가 정하는 부당노동행위에 해당하여 형법 제314조 제1항의 보호 대상이 되는 업무가 아니므로 구성요건 해당성이 없고, 업무방해죄의 구성요건에 해당한다고 하더라도 정당방위 또는 정당행위라고 주장했다.

3. 하급심 법원의 판단

1심 법원[2]은 업무방해죄를 인정하여 피고인들에게 각 벌금 50만원을 선고했다.

반면, 원심[3]은 형법상 공무가 반드시 사전에 이루어질 필요는 없고 사전모의가 없는 경우라 하더라도 우연히 모인 장소에서 수인이 각자 상호간의 행위를 인식하고 암묵적으로 의사의

---

2) 서울서부지방법원 2011. 5. 18. 선고 2011고정206 판결.

3) 서울서부지방법원 2011. 11. 3. 선고 2011노513 판결.

투합, 연락 하에 범행에 공동 가공한 경우 공동정범의 책임이 있으므로 공모를 인정했다. 다만, 파업을 저지하기 위하여 전 직원을 상대로 설명회를 개최하기 위하여 건물 안으로 들어가려고 한 행위가 지배·개입의 부당노동행위에 해당할 여지가 있거나 피고인들이 이를 부당노동행위로 오인한 데 정당한 이유[4)]가 있으므로 업무방해의 범의를 인정하기 어렵다는 전제에서 무죄를 선고했다.

4. 대법원판결

사용자가 **연설, 사내 방송, 게시문, 서한 등을 통하여 의견을 표명**하는 경우 표명된 의견의 내용과 함께 그것이 행하여진 상황, 시점, 장소, 방법 및 그것이 노동조합의 운영이나 활동에 미치거나 미칠 수 있는 영향 등을 종합하여 노동조합의 조직이나 운영 및 활동을 지배하거나 이에 개입하는 의사가 인정된다면 노조법 제81조 제4호에 규정된 '근로자가 노동조합을 조직 또는 운영하는 것을 지배하거나 이에 개입하는 행위'로서 부당노동행위가 성립하고, 또 그 지배·개입으로서 부당노동행위의 성립에 반드시 근로자의 단결권 침해라는 결과 발생까지 요하는 것은 아니다.

그러나 **사용자 또한 자신의 의견을 표명할 수 있는 자유**를 가지고 있으므로, 사용자가 노동조합의 활동에 대하여 단순히 비판적 견해를 표명하거나 근로자를 상대로 집단적인 설명회 등을 개최하여 회사의 경영상황 및 정책 방향 등 입장을 설명하고 이해를 구하는 행위 또는 비록 파업이 예정된 상황이라 하더라도 파업의 정당성과 적법성 여부 및 파업이 회사나 근로자에 미치는 영향 등을 설명하는 행위는 거기에 징계 등 불이익의 위협 또는 이익제공의 약속 등이 포함되어 있거나 다른 지배·개입의 정황 등 노동조합의 자주성을 해칠 수 있는 요소가 연관되어 있지 않는 한, 사용자에게 노동조합의 조직이나 운영 및 활동을 지배하거나 이에 개입하는 의사가 있다고 가볍게 단정할 것은 아니다.

---

4) ① 한국철도공사가 이 사건 조합과의 단체협약을 해지하자, 조합은 같은 해 11. 26.부터 같은 해 12. 2.까지 파업을 하다가 같은 해 12. 3. 업무에 복귀한 점, ② 교섭이 이루어지지 않자 2010. 5. 12.까지 교섭이 결렬될 경우 재차 파업을 하겠다고 한국철도공사에 예고를 한 점, ③ 공소외 1은 파업 예정일 이전 며칠 동안 집중적으로 전국을 이동하며 직원 설명회를 개최하거나 개최하려고 한 점, ④ 서울차량사업소장이 피고인들에게 "내일 파업이니까 오신 거예요. 파업하지 말라고"라고 말하였고, 공소외 3은 원심 법정에서 설명회의 내용에 대하여 "당시 한참 천안함 사태가 나오고 장례도 치룬지 얼마 안 된 상황이어서 그런 시기에 우리 철도공사가 시끄러우면 이미지가 실추될 것이기 때문에 그러한 당시의 철도공사의 현실을 설명하려고 하였던 것 같습니다."라고 진술한 점 등을 종합하면, 설명회를 개최하기 위하여 건물 안으로 들어가려고 한 행위는 '근로자가 노동조합을 운영하는 것을 지배하거나 이에 개입하는 행위'로서 **부당노동행위에 해당할 여지**가 있어서 업무방해죄에 있어서 보호대상이 되는 업무에 해당한다고 단정하기 어렵고, 달리 이를 인정할 증거가 없으며, 가사 공소외 1의 위 행위가 업무방해죄에 있어서의 업무에 해당한다고 하더라도, 위와 같은 사정들에 비추어 피고인들이 공소외 1의 행위를 **부당노동행위로 오인한 데에는 정당한 이유가 있다고 할 것**이라고 판단했다.

전국철도노동조합이 한국철도공사와 단체교섭 결렬을 이유로 파업을 예고한 상태에서 파업 예정일 하루 전에 사용자 측 교섭위원인 갑이 직원들을 상대로 설명회를 개최하려고 지역 차량사업소에 도착하자, 노동조합 간부인 피고인들 등이 청사 안으로 들어가지 못하게 몸으로 가로막는 등 위력으로 갑의 업무를 방해하였다는 내용으로 기소된 사안에서, 설명회에서 발언하고자 한 내용과 설명회 전 다른 지역 순회설명회에서 표명한 발언 내용 및 그러한 발언 등이 조합원이나 노동조합 활동에 미쳤거나 미칠 수 있는 영향, 당초 예정된 파업의 정당성 여부 등 부당노동행위를 인정하는 전제가 되는 전후 상황 등에 관하여 구체적으로 심리하여, 설명회 개최가 사용자 입장에서 단순히 파업에 대한 의견을 개진하는 수준을 넘어 사용자에게 노동조합의 운영이나 활동을 지배하거나 그 활동에 개입하려는 의사가 있었던 것으로 추단되는지를 판단하지 아니한 채, 설명회 개최가 '근로자가 노동조합을 운영하는 것을 지배하거나 이에 개입하는 행위'로서 업무방해죄의 보호법익인 '업무'에 해당하지 않는다는 등의 이유로 피고인들에게 무죄를 선고한 원심판결에 법리 오해 및 심리미진의 위법이 있다.[5]

Ⅲ. 판결의 주요 쟁점

1. 지배 · 개입 부당노동행위

노조법은 지배 · 개입을 부당노동행위의 한 유형으로 금지하고 있다.

> **노조법 제81조(부당노동행위)** ① 사용자는 다음 각 호의 어느 하나에 해당하는 행위(이하 "不當勞動行爲"라 한다)를 할 수 없다.
> 4. 근로자가 노동조합을 조직 또는 운영하는 것을 지배하거나 이에 개입하는 행위와 근로시간 면제한도를 초과하여 급여를 지급하거나 노동조합의 운영비를 원조하는 행위.

지배 · 개입을 부당노동행위로 금지하려는 취지는 노동조합이 사용자에게 경제적으로 의존하거나 어용화되는 것을 막고 노동조합의 자주성을 확보하는 데 있다. 노동조합의 조직 · 운영을 지배하거나 개입하는 것은 사용자가 행할 수 있는 노동3권 중 가장 대표적이고 일반적인 반조합적 행위라고 볼 수 있다.[6]

---

5) 파기환송심(서울서부지방법원 2013. 9. 13. 선고 2013노56)판결은 이에 따라 설명회 개최행위가 부당노동행위가 아니라고 판단했고, 업무방해죄의 구성요건해당성이 없거나 정당행위 내지 정당방위에 해당한다는 주장을 인정하지 않았다. 해당 판결은 이후 대법원에서 상고기각으로 확정되었다.

'조직'에는 준비행위가 포함되며 '운영'에는 내부적 관리뿐만 아니라 단체교섭이나 쟁의행위 등 대외적 활동도 포함된다. 즉, 조직 · 운영은 근로자의 단결활동 전반을 의미한다. '지배'는 사용자가 지배력을 미쳐 노동조합의 의사결정을 좌우할 정도의 간섭 · 방해를 말하고 '개입'은 이 정도에 이르지 못한 것을 의미하여 사용자의 간섭 · 방해 행위 전반을 의미한다. 다만, 노동조합의 자주성이나 조직력 침해 결과까지 발생해야 하는 것은 아니다(대법원 1997. 5. 7. 선고 96누2057판결).[7)]

지배 · 개입의 성립 여부는 사용자의 행위가 노동조합의 자주성을 저해하는지를 기준으로 판단해야 한다. 구체적인 지배 · 개입의 유형으로는 노동조합의 조직과 가입, 준비와 관련된 사용자의 간섭행위, 노동조합의 조직이나 가입을 비난하거나 해산 또는 탈퇴를 종용하는 행위, 가입한 자를 불러 의사를 번복하게 하거나 다른 노동조합에의 가입을 권유 · 설득하는 행위 등이 있고, 그밖에 내부 운영에 대한 간섭 · 방해행위, 상급 단체 교섭위원의 사업장 출입 금지 행위, 노동조합의 적법한 회사 시설 이용 방해행위 등이 있다.[8)]

2. 사용자의 언론 활동과 지배 · 개입

노동조합의 조직 · 운영에 관한 사용자의 지배 · 개입이 금지된다고 하여 사용자가 노사관계에 관하여 아무런 의견표명이나 대응도 할 수 없다고 볼 수 없다. 사용자도 기본권의 주체로서 설명회, 사내 방송, 게시문, 서한 등으로 자신의 의견을 표명하는 언론의 자유를 향유할 수 있기 때문이다.[9)]

사용자의 언론 활동이 근로자의 단결권과의 관계에서 일정한 제한을 받을 수밖에 없지만, 원칙적으로 사용자에게도 언론 활동의 자유가 보장되어 있고(헌법 제21조),[10)] 노사 쌍방의 자유로운 토론과 논쟁을 전개하는 것은 정상적인 노사관계의 형성발전에 기여할 수 있다. 다만, 우리나라 노사관계의 역사적 배경 및 대다수 노동조합이 기업별 노조라는 실태를 고려하면 사용자의 언론 활동이 조합원에게 미치는 영향이 적지 않다는 점도 간과할 수 없다. 그러므로 **노동관계 당사자가 공정하고 타당한 형태로 자신의 견해를 표명하는 것이 중요**하다. 사용자가 노동조합의 활동(조합 운동의 경향, 투쟁방침 등)에 대하여 단순히 비판적 견해를 표명하거나,

---

6) 이철수, 「노동법」, 현암사, 2023, 632면.
7) 임종률 · 김홍영, 「노동법」, 박영사, 2024, 291면.
8) 김형배 · 박지순, 「노동법강의」, 신조사, 2023, 713-715면 참고.
9) 이철수, 「노동법」, 현암사, 2023, 635면.
10) **헌법 제21조** ① 모든 국민은 언론 · 출판의 자유와 집회 · 결사의 자유를 가진다.

파업이 예정된 상황에서 근로자를 상대로 집단적인 설명회 등을 개최하여 회사의 경영상황 및 정책 방향 등 입장을 설명하고 이해를 구하거나, 파업의 정당성과 적법성 여부 및 파업이 회사나 근로자에 미치는 영향 등을 설명하는 행위 자체가 당연히 부당노동행위가 되는 것은 아니다. 또한 사용자가 회사의 운영현황 또는 경영 위기에 대비한 타개책을 종업원에게 설명하고 협력을 요청하는 것도 지배·개입에 해당할 수 없다.[11)]

일반적으로 보복이나 폭력의 위협 등을 내용으로 하는 발언은 노동조합의 자주성·조직력을 저해할 우려가 있지만, 단순히 역사적 사실이나 향후 사태의 전망을 내용으로 하거나 자숙·협력의 호소를 내용으로 하는 발언은 지배·개입으로 인정되기 어렵다. 노동조합의 내부 운영에 관한 부정적·간섭적 발언은 지배개입이 인정되기 쉬운 반면, 사용자를 상대로 하는 활동(단체교섭, 쟁의행위 등)에 관한 발언은 사용자도 직접적인 이해관계를 가지고 의견을 표명할 자유가 있으므로 지배개입으로 인정되기 어려울 것이다.[12)]

Ⅳ. 결론

대상판결은 회사 간부가 쟁의행위의 적법성 여부와 회사나 근로자에 미치는 쟁의행위의 영향 등에 관하여 설명하는 행위는 거기에 보복의 위협 또는 이익제공의 약속 등이 포함되어 있거나 노동조합의 자주성을 해칠 수 있는 요소가 연관되어 있지 않다면 지배개입이 성립되지 않는다고 하였다.[13)] 즉, 노동조합의 결정 등에 대하여 비판적 의견을 표명하는 것만으로는 지배·개입을 단정하기는 어렵고 불이익의 위협이나 이익제공의 약속 등 추가적인 판단기준이 필요하다.[14)]

사용자의 언론 활동 역시 헌법상 보장되는 권리이므로 노동조합의 노동3권과 조화가 필요하다. 다만, 대상판결에서 조합원이 형사책임을 지게 된 점을 고려하면, 해당 기준을 더욱 명확하게 정하는 것이 바람직하다고 판단된다.

---

11) 김형배·박지순, 「노동법강의」, 신조사, 2023, 716-717면.
12) 임종률·김홍영, 「노동법」, 박영사, 2024, 292면.
13) 임종률·김홍영, 「노동법」, 박영사, 2024, 293면.
14) 김형배·박지순, 「노동법강의」, 신조사, 2023, 717면.

[36] 취업규칙 불이익 변경에서 동의 주체인 집단의 범위

(대법원 2009. 5. 28. 선고 2009두2238 판결)

기초지식

☑ 취업규칙의 불이익 변경과 관련하여 근기법은 과반수 노동조합 또는 근로자 과반수의 동의를 요건으로 규정하고 있음

☑ 사업장의 근로자 집단이 이원화된 경우, 전체 집단이 동의 대상인지 해당 규정의 적용대상만 동의 대상인지가 문제가 됨

☑ 사회통념상 합리성 이론은 취업규칙의 불이익 변경이라도 사회통념상 합리성이 있는 경우에는 동의 없이 취업규칙 개정을 가능하게 하는 판례 법리인데, 최근 대법원 전원합의체 판결로 변경됨

Ⅰ. 논의의 배경과 쟁점

취업규칙의 불이익 변경과 관련하여 동의 주체가 되는 집단의 설정이 문제가 될 수 있다. 예를 들어, 관리직에 적용되는 규정을 개정하고자 할 때 전체 근로자 집단의 동의를 얻어야 하는지, 관리직의 동의를 얻어야 하는지가 문제가 될 수 있다. 불이익 변경 시 동의를 얻지 않으면 그 효력이 없으므로 집단의 범위를 설정하는 것은 매우 중요한 문제가 된다. 나아가 해당 집단이 완전히 분리된 경우도 있지만, 집단 간 이동이나 교류, 승진 등에 따라 장기적으로 혼재될 가능성도 고려해야 한다. 대상판결은 일반직에서 관리직으로의 승진 가능성을 고려하여 근로자 집단의 범위를 판단했다.

Ⅱ. 대상판결 분석

1. 사실관계

원고 조합은 상시근로자 35명을 고용하여 금융업을 영위하는 신용협동조합이고, 피고 보조참가인은 1976년 원고 조합에 입사하여 2001년에 상무로 진급하고 그 후 지점장으로 근무하다가 2007. 6. 정년 면직 처리된 사람이다.

참가인은 2007. 7. 전북지노위에 이 사건 해고가 부당하다면서 부당해고 구제신청을 하였고, 전북지노위는 같은 해 8. 30. 원고 조합이 2003. 12. 인사규정(취업규칙)상의 관리직 정년을 60세에서 58세로 변경함에 있어 비조합원인 관리직 직원들의 동의를 얻었다고 볼 수 없다는 등의 이유로 위 인사규 상 정년을 이유로 한 면직을 부당해고로 인정하고, 참가인을 즉시 원직에 복직시키는 한편 해고 기간 정상적으로 근로했다면 받을 수 있었던 임금 상당액을 지급하라는 구제명령을 발하였다. 이에 원고는 2007. 9. 중노위에 재심 신청을 하였고, 중노위는 2007. 10. 초심 판정과 같은 이유로 원고의 재심 신청을 기각했다.

2. 당사자의 주장

원고는 규정 개정 당시 전체 근로자 38명 중 27명으로 구성된 **노동조합 과반수**의 찬성으로 위 규정 개정에 **동의**하였을 뿐 아니라, 정년 단축에 따라 직접적으로 불이익을 받는 관리직 직원들도 그 과반수가 위 규정 개정에 동의하였고, 적어도 관리직 직원 중 일부는 위 규정 개정을 주도하거나 단축된 정년 규정에 따라 이의 없이 퇴직하거나 규정 개정 후 수년이 지나도록 이의를 제기하지 않아 사실상 묵시적으로 동의한 것과 마찬가지라고 주장했다.

원고 조합이 규정 개정을 함에 있어 근로자의 집단적 의사결정 방법에 의한 동의를 받은 바 없다 하더라도, 신용협동조합의 경영상 어려움이 예상[1)]되어 이에 대한 대비책을 강구할 필요가 있었던 점, 누적된 인사 적체를 해소할 대책이 필요하였던 점 등에 비추어 보면, 규정 개정은 근로자의 집단적 의사결정방법에 의한 동의를 받지 않더라도 법적 규범성을 시인할 수 있을 정도로 사회통념상 합리성이 있다고 주장했다.

3. 하급심 법원의 판단

1심 법원[2)]은 규정 개정이 일반직에게 유리하게, 관리직 직원에게 불리하게 변경되는 경우이므로 전체 근로자의 과반수로 조직된 노동조합도 불이익하게 변경되는 취업규칙의 적용을 받는 근로자 집단을 대표할 수 없고, 불이익하게 변경되는 취업규칙의 적용을 받는 근로자 집단의 집단적 의사결정 방법에 의한 동의가 있어야 한다고 판시했다. 이에 따라 노동조합으로

1) "당시 신용협동조합의 핵심경쟁력인 조세감면규세법상의 비과세 혜택의 일몰 시각이 다가옴에 따라 조합원들의 예탁금 이탈이 예상되는 등"
2) 서울행정법원 2008. 6. 3. 선고 2007구합41598 판결.

부터 동의를 얻었다 하더라도 관리직 직원 과반수의 동의를 얻었다는 점을 인정할 증거가 없고, 일부가 규정 개정을 주도했거나 이의를 제기하지 않고 정년퇴직을 한 사정만으로는 사후 추인이나 묵시적 동의를 단정할 수 없다고 하였다. 한편, 일반직의 경우 정년이 55세에서 58세로 늘어난 점, 중앙회 지역본부가 관리직 60세 및 일반직 55세 정년 규정이 담긴 표준업무방법서 개정공문을 통보한 점 등에서 정년 단축에 관한 사회통념상 합리성 주장도 인정하지 않았다.[3] 원심[4] 역시 동일한 취지에서 원고의 항소를 기각했다. 1심 판결에 추가하여, 관행적으로 일반직이 모두 관리직으로 승진하여 왔으므로 노동조합의 동의를 받은 이상 관리직으로부터 별도의 동의를 받을 필요가 없다는 원고의 주장에 대하여, 이 사건 규정으로 관리직이 정년 단축이라는 직접적인 불이익을 받는 점을 고려하면 관리직으로부터 동의를 받는 것이 상당하다고 판시했다.

4. 대법원판결

취업규칙의 일부를 이루는 규정의 변경이 **일부 근로자에게는 유리하고 일부 근로자에게는 불리**한 경우 그러한 변경에 근로자 집단의 동의를 요하는지를 판단하는 것은 근로자 전체에 대하여 획일적으로 결정되어야 할 것이고, 취업규칙의 변경이 근로자에게 전체적으로 유리한지 불리한지를 **객관적으로 평가하기 어려우며 개정에 의하여 근로자 상호간의 이 · 불리에 따른 이익이 충돌**되는 경우에는 그러한 개정은 근로자에게 불이익한 것으로 취급하여 근로자들 전체의 의사에 따라 결정하게 하는 것이 타당하다(대법원 1993. 5. 14. 선고 93다1893 판결 등 참조). **여러 근로자 집단이 하나의 근로조건 체계 내**에 있어 비록 취업규칙의 불이익 변경 시점에는 어느 근로자 집단만이 직접적인 불이익을 받더라도 다른 근로자 집단에게도 변경된 취업규칙의 적용이 예상되는 경우에는 일부 근로자 집단은 물론 장래 변경된 취업규칙 규정의 적용이 예상되는 근로자 집단을 포함한 근로자 집단이 동의 주체가 되고, 그렇지 않고 **근로조건이 이원화**되어 있어 변경된 취업규칙이 적용되어 직접적으로 불이익을 받게 되는 근로자 집단 이외에 변경된 취업규칙의 적용이 예상되는 근로자 집단이 없는 경우에는 변경된 취업규칙이 적용되어 불이익을 받는 근로자 집단만이 동의 주체가 된다.

---

3) '사회통념상 합리성'은 최근 대법원 전원합의체 판결로 폐기되었다. 대법원 2023. 5. 11. 선고 2017다35588 · 35595 전원합의체 판결 참고.

4) 서울고등법원 2009. 1. 9. 선고 2008누17877 판결.

이 사건 정년 규정의 개정으로 일반직 직원인 4급 이하 직원의 정년은 55세에서 58세로 연장되었고, 관리직 직원인 3급 이상 직원의 정년은 60세에서 58세로 단축되었으며, 개정 당시 원고의 전체 직원 38명 중 관리직은 12명이고, 노동조합은 관리직 3급 4명과 일반직 23명 등 총 27명으로 구성되어 있었던 점, 원고의 전체 직원 중 과반수가 4급 이하의 일반직이기는 하였으나, 3급 이상의 관리직과 4급 이하의 일반직은 직급에 따른 차이만이 있을 뿐 4급 이하의 일반직은 누구나 3급 이상으로 **승진할 가능성**이 있으며, 이러한 경우 승진한 직원들은 이 사건 정년 규정에 따라 58세에 정년퇴직하여야 하므로 위 개정은 3급 이상에만 관련되는 것이 아니라 **직원 전부에게 직접적 또는 간접적, 잠재적으로 관련**되는 점 등에 비추어 볼 때 이 사건 정년규정의 개정은 당시 3급 이상이었던 관리직 직원뿐만이 아니라 일반직 직원들을 포함한 전체 직원에게 불이익하여 그 개정 당시의 관리직 직원들뿐만 아니라 일반직 직원들을 포함한 전체 직원들이 동의 주체가 된다고 봄이 상당하다.

Ⅲ. 판결의 주요 쟁점

1. 동의 주체인 근로자 집단

취업규칙 불이익 변경 시 근로자 집단의 동의는 근로자 과반수로 조직된 노동조합이 있는 경우에는 그 노동조합의 동의, 노동조합이 없는 경우에는 근로자 과반수의 동의를 말한다(근기법 제94조). 대상판결에 의하면, 여러 근로자 집단이 하나의 취업규칙을 적용받는 사업장에서 불이익 변경 시점에는 어느 근로자 집단만이 직접 불이익을 받더라도 다른 근로자 집단에게도 변경된 취업규칙의 적용이 예상되는 경우에는 장래 변경된 취업규칙의 적용이 예상되는 집단도 동의 주체에 포함된다. 이와 달리 근로조건이 이원화되어 있는 경우에는 변경된 취업규칙이 적용되거나 적용이 예상되는 근로자 집단만이 동의 주체가 된다.

즉, 근로자 집단별로 동의를 받는 근로자 범위를 구분하는 것은 근로자 집단 간에 근로조건 체계가 이원화되어 있다는 것을 전제한다. 만약, **여러 근로자 집단이 하나의 근로조건 체계 내**에 있다면 다른 근로자 집단을 포함한 근로자 집단이 동의의 주체가 될 여지가 있다.[5] 이와 관련하여, 취업규칙의 적용대상에 따라 의견 청취 대상자의 범위가 달라지는 것은 바람직하지

5) 이철수, 「노동법」, 현암사, 2023, 137면.

않으므로 전체 근로자의 과반수를 대표하는 자가 취업규칙의 적용대상 여하에 관계없이 의견 제시의 주체가 되도록 하되, 소수 근로자의 이익도 공정하게 대표할 의무를 부과하는 것이 바람직하다는 견해가 있다.[6]

2. 사회통념상 합리성

불이익 변경은 근로자가 갖는 기득의 권리나 이득을 박탈하여 근로조건을 낮추거나 복무규율을 강화하는 것을 의미한다.[7] 종래 대법원(2001. 1. 5. 선고 99다70846판결)은 취업규칙의 불이익 변경에 사회통념상 합리성이 있으면, 동의 없이도 취업규칙 변경의 유효성을 인정할 수 있다고 하면서도 이를 비교적 엄격하게 해석 · 적용하였다. 사회통념상 합리성 이론의 주요 근거는 기업 운영상 현실적 필요성 때문인데, 급변하는 경영 · 사회 · 산업 환경에 적응하기 위하여 인사제도나 근로조건 등을 시급하게 변경해야 하는 사정이 있는 경우, 동의 없는 취업규칙의 불이익 변경을 예외적으로 인정해야 할 필요성[8]이 존재하기 때문이다. 이러한 이론이 정립된 배경은 결국 취업규칙 변경 절차의 어려움으로 귀결될 수 있다. 사회통념상 합리성 이론은 사용자에게 동의 절차를 생략하고도 불리한 취업규칙을 일방적으로 개정할 수 있다는 인식을 주어, 모호한 상황에서 집단적 동의를 얻기 위한 노력을 줄일 유인이 될 수 있다. 이와 관련하여, 사회통념상 합리성 유무 판단에 관한 이론과 판례가 집적되었으며, 취업규칙에 관한 노사 간 최대의 갈등 요인이 되었다.[9]

종래 대법원이 '사회통념상 합리성'이라는 기준을 근거로 근로자 집단의 동의 없이도 취업규칙의 불리한 변경이 가능하다고 판단한 것과 관련하여, 법률의 해석이나 적용상 한계를 벗어났다는 비판이 지속적으로 제기되었다.[10] 실제로 사회통념상 합리성을 근거로 불이익 변경이 유효하다고 판단한 사례는 드물며, 대법원판결 역시 해당 개념을 제한적이고 엄격하게 해석 및 적용해 왔다. 또한, 근거 없이 불이익 변경의 유효 사유를 추가한 것은 법원의 재량을 일탈했다는 비판도 있었다.[11] 정리하면, 사회통념상 합리성에 대한 명확하고 일률적인 기준이

6) 임종률 · 김홍영, 「노동법」, 박영사, 2024, 361면.
7) 하갑래, 「근로기준법」, ㈜중앙경제, 2021, 177면.
8) 이와 동일한 취지로 권 혁, "정년연장에 따른 임금체계개편과 취업규칙 변경법리", 「노동법포럼」(제15호), 2015, 5-6면에 의하면, 사회통념상 합리성을 인정하지 않으면 사용자와 근로자에게 향후 10~20년 후의 상황까지 고려하여 취업규칙을 작성하라는 요구가 되어 기대가능성이 없고, 향후 근로관계의 지속 여부도 어려워질 수 있다고 한다.
9) 이재현, "현행 취업규칙 제도의 기능적 한계와 개선방안 -주요 대법원판결의 흐름을 중심으로-", 「원광법학」(제40권 제4호), 2024, 203면.
10) 김형배 · 박지순, 「노동법강의」, 신조사, 2023, 160면.

정립되어 있었다고 평가하기 어렵다. 사용자가 법령에 따른 불이익 변경 절차를 거치지 않은 상태에서 사회통념상 합리성을 주장할 경우, 노사 간 법적 분쟁으로 이어질 가능성도 컸다. 집단적 동의를 얻기 위한 노력을 경시하거나 법적 책임을 장래의 노사관계에 떠넘기는 등 잠재적인 불안 요소로 작용하는 경우가 많았다.[12)]

최근 대법원 전원합의체 판결(대법원 2023. 5. 11. 선고 2017다35588 · 35595 판결)은 노동조합이나 근로자들이 집단적 동의권을 남용했다고 볼 특별한 사정이 없는 한, 사회통념상 합리성이 있다는 이유만으로 근로자 집단의 동의 없는 불리한 취업규칙 변경의 유효성을 인정할 수 없다고 판단했다.[13)]

Ⅳ. 결론

대상판결은 여러 근로자 집단이 하나의 근로조건 체계 내에 있어 비록 취업규칙의 불이익 변경 시점에는 어느 근로자 집단만이 직접적인 불이익을 받더라도 다른 근로자 집단에게도 변경된 취업규칙의 적용이 예상되는 경우, 일부 근로자 집단은 물론 장래 변경된 취업규칙 규정의 적용이 예상되는 근로자 집단을 포함한 근로자 집단이 동의 주체가 된다고 판시했다.

근로자 집단별 동의가 폭넓게 허용되고, 이에 따라 동의 대상이 작은 단위로 분할되면 집단적 동의를 통해 불리한 변경을 저지할 수 있도록 한 법의 취지가 저해될 수 있다. 따라서 현재는 완전히 동일한 집단으로 보기 어렵지만, 장래 적용이 예상되거나 인사이동 등으로 혼재될 가능성이 있다면 하나의 근로자 집단으로 인정되도록 한 것으로 이해할 수 있다.

---

11) 이철수, 「노동법」, 현암사, 2023, 144-145면 참고.

12) 이재현, “현행 취업규칙 제도의 기능적 한계와 개선방안 -주요 대법원판결의 흐름을 중심으로-”, 「원광법학」(제40권 제4호), 2024, 204-205면 참고.

13) 근로자의 집단적 동의권은 노사대등 결정 원칙을 실현하기 위한 절차적 권리이므로 취업규칙 내용의 타당성이나 합리성으로 대체될 수 없는 점, 집단적 동의는 요식적인 절차 이상의 유효요건인 점, 근로조건의 조정을 위해서 사용자의 설득과 노력이 필요하며 근로자 측이 집단적 동의권을 남용하면 불리한 변경이 가능한 점, 이러한 해석이 단체협약에 의한 노동조합의 동의권 및 남용에 관한 대법원 판례의 태도와 일치하는 점, 사회통념상 합리성의 개념은 불확정적이고 사후적으로 평가해야 하는 적용상 한계가 있는 점, 강행규정인 근로기준법 제94조 제1항 단서의 명문에 반하고 사실상 사용자에게 일방적인 변경 권한을 부여하여 근로자 보호와 노사대등 결정 원칙이라는 헌법과 근로기준법의 취지에 반하는 점 등을 근거로 제시했다.

[37] 긴박한 경영상 필요 판단 단위

(대법원 2015. 5. 28. 선고 2012두25873 판결)

기초지식

☑ 위장도급은 형식은 도급이나 실질은 파견 관계를 의미함. 현행 파견법은 파견업의 허가, 파견대상 업무 및 기한의 제한을 설정하고 있으므로 위장도급은 불법파견 문제로 규율됨

☑ 경영상 해고의 요건 중 긴박한 경영상 필요의 범위는 지속적으로 확대되는 추세이나, 적용 단위를 사업의 특정 부문으로 축소하는 것까지 허용되는 것은 아님

Ⅰ. 논의의 배경과 쟁점

사업이 여러 개의 부문이나 지역단위로 분할된 경우, 사업 운영 상황 등에 따라서 특정 부문이나 지역에만 경영상 어려움 또는 문제가 있을 때 경영상 해고를 단행할 수 있을지가 문제가 된다. 또한, 사업이 현재는 어렵지 않지만, 장래의 어려움에 대비하기 위하여 경영상 해고 수단을 선택하는 경우, 이를 어디까지 인정할 것인지가 쟁점이 된다.

한편, 사안의 사실관계를 살펴보면 형식적으로는 경영상 위기에 대응하기 위한 것이었으나, 실질은 위장도급 및 불법파견 문제에 대응하기 위한 것으로 평가할 수 있었다. 이에 따라, 노무관리의 필요성을 경영상 해고 사유로 주장할 수 있을지가 문제가 되었다.

Ⅱ. 대상판결 분석

1. 사실관계

피고 보조참가인은 서울에 본점을 두고 서울과 부산에서 상시근로자 1,000여 명을 고용하여 관광호텔업 등을 경영하는 법인이고, 원고들과 소외1은 1992년부터 2007년 사이에 참가인 회사에 입사하여 서울 호텔사업부 객실팀, 식음팀 등에서 업무를 수행하다가 2011년 경영상의 이유로 해고된 자들이다.

회사는 2008. 8. 경영합리화를 위하여 호텔 객실 정비, 기물 세척, 미화, 린넨, 운전 등 5대

부문을 도급으로 전환하기로 결정하고 소외 A회사와 사이에 도급 계약을 체결한 후, 해당 업무를 담당하는 근로자들에게 통상임금 30개월분의 도급 전환 위로금의 지급, 도급회사로의 전원 고용승계 및 정년 보장을 조건으로 도급화를 진행하였는데, 원고들을 포함한 12명의 근로자들은 도급회사로의 전업을 거부하고 참가인 회사에서 계속 근무하였다.

회사는 2010. 6. '2010년도 서울호텔 경영합리화 진행(안)'을 수립했고,[1] 2010. 8. 경 완전 도급으로 전환을 결정했다.[2] 회사는 12. 20.경 객실 정비 및 기물 세척 부문 근로자에 대한 희망퇴직 진행(안)을 수립하는 한편, 12. 22.경부터 2011. 1. 27.까지 사이에 수 차에 걸쳐 참가인 노동조합과 협의한 결과, 도급업체 전원 건 및 승계 거부 시 직무 전환에 관한 확인서를 작성했다.[3] 이후 도급화 대상자인 11명의 근로자 중 소외 2, 3이 직무 및 직종 변경을 신청하여 전환 배치되었으나, 원고들은 도급업체의 전환 및 전환배치를 계속 거부하였고, 이에 회사는 2011. 2. 14. 경영상 이유로 원고들을 해고하였다.

신용평가 전문기관은 회사의 시용상태를 비교적 우수하다고 평가했고,[4] 회사는 2010년과 2011년에 직원들에게 성과급을 지급하는 한편,[5] 2011. 1.경부터 기획관리, 객실, 식음 등의 분야에 공개채용 공고를 하여 41명의 신규인력을 채용하기도 하였다.

2. 당사자의 주장

경영상의 이유에 의한 해고, 즉 이른바 정리해고는 '긴박한 경영상의 필요, 해고회피노력, 공정한 정리기준과 대상자 선정, 근로자 측과의 사전 협의'라는 네 가지 요건을 구비해야 하는데, 경영상의 이유로 원고들에 대하여 이루어진 이 사건 각 해고는 위 네 가지 요건 중 어느 하나도 구비하지 못하여 부당해고에 해당하다고 주장했다.

1) 위 진행(안)은 위장도급(불법파견)등 법적 안정성을 확보하고, 핵심 부문에 역량을 집중하여 생산성을 향상하여야 한다는 검토 배경하에 위 2008년 도급화 이후에도 서울 호텔사업부 객실 정비(8명), 린넨(1명), 기물 세척(3명) 등의 부문에 남아 있는 잔여 인력을 대상으로 완전 도급화를 진행함으로써 고임금 저인건비 인력구조의 기틀을 마련하고, 도급화 부서 잔여 인력으로 인한 법적 발생 문제를 사전에 해결하며, **노무적 예상 문제들을 사전 예방**하는 데 그 수립 배경 및 목적이 있었다.

2) 업무 담당 근로자들과 면담을 실시하는 과정에서 린넨 업무를 담당하였던 소외 1이 희망퇴직을 신청하여 같은 해 8. 31. 퇴직하였다.

3) 2011. 1. 27.경 '통상임금 20개월분의 위로금 지급 조건으로 도급업체로 11명 전원 고용승계, 도급업체로 고용승계 이후에도 정년까지 고용보장, 도급업체로의 고용승계를 거부하는 근로자에 대해서는 유니폼 세탁직무 등 4개 부문의 업무에 전환배치'를 골자로 합의했다.

4) 2010. 12. 재무기준일 기준 참가인 회사의 신용 등급을 aaa(채무상환능력 최고 우량 수준)로, 현금흐름등급을 CR1(현금흐름 창출능력 매우 양호하며 안정적)으로, 2011. 6. 참가인 회사의 기업어음 신용등급을 A1(적기상환능력이 최상이며 상환능력의 안정성 또한 최상임)으로 각 평가하여 해당 평가항목 구간의 최상위 등급을 부여하였다.

5) 2010. 8. 27. 직원들에게 통상임금의 200%, 2011. 1. 12. 서울 및 부산 호텔 소속 직원들에게 통상임금의 200%, 외식사업 소속 직원들에게 통상임금의 150%에 각 해당하는 금액을 성과급 등의 명목으로 지급했다.

3. 하급심 법원의 판단

1심 법원[6]은 신용평가 결과가 높은 점, 당기순이익이 지속적으로 발생한 점, 서울호텔 사업 부문과 부산호텔 사업 부문의 물적 · 인적 조직이 별개로 분리되어 있지 않으므로 기업 전체의 경영 사정을 종합적으로 검토해야 하는 점, 장래 닥쳐올 위기 상황에 대응하기 위한 인원 감축이 객관적으로 필요하거나 합리성이 있다는 정황 · 자료가 없는 점, 경쟁 관계에 있는 서울의 다른 특급호텔들은 외주화가 이루어졌다는 사정만으로 경영상 위기 도래를 인정할 수 없는 점, 매출 규모 대비 원고들의 인건비 비율이 낮은 점, 이 사건 해고의 계기는 위장도급(불법파견)의 법률적 문제를 해결하는데 주된 배경과 취지가 있는 점 등을 들어 이 사건 해고가 긴박한 경영상의 필요성에 의해 이루어지지 않았다고 판단했다.

반면, 원심[7]은 '긴박한 경영상의 필요'는 반드시 기업의 도산을 회피하기 위한 경우에 한정하지 않고 인원 감축이 객관적으로 보아 합리성이 있는 경우도 포함하는 점, 서울호텔 사업부만을 따로 떼어 긴박한 경영상의 필요 여부를 판단해야 하는데,[8] 서울호텔 사업부는 2년 연속 적지 않은 금액의 영업적자를 나타내고 있었던 점, 성과급 지급은 이벤트성 매출 신장 및 영업수익에 따른 것인 점, 신규 채용도 외주화한 5대 부문과는 무관한 업무인 점, 원고들은 도급 전환이 일시적으로 유예됨에 따른 잔여 인력이라는 점에서 매출액 대비 인건비 비율이 낮다는 사정만으로 긴박한 경영상 필요가 없다고 볼 수는 없는 점, 5대 부문 소속 근로자 중 계속 참가인 회사에 근무 중인 직원은 전문자격증이나 전문적 기술이 필요한 영역의 근로자들인 점 등을 근거로 긴박한 경영상의 필요를 인정했다. 그밖에 해고회피노력, 공정하고 합리적인 대상자 선정, 노조와 합의 등의 요건도 인정했다.

4. 대법원판결

정리해고의 요건 중 '긴박한 경영상의 필요'란 반드시 기업의 도산을 회피하기 위한 경우에 한정되지 아니하고, **장래에 올 수도 있는 위기에 미리 대처하기 위하여 인원 삭감이 필요한 경우도 포함**되지만, 그러한 인원 삭감은 객관적으로 보아 합리성이 있다고 인정되어야 한다(대법원 2004. 1. 15. 선고 2003두11339 판결 등 참조). 또한 '긴박한 경영상의 필요'가 있는지

---

6) 서울행정법원 2011. 12. 22. 선고 2011구합28554 판결.

7) 서울고등법원 2012. 10. 17. 선고 2012누3042 판결.

8) 서울호텔 사업부와 부산호텔 사업부는 인적 · 물적 · 장소적으로 분리되어 있고 재무와 회계도 사실상 분리되어 있으며 노동조합도 각 사업부별로 조직되어 있고 경영 여건도 서로 다르다는 점을 근거로 하였다.

를 판단할 때에는 법인의 어느 사업 부문이 다른 사업 부문과 인적 · 물적 · 장소적으로 분리 · 독립되어 있고 재무 및 회계가 분리되어 있으며 경영 여건도 서로 달리하는 예외적인 경우가 아니라면 **법인의 일부 사업 부문 내지 사업소의 수지만을 기준으로 할 것이 아니라 법인 전체의 경영 사정을 종합적으로 검토**하여 결정하여야 한다(대법원 2006. 9. 22. 선고 2005다30580 판결 참조).

원심은 참가인의 서울 호텔 사업부와 부산 호텔 사업부의 재무와 회계가 분리되어 있다는 것을 전제로 서울호텔 사업부만을 따로 떼어 '긴박한 경영상의 필요' 여부를 판단할 수 있다고 보았다. 그러나 참가인의 서울호텔 사업부와 부산호텔 사업부의 재무와 회계가 분리되어 있다고 단정하기 어렵다.[9] 따라서 원심판시와 같이 참가인의 서울 호텔 사업부와 부산 호텔 사업부가 인적 · 물적 · 장소적으로 분리되어 있고 노동조합이 별도로 조직되어 있더라도, 서울호텔 사업부만을 분리하여 '긴박한 경영상의 필요' 여부를 판단할 수 있는 경우에 해당한다고 보기는 어렵다. 나아가 이 사건 정리해고 당시 참가인의 경영 사정을 보면, 정리해고 당시 참가인의 전반적인 경영상태는 견고하였던 것으로 보이고, 참가인의 서울호텔 사업부에 쉽게 개선되기 어려운 구조적인 문제가 있어 참가인 전체의 경영악화를 방지하기 위하여 인원을 감축하여야 할 불가피한 사정이 있었던 것으로 보이지는 아니한다.

위와 같은 사정에다가 이 사건 정리해고 당시 참가인의 매출 규모에 비하여 정리해고를 통하여 **해고된 근로자들의 인건비 비율이 약 0.2%에 불과**하였던 점, 참가인이 도급으로 전환하기로 한 **객실 정비, 기물 세척 등은 호텔 영업을 위하여 반드시 필요한 업무이므로 이러한 부문에 대한 도급화 조치는 특정한 사업 부문 자체가 폐지되어 인원 삭감이 불가피한 경우와는 달리 보아야 하는 점** 등까지 아울러 고려하여 보면, 이 사건 정리해고는 어떠한 경영상의 위기에 대처하기 위한 것이라기보다는 단순한 인건비 절감 또는 노무관리의 편의를 위하여 단행된 것으로 보일 뿐이어서 '긴박한 경영상의 필요'에 따른 것으로 보기 어렵다.

9) 참가인의 공식적인 재무제표는 법인 전체를 기준으로 작성되고 있고, 참가인이 재무적으로 분리되어 있다는 근거로 제출한 회계자료는 내부적으로 작성한 자료에 불과한 점, 참가인 내부에는 서울호텔 사업부와 부산 호텔 사업부 외에도 외식사업부가 있는데 참가인의 본사에는 이들 사업부 전체의 인사와 재무를 관장하는 지원 담당 부서가 있었던 것으로 보이는 점, 참가인은 소속 직원들에게 일률적으로 성과급을 지급하기도 하였던 점 등을 근거로 하였다.

Ⅲ. 판결의 주요 쟁점

1. 긴박한 경영상의 필요

긴박한 경영상의 필요란 고도의 경영 위기를 회피하기 위하여 필요한 경우 또는 기업의 경쟁력의 유지 · 강화를 위한 신기술 도입 등 구조조정 조치에 수반하여 객관적으로 인원 삭감이 필요한 경우를 말한다. 다만, 경쟁력의 유지 · 강화를 위한 구조조정 조치에 수반하는 인원삭감이 객관적으로 필요하지 않은데도 사용자가 주관적으로 기업발전을 위하여 인원삭감이 필요하다고 판단한 경우에는 긴박한 경영상의 필요가 있다고 볼 수 없다.[10] 즉, 기업의 경영 판단의 자유를 기본적으로 존중하는 전제 위에서 인원 감축이 객관적으로 필요한가의 관점에서 이해되어야 한다.[11]

이전 판례는 인원 감축을 하지 않으면 기업의 도산이 우려되는 고도의 경영위기 상태가 초래될 수 있어야 한다고 판시했으나(대법원 1989. 5. 23. 선고 87다카2132판결), 이후 객관적으로 볼 때 경영상 조치의 합리성이 인정되면 족하다고 판시했다(대법원 1991. 12. 10. 선고 91다8647판결). 즉, 장래의 경영 위기에 대처하기 위한 인원 감축의 객관적 합리성도 긴박한 경영상의 필요성과 연계하여 이해하고 있다.

2. 위장도급 및 불법파견

사용자가 근로자를 고용하여 다른 사업(사용사업)에 제공 · 파견하여 그 사업의 지휘 · 명령 아래 업무를 수행하게 하는 경우가 있다. 종래 이러한 근로자 파견은 금지되었으나, 노동시장에서의 원활한 인력수급의 필요에 따라 음성적인 파견근로가 증가하자, 이를 합리적으로 규제할 필요에 따라 「파견근로자 보호 등에 관한 법률(이하, '파견법'이라 함)」이 제정되었다.[12]

---

10) 임종률 · 김홍영, 「노동법」, 박영사, 2024, 555, 557면.

11) 김형배 · 박지순, 「노동법강의」, 신조사, 2023, 239면은 실제로 인원 감축이 불가피할 정도로 경영 사정이 급박한지 여부는 사법적 평가의 대상으로 삼기 부적절한 측면이 있음을 지적한다. 구조조정계획은 경기 불황, 사양산업화, 경영 부진 등에 의한 적자 누적 외에도 기업의 합리적 운영을 위한 부득이한 조치로서 인정될 수 있기 때문이다. 다만, 해당 결정이 경영권의 남용이나 구체적인 강행법률 위반에 해당하는 경우에는 경영상 필요성을 인정받기 어려울 것이라고 한다.

12) 임종률 · 김홍영, 「노동법」, 박영사, 2024, 638면.

파견법 제1조(목적) 이 법은 근로자파견사업의 적정한 운영을 도모하고 파견근로자의 근로조건 등에 관한 기준을 확립하여 파견근로자의 고용안정과 복지증진에 이바지하고 인력수급을 원활하게 함을 목적으로 한다.

제2조(정의) 이 법에서 사용하는 용어의 뜻은 다음과 같다.

1. **"근로자파견"**이란 파견사업주가 근로자를 고용한 후 그 고용관계를 유지하면서 근로자파견계약의 내용에 따라 사용사업주의 지휘 · 명령을 받아 사용사업주를 위한 근로에 종사하게 하는 것을 말한다.

파견법은 근로자파견 사업은 허가를 받도록 하고 있고(제7조), 근로자파견 대상 업무(제5조)와 파견기간(제6조)을 제한하며, 이를 위반한 경우에는 사용사업주가 해당 파견근로자를 직접 고용할 의무를 부과한다(제6조의2). 즉, 파견법을 위반한 경우(불법파견), 해당 근로자를 직접 고용할 의무가 발생한다.

형식적으로는 도급 계약이지만, 도급인이 수급인의 근로자에게 업무상 지휘명령을 하는 등 근로계약에 준하는 관계가 실질적으로 나타나는 경우에는 이들의 관계가 연결되면서 파견근로관계를 형성하는 것으로 평가할 수 있다.[13] 파견법은 근로자파견 사업에 대한 허가, 파견업무 및 기간을 제한하고 있어 이러한 경우는 대부분 불법파견이 되고 사용사업주가 직접고용의무를 부담하게 된다. 즉, 파견관계를 숨기기 위한 위장된 도급은 불법 파견으로 평가되어 사용사업주가 파견법상 책임을 지게 된다.

대상판결에서 업무를 외주화(도급)하였으나 일부는 직접고용 형태로 남게 되었다. 동일한 업무 수행자 중에서 직접고용과 외주 수급인 근로자가 혼재하면서, 직고용된 근로자에게는 직접적인 업무지시를 할 수 있지만 외주화된 근로자에게는 업무지시가 불가능하여 관리상의 어려움이 존재하고, 수급인의 근로자에게도 업무상 지휘명령이 이루어지거나 그렇게 평가될 개연성이 있었던 것으로 추정된다. 또한, 이들 간에 근로조건이 다르게 설정된 경우 차별 문제가 제기될 수 있다(파견법 제21조). 이에 따라 회사는 노무 관리상의 어려움이 있어 이를 해소하기 위하여 완전도급 방침을 정하고, 경영상 해고를 단행한 것으로 추정된다.

---

13) 기업 간 업무 도급 계약을 체결한 경우, 도급인과 수급인은 계약의 주체이나 수급인의 근로자는 계약의 당사자는 아니다. 도급인은 수급인 근로자에 대해 계약의 직접적인 상대방의 지위에 있지 않으므로 원칙적으로 노동법상 의무 주체는 아니다. 다만, 임금 체불에 대한 「근로기준법」상 책임이나 「산업안전보건법」 등에 따른 의무 같이 개별 법령에 별도의 의무를 정한 경우에는 법상 책임을 질 수 있다.

> **제21조(차별적 처우의 금지 및 시정 등)** ① 파견사업주와 사용사업주는 파견근로자라는 이유로 사용사업주의 사업 내의 같은 종류의 업무 또는 유사한 업무를 수행하는 근로자에 비하여 파견근로자에게 차별적 처우를 하여서는 아니 된다.
> ② 파견근로자는 차별적 처우를 받은 경우 「노동위원회법」에 따른 노동위원회(이하 "노동위원회"라 한다)에 그 시정을 신청할 수 있다.

Ⅳ. 결론

대상판결은 경영상 해고의 긴박한 경영상 필요에 장래에 올 수 있는 위기에 대처하기 위한 인원 삭감도 포함될 수 있으나, 특별히 예외적인 경우가 아니면 법인 전체의 경영 사정을 종합적으로 검토해야 한다고 판단했다. 이러한 전제에서 사업 부문이 인적, 물적, 장소적으로 분리되어 있고 노동조합이 별도로 조직되어 있다는 사정만으로 긴박한 경영상 필요 여부를 별도로 분리해서 판단하기는 어렵다고 보았다. 나아가 위장도급 및 불법파견에 대응하기 위한 노무관리의 편의나 필요성은 긴박한 경영상의 필요성으로 인정하기 어렵다고 판시했다.

사용자가 위장도급 · 불법파견 문제의 해소를 위해서 다양한 방법과 수단을 고려할 수 있는데, 이러한 법상 위험성을 낮추기 위한 것은 사용자 측의 사정이자 법상 의무이므로 경영상 해고의 정당성을 주장하기에 적절하지 않은 측면이 있다고 평가할 수 있다.

[38] 동의를 얻지 않은 취업규칙 불이익 변경의 효력

(대법원 1992. 12. 22. 선고 91다45165 전원합의체 판결)

기초지식

☑ 단체협약은 취업규칙보다 그 효력이 우위에 있지만, 취업규칙의 기준이 높게 설정된 경우에는 취업규칙이 적용될 수 있음

☑ 취업규칙이 여러 번 변경되는 과정에서 법상 동의요건을 갖추지 못한 경우, 변경의 효력이 인정되지 않는 것이 원칙임

Ⅰ. 논의의 배경과 쟁점

근기법은 취업규칙 불이익 변경에 관하여 근로자대표 또는 근로자 과반수의 동의를 얻도록 하고 있다. 이에 따라 취업규칙을 불리하게 변경하면서 동의를 얻지 않는 경우, 취업규칙 변경의 효력은 없다. 다만, 취업규칙의 작성 및 변경 권한이 사용자에게 있는 점, 동의를 얻지 못하면 취업규칙을 전혀 변경할 수 없게 되는 점에서 변경 이후 입사한 근로자에게 적용되는 취업규칙은 무엇으로 볼 것인지가 문제가 된다.

Ⅱ. 대상판결 분석

1. 사실관계

피고 회사의 취업규칙은 당초 제정된 후 1964년, 1973년, 1974년 3차례 변경되었으나 그때마다 위 취업규칙상의 퇴직금 규정은 근로자 측의 동의 없이 그들에게 불리한 방향으로 개정되었다. 원고는 1978. 9. 1. 피고 회사에 입사하여 직원으로 근무하다가 1988. 1. 31. 퇴직했다. 참고로 원고가 적용을 주장하는 1964년 이전 취업규칙상 퇴직금 지급 규정의 내용은 단체협약상의 그것보다, 단체협약상의 퇴직금 지급 규정의 내용은 원고가 취업 당시 시행되던 1974년 변경된 취업규칙상의 그것보다 각각 근로자에게 유리하게 되어 있었다.

2. 당사자의 주장

원고는 퇴직금 산정에 있어서, 원고가 입사하기 전 3차례에 걸친 취업규칙의 변경이 모두 무효임을 전제로 변경 전 최초의 취업규칙상의 퇴직금 규정이 적용되어야 한다고 주장했다. 즉, 3차례에 걸친 피고 회사의 퇴직금 규정의 불이익한 변경은 모두 적용을 받고 있던 근로자들의 집단적 의사결정 방법에 의한 동의 없이 이루어진 것이어서 취업규칙 변경으로서 효력이 없으므로 원고의 퇴직금을 산정하는 데 적용되어야 할 지급률은 1964년 이전에 시행되던 최초의 취업규칙상의 지급률이어야 한다고 주장했다.

이에 대하여 피고는 위 각 변경을 거쳐 원고의 입사 이래 퇴직 시까지 시행되던 1974년 취업규칙 상의 퇴직금 규정이 적용되어야 한다고 주장했다.

3. 하급심 법원의 판단

1심 법원[1]은 원고의 주장을 인정하지 않았고, 단체협약에 의한 퇴직금 산정방식을 따라야 한다고 판시했다. 원심[2] 역시 1심과 동일한 입장에서 피고 회사의 대다수 근로자들이 전국광산연맹 강원탄광노동조합과 피고 회사 사이에 체결된 단체협약의 적용을 받게 되는 종업원이므로 1986년 단체협약이 원고에게 적용됨을 근거로 단체협약상 퇴직금 규정에 의하여 원고의 퇴직금을 산정해야 한다고 판시했다.

4. 대법원판결

취업규칙의 작성 · 변경에 관한 권한은 원칙적으로 사용자에게 있으므로 사용자는 그 의사에 따라 취업규칙을 작성 · 변경할 수 있다. 다만, 근기법의 규정에 의하여 노동조합 또는 근로자 과반수의 의견을 들어야 하고 특히 근로자에게 불이익하게 변경하는 경우에는 그 동의를 얻어야 하는 제약을 받는바, 기존의 근로조건을 근로자에게 불리하게 변경하는 경우에 필요한 근로자의 동의는 근로자의 집단적 의사결정방법에 의한 동의임을 요하고 이러한 동의를 얻지 못한 취업규칙의 변경은 효력이 없다.

사용자가 취업규칙에서 정한 근로조건을 근로자에게 불리하게 변경함에 있어서 근로자의 동의를 얻지 않은 경우에 그 변경으로 **기득 이익이 침해**되는 기존의 근로자에 대한 관계에서는 그 변경

1) 서울민사지방법원 1991. 2. 8. 선고 89가합16176판결.
2) 서울고등법원 1991. 11. 8. 선고 91나13757 판결.

의 효력이 미치지 않게 되어 종전 취업규칙의 효력이 그대로 유지되지만, 변경 후에 **변경된 취업규칙에 따른 근로조건을 수용하고 근로관계**를 갖게 된 근로자에 대한 관계에서는 당연히 변경된 취업규칙이 적용되어야 하고, **기득이익의 침해라는 효력배제사유**가 없는 변경 후의 취업근로자에 대해서까지 그 변경의 효력을 부인하여 종전 취업규칙이 적용되어야 한다고 볼 근거가 없다.

위와 같은 경우에 취업규칙변경 후에 취업한 근로자에게 적용되는 취업규칙과 기존근로자에게 적용되는 취업규칙이 병존하는 것처럼 보이지만, 현행의 법규적 효력을 가진 취업규칙은 변경된 취업규칙이고 다만 기존근로자에 대한 관계에서 기득이익침해로 그 효력이 미치지 않는 범위 내에서 종전 취업규칙이 적용될 뿐이므로, 하나의 사업 내에 둘 이상의 취업규칙을 둔 것과 같이 볼 수는 없다. 또 근기법 제28조 제2항은 하나의 사업 내에 차등 있는 퇴직금제도의 설정을 금하고 있으나,[3] 이러한 경우까지 위 법조에서 금하는 차등 있는 퇴직금제도를 설정한 경우에 해당한다고 볼 수 없다.[4] 이에 반하여 퇴직금에 관한 취업규칙의 규정이 그 적용을 받고 있던 근로자들의 집단적 의사결정방법에 의한 동의 없이 불이익하게 변경된 경우 그 변경 후에 채용된 근로자에 대하여서도 변경 전의 취업규칙이 적용되어야 한다는 견해를 밝힌 당원의 종전 판례는 이를 폐기하기로 한다.

결국 3차례에 걸친 피고 회사의 퇴직금 규정의 변경은 모두 무효임을 전제로 원고의 퇴직금을 변경 전인 최초의 퇴직금규정에 의하여 계산하지 아니한 원심의 조치가 잘못이라는 논지는 위에서 본 법리에 비추어 받아들일 수 없다.[5]

Ⅲ. 판결의 주요 쟁점

1. 취업규칙의 불이익 변경 동의

사용자가 근로조건의 내용을 불리하게 변경하려면 취업규칙을 적용받는 근로자 집단의 '집단적 의사결정 방식'에 의한 동의가 필요하다(근기법 제94조 제1항). 동의를 얻어야 할 '근로자

3) 현행 「근로자퇴직급여보장법」 제4조 제2항.

4) 변경된 취업규칙의 퇴직금제도가 기존근로자의 기득 이익을 침해하는 것이어서 이들에게는 효력이 미치지 않고 부득이 종전제도의 적용을 받게 됨으로써 이러한 기득이익이 없는 취업규칙변경 후의 취업근로자에게 적용되는 퇴직금제도와 별개의 퇴직금제도를 적용하는 결과가 되었다고 보았다.

5) **[반대의견]** "취업규칙의 변경이 근로자에게 불이익한 것이고 이에 관하여 근로자집단의 동의를 받지 못하였다면 취업규칙의 변경은 효력이 없고, 따라서 종전의 취업규칙이 계속 유효하다고 볼 것이지 그 변경으로 기득이익이 침해되는 기존의 근로자들에 대한 관계에서만 종전 취업규칙의 효력이 유지되고 변경 후에 근로관계를 갖게 된 근로자에 대한 관계에서는 당연히 변경된 취업규칙이 적용되어야 한다고 할 수 없다."

의 과반수'는 기존 취업규칙의 적용을 받는 근로자 집단의 과반수를 뜻하나(대법원 2008. 2. 29. 선고 2007다85997판결), 여기에는 장래 변경된 취업규칙의 적용이 예상되는 근로자 집단도 포함된다(대법원 2009. 5. 28. 선고 2009두2238판결).[6] 실무적으로 근로자 집단의 혼재 가능성을 고려하고 있다고 평가할 수 있다.

불리한 취업규칙 변경 시 과반수 노동조합이 없는 경우, 근로자 과반수의 동의를 얻어야 한다. 판례는 근로자들의 회의방식에 의한 집단적 의사결정 방식을 원칙으로 보면서도, 최근 이를 완화하는 태도를 보이고 있다.[7] 모든 근로자가 모여서 회의하는 방식뿐 아니라, 기구별 또는 단위부서별로 사용자의 개입·간섭이 배제된 상태에서 근로자 상호 간에 의견을 교환하여 집약한 후 취합하는 방식도 허용된다(대법원 2003. 11. 14. 선고 2001다18322판결).[8] 한편, 노사협의회의 합의나 근로자의 개별적 동의가 집단적 동의방식을 대체할 수 없다.[9] 다만, 대법원은 동의 주체인 근로자 집단이 근로조건의 불이익 변경에 관한 동의 권한을 노사협의회 근로자위원에게 위임한 경우에는 이를 근로자 과반수의 동의로 갈음할 수 있다고 한다(대법원 1992. 2. 25. 선고 91다25055판결).

2. 동의 없이 변경된 취업규칙 효력

절차적 요건을 갖추지 않고 일방적으로 불리하게 변경된 취업규칙이라 하더라도 새로 입사한 근로자에게는 적용된다는 대상판결의 태도를 비판하는 견해는 대법원이 제94조 제1항 단서의 **강행 규범성을 상대화**했다고 평가한다. 즉, 대상판결은 <u>근로자에 대한 사용자의 일방적 지배 의사를 강화하며, 근로자들의 집단적 의사결정 방식으로 취업규칙을 통제하고 근로조건의 노사대등결정 원칙을 실현하고자 하는 제94조의 취지와 맞지 않다</u>고 한다.[10] 규범설의 입장에서 판결의 문제점을 지적하는 견해에 따르면, 1977년 이후 대법원은 수권설을 유지하고 있는데,[11] 판결에 의하면 하나의 사업장에 두 개의 법규범이 병존하여 모순되고, 근로자 보호

6) 이철수, 「노동법」, 현암사, 2023, 137면은 직종(생산직, 사무직 등) 등에 따라 동의를 받아야 하는 근로자집단의 범위를 구분하는 것은 근로조건 체계의 이원화를 전제한다고 한다.

7) 이철수, 「노동법」, 현암사, 2023, 140면.

8) 다만, 불이익의 정도 등을 충분하고 구체적으로 설명하지 않고, 토론 등의 절차를 생략한 채, 회람을 돌려 동의 여부를 확인하는 형식만 거친 경우에는 효력이 부정된다(대법원 2017. 5. 31. 선고 2017다209129판결).

9) 김형배·박지순, 「노동법강의」, 신조사, 2023, 155면.

10) 한국노동법학회(강희원 집필 부분), 「노동판례백선」, 박영사, 2015, 95-97면 참고. 같은 견해로 이철수, 「노동법」, 현암사, 2023, 143면 역시 근로조건의 대등결정 원칙(제4조)에 반하는 결과라고 평가한다.

11) 취업규칙은 근로자를 보호하기 위하여 작성을 강제하고 이에 법규범성을 부여한 것이므로 취업규칙의 작성·변경 권한은 기본적으로 사용자에게 있다고 본다.

라는 법의 취지에 반한다고 한다.[12)]

대법원판결은 법리적 · 실무적으로 문제 소지가 있다. 첫째, 대법원판결은 취업규칙의 불리한 변경 시 집단적 동의를 얻도록 한 근기법의 규정과 맞지 않는다.[13)] 이는 강행규정을 근로자에게 불리하게 해석한 것으로 근기법의 취지와도 맞지 않는다. 둘째, 대상판결의 태도는 실무적으로 혼란을 초래할 수 있다. 사업장 내부에 여러 개의 취업규칙이 존재하여 관리상 어려움이 예상되고, 근로자들이 자신에게 적용되는 취업규칙을 적정하게 파악하지 못하여 불이익을 받을 수 있다. 마지막으로 취업규칙의 법적 성격을 규범으로 보는 대법원 입장에 반하고, 근로조건을 일률적으로 정하는 취업규칙 제도의 기능과 목적에도 부합하지 않는 측면이 있다.[14)]

Ⅳ. 결론

과거 판례는 집단적 동의 없이 변경된 취업규칙은 무효이므로 종전 취업규칙이 모든 근로자에게 적용된다고 보았으나, 대상판결은 변경 후에 입사한 근로자에게는 변경된 취업규칙이 적용된다고 입장을 변경했다. 이에 따르면, 현재 법규적인 효력을 갖는 취업규칙은 변경된 취업규칙이지만, 기존근로자에게는 기득 이익 침해의 효력이 미치지 않는 범위에서 종전 취업규칙이 적용되며, 변경 후에 입사한 근로자에게는 변경된 취업규칙이 적용된다. 대상판결은 **취업규칙의 규범성과 일률적 적용 측면에서 입사 시점을 기준으로 분리 적용되는 관계를 설명하는데 난점**이 있다. 실무적으로도 이러한 사례를 접하기는 어렵다. 취업규칙이 분화되면 관리상의 어려움이 발생하고, 분리된 집단이 동종 · 유사한 업무를 수행하는 경우 차별 문제가 제기될 소지가 있으며, 법리적 문제 외에도 임금체계 설정 등과 관련된 조직 관리 문제와 연결될 수 있기 때문이다.[15)] 대상판결은 사용자에게 작성 및 변경 권한이 있는 취업규칙의 특성과 기능을 강조한, 취업규칙 제도 특유의 법리라고 이해할 수 있다.

---

12) 김형배 · 박지순, 「노동법강의」, 신조사, 2023, 158-158면.
13) 사용자는 불리한 변경 문제가 발생할 때마다 재직 중인 근로자의 동의 절차를 무시하고, 취업규칙 개정을 단행하여 신규 근로자의 근로조건을 정하려고 할 수 있다. 이 경우, 근로자 보호를 위하여 집단적 동의를 얻도록 한 규정이 작동하지 않게 된다.
14) 이재현, "현행 취업규칙 제도의 기능적 한계와 개선방안", 「원광법학」(제40권 제4호), 2024, 202면.
15) 이재현, "현행 취업규칙 제도의 기능적 한계와 개선방안", 「원광법학」(제40권 제4호), 2024, 199면.

[39] 부당노동행위에 있어서 원청회사의 사용자성
(대법원 2010. 3. 25. 선고 2007두8881 판결)

기초지식

☑ 조선업은 중층적인 하도급 구조를 갖고 있으며, 상당수의 작업이 원청 사업장 내에서 진행되는 특성이 있음

☑ 원청은 전체 공정에 대한 책임과 감독을 지며, 그 외 시설 출입 등에 대한 관리권도 보유하고 있음. 이에 따라 원청의 하청 근로자에 대한 지배력 · 영향력이 존재하는 경우가 있음

☑ 실질적 지배력에 관한 논의는 노란봉투법 제정 논의와 연결되어 현재 노동법에서 가장 중요하고 핵심적인 쟁점이라고 할 수 있음

Ⅰ. 논의의 배경과 쟁점

우리나라 제조업의 생산은 원-하청 방식으로 이루어지는 경우가 많다. 이 경우 원청과 하청은 독자적인 회사지만, 하청이 원청 사업장 내에서 작업을 하는 경우(사내하청) 업무 수행, 산업안전, 기타 관리 등에 있어서 일정한 관련성을 보일 수 있다.[1] 이러한 상황에서 원청이 하청 근로자에게 직접적인 업무지시를 한 것으로 인정된다면 개별적 근로관계에서 묵시적 근로계약관계나 불법파견 문제가 발생할 수 있다. 집단적 노사관계에서 하청 근로자들이 노동조합을 조직한 경우, 노조법상 사용자는 원칙적으로 하청이 된다. 하지만 원청 사용자가 집단적 노사관계 또는 하청 근로자의 근로조건의 결정과 관련하여 일정한 지배력을 갖는 것으로 평가되는 경우, 원청 사용자에게 노조법상 책임을 물을 수 있을지가 문제가 된다.

대상판결은 원청 사용자의 부당노동행위 인정에 관한 것이나, 최근 단체교섭에 관한 논쟁 및 법적 판단도 함께 진행 중이며, 이를 규율하기 위한 노조법 개정안(노란봉투법)도 발의된 상황이다.

---

1) 예를 들어, 전체 업무공정을 관리 감독하고 있는 상황에서 하청업체에 공정속도를 올리도록 요청하면, 하청 근로자의 업무강도나 시간이 증가할 수 있다. 산업안전이나 시설관리에 대한 강화는 하청근로자가 지켜야 할 의무의 수준과 내용을 늘리게 된다.

Ⅱ. 대상판결 분석

1. 사실관계

원고 A중공업은 선박건조 및 수리판매업 등을 영위하는 회사이고, 소외 회사들은 원고 회사의 각 사내 협력업체이다. 피고 보조참가인 A중공업 사내하청노조는 원고 회사 사내 협력업체 소속 근로자를 조합원으로 하여 설립한 노동조합이고, 나머지 피고 보조참가인은 조합원으로서 사내 협력업체 소속이다. 소외 협력업체들은 폐업 또는 사업부를 폐지하였다.2) 이에 참가인과 참가인 조합은 사내 협력업체들은 원고 회사로부터 경영상 독립성이 없는 회사로서 원고 회사가 실질적으로 참가인들의 사용자이고, 원고 회사는 참가인들이 조합원으로 활동하였다는 이유로 위 협력업체들을 폐업시키는 등의 방법으로 참가인들을 해고하였으며, 이는 불이익 취급의 및 지배・개입의 부당노동행위에 해당한다고 주장했다.

원고 회사와 협력업체 사이의 공사도급 기본계약은 감독의 의무 및 공사감독,3) 종업원,4) 안전관리, 지체상금, 준공검사, 회사 지급 자산에 대한 보상, 계약보증금 등에 대하여 규정하였다. 계약은 선박의 블록 등 업무 부분과 공정별로 이루어졌고, 도급대금은 예상 투입시간을 근거로 한 예상물량에 도급단가를 곱하여 정했다.5) 협력업체는 근로자를 스스로 채용하였으나 원고 회사가 방위산업체인 관계로 출입증 발급은 원청이 담당하였다. 협력업체 근로자는 직영근로자와 함께 또는 각 협력업체 소속 근로자끼리 한 조를 이루어서 작업을 하는데, 원고 회사의 공정관리자가 업무 수행을 감독 및 독려했고, 원고 회사의 안전관리자가 감독하였다. 원고 회사는 협력업체에 사무실을 제공했으나 비용을 받지는 않았고, 도구, 소모품, 작업복, 신발 등을 제공하거나 후생시설을 제한 없이 사용하도록 하였다. 협력업체는 원고 회사와 별도로 운영되며 임금 지급체계 등을 갖추고 있었다.

부산지노위는 원고가 참가인들의 사용자가 아니라는 이유로 위 신청을 모두 각하하였고, 중노위는 지배・개입의 부당노동행위 구제신청을 인정했다.

---

2) 노동위원회 사건 진행 중에 폐업한 경우도 있었다.

3) "협력업체 소속종업원의 출근 절차, 음주, 질서, 근무기강 및 관리감독을 철저히 하여 공사의 질을 향상시켜야 하며, 원고 회사는 공사를 계약조건에 부합하도록 진행시키기 위하여 공사감독원을 임명하거나 원고 회사의 현장 담당 기사로 하여금 소정의 의무와 현장감독 및 기술습득에 임하게 한다. 다만, 이로 인하여 협력업체의 본 계약상의 의무나 책임을 경감 또는 면제하는 것은 아니다."

4) "협력업체는 해당공사를 담당할 기술과 경험이 있는 자가 아니면 본공사에 참여시킬 수 없으며 필요에 따라 원고 회사가 지정하는 자격시험에 합격한 자에 한하여 취업시킬 수 있고, 자기 종업원의 행위에 대하여 전 책임을 지며, 원고 회사는 본공사 시공 또는 관리상 부적당하다고 판정될 때에는 근로자의 교체를 요구할 수 있으며 협력업체는 이를 즉시 교체하여야 한다".

5) 표준인건비, 상여금, 퇴직금, 후생복지비, 사회보험료, 협력업체의 이윤, 작업의 난이도 등을 고려하였다.

2. 당사자의 주장

원고 회사는 노조법 제81조 제4호 소정의 지배·개입의 주체인 사용자는 근로자와 사이에 사용종속관계가 있는 자를 말하므로 원고는 위 법조 소정의 사용자에 해당하지 않으므로 부당노동행위 주체로서의 당사자적격이 없다고 주장했다. 또한, 원고 회사가 법조 소정의 사용자에 해당하더라도 협력업체들은 스스로의 판단에 따라 폐업하였을 뿐 여기에 원고 회사가 참가인들 및 참가인 조합이 노동조합을 조직, 운영하는 것을 지배·개입한 사실이 없다고 하였다.

이에 대하여 피고, 참가인들 및 참가인 조합은 원고 회사는 참가인들을 비롯한 사내 협력업체 소속 근로자에 대한 직접적인 인사관리를 하였고, 협력업체는 원고 회사에 인적, 자본적, 경영적 종속관계에 있어 사실상 독립성이 없는 회사이므로, 참가인들이 협력업체와 사이에 체결한 근로계약은 형식적·명목적인 것에 지나지 않고 참가인들은 사실상 원고 회사와 지배·종속적인 관계에서 원고 회사에게 근로를 제공한 것으로서 참가인들과 원고 회사 사이에는 묵시적인 근로계약관계가 성립한다고 주장했다. 또한, 묵시적인 근로계약관계가 아니라 하더라도 원고 회사는 참가인들의 근로관계에 대하여 실질적 영향력 내지 지배력을 가지고 근로자 및 노동조합의 자주적 단결활동에 영향을 미칠 수 있는 지위에 있는 자로서, 참가인들 및 참가인 조합의 단결 및 활동을 방해하기 위하여 협력업체의 물량을 조절하거나 도급계약 해지 등을 통해 협력업체의 폐업을 초래하였고 이에 협력업체가 참가인들을 해고하게 된 것이므로 이는 지배·개입의 부당노동행위에 해당한다고 하였다.

3. 하급심 법원의 판단

1심 법원[6]은 도급계약의 실질을 인정하여 사업주와 협력업체 소속 근로자 사이에 묵시적 근로계약관계의 성립을 부정했다. 다만, 원청 사업주는 노조법 제81조 제4호에서 정한 지배의 주체로서 사용자에 해당할 수 있고, 사내 협력업체들의 잦은 폐업에 직·간접적으로 관여한 사업주의 행위가 협력업체 소속 근로자들의 정당한 노조활동에 대한 지배·개입에 해당하여 부당노동행위라고 판단했다.

원심[7] 역시 일부 사실관계를 제외하고 1심과 동일한 취지로 판시했다.

---

6) 서울행정법원 2006. 5. 16. 선고 2005구합11968 판결.

7) 서울고등법원 2007. 4. 11. 선고2006누13970 판결.

4. 대법원판결

근로자의 기본적인 노동조건 등에 관하여 그 근로자를 고용한 사업주로서의 권한과 책임을 일정 부분 담당하고 있다고 볼 정도로 실질적이고 구체적으로 지배·결정할 수 있는 지위에 있는 자가, 노동조합을 조직 또는 운영하는 것을 지배하거나 이에 개입하는 등으로 노동조합 및 노동관계조정법 제81조 제4호에서 정한 행위를 하였다면, 그 시정을 명하는 구제명령을 이행하여야 할 사용자에 해당한다.

원고 회사가 참가인들을 포함한 사내 하청업체 소속 근로자들의 기본적인 **노동조건 등에 관하여 고용사업주인 사내 하청업체의 권한과 책임을 일정 부분 담당하고 있다고 볼 정도로 실질적이면서 구체적으로 지배·결정할 수 있는 지위**에 있다고 보고,[8] 사내 하청업체의 사업 폐지를 유도하는 행위 및 그로 인하여 노동조합의 활동을 위축시키거나 침해하는 지배·개입 행위를 한 원고 회사를 법 제81조 제4호 소정의 부당노동행위의 시정을 명하는 구제명령을 이행할 주체로서의 사용자에 해당한다고 판단한 원심의 판단은 정당하고, 법리오해의 위법이 없다.

원청회사가 개별도급계약을 통하여 사내 하청업체 근로자들의 기본적인 노동조건 등에 관하여 고용사업주인 사내 하청업체의 권한과 책임을 일정 부분 담당하고 있다고 볼 정도로 실질적이면서 구체적으로 지배·결정할 수 있는 지위에 있고 **사내 하청업체의 사업폐지를 유도하는 행위와 그로 인하여 사내 하청업체 노동조합의 활동을 위축시키거나 침해하는 지배·개입 행위**를 하였다면, 원청회사는 노동조합 및 노동관계조정법 제81조 제4호에서 정한 부당노동행위의 시정을 명하는 구제명령을 이행할 주체로서의 사용자에 해당한다.

원고 회사가 사업폐지를 유도하는 행위와 이로 인하여 참가인 조합의 활동을 위축시키거나 침해하는 지배·개입 행위를 하였다고 판단[9]한 원심은 정당하다.

---

8) "① 원고 회사가 공정의 원활한 수행 및 품질관리 등을 위해서 사내 하청업체 소속 근로자들이 해야 할 작업 내용 전반에 관하여 직접 관리하고 있었고, 또 개별도급계약을 통하여 작업 일시, 작업 시간, 작업 장소, 작업 내용 등에 관하여 실질적·구체적으로 결정하는 등 원고 회사가 작업시간과 작업 일정을 관리·통제하고 있기 때문에 근로자들이 노동조합의 총회나 대의원대회 등 회의를 개최하기 위하여 필요한 노조활동 시간 보장, 노조간부의 유급 노조활동시간 보장 등에 대하여 실질적인 결정권을 행사하게 되는 지위에 있는 점, ② 사내 하청업체는 위와 같은 작업 일시, 장소, 내용 등이 개별도급계약에 의해 확정되기 때문에 사실상 이미 확정되어 있는 업무에 어느 근로자를 종사시킬지 여부에 관해서만 결정하고 있던 것에 지나지 않았던 점, ③ 사내 하청업체 소속 근로자는 원고 회사가 제공한 도구 및 자재를 사용하여 원고 회사의 사업장 내에서 작업함으로써 원고 회사가 계획한 작업 질서에 편입되고 원고 회사 직영근로자와 함께 선박건조업무에 종사하고 있었던 점, ④ 작업의 진행방법, 작업시간 및 연장, 휴식, 야간근로 등에 관하여서도 위 근로자들이 실질적으로 원고 회사 공정관리자(직영반장이나 팀장)의 지휘·감독하에 놓여 있었던 점 등을 종합하여"

Ⅲ. 판결의 주요 쟁점

1. 원청 사용자의 부당노동행위 주체성

근로계약상 사용자(고용주)가 아닌 자가 단체교섭거부나 지배개입 등의 행위를 하여 노동3권의 행사에 방해가 된 경우에 구제명령의 대상이 될 수 있는지가 문제가 된다. 이 경우, 사용자성을 부인하고 구제명령을 할 수 없다고 하면 노동조합이나 그 구성원인 근로자에 대한 사용자의 노동3권 침해행위를 예방・제거하여 노동3권을 구체적으로 확보하고 정상적인 노사관계 질서를 유지・회복하려는 부당노동행위 구제제도의 취지가 몰각될 수도 있다.[10)]2010년 이전 대법원판결은 사용자의 노조법상 책임을 인정하기 위해서는 명시적 또는 묵시적인 근로계약 관계가 전제되어야 한다는 입장이었다. 하지만 대상판결은 직접적인 근로계약 관계에 있지 않은 원청 사용자도 부당노동행위 이행 주체가 될 수 있다고 판시하여 변화를 보였다.

대상판결은 '사업주'의 판단기준으로 지배력설을 취하였고, 근로계약상 고용주가 아닌 자도 고용주와 함께 노조법상 사업주가 될 수 있음을 분명히 하였으며, '일정 부분'이라는 표현을 통해 고용주 외의 사업주는 고용주와는 달리 부분적으로 지배력을 행사하는 것만으로도 충분히 부당노동행위의 주체로서 사용자가 될 수 있다는 점을 명시했다. 또한, 지배력의 정도가 '실질적'이고 '구체적'이어야 하고, 그 성격이 '고용주의 권한'과 유사할 것을 요구하고 있으나, 원청이 지배력을 가지는 대상으로 근로조건인 '작업시간, 휴식, 연장, 야간근로' 외에도 근로조건에 해당하지 않는 '노조 활동 시간 보장'이나 '노조 간부의 유급 노조 활동시간 보장'을 적시하고 있다는 점에서 지배력이 미치는 대상을 근로조건으로 한정하지 않았다.[11)]

---

9) "① 참가인 A중공업 사내하청노동조합은 창립총회를 거쳐 노동조합설립신고증을 교부받았는데, 원고 회사는 사내하청업체 대표로 조합원을 사업장에서 근무하지 못하도록 근무대기 하거나, 임원인 사실을 알려준 점, ② 원고 회사의 사내 하청업체는 대부분 원고 회사의 업무만 수행하고 있고, 원고 회사는 사내 하청업체에 대한 개별 도급계약의 체결 여부 및 물량을 그 계획에 따라 주도적으로 조절할 수 있는데다가 그 외에도 도급계약의 해지, 사내 하청업체 등록해지 권한을 가지고 있는 등 사내 하청업체에 대하여 우월적 지위에 있었던 점, ③ 원고 회사가 사내 하청업체에게 소속 근로자가 원고 회사에서 유인물을 배포하는 등 회사 운영을 방해하고 있다면서 계약해지 등의 경고를 한 점, ④ 사내 하청업체들이 경영상 폐업할 별다른 사정이 없음에도 참가인 조합 설립 직후에 참가인 근로자들이 참가인 조합 간부임이 드러나고 근로조건에 대한 협상요구를 받은 즉시 폐업을 결정한 것을 볼 때, 위 사내 하청업체들의 폐업이유는 참가인 조합의 설립 이외에 다른 이유가 없다고 보이는 점, ⑤ 사내 하청업체들의 폐업 결정은 사내 하청업체의 독자적인 결정이라고 보이지 않는 점, ⑥ 영세하고 정보력이 부족한 사내 하청업체들의 독자적인 능력만으로 폐업 및 직원모집, 회사설립 등의 복잡한 업무를 원고 회사의 운영에 아무런 차질이 없도록 위와 같이 신속하게 진행할 수 있었다고는 보이지 않는 점 등을 종합하여 볼 때,"

10) 임종률・김홍영, 「노동법」, 박영사, 2024, 276면.

대상판결 이후의 해석론은 대체로, 원청의 사용자성 인정과 관련해서 지배 · 개입 부당노동행위 주체로서 사용자와 단체교섭 당사자로서의 사용자의 범위는 달리 보아야 한다는 견해(구별설)와 모든 부당노동행위의 유형에 대하여 동일한 사용자 개념이 적용되어야 한다는 견해(동일설)로 나누어져 있고, 하급심 판결도 양분되어 있다.[12)]

2. 실질적 지배력

'원청 사업주가 하청 근로자로 조직된 노동조합의 단체교섭 상대방으로서 사용자인지'는 최근 집단적 노사관계의 주요 쟁점이다. 선행 연구의 흐름을 살펴보면, 집단적 노사관계에 관한 사용자 범위 확대나 실질적 지배력 인정 가능성에 관한 논의가 점진적으로 진행되어 오다가 최근 중노위 판정과 법원 판결을 계기로 확산되는 추세다. 주요 쟁점으로는 ① 실질적 지배력 개념의 범위와 한계, ② 부당노동행위와 단체교섭 의무 주체의 동일 또는 구별 문제, ③ 원청 사업주를 집단적 노사관계의 당사자로 인정함으로써 발생할 수 있는 노조법 상 개별 제도의 적용과 조율 문제 등이 있다.[13)]

대상판결이 언급한 실질적 지배력, 즉 **노동조건 등에 관하여 고용사업주인 사내 하청업체의 권한과 책임을 일정 부분 담당하고 있다고 볼 정도로 실질적이면서 구체적으로 지배 · 결정할 수 있는 지위 개념**은 원 · 하청 간 집단적 노사관계에 있어서 매우 중요한 쟁점이 되고 있다. 이를 바탕으로 원청회사의 하청노동조합에 대한 단체교섭 의무가 확정되고, 하청근로자의 근로조건이 결정되며, 위반 시 부당노동행위 형사 책임을 질 수 있기 때문이다. 또한, 근로계약을 전제로 단체교섭 등 권리의무관계를 정하는 종래 체계에서 완전히 벗어나, 집단적 노사관계의 권리 · 의무관계를 원 · 하청 관계로 확장하는 출발점이 된다. 하지만, 현행 법률에는 이와 관련된 내용이 규정되어 있지 않아 신중한 접근이 필요하다. 노조법상 다른 제도와의 관계를 정밀하게 조율하거나, 입법자의 최소한의 의사를 추정하는 절차가 생략된 채, 곧바로 새로운 차원의 법률을 생성하는 것이 될 수 있기 때문이다.[14)] 최근 개정 논의가 이루어지고 있는 노조법 개정안(노란봉투법)은 실질적 지배력과 관련된 내용을 담고 있다.

---

11) 노동법실무연구회(권두섭 · 이병희 집필 부분), 「노동조합 및 노동관계조정법 주해Ⅰ」, 박영사, 2023, 359면.
12) 노동법실무연구회(권두섭 · 이병희 집필 부분), 「노동조합 및 노동관계조정법 주해Ⅰ」, 박영사, 2023, 359-362면 참고.
13) 이재현, "원청 사용자와 하청 근로자 간 단체교섭 대상 사항으로서 산업안전보건 의제", 「영남법학」(제57호), 2023, 238면.
14) 김희성 · 이재현, "단체교섭에 있어서 원청의 사용자성에 관한 연구(Ⅱ), 「사회법연구」(제53호), 2024, 94면.

Ⅳ. 결론

대상판결은 근로자의 기본적인 노동조건 등을 실질적이고 구체적으로 지배·결정할 수 있는 지위에 있는 자가 근로자의 노동조합 조직 또는 운영을 지배하거나 개입하는 행위를 한 경우, 부당노동행위 구제명령의 대상인 사용자에 해당한다는 전제에서, 원청회사가 사내 하청업체 소속 근로자들의 기본적인 노동조건 등에 관하여 고용사업주인 사내 하청업체의 권한과 책임을 일정 부분 담당하고 있다고 볼 정도로 실질적·구체적으로 지배·결정할 수 있는 지위에 있고, 사내 하청업체의 사업 폐지를 유도하고 그로 인하여 사내 하청업체 노동조합의 활동을 위축시키거나 침해하는 지배·개입행위를 하였다면, 원청회사는 부당노동행위 구제명령의 대상인 사용자에 해당한다고 판단했다.

부당노동행위 제도는 근로자와 노동조합의 헌법상 기본권인 노동3권을 보장하는 것으로 이를 침해하는 주체는 계약의 직접 상대방인 사용자 외에 이들의 관계에 영향을 미칠 수 있는 자도 포함될 여지가 있다. 대상판결은 이러한 전제에서 원청이 하청업체와 하청노동조합 간의 집단적 노사관계에 부당하게 개입하거나 영향을 미쳐서는 안 된다는 기준과 원칙을 제시한 것으로 이해할 수 있다.

한편, 원청 사용자를 하청 노동조합의 단체교섭 상대방으로 인정하는 하급심 법원의 판결 및 이러한 구조를 법으로 명시하는 노조법 개정안(노란봉투법) 관련 논의가 진행 중이다.

[40] 유니온 샵 협정의 효력 제한

(대법원 2019. 11. 28. 선고 2019두47377 판결)

기초지식

☑ 조직강제 또는 단결강제 조항은 노동조합이 자신의 조직력을 강화하는 내용을 사용자와 단체협약으로 체결하는 것을 의미하며, 현행 노조법상 유니온 샵이 인정됨

☑ 복수노조 설립 허용 이후 유니온 샵의 적용 및 해석과 관련된 분쟁이 증가하는 추세

Ⅰ. 논의의 배경과 쟁점

현행 노조법상 노동조합은 조합원의 수에 따라 법상 지위가 강화되는데, 과반수 노동조합의 경우 근기법상 근로자대표로서 근로자의 근로조건에 관한 동의 권한을 가지고, 노조법상 교섭창구 단일화 과정에서 교섭대표노조의 지위를 획득하게 된다. 현행 노조법은 이에 더해서 사업장의 조직대상 근로자 2/3 이상이 가입한 노동조합이 단체협약에 조직강제 또는 단결강제에 관한 내용을 규정할 수 있도록 하고 있다. 문제는 해당 조항이 복수노조 체계 하에서 소수노조의 권리와 충돌할 수 있다는 점이다. 노조법은 이 문제를 해소하기 위하여, "근로자가 그 노동조합에서 제명된 것 또는 그 노동조합을 탈퇴하여 새로 노동조합을 조직하거나 다른 노동조합에 가입한 것을 이유로 근로자에게 신분상 불이익한 행위를 할 수 없다."라고 규정하고 있지만(제81조 제1항 2호 단서), 해당 규정에 온전하게 포섭되지 못하는 상황도 존재할 수 있다. 대상판결은 제명이나 탈퇴가 아닌 신규 입사자가 소수노조를 선택한 경우, 유니온 샵 협정 해석에 관하여 판시했다.

Ⅱ. 대상판결 분석

1. 사실관계

원고는 제주도에서 약 260명의 근로자를 고용하여 여객운송업을 하는 회사다. 전국자동차노동조합연맹 제주지역 자동차노동조합은 제주도 지역 운전직 근로자를 조직대상으로 하는

지역단위 노동조합(조합원 수 약 600명)이고, 2004. 6. 원고 회사에 A지부(조합원 수 약 250명)를 설치했다. 자동차노동조합은 원고 회사의 유일한 노동조합으로서 2016. 3. 원고 회사와 단체협약을 체결하였다. 단체협약 제2조는 '제3조에 규정한 자(승무원직 근로자 이외의 근로자)를 제외하고는 채용과 동시에 자동으로 조합원이 되고, 원고 회사는 조합원에 한하여 근무시킨다. 원고 회사는 노동조합에 가입하지 않은 근로자를 면직시켜야 한다'라고 규정하고 있다. 당시 원고 회사 근로자는 총 72명이었고, 그중 운전기사 64명은 모두 제주지역 자동차노동조합에 가입하였다.

전국운수산업 민주버스노동조합은 운수산업에 종사하는 근로자를 조직대상으로 하는 전국단위 산업별 노동조합(조합원 수 약 300명)이고, 2017. 12. 원고 회사에 B여객지회(조합원 수 약 20명)를 설치했다.

이 사건 근로자들은 원고 회사에 입사한 후 제주지역 자동차노동조합에 가입하지 않고, 소외 1, 2, 3은 2017. 12. 18. 민주버스노동조합에 가입하였다. 이에 자동차노동조합 A지부는 단체협약에 따라 12. 21. 까지 이 사건 근로자들 등을 면직할 것을 촉구하였다. 원고 회사는 12. 26. 인사위원회를 개최하여 이 사건 근로자들을 12. 29. 자로 면직하기로 결정하고, 이 사건 근로자들에게 '유니온 샵 협정에 따른 면직'을 통보하였다. 제주지노위는 2018. 2. 20. 이 사건 면직 통보가 정당하다는 취지로 위 부당해고 구제신청을 기각했다. 반면, 중노위는 이 사건 근로자들이 민주버스노동조합 B지부에 가입했음에도 이 사건 유니온 샵 규정의 '조합원'을 제주지역 자동차노동조합의 조합원만을 의미한 것으로 잘못 해석하여 이를 근거로 한 이 사건 면직 통보는 정당성이 없어 부당하다는 재심 판정을 하였다.

2. 당사자의 주장

원고 회사는 이 사건 유니온 샵 규정은 복수노조 체제 하에서 예외적으로 제한적 조직강제를 허용한 노조법 제81조 제2호 단서에 근거하여 마련된 것이므로, 복수노조를 허용한 현행 노조법의 취지에 반하지 않고, 노조법 제81조 제2호 단서가 복수노조 체제 하에서 위헌이라고 볼 근거도 없다고 주장했다. 따라서 원고 회사가 제주지역 자동차노동조합에의 가입을 거부한 이 사건 근로자들에 대하여 한 면직 통보는 유니온 샵 규정에 따른 것으로서 정당하다고 주장했다.

3. 하급심 법원의 판단

1심 법원[1]은 이 사건 유니온 샵 규정은 노조법 제81조 제2호 단서에 근거하여 유효하고, 근로자의 단결 선택권을 침해하지 않고 평등원칙에도 위배되지 않는다고 판단했다.[2]

반면, 원심[3]은 근로자의 노동조합 선택권 또는 새로운 노동조합 단결권까지 고려해야 하는 점, 탈퇴한 근로자가 새로운 노동조합을 설립하기 위하여 조합원 모집 등 준비를 하고 상당한 기간 내에 설립이 예상되는 경우도 고려할 필요가 있는 점, 복수노조를 인정하는 이상 근로자의 노동조합 결성권이나 선택권도 인정되는 점, 노동조합의 집단적 단결권을 보장하기 위하여 조직 강제가 필요한 경우에도 근로자의 단결선택권이나 생존권의 본질적 부분을 침해할 수 없는 점, 원고들이 면직 통보를 받은 시점에는 이미 민주버스노동조합에 가입되어 있었던 상태이므로 노조법 81조 제2호 단서의 다른 노동조합에 가입한 것을 이유로 신분상 불이익한 행위를 한 경우에 해당하는 점, 다수의 소수에 대한 제한은 다수와 소수의 교체 가능성이 보장되어야 정당한데 소수노조의 결성이나 선택이 지배적 노동조합에 대한 가입을 전제로 보장될 근거가 없는 점을 들어 부당해고라고 판단했다.

4. 대법원판결

헌법, 노조법, 근로기준법 등 관련 법령의 문언과 취지 등을 함께 고려하면,[4] 근로자에게는 단결권행사를 위해 가입할 노동조합을 스스로 선택할 자유가 헌법상 기본권으로 보장되고, 나아가 근로자가 지배적 노동조합에 가입하지 않거나 그 조합원 지위를 상실하는 경우 사용자로 하여금 그 근로자와의 근로관계를 종료시키도록 하는 내용의 **유니온 샵 협정**이 체결되었다 하더라도 지배적 노동조합이 가진 단결권과 마찬가지로 유니온 샵 협정을 체결하지 않은 다른 노동조합의 단결권도 동등하게 존중되어야 한다. 유니온 샵 협정이 가진 목적의 정당성을 인

1) 서울행정법원 2018. 11. 20. 선고 2018구합60318 판결.
2) 구체적으로 이 사건 법률조항은 복수노조 체제 하에서도 노동조합에 적극적으로 가입할 의사가 없는 근로자로 하여금 일단 지배적 노동조합에 가입하도록 함으로써 노동조합 조직을 유지 · 강화하고, 단일하고 결집된 교섭능력을 증진시켜 궁극적으로 근로자 전체의 지위 향상에 기여하고, 다른 노동조합을 조직하거나 다른 노동조합에 가입할 적극적 의사가 있는 근로자로 하여금 일단 지배적 노동조합에 가입한 후 탈퇴하여 다른 노동조합을 조직하거나 다른 노동조합에 가입할 수 있도록 하는 등, 앞서 본 바와 같이 개별 근로자의 단결선택권을 침해한다고 볼 수 없다고 하였다.
3) 서울고등법원 2019. 6. 13. 선고 2019누30302 판결.
4) 헌법 제33조 제1항, 제11조 제1항, 제32조 제1항 전문, 노조법 제5조 본문 및 제81조 제2호 본문, 근기법 제23조 제1항을 근거로 제시했다.

정한다고 하더라도, 지배적 노동조합이 체결한 유니온 샵 협정은 사용자를 매개로 한 해고의 위협을 통해 지배적 노동조합에 가입하도록 강제한다는 점에서 **그 허용 범위가 제한적**일 수밖에 없다.

이러한 점들을 종합적으로 고려하면, 근로자의 노동조합 선택의 자유 및 지배적 노동조합이 아닌 노동조합의 단결권이 침해되는 경우에까지 지배적 노동조합이 사용자와 체결한 유니온 샵 협정의 효력을 그대로 인정할 수는 없고, 유니온 샵 협정의 효력은 근로자의 노동조합 선택의 자유 및 지배적 노동조합이 아닌 노동조합의 단결권이 영향을 받지 아니하는 근로자, 즉 어느 노동조합에도 가입하지 아니한 근로자에게만 미친다고 보아야 한다. 따라서 신규로 입사한 근로자가 노동조합 선택의 자유를 행사하여 지배적 노동조합이 아닌 노동조합에 이미 가입한 경우에는 유니온 샵 협정의 효력이 해당 근로자에게까지 미친다고 볼 수 없고, **비록 지배적 노동조합에 대한 가입 및 탈퇴 절차를 별도로 경유하지 아니하였다고 하더라도** 사용자가 유니온 샵 협정을 들어 신규 입사 근로자를 해고하는 것은 정당한 이유가 없는 해고로서 무효로 보아야 한다.

Ⅲ. 판결의 주요 쟁점

1. 조직강제와 유니온 샵 협정

근로자가 노동조합의 조합원이 될 것을 강제하는 단체협약상의 제도를 '조직강제' 또는 '단결강제'라 한다.[5] 조직강제는 일반적 조직강제와 제한적 조직강제로 나뉜다. 이는 단체협약으로 근로자에게 노동조합에 가입할 의무를 부담시킨다는 점에서는 동일하지만, 가입해야 할 노동조합이 특정되는지에 따른 구분이다.[6]

조직강제의 종류는 ① 이미 노동조합에 가입하고 있는 기존 조합원이 아니면 사용자가 고용할 수 없는 closed shop, ② 사용자에 의하여 고용된 근로자는 일정한 기간 내에 노동조합에 가입해야 하고, 일정 기간 내에 조합에 가입하지 않거나 가입한 조합으로부터 제명 또는 탈퇴하면 사용자가 그 근로자에게 해고 등 일정한 불이익을 주어야 하는 union shop, ③ 노동조합으로부터 조직근로자를 탈퇴할 수 없도록 하고, 만약 근로자가 조합을 탈퇴하는 경우에는 사

5) 임종률 · 김홍영, 「노동법」, 박영사, 2024, 75면.
6) 이철수, 「노동법」, 현암사, 2023, 26면.

용자로 하여금 그 근로자를 해고하도록 하는 maintenance shop, ④ 사용자가 연대금을 지급하는 비노조합원만을 채용할 수 있도록 하는 agency shop 등이 있다.[7)] 현행 노조법은 유니온 샵만을 인정하고 있다.[8)] 사용자는 협정의 문언에 해당하는 사유가 발생하면 해당 근로자를 해고해야 한다. 다만, 유니온 샵 협정에 따라 해고의 대상이 되는 근로자에 대하여 본인이 협정의 결과를 인식하고 자신의 거취를 결정할 시간적 여유도 없이 해고하는 것, 또는 근로자가 사용자 또는 노동조합으로부터 해고의 위험성에 관한 경고를 받자 지체없이 노동조합에 가입했음에도 해고하는 것은 권리남용으로서 부당한 해고가 된다.[9)]

2. 복수노조 하 신규 가입 근로자에 대한 유니온 샵 적용 문제

복수노조제도가 시행(2011. 7. 11.)되고 있는 현 체제 하에서 유니온 샵 제도가 그대로 유지될 수 있는지에 대해서 의문이 제기되고 있다. 노조법 제81조 제2호가 제한적 조직강제를 인정하는 것이라면 보다 민주적이고 자주적이며 근로자의 지지를 받을 새로운 노동조합의 설립을 적극적으로 장려하는 복수노조 제도의 취지에 어긋나는 측면이 있기 때문이다.[10)]

조직강제는 근로자의 단결하지 아니할 자유와 노동조합의 적극적 단결권이 충돌하는 지점이다. 특히, 제한적 조직강제는 특정 노동조합을 강제한다는 점에서 위헌성이 지적되고 있다.[11)] 근로자의 단결 선택의 자유는 중요한 헌법적 가치이므로 유니온 샵 협정과 관련된 법령

---

7) 김형배 · 박지순, 「노동법강의」, 신조사, 2023, 54-55면 참고.

8) **제81조(부당노동행위)** ① 사용자는 다음 각 호의 어느 하나에 해당하는 행위(이하 "不當勞動行爲"라 한다)를 할 수 없다.

2. 근로자가 어느 노동조합에 가입하지 아니할 것 또는 탈퇴할 것을 고용조건으로 하거나 특정한 노동조합의 조합원이 될 것을 고용조건으로 하는 행위. 다만, 노동조합이 당해 사업장에 종사하는 근로자의 3분의 2 이상을 대표하고 있을 때에는 근로자가 그 노동조합의 조합원이 될 것을 고용조건으로 하는 단체협약의 체결은 예외로 하며, 이 경우 사용자는 근로자가 그 노동조합에서 제명된 것 또는 그 노동조합을 탈퇴하여 새로 노동조합을 조직하거나 다른 노동조합에 가입한 것을 이유로 근로자에게 신분상 불이익한 행위를 할 수 없다.

9) 임종률 · 김홍영, 「노동법」, 박영사, 2024, 77-78면 참고.

10) 김형배 · 박지순, 「노동법강의」, 신조사, 2023, 521면

11) 이와 관련된 판단으로 헌법재판소 2005. 11. 24.자 2002헌바95 전원합의체 결정. "근로자의 단결하지 아니할 자유와 노동조합의 적극적 단결권(조직강제권)이 충돌하게 되나, 근로자에게 보장되는 적극적 단결권이 단결하지 아니할 자유보다 특별한 의미를 갖고 있고, 노동조합의 조직강제권도 이른바 자유권을 수정하는 의미의 생존권(사회권)적 성격을 함께 가지는 만큼 근로자 개인의 자유권에 비하여 보다 특별한 가치로 보장되는 점 등을 고려하면, **노동조합의 적극적 단결권은 근로자 개인의 단결하지 않을 자유보다 중시**된다고 할 것이고, 또 노동조합에게 위와 같은 조직강제권을 부여한다고 하여 이를 근로자의 단결하지 아니할 자유의 본질적인 내용을 침해하는 것으로 단정할 수는 없다. 이 사건 법률조항은 단체협약을 매개로 하여 특정 노동조합에의 가입을 강제함으로써 **근로자의 단결선택권과 노동조합의 집단적 단결권(조직강제권)이 충돌**하는 측면이 있으나, 이러한 조직강제를 적법 · 유효하게 할 수 있는 노동조합의 범위를 엄격하게 제한하고 지배적 노동조합의 권한남용으로부터 개별근로자를 보호하기

및 단체협약의 해석은 단결 선택의 자유와 적극적 단결권 모두를 조화롭게 존중하는 기초 위에 행해져야 한다.[12)]

신규 입사한 근로자가 단서 후단의 제명 또는 탈퇴 절차 없이 소수노조에 곧바로 가입한 경우에 유니온 샵 협정의 효력이 미치는지가 문제가 된다. 대상판결과 다수설은 부정적으로 해석하는데, 유니온 샵 협정으로 근로자의 노동조합 선택의 자유와 소수노조의 단결권이 침해되어서는 안 되기 때문이다.[13)] 판결의 원심이 지적한 바와 같이 복수노조 하에서 **근로자의 노동조합 결정권이나 선택권도 존중**되어야 하고, **다수와 소수의 교체 가능성과 공정한 경쟁**이 보장받아야 한다는 점에서 복수노조 사업장에 입사한 근로자는 어느 노동조합에 가입할 것인지를 선택할 수 있는 기회와 시간적인 여유를 보장받을 필요가 있다.

Ⅳ. 결론

대상판결은 복수노조 하에서 유니온 샵 협정이 체결되었다고 하더라도 근로자에게 노동조합을 스스로 선택할 자유가 보장된다고 판단했다. 즉, 유니온 샵 협정이 체결되었다 하더라도 유니온 샵 협정을 체결하지 않은 다른 노동조합의 단결권도 동등하게 존중되어야 하고, 근로자의 노동조합 선택의 자유 및 지배적 노동조합이 아닌 노동조합의 단결권이 침해되는 경우까지 유니온 샵 협정의 효력을 그대로 인정할 수 없다고 판시했다. 이에 따르면, 유니온 샵 협정의 효력은 어느 노동조합에도 가입하지 아니한 근로자에게만 미친다고 해석된다.

사업장에 복수노조가 설립된 경우, 이들은 노동3권 행사를 위하여 서로 경쟁 관계에 있다. 이러한 상황에서 사업장에 새롭게 입사한 근로자에 노동조합을 선택할 기회가 부여되어야 하고, 판단과 선택에 필요한 일정한 시간적인 여유도 보장될 필요가 있다. 유니온 샵 협정이 체결된 경우라 하더라도 본인의 의사와 맞지 않는 다수노조를 일단 선택하도록 했다가 탈퇴 후 소수노조로 이동하게 하는 것은 소수노조의 노동3권 보장을 저해할 수 있고, 시간과 비용 측면에서 효율적이지 않으며, 서로 생각과 목적을 같이하는 사람들이 모이는 단결체 또는 결사체의 구성원리에도 반할 수 있다.

위한 규정을 두고 있는 등 전체적으로 상충되는 두 기본권 사이에 합리적인 조화를 이루고 있고 그 제한에 있어서도 적정한 비례관계를 유지하고 있으며, 또 근로자의 단결선택권의 본질적인 내용을 침해하는 것으로도 볼 수 없으므로, 근로자의 단결권을 보장한 헌법 제33조 제1항에 위반되지 않는다."

12) 이철수, 「노동법」, 현암사, 2023, 26-28면 참고.

13) 이철수, 「노동법」, 현암사, 2023, 630면.

[41] 근무성적 불량 해고의 정당성

(대법원 2021. 2. 25. 선고 2018다253680 판결)

기초지식

☑ 저성과자는 경영학 분야의 인사관리 차원에서 중점적으로 연구되고 있음(PIP[1]) 등)

☑ 노동법의 영역에서는 저성과를 이유로 한 계약종료(해고)의 성격과 정당성에 관한 논의가 존재함

☑ 근무성적 불량은 근무 태만 등 비위행위를 기초로 한 징계해고와는 성격이 다르며, 원칙적으로 취업규칙 등의 근거를 필요로 함

Ⅰ. 논의의 배경과 쟁점

근로계약은 사용자가 임금을 지급하고, 근로자는 이에 대한 대가로 노무를 제공하는 계약이다. 근기법에 따라 업무 내용 등을 근로계약으로 정하도록 하고 있지만, 구체적인 업무 수행 방법 등은 사용자의 업무상 지휘 · 명령으로 결정된다. 이는 일의 완성을 목적으로 하는 「민법」상 도급계약과 차이가 있다.

> **근기법 시행령 제8조(명시하여야 할 근로조건)** 법 제17조제1항제5호에서 "대통령령으로 정하는 근로조건"이란 다음 각 호의 사항을 말한다.
> 1. 취업의 장소와 종사하여야 할 업무에 관한 사항
>
> **민법 제664조(도급의 의의)** 도급은 당사자 일방이 어느 일을 완성할 것을 약정하고 상대방이 그 일의 결과에 대하여 보수를 지급할 것을 약정함으로써 그 효력이 생긴다.

근로계약의 특성을 고려하면, 근로자의 업무능력의 부족은 그 자체로 근로계약을 지속할 수 없는 사유는 아니다. 사용자는 종속관계에 있는 근로자에게 업무상 지휘명령을 통해 업무 수행 방법을 지시할 수 있으므로 근로자의 저성과는 사용자의 책임이라고 평가할 여지도 있다. 다만, 해당 근로자가 충분히 낼 수 있는 업무 성과를 내지 못하고, 이를 위한 사용자의 교

1) Performance Improvement Program, 성과향상 프로그램.

육훈련 등 조치에도 불구하고 장기간 지속적으로 저성과를 내는 경우라면 근로계약을 유지할 수 없는 사유로 인정될 수 있다. 대상판결은 이러한 관점에서 저성과자의 해고에 대하여 판시했다.

Ⅱ. 대상판결 분석

1. 사실관계

피고는 선박 건조 및 수리 판매 등을 하는 회사이고, 원고1은 1999년 피고 회사에 입사하여 건설장비 생산관리부 과장으로 근무하던 중 2016. 9. 피고 회사로부터 근무성적 또는 능력이 현저하게 불량하여 직무를 수행할 수 없다는 사유로 해고처분을 받은 사람이고, 원고2는 1988년 피고 회사에 입사하여 생산 품질 지원부에서 과장으로 근무하던 중 2016. 8. 피고 회사로부터 근무성적 또는 능력이 현저하게 불량하여 직무를 수행할 수 없다는 사유로 해고처분을 받은 사람이다.

피고 회사는 2010년부터 2013년까지 직원들에 대하여 연 2회에 걸쳐 종합인사평가를 실시하였고, 2014년부터는 연 2회에 걸쳐 성과평가를 실시했다. 2010년부터 2016년 상반기까지 기간의 종합인사평가 결과 및 성과평가 결과를 종합하여 산정한 인사평가 점수 순위는 원고1의 경우 3,859명 중3,857위, 원고 2는 3,859명 중 3,859위에 해당한다. 피고 회사는 2012년부터 직무성과가 미흡한 직원을 대상으로 직무경고를 하고 있는데, 원고1은 2014~2016년 직무경고를 받았고, 원고2는 2013~2016에 4차례에 걸쳐 직무경고를 받았다. 피고 회사는 2012년부터 2014년까지 3년 동안의 종합인사평가 및 성과평가 결과를 기준으로 하위 2% 이내에 해당하는 저조한 직무역량을 보인 원고들을 포함한 과장급 이상 직원 65명을 대상으로 2015. 2. 부터 12. 까지 직무역량 향상 및 직무재배치를 위한 직무교육 등을 실시하였다. 피고 회사는 직무재배치 교육을 실시한 후 2016. 1. 경 원고1을 생산기획부서에, 원고 2를 생산품질지원부서에 각 직무 재배치하였다.

원고들이 위 각 부서에 직무재배치 된 이후 실시한 2016년 상반기 성과평가에서도 최저 등급인 D등급을 받자, 피고 회사는 원고들이 근무성적 또는 능력이 현저하게 불량하여 직무를 수행할 수 없다는 이유로 2016. 8. 원고2를, 2016. 9. 원고1을 각 해고하였다.

2. 당사자의 주장

원고들은 원고들이 피고 회사와 고용관계를 더 이상 지속하지 못할 정도로 회사에 손해를 끼치거나 운영에 중대한 장애를 끼치지 않았음에도 단지 저성과자에 해당한다는 이유로 해고할 수 없다고 주장했다. 또한, 피고 회사의 성과평가는 객관적이고 합리적인 기준에 따라 공정하게 이루어졌다고 보기 어렵고, 설령 공정하게 이루어졌다고 하더라도 성과평가 결과만으로 해고를 정당화할 수 있을 만큼 업무능력이 절대적으로 부족하다는 근거는 될 수 없으므로 해고처분은 무효라고 하였다. 나아가 피고 회사가 실시한 직무 재배치 교육은 원고들을 포함한 교육대상자를 퇴출시키기 위하여 실시한 형식적인 교육에 불과하여, 실질적인 직무역량 향상의 기회도 부여하지 않은 상태에서 해고처분을 한 것이므로, 무효라고 주장했다

이에 대하여 피고 회사는 공정하게 이루어진 원고들에 대한 인사평가 결과에 따라 원고들에 대한 해고 처분을 하였고, 직무재배치 교육은 원고들을 포함한 저성과를 보인 교육대상자들의 직무역량을 향상시키고, 향상된 직무역량에 들어맞는 직무를 부여하기 위하여 실시한 교육이며, 원고들에게 실질적인 직무역량 향상의 기회를 부여하였음에도 원고들의 직무역량이 향상되지 않자 부득이하게 원고들을 해고하게 된 것이므로, 해고처분은 정당하다고 주장했다.

3. 하급심 법원의 판단

1심 법원[2]은 취업규칙이 근무성적 또는 능력이 현저하게 불량하여 직무를 수행할 수 없다고 인정되는 경우 해고할 수 있도록 규정하고 있고, 이것이 근로기준법에 위배된다고 볼 사정이 없다고 판단했다. 이를 전제로 원고들에게 근무성적 또는 능력이 현저하게 불량하여 직무를 수행할 수 없음이 인정된다고 하였다.

원심[3]은 직무재배치 교육자 중에서 최종적으로 해고처분을 받은 것은 원고들 2명에 불과한 점, 결과에 대한 이의제기가 가능하고 임의로 대상자를 선정한 것으로 보기 어려운 점, 이것이 정리해고 수단으로 편법적으로 활용되었다고 볼 수 없는 점, 독서 및 소감문 작성 등이 업무능력 향상과 직접 관련되지 않았다고 평가할 여지가 있어 보이지만 해당 내용은 교육프로그램 중 일부에 불과하고 소양 향상이나 소통에 있어서 긍정적인 영향을 줄 수 있는 점에서 퇴출 프

2) 울산지방법원 2017. 12. 6. 선고 2016가합23515 판결.
3) 부산고등법원 2018. 7. 4. 선고 2017나59164 판결.

로그램이라고 단정할 수 없는 점, 창업 관련 교육이 직·간접적으로 희망퇴직을 권유 및 장려하는 효과가 있을 수 있지만 교육 중 극히 일부에 불과한 점, 직무재배치 교육과 교육 전·후의 업무 사이에 관련성이 있어 보이는 점 등을 근거로 동일한 취지로 판단했다.

4. 대법원판결

근기법 제23조 제1항은 사용자는 근로자에게 정당한 이유 없이 해고하지 못한다고 하여 해고를 제한하고 있다. 사용자가 취업규칙에서 정한 해고 사유에 해당한다는 이유로 근로자를 해고할 때에도 정당한 이유가 있어야 한다. 일반적으로 사용자가 근무성적이나 근무 능력이 불량하여 직무를 수행할 수 없는 경우에 해고할 수 있다고 정한 취업규칙 등에 따라 근로자를 해고한 경우, 사용자가 근로자의 근무성적이나 근무 능력이 불량하다고 판단한 근거가 되는 **평가가 공정하고 객관적인 기준에 따라 이루어진 것**이어야 할 뿐 아니라, 근로자의 근무성적이나 근무 능력이 다른 근로자에 비하여 상대적으로 낮은 정도를 넘어 **상당한 기간 동안 일반적으로 기대되는 최소한에도 미치지 못하고 향후에도 개선될 가능성을 인정하기 어렵다는 등 사회통념상 고용관계를 계속할 수 없을 정도인 경우**에 한하여 해고의 정당성이 인정된다. 이때 사회통념상 고용관계를 계속할 수 없을 정도인지는 근로자의 지위와 담당 업무의 내용, 그에 따라 요구되는 성과나 전문성의 정도, 근로자의 근무성적이나 근무 능력이 부진한 정도와 기간, 사용자가 교육과 전환배치 등 근무성적이나 근무 능력 개선을 위한 기회를 부여하였는지 여부, 개선의 기회가 부여된 이후 근로자의 근무성적이나 근무 능력의 개선 여부, 근로자의 태도, 사업장의 여건 등 여러 사정을 종합적으로 고려하여 합리적으로 판단하여야 한다.

피고가 실시한 2010년부터 2016년 상반기까지 기간의 인사평가 결과 전체 사무연구직 과장 이상 직원 3,859명 중 원고1의 경우 3,857위에 해당하고, 원고2의 경우 3,859위에 해당하는 저조한 업무수행실적을 보였다. 피고로부터 원고1은 2014년부터 2016년까지 3회, 원고2는 2013년부터 2016년까지 4회의 직무경고를 받는 등 장기간 실적이 상당한 정도로 부진하였다. 피고는 원고들에게 10개월 동안 이 사건 직무재배치 교육을 실시하고 교육을 마친 다음 원고들을 직무재배치하였으나, 직무재배치 이후에 실시된 2016년 상반기 다면평가에서 원고들의 업무역량이 부족하고, 원고들의 업무상 잘못으로 여러 차례 문제점이 발생하였다는 점이 지적되었다. 이러한 사정에 비추어 보면 원고들의 직무역량이 상대적으로 저조하였던 것이 아니라 **피**

고가 부여하는 직무를 수행하기에 실질적으로 부족하였던 것으로 보인다. 원고1은 직무재배치 이후에도 부서 공동업무에 대한 관심이 부족하고 업무능력을 습득하려는 의지가 부족하다는 평가를 받았다. 원고2는 직무재배치 교육 이전에도 여러 차례 업무향상계획서의 제출을 거부하는 등 업무능력 향상에 대한 열의가 없었으며, 직무재배치 이후에도 능력 부족과 개선 의지 부족이라는 평가를 받는 등 업무능력 향상 의지가 있다고 보기 어렵다.

Ⅲ. 판결의 주요 쟁점

1. 저성과자 관리

'저성과자'란 근로자가 반복하여, 하자 있는 급부 또는 불완전한 급부를 제공하거나 정상적인 작업 능력을 밑도는 열등한 급부를 제공하는 근로자를 말한다. 판례에 의하면 저성과자는 "해당 근로자에게 그의 직위와 보수에 비추어 일반적으로 기대되는 최저한의 실적에 미치지 못하는 자"다.[4] 즉, 저성과자는 근로자의 노력이나 의지와 관계없이 능력 부족이나 적격성 결여로 근무성적이 계속 불량한 자, 기업이 부과한 성과를 내지 못하거나, 낼 역량이나 의욕도 부족한 자를 말한다. 이에 저성과자를 가리키는 호칭은 실적 부진자, 근무성적이 불량한 자, 능력이 부족한 자, 근무태도가 불량한 자 등 개별 사건에 따라 다양한 용어를 사용하고 있다.[5]

저성과자 직원으로 인해 발생할 수 있는 피해는 추가업무에 따른 과도한 수준의 업무부담, 인간관계에서 발생하는 스트레스, 업무처리 지연에 따른 업무계획 차질, 무임승차자에 따른 근로의욕 및 사기 저하 등이 있다.[6] 사용자는 저성과자를 관리하기 위하여, 교육, 전환배치, 징계 등 다양한 수단을 동원하게 되는데 이는 사용자의 처분이므로 근기법 제23조의 정당성을 갖춰야 한다. 특히, 저성과를 이유로 해고를 단행할 경우, 해고의 정당성 요건 등이 문제가 된다.

2. 저성과를 이유로 한 해고

업무에 대한 적성에 흠이 있거나 직무능력이 부족하거나 근무성적이 불량한 경우는 근로제공의무의 불완전이행으로서 해고 사유가 될 수 있다. 직업상 요구되는 자격증이 없거나,

4) 서울고등법원 2016. 11. 2. 선고 2015나2056275 판결.
5) 주상철 · 이승길, "노동법상 저성과자 관리방안에 대한 법적 소고", 「노동법논총」(제37집), 2016, 480면.
6) 김병기, 「공공조직 저성과자 선정 관리에 미치는 영향요인에 관한 연구」, 한남대학교 박사학위논문, 2020, 73면.

직무상 요구되는 시험이나 검사의 불합격, 전문적 지식이나 기능의 부족 등이 이에 해당한다.[7]

업종에 따라서는 업무 실적이 현저하게 불량한 경우 업무 수행 능력의 결여로 인정될 수 있다. 예를 들어, 보험회사에서 자의적 기준이 아니라 여러 가지 객관적 사정을 참작하여 보험실적이 현저한 경우에 정당한 해고 사유로 인정한 판례가 있다(대법원 1991. 3. 27. 선고 90다카25420판결). 대상판결은 근무 능력 또는 성적이 불량하고 직무를 수행할 수 없는 경우에 해고할 수 있다고 정한 취업규칙에 따라 해고하는 경우, 근무 능력에 대한 평가가 공정하고 객관적인 기준에 따라 이루어져야 하고 해당 근로자의 근무 능력이 다른 근로자에 비하여 낮은 정도를 넘어 상당한 기간 동안 일반적으로 기대되는 최소한에도 미치지 못하고 향후에도 개선될 가능성을 인정하기 어렵다는 등 사회통념상 고용관계를 계속할 수 없을 정도에 이르러야 한다고 판시했다.[8] 업무처리 과정이 원활하지 않다는 등 사용자의 주관적 판단이나 감정에 따른 평가에 의한 해고 역시 부당하다.[9]

Ⅳ. 결론

사안에서 대상자들은 장기간 저성과를 받았고, 역량을 향상하기 위한 교육과정에 참여했음에도 업무역량 등이 개선되지 못한 것으로 평가되었다. 대상판결은 저성과자를 취업규칙 등에 따라 해고하려는 경우, 평가가 공정하고 객관적인 기준에 따라 이루어졌다는 전제에서 상당한 기간 동안 일반적으로 기대되는 최소한에도 미치지 못하고 향후에도 개선될 가능성을 인정하기 어렵다는 등 사회통념상 고용관계를 계속할 수 없을 정도인 경우에 한하여 해고의 정당성이 인정된다고 판시했다.

근로관계에서 저성과자에 대한 해고는 흔하게 발생하는 것은 아니지만, 경영상황에 따라서 필요한 경우도 있다. 다만, 저성과자에 대한 해고가 경영상 해고를 우회하는 수단으로 남용되어서는 안 되며, 객관적이고 공정한 기준을 설정 및 적용하는 노력이 필요하다.

---

7) 김형배 · 박지순, 「노동법강의」, 신조사, 2023, 234면.
8) 임종률 · 김홍영, 「노동법」, 박영사, 2024, 551면.
9) 이철수, 「노동법」, 현암사, 2023, 338면.

[42] 노동조합 대표자의 협약체결 권한

(대법원 2018. 7. 26. 선고 2016다205908 판결)

기초지식

☑ 노조법은 조합원 총회에서 단체협약에 관한 사항을 의결하도록 하는 한편, 단체협약의 체결 권한은 대표자에게 있다고 하여 조화로운 해석이 필요

☑ 통상 단체협약(안)이 마련되면, 이를 조합원 총회에서 의결하여 가결되면 그대로 체결하고 부결되면 재협상하는 것이 일반적임

Ⅰ. 논의의 배경과 쟁점

노조법은 단체협약에 관한 사항을 총회의 의결사항으로 규정하는 한편, 노동조합의 대표자가 단체협약을 체결할 권한이 있다고 규정하고 있다. 단체협약에 관한 사항이 총회의 의결사항이면서도 대표자에게 체결 권한이 주어져 있어 양자의 관계가 문제가 된다. 예를 들어, 총회에서 단체협약(안)을 의결하도록 단체협약에 규정한 경우, 이를 거치지 않거나 부결되었음에도 노동조합 대표자의 의지에 따라 체결된 단체협약의 효력이 문제가 된다. 나아가 해당 단체협약이 조합원에게 적용되는 경우, 조합원들에게 재산상 또는 정신상 손해가 발생할 수 있는지가 문제가 된다. 노동조합 대표자에게 단체교섭과 단체협약에 대한 권한을 부여하는 이유는 사용자를 상대로 이루어지는 단체교섭 및 단체협약 체결 과정의 신뢰를 보장하고, 이를 통해 노동3권이 보다 원활하게 행사되도록 하기 위한 것으로 이해할 수 있다. 이를 고려하면, 노동조합 대표자에게 부여된 법상 권한을 신뢰하고 협약을 체결한 사용자를 보호하기 위하여 체결된 단체협약의 효력을 인정할 필요성이 있다. 하지만, 노동조합 내부 절차인 규약을 위반한 노동조합 대표자에게 일정한 책임을 물을 필요성도 있다. 대상판결은 이러한 관점에서 단체협약의 효력과 노동조합 대표자의 조합원에 대한 책임에 대하여 판시했다.

Ⅱ. 대상판결 분석

1. 사실관계

A노동조합은 주식회사B 소속 근로자들을 구성원으로 하여 법인으로 등기된 노동조합이고, 피고2는 노동조합 위원장, 피고3은 사업지원실장으로 활동한 사람이다. 원고들은 B의 근로자로서 피고 노동조합의 조합원이었는데, 1차 노사합의 이후 B회사가 취한 일련의 조치에 따라 명예퇴직을 하거나 업무지원 CFT부서로 전보된 사람들이다.

노동조합 규약은 단체협약 체결에 관한 사항을 피고 노동조합의 조합원 총회의 의결사항으로 정하고 있으며(제21조 제4호), 노동조합의 위원장으로 하여금 조합원 총회의 의결을 거친 후 단체협약을 체결토록 하고 있었다(제61조 제1항).

피고 노조는 2014. 4. B회사와 사업합리화 계획, 특별명예퇴직의 시행, 복지제도의 변경 등에 관하여 노사합의를 하였다(1차 노사합의). 이때 피고 노조가 1차 노사합의와 관련하여 사전에 조합원 총회를 개최하거나 조합원들의 의견을 청취한 바는 없다. B회사는 1차 노사합의에 근거하여 특별명예퇴직시행 계획을 공고하는 한편, 지사의 통·폐합 및 그에 따른 인력 재배치를 실시하였고, 배치되지 못한 인원들에 대해서는 인사고과 등을 반영하여 지역본부에 재배치하거나 당시 신설된 업무지원 CFT부서로 전보하였다.

피고 노조는 이 사건 소송이 계속 중이던 2015. 2. B회사와 정년연장 및 임금피크제 등의 구체적인 시행방안에 관하여 노사합의를 하였다(2차 노사합의). 2차 노사합의 당시에도 1차 노사합의 때와 마찬가지로 피고 노동조합은 조합원 총회를 개최하는 등으로 사전에 조합원들의 의견을 청취하지 않았다.

2. 당사자의 주장

원고들(조합원)은 피고들이 ① 이 사건 각 노사합의의 내용이 근로조건에 중대한 영향을 미치는 사항이었음에도, 단체협약 체결 과정에서 조합원들의 민주적 참여를 보장한 노조법 제16조, 제22조 및 이 사건 규약에 위반하여 조합원들의 의사를 수렴하기 위한 총회 절차를 거치지 않았고, ② 밀실 노사합의 결과 근로조건을 후퇴시킴으로써 현저히 정의관념에 반하는 법률행위를 자행해 민법 제103조를 위반했고, ③ 2차 노사 합의의 경우 피고들이 노동조합 홈페이지를 통하여 조합원 총회를 거쳐 임금피크제 시행방안을 최종적으로 결정하겠다고 공지하였음에도 이와 달리 밀실 노사합의를 강행하여 신뢰 보호 및 금반언의 원칙을 위반하는 등의 위법 행위를 저질렀다고 주장했다. 그 결과 원고들을 포함한 피고 노동조합 소속 조합원들의 근로 조건이 심각하게 훼손되었고, 조합원으로서 가지는 절차적 권리를 침해당하였으므로 피고들은 민법 제760조에 따른 공동불법행위자로서 서로 연대하여 원고들에게 이 사건 각 노사합의로 인하여 원고들이 입은 정신적 손해를 배상할 의무가 있다고 하였다. 한편, 대학생 자녀가 있는 원고들은 1차 노사합의에 따라 그동안 지급받아 오던 대학생 자녀들의 학자금을 지급받지 못하게 되는 손해를 입어 재산상 손해를 배상해야 한다고 주장했다.

피고들(노동조합 및 간부)은 노사 간에 개별적인 사항들에 관하여 상시적으로 체결하는 노사 합의는 정기적으로 체결하는 단체협약과 그 법적 성질을 달리하는데, 이러한 상시적 노사합의도 노조법 및 규약에 따라 총회를 거칠 것을 요구하는 것은 노동조합 위원장의 단체협약 체결 권한을 사실상 전면적·포괄적으로 제한하는 결과가 되어 조합원 총회를 거칠 필요가 없으므로 피고들에게는 노조법 및 규약 위반의 불법행위책임이 성립하지 않는다고 주장했다. 또한, 피고 노동조합은 상시적으로 진행되는 노사합의는 관행적으로 조합원 총회의 의결 없이 B회사와 노사합의를 체결해 왔으므로, 피고들에게는 위법행위에 대한 고의·과실이 인정되지 않고, 조합원 총회의 묵시적인 수권이 존재한다고 보아야 한다고 하였다. 나아가 피고들은 이 사건 각 노사합의를 체결함에 있어 노조 내부의 의견수렴절차를 충분히 거쳤으므로 원고들의 조합 의사 형성 과정에 참여할 절차적 권리를 침해하였다고 볼 수 없다고 하였다. 한편, 학자금 손해배상 청구와 관련하여, 피고들의 절차위반행위와 위 원고들이 학자금을 지급받지 못한 손해 사이에는 상당인과관계가 없으므로 위 원고들의 재산상 손해배상 청구는 부당하다고 주장했다.

3. 하급심 법원의 판단

1심 법원[1)]은 조합원 총회를 거치지 않고 노사합의를 체결한 것은 규약 위반이지만, 단체협약의 효력 자체를 부정하는 것은 신중할 필요가 있다는 전제에서 규약이 정한 내부 절차 규정에 따르지 않고 노사합의를 체결한 것이 그 효력을 부정할 만큼 현저히 합리성을 결여했다거나 민법 제103조에 위반하여 무효라고 보기 어렵다고 판단했다. 이에 따라, 노사합의 체결 과정에 참여할 권한을 침해당함으로써 발생한 정신적 손해의 배상을 인정하였으니 절

1) 서울중앙지방법원 2015. 5. 15. 선고 2014가합35452 판결.

차위반행위와 노사합의로 인한 원고들의 재산상 손해 사이에는 상당인과관계가 없다고 판단했다.[2)]

원심[3)]은 피고의 항소를 기각했다. 노동조합과 사용자 사이에 근로조건 기타 노사관계에 관한 합의를 단체협약으로 할 의사로 문서로 작성하여 서명날인 하는 등 단체협약의 실질적·형식적 요건을 갖추었다면 이를 단체협약으로 보아야 하는 점, 상시적으로 체결되는 노사합의와 단체협약을 구분하기 용이하지 않은 점, 규약도 이를 구분하고 있지 않은 점 등을 고려하면 이 사건 합의는 단체협약이라고 판단했다. 또한, 노사합의에 대한 조합원들의 묵시적 수권도 존재하지 않는다고 보았다. 나아가 노사합의에 대하여 조합원 총회의 의결을 거치지 않더라도 불법행위가 성립하지 않는다고 보면 정기적인 단체협약으로 정해야 할 중요한 사항들을 보다 절차가 간편한 상시적인 노사합의로 처리하려는 경향이 생길 수 있는데 이는 대표자의 단체협약체결권 행사를 절차적으로 제한하는 규정을 둔 취지에 어긋난다고 하였다.

4. 대법원판결

노동조합과 사용자 사이에 근로조건 기타 노사관계에 관한 합의가 노사협의회의 협의를 거쳐서 성립되었더라도, 당사자 쌍방이 이를 단체협약으로 할 의사로 문서로 작성하여 당사자 쌍방의 대표자가 각 노동조합과 사용자를 대표하여 서명날인하는 등으로 단체협약의 실질적·형식적 요건을 갖추었다면 이는 단체협약이라고 보아야 한다(대법원 2005. 3. 11. 선고 2003다27429 판결 참조). 이 사건 각 노사합의는 노조법 및 이 사건 규약 등에서 조합원 총회의 의결을 거치도록 규정한 단체협약에 해당한다.

헌법 제33조 제1항은 "근로자는 근로조건의 향상을 위하여 자주적인 단결권·단체교섭권 및 단체행동권을 가진다."라고 규정하고 있고, 노조법 제22조는 "노동조합의 조합원은 균등하게 그 노동조합의 모든 문제에 참여할 권리와 의무를 가진다."라고 규정하고 있다. 한편 단체협약은 노동조합의 개개 조합원의 근로조건 기타 근로자의 대우에 관한 기준을 직접 결정하는 규범적 효력을 가지는 것이므로 단체협약의 실질적인 귀속 주체는 근로자이고, 따라서 단체협

2) 노사합의는 피고들의 절차위반행위에도 불구하고 여전히 규범적 효력을 갖는 점, 노사합의 당시 지도부가 조합원들 다수의 지지를 받고 있었던 사정이 있어 조합원 총회의 의결을 거쳐 교섭을 진행해도 노사합의가 좌절되거나 다른 내용으로 변경되었을 것으로 단정하기 어렵다고 했다.

3) 서울고등법원 2015. 12. 16. 선고 2015나2026878 판결.

약은 조합원들이 관여하여 형성한 노동조합의 의사에 기초하여 체결되어야 하는 것이 단체교섭의 기본적 요청이다. 노조법 제16조 제1항 제3호는 단체협약에 관한 사항을 총회의 의결사항으로 정하여 노동조합 대표자가 단체교섭 개시 전에 총회를 통하여 교섭안을 마련하거나 단체교섭 과정에서 조합원의 총의를 계속 수렴할 수 있도록 규정하고 있다.

노동조합이 조합원들의 의사를 반영하고 대표자의 단체교섭 및 단체협약 체결 업무 수행에 대한 적절한 통제를 위하여 규약 등에서 내부 절차를 거치도록 하는 등 대표자의 단체협약체결 권한의 행사를 절차적으로 제한하는 것은, 그것이 단체협약체결 권한을 전면적 · 포괄적으로 제한하는 것이 아닌 이상 허용된다(대법원 2014. 4. 24. 선고 2010다24534 판결 참조). 이러한 헌법과 법률의 규정, 취지와 내용 및 법리에 비추어 보면, 노동조합의 대표자가 위와 같이 **조합원들의 의사를 결집 · 반영하기 위하여 마련한 내부 절차를 전혀 거치지 아니한 채 조합원의 중요한 근로조건에 영향을 미치는 사항 등에 관하여 만연히 사용자와 단체협약을 체결하였고, 그 단체협약의 효력이 조합원들에게 미치게 되면**, 이러한 행위는 특별한 사정이 없는 한 헌법과 법률에 의하여 보호되는 **조합원의 단결권 또는 노동조합의 의사 형성 과정에 참여할 수 있는 권리를 침해하는 불법행위에 해당**한다고 보아야 한다.

규약은 단체협약 체결에 관한 사항을 조합원 총회의 의결사항으로 정하고 있고, 대표자로 하여금 조합원 총회의 의결을 거친 후 단체협약을 체결하도록 정하고 있다. 피고 노동조합의 대표자인 피고2 등이 총회의 의결을 통해 조합원들의 의견을 수렴하는 절차를 전혀 거치지 않은 채 노사합의를 체결한 것은 이 사건 규약을 위반하여 노동조합의 의사 형성 과정에 참여할 수 있는 조합원들의 절차적 권리를 침해한 불법행위에 해당한다.

원심이 위자료 액수를 산정한 조치는 정당하고, 거기에 상고이유 주장과 같이 위자료 산정 등에 관한 법리를 오해하거나 필요한 심리를 다하지 아니하는 등의 잘못이 없다.

Ⅲ. 판결의 주요 쟁점

1. 조합원 총회

노동조합은 법인격의 유무에 불구하고 사단으로서의 실질을 가지고 있으므로 단체의 의사를 결정하는 기관으로서 총회 또는 대의원회, 집행기관으로서 총회 위원장 · 부위원장 · 사무국장 등의 집행위원 또는 집행위원회, 그리고 감사기관으로서 회계감사 등을 담당하는 감독위원이 필요하다. 이 중 총회는 노동조합의 최고 의사결정기관이다. 노동조합은 매년 1회 이상 총회를 개최하여야 하며, 노동조합의 대표자는 총회의 의장이 된다(노조법 제15조). 총회는 취업시간 이외의 시간에 개최하여야 하나, 업무의 특수성으로 인하여 취업시간 중 조합활동이 불가피하고 단체협약에 취업시간 중 조합활동을 허용하고 있는 때에는 취업시간 중에도 총회를 개최할 수 있다(대법원 1995. 3. 14. 선고 94누5496판결). 단체협약에 정함이 없는 경우에는 사용자와 사전 협의를 해야 한다.[4)]

> **노조법 제15조(총회의 개최)** ① 노동조합은 매년 1회 이상 총회를 개최하여야 한다.
> ② 노동조합의 대표자는 총회의 의장이 된다.
>
> **제16조(총회의 의결사항)** ① 다음 각호의 사항은 총회의 의결을 거쳐야 한다.[5)]
> 3. 단체협약에 관한 사항
> ② 총회는 재적조합원 과반수의 출석과 출석조합원 과반수의 찬성으로 의결한다. 다만, 규약의 제정 · 변경, 임원의 해임, 합병 · 분할 · 해산 및 조직형태의 변경에 관한 사항은 재적조합원 과반수의 출석과 출석조합원 3분의 2 이상의 찬성이 있어야 한다.

총회를 최고의결기관으로 하는 경우에 대의원회를 중간의결기관으로 두는 경우도 있고, 중앙위원회나 대표자회의 등을 중간의결기관으로 두는 경우도 있다. 의결을 거쳐야 한다는 것은 총회의 의안으로 상정하여 의사를 결정해야 한다는 것이다. 따라서 총회의 의결을 거쳐야 할 사항을 집행부에서 결정해서는 안 된다.[6)]

대상판결과 관련하여, 특히 '단체협약에 관한 사항'은 총회의 의결을 거쳐야 하는데, 단체협약에 관한 사항에는 교섭위원이나 교섭의 방식 등 단체협약의 교섭 주체, 사용자에게 제시할 교섭안 또는 사용자와 합의한 단체협약안 등 단체협약의 내용, 인준 여부 또는 인준 주체 등 단체협약의 체결 절차, 교섭안의 관철을 위한 전술 등 광범위한 사항이 포함된다. 다만, 단체협약안에 대하여 반드시 찬반 의결을 해야 한다는 것은 아니다.[7)]

---

4) 김형배 · 박지순, 「노동법강의」, 신조사, 2023, 502-503면 참고.
5) 규약의 제정과 변경에 관한 사항, 임원의 선거와 해임에 관한 사항, 예산 · 결산에 관한 사항, 기금의 설치 · 관리 또는 처분에 관한 사항, 연합단체의 설립 · 가입 또는 탈퇴에 관한 사항, 합병 · 분할 또는 해산에 관한 사항, 조직형태의 변경에 관한 사항, 기타 중요한 사항
6) 임종률 · 김홍영, 「노동법」, 박영사, 2024, 79면.
7) 임종률 · 김홍영, 「노동법」, 박영사, 2024, 80면.

2. 노동조합 대표자의 단체협약 체결 권한

노동조합의 대표자 또는 단체교섭의 수임인은 단체협약을 체결할 권한을 가진다.

> **노조법 제29조(교섭 및 체결권한)** ① 노동조합의 **대표자**는 그 노동조합 또는 조합원을 위하여 사용자나 사용자단체와 교섭하고 단체협약을 체결할 권한을 가진다.
>
> **제31조(단체협약의 작성)** ① 단체협약은 서면으로 작성하여 당사자 쌍방이 서명 또는 날인하여야 한다.

현행 노조법은 대표자의 단체협약 체결 권한을 폭넓게 인정하고 있다.[8] 노조법 제29조 제1항에도 불구하고 노동조합의 규약이나 총회의 의결 또는 단체협약 등으로 노동조합 대표자의 협약체결 권한을 제한할 수 있는지가 문제 된다. 판례는 일관되게 노동조합의 대표자가 단체교섭의 결과에 따라 사용자와 단체협약의 내용을 합의한 후 다시 협약안의 가부에 관하여 조합원 총회의 의결을 거치도록 한 규정(이른바 '총회인준조항')은 대표자의 협약체결 권한을 전면적 포괄적으로 제한함으로써 사실상 단체협약체결 권한을 형해화하여 명목에 불과한 것으로 만드는 것으로서 노조법 제29조 제1항에 반한다고 본다(대법원 1993. 4. 27. 선고 91누12257판결[9], 대법원 2002. 11. 26. 선고 2001다36504판결, 대법원 2005. 3. 11. 선고 2003다27429판결, 대법원 2013. 9. 27. 선고 2011두15404판결 외). 또한, 총회 인준 조항을 이유로 한 사용자의 단체교섭 거부는 부당노동행위에 해당하지 않고, 노조 규약상 총회 인준 조항에 대한 행정관청의 시정명령도 가능하다고 본다.[10]

---

8) 이렇게 하지 않으면 단체교섭이 원활하게 진행되지 않고 결과적으로 교섭권한이 무의미해질 가능성이 있을 뿐만 아니라, 사용자 측으로서는 결정 권한이 없는 대표자와의 교섭을 회피하거나 교섭에 임한다고 하더라도 성실한 자세로 최후의 양보안을 제출하는 것을 꺼릴 수 있기 때문이다. 이는 단체교섭을 촉진하기 위한 실무적 필요성에서 마련된 규정으로 이해할 수 있다.

9) 노조법 제29조 제1항은 "노동조합의 대표자는 그 노동조합 또는 조합원을 위하여 사용자나 사용자단체와 교섭하고 단체협약을 체결할 권한을 가진다."라고 규정하고 있는바, 노동조합의 대표자에게는 단체교섭의 권한뿐만 아니라 교섭한 결과에 따라 단체협약을 체결할 권한이 있다. 따라서 노동조합 규약에서 노동조합의 대표자가 단체교섭의 결과에 따라 사용자와 단체협약의 내용을 합의한 후 다시 그 협약안의 가부에 관하여 조합원 총회의 의결을 거치도록 규정하고 있다면, 그 노동조합 규약은 노동조합 대표자의 단체협약체결 권한을 전면적, 포괄적으로 제한함으로써 사실상 단체협약체결권한을 형해화하여 명목에 불과한 것으로 만드는 것이어서 노동조합 대표자의 단체협약체결권한을 규정한 노조법 제29조 제1항의 취지에 반한다

10) 이철수, 「노동법」, 현암사, 2023, 486-487면.

3. 내부 절차를 거치지 않은 단체협약의 효력

대상판결은 노사합의도 노동조합과 사용자 쌍방이 단체협약으로 할 의사로 문서로 작성하여 당사자 쌍방의 대표자가 서명 날인하는 등으로 단체협약의 실질적 · 형식적 요건을 갖추었다면 단체협약이라는 전제에서, 노동조합의 대표자가 조합원들의 의사를 결집 · 반영하기 위하여 마련한 내부 절차를 전혀 거치지 아니한 채 조합원의 중요한 근로조건에 영향을 미치는 사항 등에 관하여 만연히 사용자와 단체협약을 체결하였더라도 단체협약으로서 효력은 발생한다고 보았다. 이는 노조법 제29조 제1항의 규정에 따른 것으로 이해할 수 있다. 다만, 이에 따라 단체협약의 효력이 조합원들에게 미치면, **이는 조합원의 단결권 또는 노동조합의 의사 형성 과정에 참여할 수 있는 권리를 침해하는 불법행위**라고 판시했다.

이에 대해서 대법원이 불법행위책임을 인정한 것은 중대한 근로조건에 한하여 조합원이 안게 될 불이익의 정도가 현저한 경우에는 예외적으로 규약이 정한 바에 따라 조합원의 의견수렴을 거쳐야 한다는 법리를 정한 것인지, 아니면 단체협약 체결에 관련하여 규약에 따른 조합원들의 절차적 권리를 침해한 경우에는 언제나 위법성을 가진다는 새로운 판례법리를 제시한 것인지 불분명하며, 후자의 경우 협약 인준 조항이 노동조합 대표자의 협약 체결 권한을 전면적, 포괄적으로 제한하는 것은 허용하지 않는다는 대법원의 일관된 태도와 모순된다는 비판이 있다.[11]

Ⅳ. 결론

대상판결은 노동조합과 사용자 사이에 근로조건 기타 노사관계에 관한 합의가 정식의 단체교섭절차가 아닌 노사 합의 방식으로 이루어진 경우라 하더라도, 당사자 쌍방이 이를 단체협약으로 할 의사로 문서로 작성하여 당사자 쌍방의 대표자가 서명 날인한 경우, 이를 단체협약으로 보아야 한다고 판시했다. 이러한 전제에서 노동조합이 규약 등에서 내부 절차를 거치도록 하는 등 대표자의 단체협약 체결 권한의 행사를 절차적으로 제한하는 것은 허용되며, 이러한 내부 절차를 전혀 거치지 아니한 채 조합원의 중요한 근로조건에 영향을 미치는 사항 등에 관하여 사용자와 단체협약을 체결한 경우, 불법행위에 해당하여 손해배상책임을 질 수 있다고 판단했다. 다만, 노동조합 대표자의 권한에 따라서 단체협약은 유효하게 체결된 것으로 인정되었다. 대상판결은 노동조합 운영의 민주적 원리를 확인한 것으로 이해할 수 있다.

11) 김형배 · 박지순, 「노동법강의」, 신조사, 2023, 566면.

[43] 교섭단위분리

(대법원 2018. 9. 13. 선고 2015두39361 판결)

기초지식

☑ 복수노조 하에서 사용자가 개별교섭을 원하지 않으면, 사업 또는 사업장 등 교섭단위 내의 노동조합은 창구를 단일화하여 교섭에 응해야 함

☑ 교섭창구 단일화 제도는 헌법이 보장하고 있는 개별 노동조합의 단체교섭권을 침해할 소지가 있는데, 이러한 위헌성을 완화해주는 제도가 공정대표의무와 교섭단위분리임

☑ 다만, 교섭단위 분리가 인정된 사례는 많지 않은 것으로 파악됨

Ⅰ. 논의의 배경과 쟁점

현행 노조법은 복수노조 하에서 소수노조의 단체교섭권을 제한하고 있다. 즉, 사용자가 개별교섭을 원하지 않는 이상 교섭창구 단일화 절차에 돌입하게 되고 이 과정에서 소수노조의 교섭권이 제한될 가능성이 있다. 이에 따라 교섭창구 단일화 제도에 대한 위헌 논쟁도 지속적으로 발생하고 있다. 다만, 노조법은 교섭창구 단일화 제도의 문제점을 완화해주는 제도를 두고 있는데 공정대표의무과 교섭단위분리제도가 이에 해당한다.

교섭단위 분리는 교섭창구 단일화의 기준이 되는 사업 또는 사업장 내의 노동조합 간에 현격한 근로조건의 차이, 고용 형태, 교섭관행 등을 고려하여 단일화하여 교섭하는 것이 특정 노동조합에게 불리하거나 타당하지 못한 결과를 초래할 개연성이 높은 경우 노동위원회의 결정으로 분리하여 교섭할 수 있게 하는 제도다. 실무적으로 공공기관에서 정규직 근로자와 근로조건의 격차가 크고, 그 수가 적은 직종으로 구성된 공무직, 상용직, 무기계약직 등을 조직 단위로 하는 노동조합에서 교섭단위 분리를 원하는 경우가 많은 것으로 파악된다. 대상판결도 이와 유사한 상황에서 교섭단위 분리에 관한 기준과 원칙을 제시했다.

Ⅱ. 대상판결 분석

1. 사실관계

원고는 고양시에서 상시근로자 215명을 두고 건설 및 택지개발업을 영위하는 법인이다. 전국공공운수사회서비스노동조합은 공공・운수・사회서비스업에 종사하는 근로자를 조직대상으로 하는 전국단위의 산업별 노동조합으로, 상급단체는 전국민주노동조합공공운수연맹이다. 2013. 9. 원고에 근무하는 **상용직 근로자** 59명이 위 노동조합에 가입하였다. 한편, 원고에는 원고의 상용직 근로자들을 제외한 **정규직・계약직 근로자** 137명이 조합원으로 가입된 고양도시관리공사 노동조합이 있다.[1] 한편, 이 사건 노동조합에 소속된 원고의 상용직 근로자들은 특별규정인 '상용직 관리규정'의 적용을 받고, 고양도시관리공사 노동조합에 소속된 그 외 직종은 취업규정, 보수규정, 인사규정 등을 적용받는다. 이후 교섭창구 단일화 절차가 진행되었는데, 2013. 11. 고양도시관리공사 노동조합이 교섭대표노조로 결정되었다. 이에 전국공공운수사회서비스노동조합은 교섭단위 분리 신청을 하였다.

초심 판정은 원고의 사업장 직종은 근로조건 등에 현격한 차이가 없음에도 특정한 직종을 기준으로 별도의 교섭단위를 분리할 경우 교섭창구 단일화 과정 및 교섭 과정에 있어 직종 간 갈등과 혼란 등이 발생할 소지가 있고, 교섭대표 노조가 차별할 경우 공정대표의무 위반 시정 신청제도 등을 통해 권리구제가 가능한 점 등을 고려할 때 교섭단위 분리 필요성이 없다고 판정했다. 반면, 재심 판정은 원고와 그 외 직종 간에는 현격한 근로조건의 차이, 고용 형태, 교섭 관행 등 교섭단위 분리의 객관적인 요건을 충족하고 있다고 봄이 타당하다고 전제한 후, 이익의 공통성 및 대표성 측면에서 고양도시관리공사 노동조합이 원고의 상용직 근로자에 대한 교섭을 대표하는 것이 불합리하고, 원고의 교섭단위를 하나로 유지하는 것이 오히려 향후 교섭을 어렵게 하며, 노・노 갈등을 유발하고 노사관계의 안정성을 저해할 가능성이 높아, 원활한 교섭을 위하여 교섭단위를 분리할 필요성이 있는 경우에 해당한다고 판정했다.

---

1) 원고는 고양시 시설관리공단과 고양도시공사가 합병하여 출범하였는데, 상용직 근로자들은 본래 시설관리공단에 소속되어 있었으며, 통합 전 위 사용자와 위 상용직 근로자들로 구성된 별도의 협의체 간 임금협약을 진행, 체결해 왔고, 통합 후에도 위 상용직 근로자들로 구성된 '무기계약직 운영위원회'가 2012. 4. 13. 원고와 2011년 무기계약직 임금협약을 체결하였다. 2013. 2. 원고의 상용직 근로자들로 조직된 고양도시관리공사제일노동조합이 설립되었다. 원고와 고양도시관리공사 노동조합은 2013. 6. 2013년 단체협약을 체결하였으나, 위 단체협약은 고양도시관리공사 노동조합 소속 조합원만을 적용대상으로 하고 있었고, 고양도시관리제일노동조합은 별도로 원고 대표이사와 2013. 7. '2012년 상용직 임금 협약서'를 체결하였다. 고양도시관리공사제일노동조합 소속 조합원 59명은 별도 해산신고나 조직형태 변경 없이 이 사건 노동조합에 가입하여 2013. 9. 14. 이 사건 노동조합 고양도시관리공사 지회가 설립되었다.

2. 당사자의 주장

원고 회사는 상용직과 그 외 직종은 근로조건에 있어 일부 차이점이 있을 뿐 그 근로조건, 고용 형태, 교섭관행에서 교섭단위를 분리해야 할 정도의 차이가 있는 것은 아니고, 교섭단위 분리 여부에 관한 결정에는 노동위원회에 고도의 재량권이 허여되고 있고 그 판정이 위법・월권의 범위에 속하지 않는 한 이를 취소할 수는 없는데, 이 사건 재심 판정은 이 사건 초심 판정이 위법하다고 하여 이를 취소하였으므로 위법하다고 주장했다.

3. 하급심 법원의 판단

1심 법원[2)]은 원고의 상용직 근로자와 그 외 직종 근로자들 사이에 현격한 근로조건, 고용 형태, 교섭관행의 차이가 있음을 넉넉히 인정된다고 보았고, 특히 지노위 초심이 상용직과 그 외 직종을 비교하면서 임금 항목에서 동일한 기본급 체계로 이루어진 것으로 인정할 뿐 상용직 근로자들에 대한 임금체계가 상이함을 설시하지 않은 점을 지적했다. 원심[3)]은 1심을 그대로 인용하였다.

4. 대법원판결

노조법은 제29조의2에서 하나의 사업 또는 사업장에서 조직형태에 관계없이 근로자가 설립하거나 가입한 노동조합이 2개 이상인 경우 교섭대표노조를 정하여 교섭을 요구하도록 하는 교섭창구 단일화 절차를 규정하고, 제29조의3 제1항에서 "제29조의2에 따라 교섭대표노조를 결정하여야 하는 단위는 하나의 사업 또는 사업장으로 한다."라고 규정하면서, 같은 조 제2항에서 "제1항에도 불구하고 하나의 사업 또는 사업장에서 현격한 근로조건의 차이, 고용 형태, 교섭관행 등을 고려하여 교섭 단위를 분리할 필요가 있다고 인정되는 경우에 노동위원회는 노동관계 당사자의 양쪽 또는 어느 한 쪽의 신청을 받아 교섭 단위를 분리하는 결정을 할 수 있다."라고 규정하고 있다.

이러한 노조법 규정의 내용과 형식, 교섭창구 단일화를 원칙으로 하면서도 일정한 경우 교섭 단위의 분리를 인정하고 있는 노조법의 입법 취지 등을 고려하면, 노조법 제29조의3 제2항

2) 대전지방법원 2014. 11. 5. 선고 2014구합101049 판결.
3) 대전고등법원 2015. 2. 5. 선고 2014누12374 판결.

에서 규정하고 있는 '교섭단위를 분리할 필요가 있다고 인정되는 경우'란 하나의 사업 또는 사업장에서 별도로 분리된 교섭 단위에 의하여 단체교섭을 진행하는 것을 정당화할 만한 현격한 근로조건의 차이, 고용 형태, 교섭 관행 등의 사정이 있고, 이로 인하여 교섭대표 노조를 통하여 교섭창구를 단일화하는 것이 오히려 근로조건의 통일적 형성을 통해 안정적인 교섭체계를 구축하고자 하는 교섭창구 단일화 제도의 취지에도 부합하지 않는 결과를 발생시킬 수 있는 **예외적인 경우**를 의미한다.[4] 대법원은 이러한 전제에서 재심 결정이 적법하다고 본 1심 및 원심이 정당하다고 판단했다.

Ⅲ. 판결의 주요 쟁점

1. 교섭단위

교섭단위는 창구단일화로 교섭대표 노조를 결정해야 하는 단위로 원칙적으로는 하나의 사업 또는 사업장이다. 하나의 사업 또는 사업장을 초월하는 초기업적 단체교섭에는 교섭창구 단일화절차가 적용되지 않는다.[5] 반대로 하나의 사업 또는 사업장 안에서 조합원의 직종별로 또는 노동조합의 조직대상별로 교섭대표 노조를 따로 결정할 수 없다.[6]

> **노조법 제29조의3(교섭단위 결정)** ① 제29조의2에 따라 교섭대표노동조합을 결정하여야 하는 단위(이하 "교섭단위"라 한다)는 하나의 사업 또는 사업장으로 한다.

교섭단위는 복수노조 하에서 교섭창구 단일화가 이루어지는 범위를 결정하는 기준이 된다. 대법원은 사업장인지 여부는 하나의 활동 주체가 유기적 관련 아래 사회적 활동으로서 계속적으로 행하는 모든 작업이 이루어지는 단위 장소 또는 장소적으로 구획된 사업체의 일부분에 해당되는지에 달려있으므로, 그 사업의 종류를 한정하지 아니하고 영리 사업인지 여부도 불문

4) 한편, "노조법 제29조의3 제3항은 교섭단위 분리 신청에 대한 노동위원회의 결정에 불복할 경우 같은 법 제69조를 준용하도록 하고 있고, 같은 법 제69조 제1항, 제2항은 노동위원회의 중재재정 등에 대한 불복의 사유를 '위법이거나 월권에 의한 것'인 경우로 한정하고 있다. 따라서 교섭단위 분리 신청에 대한 노동위원회의 결정에 관하여는 **단순히 어느 일방에게 불리한 내용이라는 사유만으로는 불복이 허용되지 않고**, 그 절차가 위법하거나, 노동조합법 제29조의3 제2항이 정한 교섭단위 분리결정의 요건에 관한 법리를 오해하여 교섭단위를 분리할 필요가 있다고 인정되는 경우인데도 그 신청을 기각하는 등 내용이 위법한 경우, 그 밖에 월권에 의한 것인 경우에 한하여 불복할 수 있다."라고 하였다.

5) 이철수, 「노동법」, 현암사, 2023, 505면.

6) 임종률 · 김홍영, 「노동법」, 박영사, 2024, 122면.

하며, 1회적이거나 그 사업 기간이 일시적이라 하여 근기법의 적용대상이 아니라 할 수 없다고 판시했다(대법원 1994. 10. 25. 선고 94다21979 판결 참조).

2. 교섭단위 분리제도

현행 노조법은 교섭단위의 분리와 통합에 관하여 규정하고 있다. 종래 교섭단위 분리에 관한 사항만 규정되어 있었으나, 2021년 노조법 개정으로 통합에 관한 근거 규정이 신설되었다.[7)]

> **제29조의3(교섭단위 결정)** ② 제1항에도 불구하고 하나의 사업 또는 사업장에서 **현격한 근로조건의 차이, 고용형태, 교섭 관행 등**을 고려하여 교섭단위를 **분리**하거나 분리된 교섭단위를 **통합**할 필요가 있다고 인정되는 경우에 노동위원회는 노동관계 당사자의 양쪽 또는 어느 한 쪽의 신청을 받아 교섭단위를 **분리**하거나 분리된 교섭단위를 **통합**하는 결정을 할 수 있다.
> ③ 제2항에 따른 노동위원회의 결정에 대한 불복절차 및 효력은 제69조와 제70조제2항을 준용한다.
>
> **노조법 시행령 제14조의11(교섭단위 결정)** ① 노동조합 또는 사용자는 법 제29조의3제2항에 따라 교섭단위를 분리하거나 분리된 교섭단위를 통합하여 교섭하려는 경우에는 다음 각 호에 해당하는 기간에 노동위원회에 교섭단위를 분리하거나 분리된 교섭단위를 통합하는 결정을 신청할 수 있다.
> 1. 제14조의3에 따라 사용자가 **교섭요구 사실을 공고하기 전**
> 2. 제14조의3에 따라 사용자가 교섭요구 사실을 공고한 경우에는 법 제29조의2에 따른 **교섭대표노동조합이 결정된 날 이후**
>
> ② 제1항에 따른 신청을 받은 노동위원회는 해당 사업 또는 사업장의 모든 노동조합과 사용자에게 그 내용을 통지해야 하며, 그 노동조합과 사용자는 노동위원회가 지정하는 기간까지 의견을 제출할 수 있다.
> ③ 노동위원회는 제1항에 따른 신청을 받은 날부터 **30일 이내**에 교섭단위를 분리하거나 분리된 교섭단위를 통합하는 결정을 하고 해당 사업 또는 사업장의 모든 노동조합과 사용자에게 통지해야 한다.
> ④ 제3항에 따른 통지를 받은 노동조합이 사용자와 교섭하려는 경우 자신이 속한 교섭단위에 단체협약이 있는 때에는 그 단체협약의 유효기간 만료일 이전 3개월이 되는 날부터 제14조의2제2항에 따라 필요한 사항을 적은 서면으로 교섭을 요구할 수 있다.
> ⑤ 제1항에 따른 신청에 대한 노동위원회의 결정이 있기 전에 제14조의2에 따른 교섭 요구가

7) 법률 제17864호, 2021. 1. 5., 일부개정 및 2021. 7. 6. 시행.

있는 때에는 교섭단위를 분리하거나 분리된 교섭단위를 통합하는 결정이 있을 때까지 제14조의3에 따른 교섭요구 사실의 공고 등 교섭창구단일화절차의 진행은 정지된다.
⑥ 제1항부터 제5항까지에서 규정한 사항 외에 교섭단위를 분리하거나 분리된 교섭단위를 통합하는 결정 신청 및 그 신청에 대한 결정 등에 관하여 필요한 사항은 고용노동부령으로 정한다.

교섭단위 분리제도는 복수노조 하의 교섭창구 단일화 제도와 밀접한 관련성이 있다. 교섭창구 단일화 제도는 헌법이 보장하는 개별 노동조합의 단체교섭권을 제한하는 측면이 있다. 이를 정당화하기 위한 제도가 공정대표의무와 교섭단위 분리제도다. 공정대표의무는 교섭단위 내에 묶인 노동조합 간 차별을 금지하는 내용을 담고 있다면, 교섭단위 분리는 현격한 근로조건의 차이, 고용형태, 교섭 관행 등을 고려하여 교섭 단위를 분리할 수 있게 한다. 즉, 교섭단위 분리제도는 일률적인 교섭창구 단일화로 인한 교섭단위 획정이 불합리한 경우 예외를 인정하여 결과적으로 교섭창구 단일화 제도가 합헌적으로 기능하는데 기여한다. 다만, 교섭단위의 분리는 현행 노조법이 상정하는 교섭 절차 및 체계에 있어서 예외적인 것이므로 엄격한 기준에 따라서 제한적으로 적용될 필요가 있다. 대상판결 역시 이러한 관점에서 기준 등을 제시한 것으로 평가할 수 있다.

Ⅳ. 결론

대상판결은 '교섭단위를 분리할 필요가 있다고 인정되는 경우'에 대하여 상세한 기준과 원칙을 제시했다. 이에 따르면, 하나의 사업 또는 사업장에서 별도로 분리된 교섭단위에 의하여 단체교섭을 진행하는 것을 정당화할 만한 현격한 근로조건의 차이, 고용형태, 교섭 관행 등의 사정이 있고, 이로 인하여 교섭대표노조를 통하여 교섭창구를 단일화하는 것이 오히려 근로조건의 통일적 형성을 통해 안정적인 교섭체계를 구축하고자 하는 교섭창구 단일화 제도의 취지에도 부합하지 않는 결과를 발생시킬 수 있는 예외적인 경우를 의미한다.

교섭단위 분리제도는 현행 노조법이 채택하고 있는 교섭창구 단일화 제도가 합헌성을 유지하는 데 기여한다. 이에 더하여 교섭단위 분리제도는 다수 노조가 소수노조 조합원의 근로조건 개선에 관심을 갖는 계기가 될 수 있다.

참고문헌·색인

참고문헌

김병기, 「공공조직 저성과자 선정 관리에 미치는 영향요인에 관한 연구」, 한남대학교 박사학위논문, 2020.

김형배, 「민법학강의」, 신조사, 2016.

김형배 · 박지순, 「노동법강의」, 신조사, 2023.

노동법실무연구회, 「노동조합법주해 I 」, 박영사, 2023.

______________, 「노동조합법주해 II 」, 박영사, 2023.

이상윤, 「노동법」, 법문사, 2024.

이재현, 「최저임금제도의 법 이론적 기초에 관한 연구」, 부산대학교 박사학위논문, 2020.

임종률 · 김홍영, 「노동법」, 박영사, 2024.

이철수, 「노동법」, 현암사, 2023.

하갑래, 「근로기준법」, (주)중앙경제, 2021.

한수웅, 「헌법학」, 법문사, 2020.

한국노동법학회, 「노동판례백선」, 박영사, 2015.

강선희, "차별적 인사고과로 인한 승격 탈락, 승급 누락 및 연봉 삭감에 대한 부당노동행위 구제신청기간의 산정기준과 방법('계속되는 행위')", 「월간 노동리뷰」, 2025.

권 혁, "정년연장에 따른 임금체계개편과 취업규칙 변경법리", 「노동법포럼」(제15호), 2015.

______, "취업규칙에 관한 법적 쟁점과 입법흠결에 대한 입법정책론적 평가", 「노동법포럼」(제41호), 2024.

권 혁 · 이재현, "외국인 근로자에 관한 노동법적 쟁점과 대안 – 조선업 외국인 근로자의 체류자격과 최저임금 등을 중심으로 –", 「사회법연구」(제52호), 2024,

김경태, "취업규칙의 불리한 변경과 유리한 조건 우선의 원칙의 적용", 「노동법논총」(제59집), 2023.

김소영, "쟁의행위의 정당성 판단과 권리분쟁", 「법학연구」(제27권 제2호), 2016.

김형배, "취업규칙의 불이익변경과 근로계약의 유리한 규정", 「노동법포럼」(제29호), 2020.

김희성, "개정 노동조합 및 노동관계조정법 제37조 제3항과 제42조 제1항의 체계적 · 유기적 해석에 관한 연구 –직장점거 금지범위의 외연(外延)확장과 관련하여–". 「노동법논총」(제52집), 2021.

김희성 · 이재현, "단체교섭에 있어서 원청의 사용자성에 관한 연구(II), 「사회법연구」(제53호), 2024.

문무기, "노조법상 근로시간면제제도 시행 이후의 법리적 쟁점", 법과 정책연구 제11집 제4호, 2011.

문준혁, “취업규칙 불이익변경에 대한 최근 전원합의체 판결의 의의와 한계”, 「노동법연구」(제56호), 2024, 60면.

박종희, “개정 노조법의 주요 내용과 쟁점”, 「노동법학」(제78호), 2021.

_____, “취업규칙과 근로계약 간의 유리한 조건 우선의 원칙과 근로조건의 집단적 결정 법리와의 관계”, 「안암법학」(제56호), 2018.

박지순, “근로시간면제제도의 법적 쟁점”, 노동법포럼 제5호, 2010.

방강수, “부당노동행위 구제절차에서 신청취지의 해석”, 「노동법학」(제94호), 2025.

서희원, “취업규칙 불이익변경 예외적 효력부여사유로서의 ‘사회통념상 합리성론’의 폐기 및 ‘동의권 남용 법리’ 채택”, 「민주사회를 위한 변론」(117호) 2024.

양승엽, “사회통념상 합리성 법리의 폐기와 동의권 남용 이론의 형성”, 「노동법학」(제86호), 2023.

이달휴, “취업규칙의 불이익 변경 요건과 유리한 조건 우선의 원칙”, 「노동법논총」(제55집), 2022.

이재현, “원청 사용자와 하청 근로자 간 단체교섭 대상 사항으로서 산업안전보건 의제”, 「영남법학」(제57호), 2023.

_____, “최근 임금 쟁점의 최저임금 영향에 관한 소고”, 「강원법학(제78권)」, 2025.

_____, “현행 취업규칙 제도의 기능적 한계와 개선방안”, 「원광법학」(제40권 제4호), 2024.

전　별, “취업규칙 불이익변경과 사회통념상 합리성 및 집단적 동의권 남용 법리에 대한 고찰”, 「외법논집」(제47권 제3호), 2023.

주상철 · 이승길, “노동법상 저성과자 관리방안에 대한 법적 소고”, 「노동법논총」(제37집), 2016.

최홍엽, “취업규칙의 불이익 변경과 기존 근로계약 -대법원 2018다200709 판결의 비판적 검토-”, 「노동법학」(제73호), 2020.

고용노동부, 「집단적 노사관계매뉴얼」, 2022.

_________, “통상임금 노사지도 지침”, 2025. 2. 6.

판례색인

대법원 1992. 12. 22. 선고 91다45165 전원합의체 판결 ··· 293
대법원 2000. 9. 29. 선고 99다67536 판결 ··· 174
대법원 2001. 10. 25. 선고 99도4837 전원합의체 판결 ··· 197
대법원 2002. 3. 29. 선고 2000두8455 판결 ··· 119
대법원 2003. 11. 14. 선고 2001다18322 판결 ··· 47
대법원 2003. 12. 26. 선고 2001두10264 ··· 180
대법원 2004. 6. 25. 선고 2003두15317 판결 ··· 73
대법원 2006. 2. 24. 선고 2005도8606 판결 ··· 151
대법원 2006. 12. 7. 선고 2004다29736 판결 ··· 10
대법원 2007. 12. 28. 선고 2007도5204 판결 ··· 204
대법원 2007. 2. 23. 선고 2005다3991 판결 ··· 67
대법원 2007. 9. 6. 선고 2005두8788 판결 ··· 112
대법원 2008. 10. 23. 선고 2006다37274 판결 ··· 20
대법원 2009. 2. 12. 선고 2008다70336 판결 ··· 187
대법원 2009. 5. 28. 선고 2009두2238 판결 ··· 280
대법원 2010. 3. 25. 선고 2007두8881 판결 ··· 298
대법원 2011. 7. 14. 선고 2011다23149 판결 ··· 28
대법원 2012. 1. 27. 선고 2010다100919 판결 ··· 79
대법원 2013. 1. 10. 선고 2011도15497 판결 ··· 274
대법원 2013. 12. 18. 선고 2012다89399 · 94643 전원합의체 판결 ··· 35
대법원 2014. 3. 27. 선고 2011두20406 판결 ··· 268
대법원 2015. 5. 28. 선고 2012두25873 판결 ··· 286
대법원 2015. 6. 25. 선고 2007두4995 전원합의체 판결 ··· 254
대법원 2016. 2. 19. 선고 2012다96120 전원합의체 판결 ··· 261
대법원 2016. 5. 24. 선고 2012다85335 판결 ··· 213
대법원 2016. 10. 13. 선고 2016도1060 판결 ··· 241

대법원 2017. 5. 17. 선고 2014다232296 · 232302 판결 ······ 247
대법원 2018. 7. 26. 선고 2016다205908 판결 ······ 317
대법원 2017. 8. 18. 선고 2017다227325 판결 ······ 137
대법원 2018. 8. 30. 선고 2017다218642 판결 ······ 157
대법원 2018. 9. 13. 선고 2015두39361 판결 ······ 325
대법원 2018. 9. 13. 선고 2017다16778 판결 ······ 98
대법원 2018. 10. 25. 선고 2016두44162 판결 ······ 58
대법원 2018. 12. 27. 선고 2017두37031 판결 ······ 220
대법원 2019. 4. 25. 선고 2017두33510 판결 ······ 231
대법원 2019. 6. 13. 선고 2019두33712 판결 ······ 127
대법원 2019. 11. 28. 선고 2019두47377 판결 ······ 305
대법원 2020. 7. 29. 선고 2017도2478 판결 ······ 145
대법원 2020. 10. 29. 선고 2017다263192 판결 ······ 165
대법원 2020. 11. 26. 선고 2016다13437 판결 ······ 90
대법원 2021. 2. 25. 선고 2017다226605 판결 ······ 105
대법원 2021. 2. 25. 선고 2017다51610 판결 ······ 134
대법원 2021. 2. 25. 선고 2018다253680 판결 ······ 311
대법원 2021. 7. 29. 선고 2016두64876 판결 ······ 82
대법원 2022. 1. 13. 선고 2020다232136 판결 ······ 3
대법원 2022. 4. 14. 선고 2021두33715판결 ······ 18
대법원 2023. 5. 11. 선고 2017다35588 · 35595 전원합의체 판결 ······ 53
대법원 2023. 6. 29. 선고 2022다297830 판결 ······ 56
대법원 2023. 7. 13. 선고 2020다253744 판결 ······ 64
대법원 2024. 12. 29. 선고 2020다247190 · 2023다302838 ······ 44
대법원 2025. 4. 3. 선고 2023두41864, 2023두41871 판결 ······ 226

사항색인

강제근로의 금지 ········ 24
개별 교섭에서의 차별 ········ 236
갱신기대권 ········ 16
경영상 이유에 의한 해고 ········ 272
경영상 해고의 우선 재고용 의무 ········ 94
경영상 해고의 정당성 ········ 87
고용승계 ········ 123
고용안정협약 ········ 271
공정대표의무 ········ 163
교섭단위 ········ 328
교섭단위 분리제도 ········ 329
교섭창구 단일화 절차 ········ 160
권리분쟁과 이익분쟁 ········ 200
근로시간 면제(Time Off) ········ 162
근로자성 판단 ········ 15
긴박한 경영상의 필요 ········ 290
내부 절차를 거치지 않은 단체협약의 효력 ··· 324
노동조합 대표자의 단체협약 체결 권한 ········ 323
노동조합의 설립 무효확인(참고판례) ········ 134
노동조합 설립 신고 ········ 257
노동조합 조직변경 ········ 266
노조법상 근로자 개념 ········ 130
단체교섭 거부의 정당성 판단 ········ 155
단체교섭 대상사항의 구분 ········ 194
단체협약 실효 후 근로조건 ········ 195
단체협약의 규범적 부분과 채무적 부분 ········ 192
단체협약의 체결과 인준투표제 ········ 170
단체협약의 불리한 변경 ········ 178
단체협약의 효력 ········ 193
단체협약의 효력 확장 개관 ········ 183
대기발령 · 직위해제의 의의 ········ 71
대기발령 · 직위해제의 정당성 ········ 71
동의 없이 변경된 취업규칙 효력 ········ 296
동의 주체인 근로자 집단 ········ 283
배치전환의 근거 ········ 62
법 기준을 초과하는 근로조건의 설정 ········ 252
복수노조 하 신규 가입 근로자에 대한 유니온 샵 적용 문제 ········ 309
부당노동행위 ········ 132
부당노동행위 구제신청 제척기간(참고판례) ········ 226
불이익 취급 ········ 224
비종사 조합원의 개념 ········ 148
비종사 조합원의 사업장 내 조합활동 ········ 149
사업장 단위 효력확장 ········ 184
사용자의 언론 활동과 지배 · 개입 ········ 278
사회통념상 합리성 ········ 284
산별노조 지부 · 지회의 단위노조 변경 ········ 267
성실교섭의무의 의의 ········ 154
신의칙의 적용 ········ 43
실질적 지배력 ········ 303
연차유급휴가 ········ 250
연차유급휴가의 대체 ········ 32
영업비밀유지 및 전직금지 약정 ········ 26
영업양도 ········ 123
외국인의 체류자격과 노조 활동 ········ 259

원청 사용자의 부당노동행위 주체성 ············ 302
위약예정의 금지 ··· 25
위장도급 및 불법파견 ······························· 290
의견 청취 및 동의 의무 위반의 효과 ············· 50
인사고과 ··· 223
인사평가와 불이익 취급 ···························· 225
쟁의행위의 신고 ······································· 211
쟁의행위 찬반투표 ···································· 202
저성과자 관리 ·· 315
저성과를 이유로 한 해고 ···························· 315
전직의 정당성 판단기준 ······························ 63
절차적 공정대표의무 ································· 172
조직강제와 유니온 샵 협정 ························· 308
조합원 총회 ··· 321
조합활동의 법적 근거와 정당성 ··················· 142
조합활동의 의의 ······································· 140
조합활동의 정당성 판단 사례 ······················ 143
중간수입의 공제 ·· 95
지배 · 개입 부당노동행위 ················· 235, 277
지역 단위 효력확장 ··································· 185
직장점거에 관한 노조법 개정 ······················ 207
직장점거의 정당성 판단 ····························· 210
직장폐쇄의 의의 및 인정 근거 ····················· 217
직장폐쇄의 정당성 요건 ····························· 218
직장폐쇄의 효과 ······································· 218
집단적 동의권 남용(참고판례) ······················· 53
징계제도 개관과 정당성 판단 ······················ 115
징계의 정당성 ··· 77
징계의 절차 ·· 77
징계(해고)의 절차적 · 실체적 정당성(참고판례)
·· 79
출근 간주 규정 ·· 251
취업규칙 동의의 방식 ································· 51
취업규칙 불이익 변경 시 유리한 기존
근로계약의 효력 ·· 9
취업규칙의 불이익 변경 동의 ······················ 295
취업규칙의 법적 성격 ··································· 7
취업규칙 작성의 주된 권한 ··························· 8
취업규칙 집단적 동의의 주체 ······················· 50
통상임금에 대한 노사합의의 효력 ················· 42
통상임금의 판단기준(참고판례) ····················· 44
통상임금 판결의 의의 ································· 41
통상해고 ·· 109
통상해고의 개념 및 적용 ····························· 88
퇴직금 지급 관련 계속근로연수 ···················· 15
포괄임금제 ··· 243
포괄임금제의 유형 ···································· 244
평균임금 산입 임금 ···································· 33
해고 동의 조항의 해석 ······························ 117
해고예고 제도 ··· 101
해고예고수당의 반환 ································· 103
해고의 서면통지 ······································ 108
행정관청의 설립심사 ································· 258
협약자치의 한계 ······································· 177